hänssler

SIEGFRIED HERMLE (Hrsg.)

Kirchengeschichte Württembergs in Porträts

Pietismus und Erweckungsbewegung

Siegfried Hermle
Prof. Dr. theol.; geb. 1955 in Ludwigsburg. Seminarist, Studium der
Evangelischen Theologie als Stipendiat des Evangelischen Stifts, 1981
Vikar in Blaubeuren, 1984 Repetent am Evang. Stift in Tübingen, 1988
wissenschaftlicher Assistent am Lehrstuhl für Kirchenordnung in Tübin-
gen, 1994 Pfarrer der Matthäusgemeinde Gerlingen, 1995 Habilitation,
1999/2000 Lehrstuhlvertretung Gießen, 2000/2001 Lehrstuhlvertretung
Köln, seit April 2001 Prof. für Evangelische Theologie und ihre Didaktik/
Historische Theologie an der Universität zu Köln. Verheiratet, vier
Kinder. Veröffentlichungen zur kirchlichen Zeitgeschichte, Kirchenordnung und württembergischen Kirchengeschichte.

hänssler-Paperback
Bestell-Nr. 393.704
ISBN 3-7751-3704-1
© Copyright 2001 by Hänssler Verlag,
D-71087 Holzgerlingen
Internet: www.haenssler.de
E-Mail: info@haenssler.de
Titelfotos: Bengel: Landesbibliothek Stuttgart; Moser: AKG Berlin
Stadtansicht: Landesbildstelle Württemberg
Umschlaggestaltung: Ingo C. Riecker
Satz: AbSatz, Klein Nordende
Druck und Bindung: Ebner Ulm
Printed in Germany

Inhalt

Vorwort 7

Johann Valentin Andreae (1586-1654)
von *Wolf-Friedrich Schäufele* 13

Johann Reinhard Hedinger (1664-1704)
von *Wolfgang Schöllkopf* 33

Johann Albrecht Bengel (1687-1752)
von *Martin H. Jung* 53

Georg Konrad Rieger (1687-1743)
von *Siegfried Hermle* 75

Samuel Urlsperger (1685-1772)
von *Wolfgang Schöllkopf* 99

Philipp Friedrich Hiller (1699-1769)
von *Walter Stäbler* 117

Johann Jacob Moser (1701-1785)
von *Iris Guldan* 137

Friedrich Christoph Oetinger (1702-1782)
von *Martin Weyer-Menkhoff* 159

Johann Friedrich Flattich (1713-1797)
von *Hermann Ehmer* 177

Philipp Matthäus Hahn (1739-1790)
von *Walter Stäbler* 199

Johann Georg Rapp (1757-1847)
von *Hermann Ehmer* 219

Gottlieb Wilhelm Hoffmann (1771-1846)
von *Andreas Gestrich* 245

Ludwig Hofacker (1798-1828)
von *Hans-Martin Kirn* 267

Albert Knapp (1798-1864)
von *Rainer Lächele* 299

Sixt Carl Kapff (1805-1879)
von *Tilman-Matthias Schröder* 315

Johann Christoph Blumhardt (1805-1880)
von *Dieter Ising* 331

Chronologischer Überblick 355

Gesamtbibliographie 363
Quellen und Hilfsmittel 363
Aufsätze und Monographien 378

Personenverzeichnis 397

Biographien der Mitarbeiter 405

Bildnachweis 410

Vorwort

»Ich suche nämlich überall Christum ...« — die in diesem Wort des Stuttgarter Pfarrers Georg Konrad Rieger formulierte Konzentration des Glaubens auf Jesus Christus verbunden mit einer persönlichen und engagierten Glaubenspraxis war eines der wesentlichen Kennzeichen der auf Impulse Johann Arndts und Philipp Jakob Speners zurückgehenden Bewegung des Pietismus. In Württemberg fiel dieses Reformprogramm auf fruchtbaren Boden und wurde bis in die Gegenwart hinein zu einem die Landeskirche entscheidend prägenden Faktor. Daher ist es immer wieder herausfordernd, sich mit jenen Persönlichkeiten auseinander zu setzen, die mit großem Engagement die Ausbreitung und Verwurzelung sowie die jeweilige Aktualisierung der Anliegen des Pietismus betrieben. Vorgelegt werden Biographien von Personen, die für die Entwicklung der pietistischen Frömmigkeit in Württemberg wegweisend waren.

An erster Stelle wird mit Johann Valentin Andreae ein Wegbereiter der neuen Gedanken nicht nur deshalb porträtiert, weil in diesem Jahr seines 415. Geburtstages zu gedenken ist, sondern weil er die nach dem 30-jährigen Krieg zerrüttete Landeskirche ordnete: Kirchenkonvente sollten Sitte und Zucht der Bevölkerung überwachen, ein pädagogisches Reformprogramm Frömmigkeit, Sittlichkeit und Bildung befördern und die Theologenausbildung weniger durch Polemik als durch Bibelauslegung und Nachfolge bestimmt sein.

Den Theologen Johann Reinhard Hedinger, Albrecht Bengel, dem bereits erwähnten Georg Konrad Rieger und Samuel Urlsperger war es dann vorbehalten, in verschiedenen Funktionen dem Pietismus zum Durchbruch zu verhelfen: Hedinger und Urlsperger als Hofprediger, Bengel als Lehrer an der Klosterschule in Denkendorf sowie Rieger als Pfarrer in Stuttgart verstärkten die in zahlreichen Gruppierungen lebendigen, vom Geiste des Pietismus getragenen Reformansätze und entwickelten sie entscheidend weiter. Dass es nicht einfach war, dem neuen Anspruch Raum zu geben, musste Urlsperger schmerzlich erfahren: er wurde als Hofprediger nach einer kritischen Predigt über den Lebensstil am Hofe 1718 entlassen und folgte wenige Jahre später einem Ruf nach Augsburg. Vor allem Bengel — dessen 250. Todestag sich nächstes Jahr jährt — übte großen Einfluss auf die künftigen Pfarrer der Landeskirche aus. Durch seine bibelwissenschaftliche Arbeit prägte er die bis heute im württembergischen Pietismus fortwirkende strenge Bibelbezogenheit, und seine Spekulationen über den Anbruch des Tausendjährigen Reiches 1836 waren eine herausfordernde, anregende und mit der eschatologischen Frage konfrontierende Vision, die viele in ihren Bann zog.

Vorgestellt werden sodann vier Theologen, die auf ganz unterschiedliche Weise im Sinne des Pietismus wirkten: Philipp Friedrich Hiller war *der* herausragende Liederdichter des württembergischen Pietismus, seine Texte zeichnet eine große poetische Kraft aus. Sie sind bis heute im Gesangbuch zu finden. Johann Jacob Moser, dessen 300. Geburtstag dieses Jahr zu feiern ist, wirkte als Jurist und Landschaftskonsulent; Friedrich Christoph Oetingers naturwissenschaftliche Studien waren von dem Gedanken getragen, dass auch in der Natur die große Weisheit Gottes den Menschen entgegenleuchtet. Johann Friedrich Flattich schließlich war einer jener Pfarrer, die durch ihr Wirken — vornehmlich in ihren Predigten und durch die Förderung der »Stunden« — viel für die Verwurzelung der pietistischen Frömmigkeit taten, wobei Flattich durch originelle Äußerungen in besonderer Weise Aufmerksamkeit fand. Mit Philipp Matthäus Hahn begegnet uns ein Vertreter des Pietismus, der zugleich durch seine genialen Erfindungen der württembergischen Industrie wichtige Impulse gab.

Dass der Pietismus keine Bewegung war, die allein durch Pfarrer und Theologen vorangetrieben, sondern in entscheidender Weise von Laien getragen und teilweise sogar gegen Obrigkeit und Pfarrer behauptet wurde, belegen die Lebensbeschreibungen nicht nur von Moser, sondern auch die des

Iptinger Webers Johann Georg Rapp und des Bürgermeisters von Leonberg. Gottlieb Wilhelm Hoffmann. Zugleich tritt in Rapp die spiritualistische und separatistische Seite des Pietismus zutage – er verließ Württemberg und gründete im nordamerikanischen Pennsylvania mit Anhängern die Siedlung »Harmonie« –, während Hoffmann zum Begründer der Kolonie Korntal wurde, die in kirchlichen Belangen der Aufsicht des Konsistoriums entzogen war und so vielen Pietisten, die wegen der Verderbtheit der Kirche auswandern wollten, einen Rückzugsort bot.[1]

Dem schwindenden Elan des Pietismus und den Herausforderungen durch Aufklärung und politische Umwälzungen zu Beginn des 19. Jahrhunderts suchte die Erweckungsbewegung zu begegnen. Anknüpfend an die Traditionen des Pietismus wurden neue Akzente gesetzt: neben der Betonung der »praxis pietatis« und der Bekehrungsforderung gegenüber dem Einzelnen tritt die Kirche als Ganzes verstärkt ins Blickfeld. Mit Ludwig Hofacker, Albert Knapp und Sixt Carl Kapff sind wichtige Vertreter dieser neuen Richtung vorgestellt. Hofacker hatte in seinem kurzen Leben vor allem als Prediger große Wirkung, Knapp wurde als Poet, Liedersammler und -dichter bekannt, der dem geistlichen Gesang neue Impulse zu geben suchte, und Kapff wirkte als Mitglied der Ständeversammlung und später der Kirchenleitung gezielt im Sinne der Erweckungsbewegung; auch als Mitinitiator und Förderer sozialer Einrichtungen wie beispielsweise der Diakonissenanstalt in Stuttgart trat Kapff hervor.

Zuletzt ist Johann Christoph Blumhardt vorgestellt, der als Pfarrer von Möttlingen und später als Leiter des Kurhauses Bad Boll sich der körperlich-seelischen Not von Menschen annahm und Heilung aus der Kraft des Heiligen Geistes durch

---

[1] Die Zusage für einen Beitrag über Michael Hahn wurde trotz Fristverlängerung so kurzfristig zurückgezogen, dass kein anderer Autor mehr gewonnen werden konnte. Daher muss bedauerlicherweise in diesem Band auf ein Porträt dieser interessanten Persönlichkeit verzichtet werden.

das Gebet vermitteln wollte. Wenn er der festen Zuversicht Ausdruck gab, »Jesus siegt«, dann ist in dieser Formulierung die Kontinuität zu dem eingangs zitierten Satz von Rieger offenkundig, der ebenfalls ganz auf die persönliche Glaubensbeziehung des Menschen zu Jesus setzte.

Werden einzelne Personen, die für den Pietismus in Württemberg wichtig waren, vermisst, so ist in Rechnung zu stellen, dass der nur begrenzt zur Verfügung stehende Raum einer Publikation eine Auswahl der vorzustellenden Personen unumgänglich macht. Auch bringt es die Konzeption dieses Bandes, in dem ein Zugang über Biographien gesucht wird, mit sich, dass die vielfältigen Gruppierungen, die sich allenthalben im Land zusammenfanden, außerhalb des Blickfeldes bleiben müssen; dass der volkstümliche Pietismus, der Pietismus als eine »Bewegung von unten«, nicht dargestellt werden kann. Zu bedenken ist zudem, dass zahlreiche Gruppen nur kurzlebiger Natur waren und ihre herausragenden Gestalten oft literarisch weitgehend ohne Niederschlag blieben und daher nur schwer greifbar sind. Nicht aufgenommen sind in diesem Band Frauen wie Beata Sturm oder Charlotte Reihlen, die eine wichtige Rolle für die Etablierung und Umsetzung der Anliegen des Pietismus spielten; es steht zu hoffen, dass sie in einem nachfolgenden Band ebenso vorgestellt werden können wie beispielsweise Christian Gottlob Pregizer, Michael Hahn, Gustav Werner oder Christoph Blumhardt.

Zu danken ist dem Hänssler Verlag für die Aufnahme dieses Bandes in sein Verlagsprogramm sowie den Mitarbeiterinnen und Mitarbeitern für die kompetente und geduldige Begleitung.

Mögen — und hier gebe ich einen Wunsch weiter, den mir ein Blaubeurener Gemeindeglied in ein mir zur Ordination überreichtes Buch geschrieben hat — »die Väter im Glauben — in der geistlichen Verwirrung unserer Zeit — immer wieder Leitbilder und Quellen der Kraft und des Trostes sein«.

Gerlingen / Köln im Mai 2001   Siegfried Hermle

Johann Valentin Andreae

Johann Valentin Andreae
(1586-1654)

von Wolf-Friedrich Schäufele

Bereits vor 75 Jahren konnte Paul Joachimsen feststellen: »Johann Valentin Andreae ist kein Vergessener, den man erst wieder entdecken müsste.«[1] Seither sind der Forschung beachtliche Fortschritte gelungen; die im Erscheinen begriffene wissenschaftliche Werkausgabe wird ihr weitere Impulse geben.[2] Trotzdem ist Andreae uns kein Bekannter oder gar Vertrauter geworden. Noch immer scheiden sich an ihm Urteile und Geister. Als einen Wegbereiter des Pietismus hat ihn kein Geringerer als Philipp Jakob Spener (1635-1705) gewürdigt: Könnte von den Alten einer ins Leben zurückgerufen werden, um die Schäden der Kirche zu heilen, so wolle er niemand anderen als Andreae auswählen, der die Missstände schärfer als jeder andere durchschaut habe.[3] Anderen galt und gilt Andreae in erster Linie als unterschätzter Literat von Rang oder tatkräftiger Kirchenmann, als orthodoxer Lutheraner, Theosoph oder Okkultist; auch verschiedene »rosenkreuzerische« Vereinigungen und die Anthroposophie Rudolf Steiners (1861-1925) berufen sich auf ihn. Wirklich finden alle diese Aspekte Anhalt in Andreaes Leben und Werk. Seine Vielseitig-

---

[1] Joachimsen, Zeitwende, S. 485.
[2] An Forschungsliteratur vgl. v. a. Fritz, Andreäs Wirken; Montgomery, Cross and Crucible; van Dülmen, Utopie; Edighoffer, Rose-Croix; Bran Andreä; Neeb, Haß, und die verschiedenen Beiträge von Martin Brecht. Von der Gesamtausgabe der Schriften Andreaes liegen bisher drei Bände vor; eine Edition der Briefe sowie eine wissenschaftliche Biographie bleiben Desiderate.
[3] Spener, Consilia et Judicia Theologica Latina, Frankfurt/M., 1667-1704, Bd. III, S. 731 (8.10.1692).

keit machte ihn schon seinen Zeitgenossen verdächtig. Spätere hat sie verleitet, einzelne Züge auf Kosten anderer hervorzuheben oder Brüche in seiner geistigen Entwicklung anzunehmen. In neuerer Zeit wächst die Einsicht, dass Denken und Wollen Andreaes über die verschiedenartigen Abschnitte seines Lebens hinweg im Wesentlichen ein Kontinuum bilden. Andreae selbst hat in den Jahren nach 1642 für seinen Freund und Gönner Herzog August von Braunschweig-Wolfenbüttel (1578/1635-1666) sein Leben ausführlich beschrieben.[4] Die folgende Skizze orientiert sich teilweise an der Charakteristik der einzelnen Stationen seiner Amtsjahre, die er wenige Monate vor seinem Tod in einem Brief an den Herzog gegeben hat.[5]

Kindheit und Jugend: Herrenberg und Königsbronn, 1586-1601

Andreae entstammte der württembergischen Ehrbarkeit. Am 17. August 1586 wurde er in Herrenberg als fünftes von acht Kindern des dortigen Spezialsuperintendenten und nachmaligen Abtes von Königsbronn (seit 1591) Johann Andreae (1554-1601) und der Maria geb. Moser (1550-1631), einer Tochter des Herrenberger Vogtes, geboren. Seinen berühmten Großvater Jakob Andreae (1528-1590), den Tübinger Universitätskanzler und »Vater« des lutherischen Konkordienwerks, lernte er nicht mehr bewusst kennen. Schwach und körperlich spät entwickelt, zeigte Johann Valentin früh eine besondere geistige Begabung. Im Elternhaus brachte man ihm die lutherische Orthodoxie nahe; doch auch mit der paracel-

---

[4] Andreae, Vita. Auszüge in deutscher Übersetzung bei Antony, Andreä.
[5] »Anno 1614. conduxit (me Deus) ad Laboratorium Vaihingam; 1620. produxit ad Directorium Calvam; 1639. pellexit ad Oratorium Studtgardiam; 1650. depressit ad Purgatorium Bebenhusam; 1654. eduxit ad Refrigerium Adelbergam« (zitiert nach Montgomery, Cross and Crucible, Bd. I, S. 52).

sistischen Medizin und der Alchemie waren die Eltern vertraut. Der Vater wendete große Summen für alchemistische Studien auf, die ihn in engen Kontakt zu Herzog Friedrich von Württemberg (1557/1593-1608) brachten; Maria Andreae berief dieser einige Jahre später als Hofapothekerin nach Stuttgart.

Studien- und Reisejahre: Tübingen, Deutschland und Europa, 1601-1614

Nach dem frühen Tod ihres Ehemannes am 9. August 1601 zog Maria Andreae mit ihren Kindern nach Tübingen, um ihnen an der Landesuniversität eine wissenschaftliche Ausbildung angedeihen zu lassen. Johann Valentin wurde dort 1602 immatrikuliert. 1605 schloss er das philosophische Grundstudium mit dem Magistergrad ab und ging zum Studium der Theologie über, trieb aber auch mathematisch-naturwissenschaftliche, juristische, historische und literarische Studien.

Im Frühjahr 1607 kam es zu einem Bruch im scheinbar vorgezeichneten Bildungsgang des jungen Andreae. Wegen seiner Verwicklung in die Verbreitung einer studentischen Schmähschrift zur Hochzeit der Tochter des ungeliebten Kanzlers Entzlin konnte er sein Studium nicht fortsetzen. Stattdessen unternahm er in den folgenden Jahren mehrere Reisen durch Süddeutschland und das Elsass, Frankreich und die Schweiz, Österreich und Italien und eignete sich Kenntnisse der französischen, italienischen, spanischen und englischen Sprache an; zwischenzeitlich verdingte er sich als Hofmeister junger Adliger. Zweifellos verdankte Andreae seinen Reisen eine ungewöhnliche Horizonterweiterung. Die wichtigsten Anregungen erhielt er jedoch daheim in Tübingen, wo er sich von 1608 bis 1610 und im Herbst und Winter 1611/1612 aufhielt.

Die Rosenkreuzerschriften

Es waren Krisen- und Umbruchsjahre. Unter der wohl bestellten Oberfläche des orthodoxen Luthertums rumorte es. Einerseits blickte man voll Stolz auf den Aufbruch der Reformation zurück, der eben erst mit Hilfe der aristotelischen Metaphysik eine vorläufige theologische Durchdringung und Fixierung erfahren hatte. Andererseits beklagten viele den Mangel an Glaubensfrüchten und das Ermatten des frommen Eifers und der Sittlichkeit, allen voran der Celler Generalsuperintendent Johann Arndt (1555-1621), der mit seinen *Vier Büchern vom wahren Christentum* heute als der Begründer des Pietismus in Deutschland gilt. Neue naturwissenschaftliche Erkenntnisse, die mit der aristotelischen Schulphilosophie nicht mehr zu bewältigen waren, drohten die Einheit des christlichen Wirklichkeitsverständnisses aufzusprengen. Doch auch die verschiedensten Geheimlehren – Alchemie, Kabbala, Paracelsismus und spekulativer Chiliasmus – hatten Konjunktur. Der Ruf nach Reformen und neuen Aufbrüchen in Kirche und Wissenschaft wurde immer vernehmbarer.

Andreae hat sich intensiv mit den Herausforderungen seiner Zeit auseinander gesetzt. Mit seinen ausgedehnten Studien der verschiedensten Wissenschaften folgte er dem Bildungsideal der Spätrenaissance; auch mit Handwerkskünsten und esoterischen Wissenschaften machte er sich vertraut. Dabei hielt er jedoch stets an dem orthodoxen Luthertum seines Großvaters und seiner Tübinger Lehrer fest. Von dem bekannten theologischen Lehrbuch seines väterlichen Freundes Matthias Hafenreffer (1561-1619), der ihn einst als Diakonus in Herrenberg getauft hatte, fertigte er einen Auszug an, den er 1614 zum Druck gab.[6] Zugleich öffnete sich Andreae aber auch den Impulsen der neuen Frömmigkeitsbewegung. Durch seine Freunde Christoph Besold (1577-1638) und Wil-

---

[6]   *Doctrinae Christianae Summa ex ... Matthiae Hafenrefferi Locis communibus contracta,* 1614.

helm von Wense wurde er mit den Schriften Arndts bekannt, zu dessen eifrigsten Anhängern und Multiplikatoren er bald zählte; 1615 und 1621 publizierte er Extrakte aus dem *Wahren Christentum*[7].

Die merkwürdigste Frucht dieser Jahre sind die so genannten Rosenkreuzerschriften. Sie entstanden in einem Tübinger Freundeskreis nonkonformistischer Akademiker, der wenigstens in den Jahren 1608-1610 bestanden haben muss und dessen wichtigste Mitglieder neben Andreae die Juristen Tobias Heß und der bereits erwähnte Christoph Besold waren. Der aus Nürnberg stammende Heß (1558-1614) verband persönliche Frömmigkeit mit universaler Bildung. In Tübingen praktizierte er als paracelsistischer Arzt. Daneben betrieb er alchemistische Studien und widmete sich anhand der *Naometria* des Marbacher Lehrers Simon Studion (1543 – ca. 1605) apokalyptischen Berechnungen. Dagegen vertiefte sich der später zum Katholizismus konvertierte Besold — ein hervorragender Kenner der modernen Fremdsprachen und ihrer Literatur — bevorzugt in die mystischen Erbauungsschriften des Mittelalters. Gemeinsam war den Mitgliedern dieses Zirkels das Verlangen nach einer religiösen und wissenschaftlichen Reform im Geist von Luthertum und Paracelsismus.

Die drei Rosenkreuzerschriften erschienen erst 1614-1616 im Druck, wurden aber schon mehrere Jahre zuvor verfasst und abschriftlich verbreitet. Während die *Chymische Hochzeit Christiani Rosenkreuz* unbestritten ein Werk Andreaes ist, sind die beiden anderen wohl Gemeinschaftsarbeiten des Freundeskreises. Der sprechende Name der Titelfigur aller drei Schriften, Christian Rosenkreuz, ist vom Andreaeschen Familienwappen abgeleitet, das — vom Großvater Jakob in Anlehnung an Luthers Wappen entworfen — ein Andreaskreuz und vier Rosen zeigt. Die *Fama Fraternitatis* (1614) berichtet, wie der 1378 geborene Rosenkreuz als junger Mann nach dem

---

[7] *Christianismus genuinus ... Johannis Arndt,* 1615; *Similia ex Christianismo genuino Joh. Arndii,* 1621.

Orient reist, wo er eine umfassende Bildung und Kenntnis der Geheimwissenschaften erwirbt. Zurück in Europa, will er sein Wissen in den Dienst einer »Generalreformation« von Wissenschaft und Gesellschaft stellen, wird aber zurückgewiesen und verspottet. Er vertraut seine Kenntnisse daher einer geheimen Bruderschaft an, die sich im Geist des Christentums der Erforschung der Natur und dem Dienst am Nächsten verschrieben hat. 120 Jahre nach dem Tod ihres Gründers im Jahre 1484, dem vermuteten Geburtsjahr Luthers, tritt nun die Bruderschaft der Rosenkreuzer an die Öffentlichkeit und ruft die Gelehrten auf, mit ihr in Verbindung zu treten, um die aufgeschobene universale Reform ins Werk zu setzen. Die 1615 gedruckte *Confessio Fraternitatis* wiederholt und präzisiert diesen Aufruf.

Die beiden Manifeste sollten das Reformverlangen des Tübinger Kreises artikulieren und dessen Erfolgsaussichten sondieren. Doch fehlte es nicht an solchen, die die literarische Mystifikation für bare Münze nahmen; selbst Descartes (1596-1650) wollte sich dem geheimnisvollen Orden anschließen. Bis 1630 erschienen über 300 gedruckte Antworten sowie Streitschriften für und wider den Orden der Rosenkreuzer. Dabei dominierten die in den Manifesten bewusst herabgestimmten paracelsistischen und alchemistischen Töne, und auch Scharlatane meldeten sich zu Wort. Es scheint diese nach Art und Umfang ungewollte Resonanz gewesen zu sein, die Andreae bewog, sich zeitlebens von der für seine Ziele unbrauchbar gewordenen Rosenkreuzeridee zu distanzieren. Nur zur *Chymischen Hochzeit* hat er sich später als zu einer Spielerei zur Verspottung der menschlichen Neugier bekannt. Dabei handelt es sich um einen Roman mit märchenhaften Zügen, der die Reise des Christian Rosenkreuz zu einer königlichen Hochzeit schildert. Nach einer strengen Tugendprüfung darf er an der Neuerschaffung des getöteten Königspaares in einem alchemistischen Prozess mitwirken, um anschließend zum Torwächter berufen zu werden. Über die Deutung der allegorischen Erzählung ist bislang kein Konsens erzielt worden; das Bild vom Pilger als Hochzeitsgast stellt bei Andreae aber auch sonst eine zentrale Metapher der christlichen Existenz dar.[8]

Wiederaufnahme des Theologiestudiums

Dem ambitiösen Bildungsstreben und Verlangen nach einer »Generalreformation« stand bei dem relegierten Studenten Andreae zusehends die Frage nach seinem künftigen Broterwerb gegenüber. Dabei scheint ihm sein Lehrer Hafenreffer, in dessen Haus er im Winter 1611/12 lebte, eine entscheidende Wegweisung gegeben zu haben. Seiner Überzeugung nach konnte Andreae einen Brotberuf ergreifen, ohne seine vielfältigen Interessen aufzugeben. Im Gegenteil sollte er eine organische Einheit allen Wissens mit den klassischen und modernen Sprachen als »Händen«, den Naturwissenschaften als »Auge«, der Natur- und Weltgeschichte als »Gedächtnis« und der Frömmigkeit als »Herz« anstreben. Wenige Monate später fasste Andreae auf einer Italien-Reise den Entschluss, sich um ein Pfarramt zu bewerben. Am 22. Dezember 1612 stellte er sich einem Examen vor dem Stuttgarter Konsistorium, wo man ihm jedoch mangelnde Bibelkenntnis bescheinigte; nach einem weiteren Studienjahr als Gast im Tübinger Stift konnte er das Examen am 25. Februar 1614 erfolgreich wiederholen.

In der 1616 veröffentlichten Komödie *Turbo* (»Wirbel«) hat Andreae rückblickend die rastlose Wahrheitssuche seiner Sturm- und Drangjahre thematisiert. Der Titelheld — ein »Faust« des 17. Jahrhunderts — sucht im Wissenserwerb, auf Reisen, in Liebesbeziehungen und in okkulten Künsten vergeblich Ruhe und Befriedigung, bis er endlich Gott sein Herz übergibt. Noch dreißig Jahre später wird Andreae sich zu diesem faustischen Charakterzug bekennen: »Mich hat immer

---

[8]   Montgomery, Cross, Bd. I, S. 131-139 und passim.

und immer ein unbegreiflicher Geist getrieben, mehr leisten und wissen zu wollen, als mir gut war … Aber indes bin ich durch alle Wissenschaften geschweift, ich habe Juristerei und Medizin getrieben, mein Schifflein auf das hohe Meer der Geschichte gelenkt und sechs oder sieben Sprachen mir angeeignet. Wie viele Bibliotheken habe ich durchforscht, obwohl ich selbst eine Bücherei von 3000 Bänden besaß! Nichts, was profane und geistliche Bildung bot, habe ich ungekostet gelassen und dazu mir auch Kenntnisse in der Musik und in den mechanischen Künsten erworben …«[9]

»Laboratorium« (Werkstatt): Vaihingen, 1614-1620

1614 konnte Andreae, bereits 27-jährig, sein erstes kirchliches Amt als Diakonus (zweiter Pfarrer) in Vaihingen/Enz antreten. Im selben Jahr verheiratete er sich mit der Pfarrerstochter Agnes Elisabeth Grüninger (1592-1659) aus Poppenweiler, die ihm neun Kinder gebären sollte, von denen drei das Erwachsenenalter erreichten. Andreae selbst hat keinen Hehl daraus gemacht, dass er sich in Vaihingen nicht wohl fühlte. Mit seinen Versuchen, eine strenge Sittenzucht durchzusetzen, machte er sich bei den Untervögten und in der Bürgerschaft Feinde; als er nach den Stadtbränden von 1617 und 1618 öffentlich Trunksucht und Plünderungen, Zwietracht und Eigennutz der Vaihinger geißelte, verklagten diese ihn sogar beim Herzog. Im Übrigen ließen die Amtsgeschäfte Andreae viel Zeit für eine fruchtbare literarische Tätigkeit. In mehr als zwanzig Schriften konnte er während der Vaihinger Zeit den denkerischen Ertrag seiner Studien- und Reisejahre niederlegen.

Auffällig ist die Vielfalt literarischer Formen, deren sich Andreae bediente. Die klassischen Gattungen theologischer

---

[9]   Brief an Rudolf August von Braunschweig-Wolfenbüttel vom 15.10. 1647, zitiert nach Joachimsen, Zeitwende, S. 623 f.

Literatur — dogmatische Abhandlungen, Bibelkommentare und Predigten — fehlen fast völlig. Stattdessen finden wir vor allem Allegorien und Dialoge, ferner Satiren und Komödien, Kurzgeschichten, Romane, Gedichte usw., mit wenigen Ausnahmen sämtlich auf Latein.

Seine freimütige und scharfsinnige Kritik an den Missständen in Kirche, Schule und Staat, die ihm den Beifall Speners und Johann Gottfried Herders (1744-1803) eintragen sollte, kleidete Andreae meist in eine allegorische oder satirische Form. Der *Menippus* (1617) enthielt einhundert scharfe, zumeist dialogische Satiren, in denen Andreae vor allem den Wissenschaftsbetrieb seiner Zeit aufs Korn nahm. Die dreihundert kurzen Dialoge der *Mythologiae Christianae* von 1619 führten in Anknüpfung an antike Vorlagen Bilder menschlicher Tugenden und Laster vor. Bezeichnend erscheint die Parabel von der Auffindung des Grabes der Wahrheit, die achtlos unter Müll verscharrt wurde; von den frommen Bürgern werden ihre Gebeine mit aller Hochachtung erhoben und in einem würdigen Grabmal neu beigesetzt.

Ein Idealbild christlicher Existenz in der Welt zeichnete Andreae mit der Figur des »Christianus Cosmoxenus« (= »Welt-fremder Christ«), der zwar noch in der menschlichen Schwachheit befangen, zugleich aber durch Gottes Gnade befreit und ein Fremdling in dieser Welt ist.[10] Als solcher hat er, wie einst Herkules, immer neue Kämpfe gegen die Missstände und Zwänge seiner Zeit zu bestehen.[11] Der wenig bekannte Doppelroman der *Peregrini in Patria Errores* (1618) und des *Civis Christianus* (1619) stellt — einem Diptychon gleich — die vom Fleisch dominierte entfremdete Existenz des Menschen unter der Sünde und die auf Christus zentrierte neue Existenz des Glaubenden gegeneinander. Johann Amos Comenius (1592-1670) verdankte diesem Doppelwerk nach eigener Aussage die wesentlichen Grundzüge seiner »Panso-

---

[10] *De Christiani Cosmoxeni genitura, judicium,* 1612.
[11] *Herculis Christiani Luctae XXIV,* 1615.

phie«; Martin Brecht hält es den großen orthodoxen System-entwürfen für ebenbürtig.

Bei allen Distanzierungen vom Rosenkreuzertum hielt Andreae auch weiterhin am Bruderschaftsgedanken fest. In der *Invitatio Fraternitatis Christi* (1617/18) entwickelte er das Modell einer christlichen Gemeinschaft, die, verbunden in der Liebe Christi und abgesondert von der Welt, das gesamte Leben im Dienst Gottes und des Nächsten nach der Bibel aus-richtet. Ein detailliertes Idealbild einer christlichen Gesell-schaft zeichnete Andreae in der berühmten Utopie *Christiano-polis* (1619). In loser Anlehnung an die *Utopia* des Thomas Morus (1478-1535) und an die *Civitas Solis* des italienischen Dominikaners Tommaso Campanella (1568-1639) schilderte er Anlage, Einrichtung und Verfassung der idealen Christen-stadt auf der Insel Capharsalama. Charakteristisch für dieses von einem Triumvirat geleitete und zentral bewirtschaftete Gemeinwesen ist die exakte Planung aller Lebensbereiche und ihre konsequente Ausrichtung auf die Frömmigkeit. Tat-sächlich wollte Andreae wohl nicht einen Staatsentwurf schaf-fen, sondern dem einzelnen Gläubigen ein Idealbild christ-licher Existenz vor Augen stellen; er nannte die *Christianopolis* geradezu eine Kolonie des von Johann Arndt erbauten Zion des wahren Christentums. Dennoch verrät sich in vielen Ein-zelzügen wie dem detaillierten Bildungsprogramm auch ein konkretes Verwirklichungsinteresse, mit dem Andreae die von der lutherischen Zwei-Reiche-Lehre gezogenen Grenzen überschritt.

Wirklich plante Andreae damals ernsthaft die Errichtung einer christlichen Sozietät mit wenigstens 26 seiner Korres-pondenten als Mitgliedern, darunter Johann Arndt, Johann Gerhard (1582-1637) und Johannes Kepler (1571-1630); den Vorsitz sollte Herzog August von Braunschweig-Wolfen-büttel haben. In zwei kleinen Schriften des Jahres 1620 hatte er bereits die Satzung dieser Gesellschaft ausgearbeitet,[12] als

---

[12] *Christianae Societatis imago; Christiani amoris dextera porrecta.*

der Krieg alle Hoffnungen zunichte machte. Die 1628 von seinen Nürnberger Freunden errichtete »Christliche Vereinigung« blieb hinter den ursprünglichen Idealen weit zurück. Andreae selbst konnte in Calw und in Stuttgart noch einmal in bescheidenerem Maße an seine Gesellschaftspläne anknüpfen; indirekt haben sie unter anderem die Gründung der Royal Society in London 1660 mit angeregt.

»Directorium« (Regierungsbank): Calw, 1620-1639

Nachdem Andreae im Herbst 1619 in Österreich Möglichkeiten einer Stärkung des dortigen Luthertums gegenüber dem böhmischen Calvinismus sondiert hatte, plante das Konsistorium, ihm die reiche Pfarrei Ensingen zu übertragen, die dann aber infolge einer unrechtmäßigen, von Andreae mit Bitterkeit registrierten Intervention des Herzogs an den Verwandten eines Hofbeamten fiel. Am 25. Februar 1620 wurde er auf herzoglichen Befehl mit dem Amt des Spezialsuperintendenten (Dekan) von Calw entschädigt. Obwohl er in Calw die schlimmsten Notzeiten des Dreißigjährigen Krieges erleben sollte, empfand Andreae die beiden dort verbrachten Jahrzehnte als die glücklichste Zeit seines Lebens. Zu schriftstellerischer Tätigkeit blieb ihm freilich nur wenig Zeit, in den Vordergrund traten praktische, soziale und organisatorische Aufgaben.

Calw erlebte damals einen von der prosperierenden Textilindustrie getragenen Aufschwung. Die Bevölkerung wuchs von 2.500 Einwohnern im Jahre 1620 auf 3.800 — die Hälfte der Einwohnerzahl Stuttgarts! — im Jahre 1634. Mangel an Wohnraum und steigende Lebensmittelpreise waren die Folge; das soziale Gefälle zwischen den wohlhabenden Färbern und den in unselbstständiger Verlagsarbeit tätigen Zeugmachern verstärkte sich zusehends. Durch Almosensammlungen und Armenspeisungen suchte Andreae die sozialen Nöte zu lindern. Bezeichnenderweise griff er auch wieder auf

23

seinen Lieblingsgedanken einer christlichen Sozietät zurück. Am 12. November 1621 gründete er mit zwölf anderen wohlhabenden Calwern, vor allem Tuchmachern und Färbern, das bis 1979 bestehende so genannte »Färberstift«. Nach der Präambel der 16 Kapitel umfassenden Regel wollten die Mitglieder »aus Schein- und Maulchristen zu rechten wahren lebendigen Christen« werden[13] und sich unter anderem der Unterstützung Armer und Kranker und der Finanzierung der akademischen oder handwerklichen Ausbildung bedürftiger Jugendlicher annehmen.

Neben den sozialen Aufgaben widmete Andreae sich besonders der christlichen Kindererziehung; unter anderem gab er eine *Evangelische Kinderlehr* (1621) heraus, die neben dem Brenzschen Katechismus und dem Kommunikantenbüchlein Andreas Osianders 32 eigene »Fragstücke« für die häusliche Unterweisung enthielt. Daneben war es ihm, wie schon in Vaihingen, besonders um die Durchführung einer strengen Kirchenzucht zu tun.

Die praktischen Erfahrungen der Amtstätigkeit flossen 1622 in die bedeutendste Reformschrift Andreaes ein, den Dialog *Theophilus*. Wegen seiner freimütigen Kirchenkritik und seiner Stellungnahme für Johann Arndt verweigerte das Konsistorium die Druckerlaubnis; erst 1649 konnte der *Theophilus* in Stuttgart im Druck erscheinen. Klar erkennbar ist das apologetische Interesse. Ausdrücklich bekennt sich Andreae zum orthodox-lutherischen Erbe eines Johannes Brenz (1499-1570), Erhard Schnepf (1495-1558), Jakob Andreae, Jakob Heerbrand (1521-1600), Matthias Hafenreffer und anderer. Zugleich beklagt er aber mit Arndt den Mangel an Glaubensfrüchten und die Lebensferne der Theologie. Abhilfe verspricht er sich einerseits von einer Bildungsreform, andererseits von einer institutionalisierten Kirchenzucht nach calvinistischem Vorbild.

---

[13] Zitiert nach: Bran, Andreä, S. 72.

Kern und Stern der Bildung soll die Frömmigkeit sein. Nicht so sehr das Kulturgut der heidnischen Antike als vielmehr die Bibel soll behandelt werden. Der Unterricht ist in der Muttersprache zu halten und am Fassungsvermögen der Schüler zu orientieren; er zielt auf existenzielle Aneignung des Gelernten und lebt vom persönlichen Vorbild des Lehrers. Auffällig ist der hervorgehobene Rang der Mathematik und der Naturwissenschaften.

Eine von der christlichen Gemeinde selbst getragene Kirchenzucht nach dem Vorbild Calvins hatte 1554 bereits Jakob Andreae in Württemberg einführen wollen. Johann Valentin war seit seinem Aufenthalt in Genf 1611 von der reformierten Kirchenzucht angetan. Die Abschaffung der öffentlichen Kirchenbuße für schwere Vergehen durch die Landesordnung von 1621 missbilligte er zutiefst. Im *Theophilus* schlug Andreae die Bestellung von zwei bis drei Zensoren für jedes Dorf oder Stadtviertel vor, die wöchentlich Vergehen wie Glücksspiel, Fluchen, Müßiggang, kindlichen Ungehorsam usw. abmahnen und schwere Fälle vor einen vorgesetzten »Decurio« oder die Obrigkeit bringen sollten. 1638 sollte es ihm gelingen, in Calw wöchentliche Konferenzen der Pfarrer und Bürgermeister über Fragen der Kirchenzucht einzurichten.

Die kirchenpolitisch brisanteste Schrift Andreaes, der 1631 entstandene *Apap proditus,* war durch das Auftreten des schwedischen Königs Gustav II. Adolf (1594/1611-1632) auf dem deutschen Kriegsschauplatz veranlasst. Von ihm erhoffte sich Andreae vor allem die Befreiung der protestantischen Kirchen aus einem korrupten, evangeliumswidrigen Staatskirchentum. In der durch einen beigegebenen Schlüssel auflösbaren Traumerzählung zeigte er, wie nach der Reformation an die Stelle der angemaßten Papocäsarie des Papstes (papa) die Cäsaropapie des evangelischen Fürsten (apap) getreten sei, die Gustav Adolf überwinden werde – eine Hoffnung, die sich mit dessen Tod bei Lützen 1632 zerschlug.

Am 10. September 1634, zwei Wochen nach der Schlacht von Nördlingen, brach der Krieg dann auch nach Calw ein.

Kaiserliche Truppen plünderten die Stadt und brannten rund 450 von 550 Häusern nieder. Die meisten Einwohner — auch Andreae mit seiner Familie — waren rechtzeitig geflohen, so dass zunächst nur 83 Tote zu beklagen waren; doch ließen Hunger und Pest die Bevölkerung während der nächsten Jahre auf weniger als die Hälfte zusammenschrumpfen. Andreae, der mit dem Pfarrhaus auch den größten Teil seiner Bibliothek und seine Kunstsammlung mit Originalen von Dürer, Cranach und Holbein verloren hatte, widmete sich mit großer Energie der Versorgung der Überlebenden und dem Wiederaufbau, für den er — unter anderem mit seiner Schrift *Threni Calvenses* (1635) — Geldmittel einwarb; einen ehrenvollen Ruf nach Nürnberg schlug er aus.

»Oratorium« (Betsaal): Stuttgart, 1639-1650

Es ist nur mit den personellen Verlusten der Kriegszeit zu erklären, dass der als Rosenkreuzer verdächtigte und als Anhänger Arndts und Kritiker des landesherrlichen Kirchenregiments beargwöhnte Andreae zum 14. Januar 1639 als Konsistorialrat und Hofprediger nach Stuttgart berufen wurde. Von den ihm zur Auswahl angebotenen Ämtern eines Theologieprofessors, des Stuttgarter Stiftspredigers oder des Konsistorialrats hatte er sich nicht ohne Vorbehalte und erst auf Zuraten seiner Freunde für das Letztere entschieden. Elf Jahre lang sollte er dem Konsistorium, fünfzehn dem Synodus angehören. Angesichts der Verheerungen und Auflösungserscheinungen durch Krieg und österreichische Besatzung war eine umfassende Aufbauarbeit zu leisten. Vor allem galt es, Pfarreien und Schulen mit fähigen Pfarrern und Lehrern zu versorgen und notdürftig zu dotieren. Nicht einmal die Besoldung der Konsistorialräte selbst war gesichert; zeitweise war Andreae auf Zuwendungen seines Gönners August von Braunschweig-Wolfenbüttel angewiesen, der ihn 1642 zum (korrespondierenden) Kirchenrat ernannte.

26

Die Aktenlage lässt es vielfach nicht zu, den genauen Anteil Andreaes an einzelnen Maßnahmen der Kirchenleitung festzustellen. Sehr wahrscheinlich gingen aber der Ausbau des Tübinger Stifts und die Einführung der allgemeinen Schulpflicht 1648 auf seine Initiative zurück. Mit besonderem Eifer verfolgte er sein altes Anliegen einer verbesserten Kirchenzucht. Zu diesem Zweck stellte er noch 1639 in der *Cynosura oeconomiae ecclesiasticae*[14] — zunächst zum eigenen Gebrauch — einschlägige Kirchengesetze über Leben und Amtsführung der Pfarrer und die kirchliche Disziplin zusammen; 1687 erschien sie als amtliches Handbuch. Nachdem 1642 die öffentliche Kirchenbuße für Ehebrecher wieder eingeführt worden war, schuf die Kirchenleitung mit den so genannten Kirchenkonventen — 1642 in den Amtsstädten, 1644 in allen Gemeinden — ein wirksames Instrument zur Durchsetzung der Kirchenzucht. Dabei handelte es sich um ein wöchentlich bis monatlich tagendes Gremium aus dem Spezialsuperintendenten und dem Vogt (bzw. dem Pfarrer und dem Schultheißen) und einigen Beisitzern von Gericht oder Rat, das anderweitig nicht justitiable Delikte wie Versäumnis des Gottesdienstes, Brettspiele, Fluchen, Völlerei und Kleiderluxus ahndete, aber auch über Gottesdienst, Schulwesen und Armenkasten zu wachen hatte.

Als Hofprediger hielt Andreae in elf Jahren 170 Predigten, die aber (außer wenigen Dispositionen) nicht überliefert sind. Während sein Verhältnis zu Herzog Eberhard III. (1614/1633-1674) distanziert blieb, pflegte er mit dessen Schwestern Antonia, Anna Johanna und Sibylla näheren Umgang. Andreae scheint die theologisch wie naturwissenschaftlich vielseitig interessierten Prinzessinnen, die er die »württembergischen Grazien« nannte, gefördert und mit gleich gesinnten Freunden zusammengebracht zu haben. Tatsächlich han-

---

[14] »Cynosura« heißt auf Latein das für die Navigation wichtige Sternbild des Kleinen Bären. Wie dieses den Seeleuten, so sollte die Gesetzessammlung der Kirchenleitung Orientierung bieten.

delte es sich bei dem gelehrten Freundeskreis um Prinzessin Antonia (1613-1679), aus dem die berühmte Lehrtafel von Bad Teinach hervorging, eine weitere, von der Forschung bisher übersehene Realisierung von Andreaes Sozietätsplänen.[15]

»Purgatorium« (Läuterungsort) und »Refrigerium« (Erholungsort): Bebenhausen und Adelberg, 1650-1654

Nachdem Andreae wegen seiner schwachen Gesundheit bereits 1646 von der regelmäßigen Mitarbeit im Konsistorium befreit worden war, erhielt er 1650 die Prälatur Bebenhausen übertragen. Die Amtspflichten waren hier leichter — neben einem geringen Unterrichtsdeputat an der Klosterschule hatte er als Generalsuperintendent die Visitationsberichte zusammenzustellen und die Sitzungen von Synodus und Landtag zu besuchen —, doch verschlechterte sich sein Gesundheitszustand weiter. Vor allem die Anfeindungen der Klosterpräzeptoren Georg Linder und Jakob Roth, die Andreae eine Überbetonung der guten Werke vorwarfen, ließen Bebenhausen zu einem Läuterungsfeuer für Andreae werden. Am 25. Februar 1654 wurde er auf eigenen Antrag zum Titularabt von Adelberg ernannt und konnte sich mit vollen Bezügen in sein Stuttgarter Haus zurückziehen. Nachdem er am 12. Mai einen schweren Schlaganfall erlitten hatte, starb er hier am frühen Abend des 27. Juni 1654.

Würdigung und Wirkung

Andreae war kein theologischer Denker. In erster Linie ging es ihm um die Praxis des christlichen Lebens in der Übereinstimmung von Glauben und Handeln. Dabei stellte er die orthodoxe melanchthonische Schultheologie mit ihrer künstlichen

---

[15] Vgl. demnächst meinen Beitrag zur Festschrift für Gustav Adolf Benrath.

Trennung von Rechtfertigung und Heiligung — bei aller Kritik im Einzelnen — niemals ernsthaft in Frage. Vielmehr meinte er, die Mängel des kirchlichen Lebens allein mit den Mitteln christlicher Erziehung, institutionalisierter Sittenzucht und dem Aufbau christlicher Bruderschaften abstellen zu können — ein Programm, das punktuelle Erfolge aufweisen konnte, aber in seiner Gesetzlichkeit hinter die in der Rechtfertigungslehre verwurzelte Ethik Luthers zurückfiel. Tatsächlich erinnern Andreaes Ideale der christlichen Gesellschaft und der christlichen Erziehung eher an Erasmus von Rotterdam (1466/9 - 1536).

Letztlich war Andreaes Reformplänen nur geringer Erfolg beschieden. So büßten die Kirchenkonvente — vor allem wegen der misslichen Verquickung kirchlicher und weltlicher Sittenzucht — nach anfänglichen Erfolgen bald an Wirkung ein; vom Pietismus wurden sie als äußerliches Zwangsmittel gering geschätzt. Doch auch das Postulat einer Zusammenfassung der gesamten Bildung unter der Theologie als Leitwissenschaft erwies sich als unrealistisch. Mit seinem Bemühen um und seinem Scheitern an einer großen Synthese von Wissen, Glauben und Handeln war Andreae ganz Kind seiner Zeit. Gleichzeitig finden sich in seinem Werk aber auch Züge, die auf die Aufklärung und den Pietismus vorausweisen. Zu Recht hat man ihn »eine eigenartige Gestalt des Übergangs, die offenbar in keinem Lager wirklich zu Hause ist«, genannt.[16]

Andreae, der fast durchweg lateinisch für ein gelehrtes Publikum geschrieben hatte, erzielte nie eine breite öffentliche Wirkung. Neben seinen Schriften war es sein ausgedehnter Briefwechsel, der seine Gedanken verbreitete; zu seinen Korrespondenten zählten Herzog August, Johann Gerhard, Johannes Kepler, Johann Amos Comenius und John Dury (1596 - 1680). Einer Rezeption Andreaes durch die Aufklärung, für die sein Bildungsinteresse und Erziehungsoptimismus Ansatzpunkte boten, stand der konservative Grundzug

---

[16] Kruse, Speners Kritik, S. 117.

seines Denkens entgegen. Die stärkste Wirkung entfaltete er —
sieht man von der missbräuchlichen Inanspruchnahme der
Rosenkreuzeridee in Freimaurerei und Theosophie ab — im
lutherischen Pietismus.

Im Einzelnen ist die pietistische Rezeptionsgeschichte
Andreaes noch zu schreiben. Unzweifelhaft ist sein Einfluss
auf den frühen Frankfurter Pietismus. Als Multiplikator dürfte
hier sein Verwandter[17] Johann Jakob Schütz (1640-1690),
das spätere Oberhaupt der separatistischen »Saalhofpietis-
ten«, gewirkt haben. Spener kannte etliche Schriften des von
ihm hoch geschätzten Andreae und trug sich zeitweise sogar
mit dem Gedanken, die *Christianopolis* neu herauszugeben.
Man wird auch kaum fehlgehen, in den pietistischen Konventikeln Elemente von Andreaes Bruderschaftsgedanken festzustellen. Auch die Pläne August Hermann Franckes (1663-
1727) zu einer weltweiten »Generalreformation« und seine
Konzeption eines ganz auf die Frömmigkeit zentrierten
Bildungswesens in den Halleschen Anstalten gehören wohl in
die — z. T. durch Comenius vermittelte — Tradition Andreaes.
In seiner Heimat Württemberg steht Andreae mit seinem
Bemühen um die Einheit theologischer und naturwissen-
schaftlicher Erkenntnis am Anfang einer Linie, die in Friedrich
Christoph Oetinger (1702-1782) und Philipp Matthäus Hahn
(1739-1790) ihre bedeutendsten Vertreter finden sollte.

[17] Urenkel von Jakob Andreae.

Johann Reinhard Hedinger

Johann Reinhard Hedinger
(1664-1704)

von Wolfgang Schöllkopf

Als Herzog Eberhard Ludwig von Württemberg (1676/1693-1733) einmal am Sonntagvormittag sich anschickte, zur Jagd auszufahren statt den Gottesdienst in der Hofkirche zu besuchen, stellte sich ihm sein Hofprediger Johann Reinhard Hedinger am Tor des Alten Schlosses zu Stuttgart in den Weg. Auf die Aufforderung des Herzogs, zur Seite zu gehen, antwortete Hedinger: »Wenn Euer Durchlaucht mit einem Käpplein Blut gedient ist, so fahren Sie nur zu. Ich fürchte den Tod nicht.«[1] Wer war dieser wackere Hofprediger, von dem außer manchen Anekdoten zu seinem Mut vor dem Fürstenthron nur wenig bekannt ist? Johann Reinhard Hedinger war maßgeblicher Förderer und Gestalter des frühen Pietismus in Württemberg. Dabei beschäftigte ihn besonders die notwendige Reform der Kirche. Obwohl er nur vierzig Jahre alt wurde, verfasste er für alle Felder des kirchlichen Lebens – Bibel, Gesangbuch, Predigt, Unterricht, Seelsorge – je ein grundlegendes Werk, mit teilweise lange anhaltenden Wirkungen. Darin erweist sich Hedinger als Übersetzer der Theologie von Philipp Jakob Spener (1635-1705) in die Praxis der württembergischen Kirche.

Herkunft, Bildung, Reisen

Johann Reinhard Hedinger wurde am 7. September 1664 in Stuttgart geboren. Sein Vater, Johann Reinhard Hedinger, war Hofadvokat, seine Mutter, Christiana, geborene Schübel, die

---

[1] Nach: Schöllkopf, S. 20.

Tochter des früheren Prälaten von Hirsau Johannes Schübel. Bereits 1668 starb der Vater, und die Mutter verheiratete sich mit Johann Bernhard Schmoller, dessen Sohn Christian Friedrich (1675 - 1707), Hedingers Stiefbruder, einer der ersten im Stift untersuchten Separatisten war. Nach den Klosterschulen Hirsau — 1692 von französischen Truppen unter General Ezcchiel Graf von Mélac (gest. 1709) zerstört — und Bebenhausen wechselte Hedinger wegen seiner besonderen Begabung 1681 vorzeitig ins Tübinger Stift. Dort waren bereits die ersten Reformschritte im Geist des Spenerschen Pietismus eingeleitet mit der Priorität auf den biblischen Fächern und der kirchlichen Praxis. Hier lernte Hedinger auch Johann Andreas Hochstetter (1637 - 1720), den »württembergischen Spener« kennen, der die praktisch-theologischen Fächer vertrat. Im Stift existierte zudem schon ein von Repetenten betreuter Konventikel. 1686 legte Hedinger ein sehr gutes Examen ab und wurde anschließend dem damals achtzehnjährigen württembergischen Prinzen Johann Friedrich (1669 - 1693), Sohn des Herzogs Eberhard III. (1614/1633 - 1674), als Sekretär und Reiseprediger auf seine Kavaliersreise an die Seite gegeben. Diese Bildungsreise, kulturell interessant und zugleich mit wenig prägendem Tiefgang, führte die beiden durch die Schweiz und nach Frankreich. Auffallend dabei war Hedingers vorurteilsfreie Wahrnehmung anderer christlicher Konfessionen und ihrer Besonderheiten. Anschließend durfte er mit einem Stipendium des Herzogs eine ausführliche Bildungsreise antreten, die ihn an wesentliche Stätten des kirchlichen Lebens und der theologischen Lehre brachte. Davon zeugt sein Reisebericht und, als besonders wertvolle Quelle, sein Stammbuch, in das sich auch Philipp Jakob Spener eintrug, der die programmatische Anregung für solche, den Horizont erweiternde Reisen der jungen Theologen gab. Auf dieser Reise kam Hedinger über Leipzig, Wittenberg und Hamburg durch Holland schließlich nach England, wo er für zwei Monate die Predigerstelle an der lutherischen Hofkirche vertrat. Zurückgekehrt, erlebte Hedinger die ständigen

Kriegswirren im Land am eigenen Leib, als er mit dem Herzogadministrator Friedrich Carl (1652-1698) bei Ötisheim 1692 in französische Gefangenschaft geriet.

Eheschließung

1694 verheiratete sich Johann Reinhard Hedinger mit Christina Barbara, geborene Zierfuß, der Tochter des Stadt- und Amtsvogts von Kirchheim. Aus der Zeit ihrer kinderlosen zehn Ehejahre ist kaum etwas von ihr überliefert, außer ihrem eindrucksvollen Beistand in seiner Sterbezeit 1704. Nach seinem Tod aber tritt sie in den langen 39 Jahren ihrer Witwenschaft aus dem Schatten des Gatten heraus und wird bekannt, als sie die Werke ihres Mannes vertreibt, namhafte Separatisten wie Johann Friedrich Rock (1678-1749) empfängt und schließlich an ihrem Witwensitz, dem elterlichen Haus in der Ötlinger Vorstadt von Kirchheim, gar 1734 von Nikolaus Graf von Zinzendorf (1700-1760) besucht wird. Dies lässt auf ihre besondere Stellung innerhalb des württembergischen Pietismus schließen.

Professor in Gießen

Im Jahr seiner Heirat wird Hedinger auf eine Professur für Naturrecht an die Universität Gießen berufen. Es war damals üblich, dass die Theologen auch die Fächer ihres umfassenden Grundstudiums vertreten konnten. Er wurde dort 1696 mit einer exegetischen Arbeit über »Die Herrlichkeit des Dienstes nach 2. Korinther 3« zum Doktor der Theologie promoviert. Berufungen auf eine theologische Professur nach Tübingen oder auf die Hofpredigerstelle in Eisenach lehnte er ab. Vom Naturrecht ins Fach der Rhetorik gewechselt, hätte Hedinger gerne einen theologischen Lehrstuhl in Gießen besetzt. Das aber verhinderte eine Verschwörung der maßgeblichen Kollegen an dieser ersten mehrheitlich vom Pietismus geprägten Universität. Hedinger kritisierte diese Machenschaften scharf, was ihm den Ruf eines lutherischen Streiters eintrug. Seine Kritik jedoch galt allein den menschlichen Defiziten, die sich unter den wohl zu früh eine Mehrheit und damit einflussreich gewordenen pietistischen Kollegen zeigten, nicht dagegen den pietistischen Anliegen, die er inhaltlich selbst vertrat. Als Hedinger in seine harte Kritik zuletzt auch den herrschenden Landgrafen Ludwig VI. von Hessen-Darmstadt (1652-1712) einbezog, indem er ihn der Mitwirkung am Personalfilz der Gießener Universität beschuldigte und ihn eine »leuchtende Sonne, aber mit Nebeln und Wolcken umbgeben«[2] nannte, wurde er in Hausarrest gesetzt. Nur der Einsatz des ihm gesonnenen württembergischen Herzoghauses und insbesondere seiner großen Förderin, der Herzogin Magdalena Sibylla, die mit dem Haus Hessen-Darmstadt verwandt war, vermochte ihn zu befreien.

Hofprediger

1699, mitten in den absolutistischen Umbrüchen und in anhaltenden Kriegsgefahren, trat Hedinger sein neues Amt als Hofprediger und Konsistorialrat in Stuttgart an. Seine Einführungspredigt in der Hofkapelle des Alten Schlosses schließt er mit der Mahnung an den Herzog: »Serva, Princeps, Animam tuam!«[3] (Rette, Fürst, deine Seele!) Die besondere Stellung des Hofpredigers nutzte Hedinger immer wieder zu deutlichen Worten. Der streng in Ständen aufgeteilten Hofgesellschaft versuchte er durch katechetischen Unterricht und Seelsorge Zucht und Verantwortungsbewusstsein beizubringen. Das Hofpredigeramt war — ein württembergisches Unikum! — das einzige Pfarramt, das nicht visitiert wurde, da sein Inhaber

[2]   Nach: Schöllkopf, S. 58.
[3]   Nach: Schöllkopf, S. 65.

selbst Mitglied der Visitationsbehörde war. So wurde eine eigene Gestaltung der Arbeitsschwerpunkte in Freiheit möglich. Der Hof bildete einen sozialen Schmelztiegel aus mittellosen Hofadligen, einflussreichen Günstlingen und entwurzelten Bediensteten aus anderen Gegenden und Ländern. Nur der Hofprediger hatte freien Zugang zu allen, vom Herzog bis zum Hofmohren, von der Dame bis zur Dienerin, vom Kanzler bis zum Kerzenanzünder. Als die ersten Überlegungen zum Bau einer feudalen barocken Residenz in Ludwigsburg laut wurden, gehörte Hedinger zu ihren strengen Kritikern, der die geplante Verschwendung anprangerte. Das einfache Landvolk dankte ihm diese stellvertretende Kritik und bald wurde diese in Anekdoten kolportiert, in denen sich jene Menschen Luft machten, die am Hof selbst nicht zu Wort kamen.

In der Kirchenleitung setzte sich Hedinger für die Verbesserung der Ausbildung von Pfarrern und Lehrern ein, kritisierte Ämterhäufung und Sippenfilz und beförderte durch seine Werke die pietistische Reform der Kirche. Allzu nachsichtig ging er mit separatistischen Bewegungen um. Dabei stand ihm seltsamerweise die gemeinsame Kritik am Zustand der Kirche höher als die sonst von ihm immer klar geforderte theologische Kompetenz. In seiner scharfen Kritik, vor allem an seinen Amtsbrüdern, die er »lumpen- und polsterprediger«, »bauch-, schein- und maul-pfaffen« und »postillenpapageien«[4] nannte, schoss er über seine berechtigten Reformanliegen weit hinaus und isolierte sich damit immer mehr. Glücklicherweise hatte er Weggefährten, die seine Stärken schätzten und seine Schwächen ausglichen.

Hedinger und die Hochstetters

Die Darstellung einer einzelnen Lebensgeschichte erweckt leicht den Anschein, als stehe das Leben und Werk des Darzu-

---

[4] Nach: Schöllkopf, S. 142.

stellenden allein und droht, die Lebensbeziehungen zu vernachlässigen. Deshalb sei nun die Familie Hochstetter in den Blick genommen, deren Vertreter lange Zeit die Geschicke der württembergischen Landeskirche maßgeblich bestimmten und mit denen auch Hedinger in engem und fruchtbarem Kontakt stand.

Der Stammvater der weit verzweigten Pfarrerdynastie war Johann Konrad Hochstetter (1583-1661) aus Gerstetten, der als Dekan von Kirchheim unter Teck ab 1626 dort später die Schrecken des Dreißigjährigen Krieges erlebte und sich nach 1648 um den materiellen und geistigen Wiederaufbau des Landes verdient machte. Fünf seiner Söhne wurden Pfarrer, drei von ihnen gar Prälaten. Der bedeutendste von ihnen war Johann Andreas Hochstetter (1637-1720), den man später, wohl auf August Hermann Francke (1663-1727) zurückgehend, den »württembergischen Spener« nannte. Als Klosterschüler in Bebenhausen erlebte er dort 1649 noch Johann Valentin Andreae (1586-1654) als Prälat. 1659 wurde er Pfarrer in Tübingen, 1668 in Walheim und ab 1672 Dekan in Böblingen. 1677 berief man ihn auf eine philosophische, ab 1680 auf eine theologische Professur nach Tübingen, wo er zugleich Ephorus (Magister Domus) des Evangelischen Stifts war. Eng mit Philipp Jakob Spener verbunden und von einer tiefen Frömmigkeit geprägt, setzte sich Hochstetter für kirchliche Reformen im Geist des frühen Pietismus ein. Sein Einfluss wurde noch größer, als er 1681 als Generalsuperintendent nach Maulbronn und schließlich 1689 nach Bebenhausen befördert wurde. Die Generalsuperintendenten entsprachen den Prälaten als Leiter an den noch existierenden Klosterschulen und gehörten als Mitglieder des Synodus zur obersten Visitationsinstanz des Landes. So wurde von Maulbronn aus die Landeshauptstadt Stuttgart und von Bebenhausen aus die Universitätsstadt Tübingen visitiert. Hochstetter nutzte diese führende Position für wichtige Reformvorschläge zur Verbesserung der katechetischen Unterweisung, der Einführung von Hausbesuchen und der Konfirmation. Mit allen diesen Themen war auch Hedinger beschäftigt und die beiden standen in engem Kontakt, als auch Hedinger ab 1699 Mitglied des Konsistoriums war. Von Johann Andreas Hochstetter stammt die für Württemberg typisch gewordene Kombination aus den Katechismen der beiden Reformatoren Martin Luther (1483-1546) und Johannes Brenz (1499-1570) von 1696, die bis heute in Gebrauch ist. Mit zustimmenden Gutachten beförderte er die Ansiedlung der Waldenser und Hugenotten im Herzogtum Württemberg. 1717 besuchte ihn August Hermann Francke in Bebenhausen.

Ein Bruder dieses »württembergischen Spener« war Johann Friedrich Hochstetter (1640-1720), als Oberhofprediger Hedingers nächster Kollege in dessen Stuttgarter Jahren. Zuvor versah Johann Friedrich Hochstetter Aufgaben als Pfarrer in Unterlenningen ab 1660 — erst zwanzigjährig! —, dann als Stadtpfarrer in der kleinsten Stadt Württembergs, Zavelstein (1663), und schließlich als Dekan in Knittlingen. Als Vertrauter der Herzoginwitwe Magdalena Sibylla, der er seine beiden Predigtsammlungen widmete, wurde er 1680 in das Amt des Stuttgarter Oberhofpredigers berufen, das er in schwierigen Zeiten dreiunddreißig Jahre lang, bis 1713, versah. Sein diplomatisches Geschick und sein Verständnis als Mahner der Obrigkeit zugleich lässt sich beispielhaft aus seiner Predigt zur Eröffnung der Sitzung des württembergischen Landtags vom 30. September 1698 herauslesen: »... wir halten's nicht unbillig für eine rechte Grundfeste des Vaterlandes und des Gemeinwesens, wenn der Fürst und seine Ältesten, wenn die Herrschaft und die gesamte Landschaft sich wohl miteinander verstehen, ihre Ratschläge eifrig zusammentragen und auf die Förderung der allgemeinen Wohlfahrt zugleich abzielen ... Wo ... finden wir heutigen Tages unter den Großen des evangelischen Israels, die solchen Eifer für die wahre Lehre und den christlichen Wandel bezeugen? Leider ist's nicht mehr um die Zeit, daß sie ... in eigener hoher Person derenthalben die gehörige gute Anstalt zu machen sich bemühten; noch weniger, daß sie mit David sich den Gottesdienst etwas kosten ließen ...«[5] Während seiner Zeit am Hof wurde Hochstetter in weitere kirchenleitende Ämter berufen, so 1692 als Propst von Herbrechtingen. Dort war er einer der Amtsvorgänger von Johann Albrecht Bengel (1687-1752), mit dem ihn eine tiefe Freundschaft verband und der 1720 die Predigt bei seiner Bestattung hielt. 1706 erhielt Hochstetter die Würde des Propstes und Generalsuperintendenten zu Denkendorf, wo er 1713 aufzog, als die zerstörte Klosterschule von Hirsau dorthin verlegt wurde. Er legte 1705 Hedingers Gesangbuchausgabe wieder auf und gab im Jahr zuvor das einzige positive Gutachten der Kirchenleitung zu dessen umstrittener kommentierter Bibelausgabe ab. Hedinger schätzte Hochstetter sehr, wenn er zuweilen auch seine diplomatische Vorgehensweise kritisierte, die Hedingers kämpferischem Naturell nicht lag. So blieb ihr Verhältnis in etwa vergleichbar mit dem Luthers und Melanchthons.

Im Kreis der Vertrauten Hedingers aus der Familie Hochstetter ist schließlich aus der nächsten Generation ein Sohn von Johann Andreas, Andreas Adam Hochstetter (1668-1717) zu nennen, der als Theologieprofessor in Tübingen dort zu einem wesentlichen Vertreter des Pietismus wurde und Generationen von Pfarrern prägte. 1711 berief ihn Herzog Eberhard Ludwig als Nachfolger Samuel Urlspergers (1685-1772) in das Amt des Oberhofpredigers, da er »gedenke, mit ihm in den Himmel zu kommen«! Sollte dieser Ausspruch gar eine Lehre aus dem Konflikt mit Urlsperger sein? 1715 holten ihn die Tübinger zurück als Professor der Theologie und ernannten ihn zum Rektor der Universität. Andreas Adam Hochstetter, der sich schon bei seiner wissenschaftlichen Reise 1690 ein halbes Jahr bei Spener in Dresden aufhielt, wurde zum wichtigsten Lehrer Bengels und gab eine Bibelausgabe heraus, die weite Verbreitung fand.

---

[5] Nach: Schäfer, Gerhard: Vom Wort zur Antwort – Dialog zwischen Kirche und Welt in 5 Jahrhunderten, Stuttgart 1991, S. 123 f. (Quelle: Mälzer Nr. 1356)

Nimmt man schließlich noch den dritten der Prälaten-Brüder, Johann Siegmund Hochstetter (1643-1718), hinzu, der ab 1703 Abt der Klosterschule Anhausen war, so verwundert einen die scharfe Kritik des Tübinger Theologen Johann Wolfgang Jäger (1647-1720) nicht, der einen Familienfilz in der Kirchenleitung ausmachte, trugen doch die Hälfte der konsistorialen Mitglieder denselben Nachnamen! Dennoch leisteten alle genannten und auch die hier ungenannten Hochstetters ihren Beitrag zum Wachstum des Pietismus in Württemberg, im fruchtbaren Austausch auch mit Johann Reinhard Hedinger.

Hedingers Werk

Die Hauptwerke Hedingers zu den praktischen Arbeitsfeldern der Kirche und ihrer Reform im Geist des Pietismus stammen alle aus seinen letzten fünf Lebensjahren als Hofprediger in Stuttgart. Aus der beachtlichen Arbeitsleistung entstanden umfangreiche Werke, von denen manche noch lange als Lehrbücher dienten. Dabei war die systematische Grundlegung Hedingers Sache nicht, eher die Reflexion und Neugestaltung der aktuellen und in manchem problematisch gewordenen kirchlichen Praxis. Geistesgeschichtlich ist eindrucksvoll zu beobachten, dass Hedingers Werk – typisch für die Frühzeit des pietistischen Aufbruchs – sowohl den Geist des Pietismus als auch den der Aufklärung aufnimmt.

Die Katechetik: auf dem Weg zur Konfirmation

Im Jahr 1700 erschien Hedingers Werk »Christliche Wohl-Gemeynte Erinnerungen, die Unterrichtung der lieben Jugend in der Lehre von der Gottseeligkeit betreffend«, das bis 1863 Neuauflagen erlebte. Es trägt fast denselben Titel wie Franckes Werk zum gleichen Thema. Die seit der Reformation praktizierte Katechismus-Predigt, verlesen von der Kanzel aus

Predigtsammlungen, hatte sich überholt. Hedinger holt den Pfarrer von der Kanzel und macht aus der Katechese ein echtes Unterrichtsgeschehen in Frage und Antwort, bei dem Lehrender und Lernende aufeinander hören und reagieren. Dabei hat Hedinger besonders die beteiligten Personen im Blick und erhebt gegenüber Pfarrer und Lehrer einen hohen pädagogischen Anspruch. Letzteren schreibt er die wichtigere Aufgabe zu, da sie mit ihrem Einfluss kleine Kinder prägen: »Wenigstens bin ich der Meinung und glaube, daß wenn aus zweyen Übeln eines nothdringlich müßte erwehlet werden, man lieber einen frommen Schullehrer und bösen Pfarrer als einen frommen Pfarrer und bösen Schullehrer wehlen sollte. Der Ursachen, dieweilen das Gifft auf öffentlicher Cantzel nicht so wohl schaden kann, allwo es durchs Gebet und Überlegung des gepredigten Worts bey Erwachsenen reiffen Widerstand findet; als in der Schule bey solchen Hertzen, die sich wie die einfältigen Schaafe leiten lassen, wohin man will.«[6] Dies ist wohl eine etwas schräge Alternative, wobei das Zutrauen zum mündigen Priestertum aller Glaubenden, bis zur Fähigkeit des Widerstands gegen Irrlehren, auffällt! Eindrücklich sind Hedingers Beobachtungen zur Entwicklung des Kindes, den Stufen seines Wahrnehmens und Erkennens, die für ihn Maß der pädagogischen Methodik sind. So empfiehlt er den Unterricht nach geschlechtsspezifischen Altersstufen und die Verwendung von Bildern und Symbolen. Die Grundform des Glaubensunterrichts ist für ihn das Gespräch, seine deutlichste Äußerung die echte Frage. Auch darin sieht Hedinger das Selbstbewusstsein des »Priestertums aller Gläubigen« verwirklicht. Für ihn kommt es zuerst auf die Persönlichkeit des Erziehers an, der sich als Zeuge des Glaubens zu öffnen und zu bewähren hat. Die Amtsautorität tritt hinter diese persönliche Autorität zurück. Die damit einhergehende Individualisierung nimmt er in Kauf. Vor den Erziehern prägt Hedinger den Eltern ihre wichtige Aufgabe ein: »Sprecht ihr: Der Pfarrer und

---

[6]   Nach: Schöllkopf, S. 94.

Schulmeister sorgt dafür; was hab ich mit Schulsachen zu tun? Die mögens verantworten ... Da ist man embsig, nichts zu vergessen, was zur Erhaltung ihrer (der Kinder) Schönheits, Wolstands und leiblichen Gesundheit dienen kan, warum thut ihr dergleichen nicht mit der weit nöthigeren Seelenpflege?«[7] Mit Luther bezeichnet er die Aufgabe der Erziehung von anvertrauten Kindern als Gottesdienst.

Der Unterricht selbst soll weniger in die Theorie als in die Praxis des Glaubens einführen, weshalb Lieder und Gebete wesentlich dazugehören.

Neben diesem Hauptwerk zur Katechetik entstehen zwei praktische Unterrichtsbücher: eine Ausgabe von Luthers Katechismus und ein Spruchbuch, das immerhin bis 1965 aufgelegt wurde!

Um die geistliche und gottesdienstliche Dimension des Unterrichts im Glauben zu verdeutlichen, entwarf Hedinger nach hessischem Vorbild für den Abschluss der Unterrichtszeit (die damals noch bis zum 24. Lebensjahr gehen konnte!) eine liturgische Feier: die Konfirmation. Sie hatte für ihn zwei Schwerpunkte: Erweis des Gelernten und Empfang der Segenszusage durch die Vergewisserung des Taufbundes. Zugleich sollte die Konfirmation die Zulassung zur Feier des Heiligen Abendmahls beinhalten. Dieser grundlegende Entwurf Hedingers, 1704 handschriftlich entstanden, wurde nach den Auseinandersetzungen mit dem Separatismus erst 1722 landesweit eingeführt, damals jedoch genau aus Hedingers Vorlage übernommen. Somit ist Hedinger der Verfasser der württembergischen Form der Konfirmation.

Die Seelsorge: Wahrnehmen und Retten

In zwei Werken legt Hedinger seine Seelsorgelehre dar: Sein Fragment »Anleitung sowol für angehende junge Prediger, wie

---

[7]   Nach: Schöllkopf, S. 93.

sie sich beym Kranken- und Sterbebette und bei Angefochtenen zu bezeugen haben; als auch für Kranke, Betrübte und Sterbende ...« wurde durch Samuel Urlsperger bekannt, der es 1723 in seine Seelsorgelehre aufnahm. Wie der Titel ausweist, hat er zwei Zielgruppen vor Augen: die angehenden Seelsorger und die Betroffenen. Erstere sieht Hedinger auch hier als Zeugen des Glaubens. Deshalb legt er besonderen Wert auf deren eigene »praxis pietatis«. Zugleich hilft Hedinger dabei — ähnlich wie bei den zu unterrichtenden Kindern —, den betroffenen Menschen aufmerksam und sensibel in seiner schwierigen Situation wahrzunehmen. Zuweilen streiten bei ihm dennoch Bekehrungseifer und Begleitungserfahrungen. Besonders erörtert er die Anfechtungen und Zweifel der Frommen und verarbeitet damit wohl auch eigene Lebens- und Glaubenserfahrungen. Genau untersucht er die gängigen, oft beschwichtigenden Antworten, die die Gesunden den Kranken zumuten, und fasst zusammen: «Du sagst zu dem Patienten, Er solle Gedult haben: Wohl, aber habe du auch mit ihm Gedult.«[8] Der zweiten Zielgruppe, den Kranken, Betrübten und Sterbenden, gibt er eine Sammlung von Trostworten aus Bibel und Gesangbuch an die Hand.

Sein zweites Werk ist aus verschiedenen Predigten zusammengefügt und heißt »Schrifftmäßiger Unterricht an die Gemeinde Gottes, wie man so wol die Schwermuth und tieffe Traurigkeit der Gläubigen als auch die ... geistliche Anfechtungen deroselben klüglich und ohne Verletzung der Liebe beurtheilen solle«, erschienen 1702. Es ist ein in seiner aufmerksamen Wahrnehmung einmaliges Zeugnis über den Umgang mit Angefochtenen und Depressiven. Anlass dafür war die Selbsttötung eines Stuttgarter Hofmusikers. Hedinger verweigerte die damals vorgeschriebene und übliche Bestattung zweiter Klasse, nachts und ohne Liturgie. Vielmehr sorgte er für ein normales Begräbnis und klärte die Hofgesellschaft in besagten zwei Predigten über Ursachen und Umgang »ohne

---

8   Nach: Schöllkopf, S. 122.

Verletzung der Liebe« mit solchen Erkrankten auf. Dieses Verständnis für die moralisch Verworfenen war revolutionär. Hedinger weist auf die Zusammenhänge zwischen seelischem Leiden und körperlicher Erkrankung hin. Anfechtungen sind für ihn kein Nachweis fehlenden Glaubens, sondern vielmehr gehören glaubendes Vertrauen und zweifelnd machende Anfechtung zusammen, wobei Hedinger zuweilen aus dem lutherischen Ineinander ein zeitliches Nacheinander macht.

Den Angehörigen und Helfenden der Depressiven versucht er in eindrücklichen Bildern die Situation des Erkrankten verständlich zu machen: »Eine solche Verduncklung der Seelen-Kräfften stellet sich ein, daß andere sich verwundern müssen, wie auf alle angewandte Mühe diese Betrübten immer das Alte wieder ergreiffen und mit sehenden Augen nicht sehen wollen. Es entspringen allerley Sorgen als wie so viel stinckende Dünste aus der bitteren Urquelle der Traurigkeit und dem verschlammten Hertzen, das sich nach allen Seiten wendet, erquickt zu werden.«[9]

Sowohl in der Katechetik als auch besonders in der Seelsorgelehre hört man immer wieder Hedingers theologisches Herz beim Geschenk der Heiligen Taufe schlagen. Trotz seiner scharfen Kritik an den Riten der Kirche bleibt er ein Verteidiger der Kindertaufe, da sie die dem menschlichen Vermögen und auch Glauben immer zuvorkommende Gnade Gottes besonders verdeutlicht. Diese Gewissheit setzt er gegen alle falschen, auch frommen Sicherheiten. Sie ist der Grund für die hohe Wertschätzung der anvertrauten Kinder und für gültigen Trost in der Seelsorge: »Und wäre es ja so, daß der Glaube in seiner Schwachheit und unter der Presse der Anfechtung sich selbst nicht kennete: So mag doch der Tauff-Bund, dardurch wir in Gottes Kind- und Erbschafft versetzt und des Rechts, ihne um Vergebung, Krafft und Hülfe in Christo anzulangen,

---

[9] Nach: Schöllkopf, S. 125 f.

theilhafftig worden, keinem trifftigen Zweiffel unterworffen sein.«[10]

Hedinger selbst bewahrte seine Tauftheologie auch davor, dem Separatismus noch mehr Sympathie in der kirchenpolitischen Auseinandersetzung entgegenzubringen.

Die Predigt: Taube oder Papagei?

Hedingers Predigtlehre erschien 1700 mit dem Titel »Kurtze Anleitung Und wohlgemeinte Vorschläge, Wie es mit einer nützlich- und erbaulichen Predigt-Art anzugreifen und die vorscheinende Mängel zu verbessern«. Obwohl ihre »Kürze« aus 236 Seiten bestand, wurde das Werk vom Konsistorium als Lehrbuch für angehende Prediger eingeführt.

Hedinger kritisiert die Predigtart der lutherischen Orthodoxie, in der für ihn die dogmatische Erörterung von Lehrsätzen und der Schematismus der Methoden vor der »Erbauung« der Gemeinde steht. Dennoch sind auch für ihn die gründliche exegetische und systematische Vorarbeit Voraussetzung für eine gelingende Predigt. Dabei empfiehlt Hedinger wohl die Methodik der Orthodoxie, geht jedoch nicht gesetzlich, sondern sehr flexibel mit ihr um und gibt ihr so den Rang eines Hilfsmittels wieder zurück. Vorrangig bleibt für ihn das Wirken des Geistes in der Herzensbewegung und Erbauung der hörenden Gemeinde, zu der auch der Prediger als erster Hörer gehört. Auch hier ist der starke Individualismus der Aufklärung zu spüren. Scharf kritisiert er die Selbstdarstellung des Predigenden in den Kunstformen barocker Rhetorik. Der Heilige Geist bleibt in Gestalt einer schlichten Taube und darf nicht zum schrillen Papagei werden! Wieder steht die Persönlichkeit des Predigers im Mittelpunkt des Hedingerschen Interesses. Seine hörende und betende Aneignung des biblischen Wortes ist konstitutiv für sein Weiter-

---

[10]   Nach: Schöllkopf, S. 126.

sagen. Erstmals wird mit Hedingers Lehrbuch ein eisernes Gesetz protestantischer Predigt durchbrochen: die Pflicht zum Auswendiglernen des Predigtmanuskripts. Er hält nicht alle Prediger dafür geeignet, gesteht jedem einen individuellen Umgang mit dem geschriebenen Entwurf und der gehaltenen Predigt zu, wobei er das bloße Ablesen ablehnt. Seine typisch individuellen Lösungen haben manchen Prediger von einem unkreativen Druck befreit. Aber nicht nur der Prediger, sondern auch die hörende Gemeinde kommt aufmerksam in den Blick mit ihren Situationen und Bedürfnissen. Dabei ist Hedinger die Gefühlsebene besonders wichtig. Breiten Raum nehmen seine Überlegungen zur Ermahnung und moralischen Besserung bei den Hörenden ein, besonders in der Hofgesellschaft. Sein Werk schließt mit Ratschlägen zur Stimmbildung und Gestik und mit dem wichtigen Hinweis, dass jeder Prediger, der oft alleine bleibt, in seiner Aufgabe des geschwisterlichen Rates bedarf.

Gesangbuch

Für die Hofgemeinde gab Hedinger 1700 eine Liedsammlung heraus mit dem klingenden Titel »Andächtiger Hertzens-Klang, in dem innersten Heiligthum Gottes, einer glaubigen Seele, mit Psalmen, Lob-Gesängen und geistlichen Liedern angestimmet ...« Das Gesangbuch vereint in typischer Gewichtung 100 reformatorische und nachreformatorische Lieder mit 300 »neuen Liedern« aus dem Pietismus, davon zwanzig von Hedinger selbst. Dabei wird aus dem Wir-Lied der Reformation auch durch sprechende Veränderungen der alten Texte das Ich-Lied des Pietismus. Noch bis 1994 war Hedingers bekanntestes Lied im Gesangbuch des Altpietistischen Gemeinschaftsverbands in Württemberg enthalten: »Saft vom Felsen, Blut des Hirten«. Es besingt in barocken Bildern den »Blutschweiß Christi« und erinnert in seiner gefühlvollen Sprache an die Blut- und Wundenlieder Zinzendorfs. In Aufbau und Inhalt ist Hedingers Gesangbuch von dem Liedschaffen in Halle geprägt. Es war Hausbuch der Familie und Liederbuch der Gemeinde zugleich.

Bibel

Durch den spanischen Erbfolgekrieg verzögert, konnte Hedingers kommentierte Bibelausgabe erst in seinem Todesjahr 1704 erscheinen. Dabei handelt es sich nicht, wie ihm oft vorgeworfen wurde, um eine eigene Übersetzung, die an die Stelle der beinahe heilig gesprochenen Luthers treten sollte, vielmehr um eine Kommentierung und manchmal auch Korrektur der Luther-Bibel. Nach Speners Weisung wollte Hedinger dafür sorgen, dass das Wort Gottes unter die Leute kommt und es auch theologisch nicht Ausgebildete verstehen können. Dazu bietet Hedinger eine Vielzahl von Hilfsmitteln an, von den umfangreichen Einleitungen bis hin zu den Glossen und Nutzanwendungen. Stammten die Glossen teilweise noch von Luther, so verfasst Hedinger die Nutzanwendungen ganz neu und legt mit ihnen das biblische Wort in seine Zeit aus. Deshalb enthält auch seine Bibel-Ausgabe scharfe Urteile über die Pfarrer und die Kirche seiner Gegenwart, was ihm herbe Kritik einbrachte. Insgesamt überwiegt — wie schon bei der Katechetik — der pädagogische Aspekt; aus dem Buch der Offenbarungen ist ein Lehrbuch geworden.

Interessant ist Hedingers Umgang mit dem überlieferten Text, da an manchen Stellen erste redaktions- und überlieferungsgeschichtliche Einordnungen auftauchen, etwa beim Vergleich der synoptischen Oster-Zeugnisse oder bei der Sonderstellung des lukanischen Geschichtswerks. Der größte biblische Exeget des schwäbischen Pietismus, Johann Albrecht Bengel, äußerte sich anerkennend über Hedingers Bibelausgabe. Zuvor aber brach ein Sturm der Entrüstung aus dem ganzen deutschsprachigen Raum über ihn herein, so dass ein Gutachten des Stuttgarter Konsistoriums und der Tübinger

Theologischen Fakultät nötig wurde. Manche Gegner beglichen alte Rechnungen, aber ihren Vorschlag, das Werk einzustampfen, erlebte Hedinger nicht mehr.

Abendmahl für Auserwählte

Von der Hochschätzung des Taufsakraments durch Hedinger und dessen zentraler Stellung in seiner Theologie war schon die Rede. Etwas anders und durchaus typisch für die Veränderungen des Pietismus sah es beim Sakrament des Abendmahls aus. Hedinger kritisierte den beinahe automatischen Umgang mit Beichte, Anmeldung und Zulassung zum Abendmahl und verfasste eine Schrift, die eine ernsthafte Prüfung der Kommunikanten vorsah. Das Heilige Abendmahl war für ihn die Versammlung der Auserwählten, derer, die mit Ernst Christen sein wollten. Dieser große Ernst im Umgang mit dem Sakrament führte in Württemberg gar zu einer Scheu, so dass das Abendmahl immer seltener gefeiert wurde. Um seine Auffassung biblisch zu begründen, verwendete Hedinger in seiner Bibelausgabe größte exegetische Mühe darauf, nachzuweisen, dass Judas in keinem Fall am Abendmahl Jesu teilgenommen hat! Kein Geringerer als Gerhard Tersteegen (1697-1769) nimmt in seiner Abendmahlsschrift darauf Bezug.

In der Auseinandersetzung mit dem Herzog verfasst Hedinger ein Gutachten »...ob ein Prediger ... einen vornehmen Sünder excommunicieren und von dem Genuß des heiligen Abendmahls ... ausschliessen solle?« Er konnte damals noch nicht ahnen, dass sein Nachfolger Samuel Urlsperger genau mit dieser Frage kämpfen würde.

Abschließend sei noch auf zwei neuere Quellenfunde hingewiesen. Der eine komplettiert das praktisch-theologische Werk Hedingers durch die Abschrift seines Gutachtens zu den Konventikeln. Darin gibt Hedinger eine gründliche theologische Grundlegung und entwickelt detaillierte Rahmenbedingungen für die pietistische Erbauungsstunde, die zum Erkennungszeichen der neuen Frömmigkeitsbewegung wurde. Dieses umfangreiche Gutachten war ein wichtiger Meilenstein auf dem schwierigen Weg zum Pietisten-Reskript von 1743. Der andere Fund, eine bisher unbekannte Sammlung von Briefen an und von Hedinger, befindet sich in Privatbesitz und vermag unser Bild seiner Persönlichkeit zu vervollständigen: öfter ist da vom »hitzigen Kopf« die Rede!

Als Abschluss sollen eigene Worte des ersten Übersetzers der Spenerschen Theologie in die praktischen Felder der württembergischen Kirche stehen, die die Hedinger prägende Hoffnung greifbar machen: »Ein Feuer zündet das andere an, ein Licht das andere, so breitet sich der Glaube aus.«[11]

---

[11]   Nach: Schöllkopf, S. 95.

Johann Albrecht Bengel

Johann Albrecht Bengel
(1687-1752)

von Martin H. Jung

Johann Albrecht Bengel ist mit Abstand der prominenteste Vertreter des württembergischen Pietismus. Dies hängt sowohl mit der Qualität und Originalität seines theologischen Werks als auch mit seiner großen und nachhaltigen Breitenwirkung zusammen.[1]

Geboren wurde Bengel am 24. Juni 1687 in Winnenden als Sohn eines Pfarrers. Weil der Vater Albrecht Bengel (1650-1693) früh verstarb, kam Johann Albrecht 1693 zur Erziehung in das Haus des Lehrers David Wendelin Spindler (1650 – nach 1710), der zunächst in Marbach, dann in Schorndorf und zuletzt in Stuttgart lebte. Spindler gehörte dem radikalen Pietismus an und beschäftigte sich viel mit der Johannesoffenbarung. Bengels späteres Interesse an eschatologischen Fragen wurde möglicherweise bereits hier geweckt. Spindler wurde 1710 wegen separatistischer Neigungen aus dem Schuldienst entlassen und wanderte aus Württemberg aus. Über sein weiteres Lebensschicksal ist nichts bekannt.

Als Pfarrerssohn war Bengels Weg mehr oder weniger vorherbestimmt: Er sollte Theologie studieren und Pfarrer werden. Auch Bengels Mutter Barbara Sophia Bengel geb. Schmidlin (1660-1733) stammte aus einem Pfarrhaus und hatte sogar den württembergischen Reformator Johannes Brenz (1499-1570) in ihrer Ahnenreihe. In Stuttgart besuchte Johann Albrecht Bengel das Gymnasium. Im Jahre 1703 be-

---

[1] Grundlegend zu Leben und Werk: Hermann, Bengel; Mälzer, Johann Albrecht Bengel; Wallmann, Pietismus, S. 129-137; Brecht, Der württembergische Pietismus.

gann er als »Stiftler« mit dem Studium in Tübingen. Schon 1704 schloss er das allgemeinbildende Grundstudium mit dem Magistertitel ab und widmete sich anschließend dem Theologiestudium. Wieder hatten Pietisten einen prägenden Einfluss auf den angehenden Theologen. Im Stift gab es die so genannten »Repetentenstunden«, das waren von Repetenten (d. h. mit der Lehre beauftragten fortgeschrittenen Studenten) geleitete pietistische Erbauungsversammlungen. An der Universität hatte der pietistisch geprägte Professor Andreas Adam Hochstetter (1668-1717) großen Einfluss auf ihn. Doch ein anderer unter seinen Lehrern war ein später, kämpferischer Vertreter der Orthodoxie: Johann Wolfgang Jäger (1647-1720). Durch ihn wurde Bengel mit der reformierten Föderaltheologie bekannt, was sein Interesse an heilsgeschichtlichen Fragestellungen verstärkte, und durch ihn wurde er auch dazu angehalten, sich intensiv, aber kritisch mit der neueren katholischen Mystik[2] zu befassen. 1706 schloss Bengel das Theologiestudium ab, blieb aber zunächst noch als Repetent im Stift. In Metzingen, Nürtingen, Tübingen und Stuttgart arbeitete er als Vikar. Er fand in dieser Zeit zu einer vertieften Frömmigkeit. »Gott hat mein Herz berührt«, hielt der junge Theologe 1710/11 mehrfach in seinem Tagebuch fest.[3] Eine »Bekehrung« im halleschen Stil, einen auf einen »Bußkampf« folgenden plötzlichen, datierbaren »Durchbruch«, erlebte er aber nicht.

Bengels starke pietistische Prägung wird deutlich, wenn wir die Studienreise betrachten, die er 1713 unternahm. Es zog ihn nach Halle, wo er August Hermann Francke (1663-1727) und sein Werk kennen lernen, aber auch mit anderen pietistischen Professoren Bekanntschaft schließen wollte. Drei Monate lang blieb er in der brandenburgisch-preußischen Stadt an der Saale und war von allem, was er dort erlebte, sehr beeindruckt. Insbesondere von dem dort, in den von Francke

[2] »Abhandlung über die Theologie der Mystik«, 1707.
[3] Zit. nach Mälzer, Johann Albrecht Bengel, S. 41.

gegründeten Schuleinrichtungen, gelebten pietistischen Ge-
meinschaftschristentum fühlte er sich angezogen. Eine weitere
Station der Reise war Gießen, wo der Pietismus ebenfalls stark
war. In Leipzig traf er mit dem Radikalpietisten Johannes
Tennhardt (1661-1720) zusammen. Interessant ist, dass Bengel bei seiner Reise auch dem Frankfurter Judengetto einen
Besuch abstattete und eine Synagoge besuchte. Nach dieser
Studienreise hat Bengel in seinem späteren Leben keine größeren Reisen mehr unternommen.

Klosterpräzeptor in Denkendorf

Der junge Theologe Bengel bekam im Dezember 1713 eine
Lehrerstelle in der Internatsschule Denkendorf (bei Esslin-
gen), er wurde »Präzeptor« der »Klosterschule« oder kurz
»Klosterpräzeptor«. Im ehemaligen Kloster Denkendorf wurden junge Männer auf ihr Studium in Tübingen vorbereitet.
Viele sollten später Pfarrer werden. Seine Antrittsrede hielt
Bengel in lateinischer Sprache über das Thema: »Das Trachten
nach Gottseligkeit als sicherster Weg zur Gelehrsamkeit«.[4]
Frömmigkeit war für Bengel die Voraussetzung eines erfolgreichen Bildungsgangs. Keineswegs wollte Bengel aber den
Wert der Bildung herabsetzen, sondern er hielt am humanisti-
schen Bildungsideal fest, wie es von der Reformation, insbesondere von Philipp Melanchthon (1497-1560), formuliert
worden war. Dies zeigte sich auch in Bengels ersten Publikationen: 1719 erschien als sein erstes Buch eine mehr als 1000
Seiten umfassende Ausgabe von Briefen Ciceros, gedacht für
den schulischen Unterricht. Drei Jahre später veröffentlichte
er in einer griechisch-lateinischen Parallelausgabe die »Dan-
kesrede an Origenes« des Kirchenvaters Gregor Thaumatur-
gos aus dem 3. Jahrhundert.

---

[4] Nestle, Bengel, S. 96-102; eine deutsche Übersetzung der Rede gibt es
nicht.

28 Jahre lang arbeitete Bengel in Denkendorf. Dieser Ort wurde zum Hauptpunkt seines beruflichen Wirkens. Bengel unterrichtete Latein, Griechisch und Hebräisch, aber auch Geschichte, Mathematik und Logik. Die 14-18 Jahre alten Schüler unterlagen einer klösterlichen Zucht und Ordnung: Morgens um 4 Uhr (im Winter um 5 Uhr) wurde aufgestanden, der Tag war mit Unterricht und Andacht ausgefüllt, Umgangssprache war Latein, für die Freistunden wurde erbauliche Lektüre empfohlen. Der unspektakuläre Beruf des Lehrers ermöglichte es Bengel, hunderte von jungen Männern geistig und geistlich zu prägen, denn er war nicht einfach Lehrer, sondern zugleich Erzieher und Seelsorger. Noch lange nach seinem Tod gab es in Württemberg viele »Bengel-Schüler« im ganz wörtlichen Sinne. Zu den bedeutendsten gehörten die wichtigen württembergischen Pietisten Flattich, Hiller und Oetinger. Aber auch Jeremias Friedrich Reuß (1700-1777), der spätere Tübinger Professor und Kanzler der Universität, Philipp David Burk (1714-1770), der später Bengels Schwiegersohn wurde und seine Hinterlassenschaft verwaltete, und Johann Christian Storr (1712-1773), später Hofprediger in Stuttgart, wären zu nennen. Mit vielen ehemaligen Schülern hielt Bengel brieflich Kontakt. Seine Korrespondenz soll jährlich bis zu 1200 Stücke umfasst haben. Insgesamt stand Bengel mit etwa 250 Partnern in brieflichem Kontakt.[5] Der Lehrerberuf im stillen Kloster ermöglichte es Bengel, intensiv seinen theologischen Forschungen nachzugehen.

Bengel als Exeget und Theologe

Bengel arbeitete zunächst an einer neuen, verbesserten Ausgabe des griechischen Neuen Testaments. Das Neue Testament ist ja nicht sozusagen »im Original« überliefert, sondern in ver-

---

[5] Eine Auswahledition noch erhaltener Bengelbriefe wird zur Zeit vorbereitet.

schiedenen Handschriften, teilweise schon aus der Zeit der Alten Kirche, teilweise aber auch aus dem Mittelalter. Diese Handschriften bieten keinen einheitlichen Text, sondern weichen mehr oder weniger stark voneinander ab. Manchmal unterscheiden sie sich nur in geringfügigen Details, manchmal sind aber die gewählten Wörter verschieden, ja mitunter sogar ganze Sätze oder Abschnitte. Da sich protestantische Theologie und Frömmigkeit auf die Heilige Schrift gründen wollten und die Schrift als die höchste, ja alleinige Norm angesehen wurde, an der sich die Kirche, aber auch der einzelne Fromme auszurichten habe, stellte sich die dringende Frage: Welcher Text ist der richtige?

Bengel sammelte alte Handschriften der Bibel, um auf dieser Basis den ursprünglichen Text des Neuen Testaments rekonstruieren zu können. Damit wurde Bengel zu einem Pionier der — später so genannten — »Textkritik«, also der wissenschaftlichen Arbeit am Urtext der Bibel. Bengel ordnete die über 30 von ihm benutzten Handschriften in Gruppen und stellte eine Regel auf, nach der man unter verschiedenen Textvarianten entscheiden konnte, welche wahrscheinlich die ältere, vielleicht die ursprüngliche ist: »Der schwierige Wortlaut ist besser als der leichte«, sagte er.[6] Diese Regel wird mit der Formel »Die schwierigere Lesart ist die bessere« von der kritischen Bibelwissenschaft noch heute anerkannt.

Warum ist — sehr häufig — der schwierigere Text der bessere? Bis zur Erfindung des Buchdrucks im 15. Jahrhundert wurden die Bibeln abgeschrieben, immer wieder neu abgeschrieben. Beim Abschreiben macht man, wie jeder weiß, Fehler. Abschreiber haben — bewusst oder unbewusst — die Neigung, schwierige Textstellen zu vereinfachen. Statt eines schwierigen Wortes wählen sie ein einfaches, verständliches. Die wissenschaftliche Arbeit an der Bibel versucht nun, diese Abschreibefehler wieder rückgängig zu machen. Statt einfachen Formulierungen in (häufig neueren) Handschriften gibt

---

[6]   Bengel, Testamentum (Quartausgabe), Vorr., § 34.

man in der Regel schwierigeren Formulierungen in (häufig älteren) Handschriften den Vorzug.

Diesen Weg versuchte schon Bengel zu gehen, um dem Urtext der Bibel und damit – nach seinem Verständnis – dem göttlichen Wort möglichst nahe zu kommen. Das Ergebnis seiner jahrelangen, mühseligen Kleinarbeit legte Bengel 1734 gedruckt unter dem Titel »Novum Testamentum Graecum« vor. Er fand in der Gelehrtenwelt teilweise Zustimmung, stieß aber – besonders unter Pietisten – auch auf Kritik. In Württemberg wurde das Werk in einer schon 1734 extra dafür veranstalteten kürzeren Oktavausgabe in Schulen und auf der Universität benutzt.[7]

Bengels bibelwissenschaftliches Anliegen unterschied sich von der späteren, durch die Aufklärung geprägten Bibelkritik. Er wollte nur den Urtext, das ursprüngliche Gotteswort, rekonstruieren, aber es wäre ihm nie in den Sinn gekommen, die Göttlichkeit der Bibel in Frage zu stellen und an der Wahrheit ihrer Botschaft, ja jedes einzelnen Wortes zu zweifeln. Bengel hielt immer an der Verbalinspirationslehre fest und an dem Prinzip, die Schrift durch die Schrift zu erklären. Alles in der Bibel Mitgeteilte war für ihn wichtig und richtig. Die Bibel stand im Zentrum seines Glaubens. Er hielt nichts von unmittelbaren göttlichen Eingebungen. Die im Pietismus, auch in Württemberg, nicht seltenen spiritualistischen und charismatischen Frömmigkeitsformen waren ihm fremd. Bengel gab damit dem württembergischen Pietismus seine bis heute fortbestehende streng »biblizistische« Prägung.

Nachdem Bengel den Urtext, seinen Möglichkeiten gemäß, rekonstruiert hatte, begann er 1735 damit, das Neue Testament neu zu übersetzen und mit erbaulichen Anmerkungen auszustatten. Üblicherweise benutzte man damals in lutherischen Kirchen die immer noch in hohem Ansehen stehende, geradezu als heilig erachtete Lutherübersetzung, aber der Pietismus hat zahlreiche neue Bibelübersetzungen hervorge-

---

[7]   Vgl. Nachdrucke aus den Jahren 1753, 1762, 1776 und 1790.

bracht, die sich um größere Wörtlichkeit und um eine zeitgemäße Sprache bemühten. Bengels Übersetzung war rasch fertig, wurde von ihm aber zunächst nicht in den Druck gegeben, da ihm die Sache wegen der Vielzahl neuer Übersetzungen und wegen des um sie teilweise ausgebrochenen Streits »zu delicat« geworden war.[8] Bengels ».. . Neue(s) Testament zum Wachsthum in der Gnade und der Erkänntniss des Herrn Jesu Christi nach dem revidirten Grundtext übersetzt«, ausgestattet mit »dienlichen Anmerkungen«, ist erst postum, im Jahre 1753, erschienen. Es fand vergleichsweise wenig Beachtung, wurde aber in Württemberg in pietistischen Erbauungsversammlungen benutzt.

Der dritte Schritt von Bengels bibeltheologischer Arbeit war die Auslegung. Er verfasste den »Gnomon«, einen Kommentar zum Neuen Testament in lateinischer Sprache, der 1742 erschienen ist. Das griechische Wort »Gnomon« bedeutet so viel wie »Fingerzeig«. Bengel bietet keine weitschweifigen Auslegungen, sondern knappe, präzise, philologisch orientierte Anmerkungen, die den Pfarrern bei der eigenen Textauslegung im Rahmen ihrer Predigtvorbereitung helfen sollten. Bengel wollte den Pfarrern die Arbeit und das Denken nicht abnehmen, sondern ihnen nur Hinweise und Hilfestellungen geben.

Der Gnomon war ein großer Erfolg. Er wurde zum »klassischen theologischen Werk des württembergischen Pietismus« (J. Wallmann). Generationen von Pfarrern benutzten ihn für die Predigtvorbereitung. Im 19. Jahrhundert wurde er zehnmal nachgedruckt und auch ins Deutsche und Englische übersetzt, weil allmählich nicht mehr alle Pfarrer, wie früher, des Lateinischen mächtig waren. Selbst im 20. Jahrhundert fand er noch Verwendung.

Bengels Grundprinzip einer bibelzentrierten Theologie wurde von ihm selbst in kürzester Form in einem markanten, viel zitierten Wort zusammengefasst, mit dem er die Einleitung

---

[8]   Bengel, Harmonie, 2. Aufl., Vorr., § 7.

zur Oktavausgabe seines Neuen Testaments abschloss: »Wende dich ganz dem Text zu, und wende die ganze Sache auf dich an.«[9] Ebenfalls berühmt ist seine auf die Erbauung des Bibellesers abgezweckte exegetische Grundregel: »Trage nichts in die Schrift hinein, aber schöpfe alles aus ihr und lasse nichts von dem zurück, was in ihr liegt.«[10]

Johannesoffenbarung und Tausendjähriges Reich

Der vierte Bereich, in dem sich Bengel als Theologe engagierte, war die Exegese der Johannesoffenbarung.[11] 1740 veröffentlichte er die »Erklärte Offenbarung Johannis und vielmehr Jesu Christi« und 1747 die »Sechzig erbauliche(n) Reden über die Offenbarung Johannis«. Diesem letzten Buch der Bibel, zu dem Luther einst keinen Zugang finden konnte, galt Bengels ganz besondere Leidenschaft. Er wollte die verschlüsselte Botschaft des Textes verstehen. Sein Grundgedanke war, dass dieses Buch von geschichtlichen Ereignissen berichte, von bereits eingetretenen ebenso wie von noch ausstehenden. Eine Schlüsselstelle für die geschichtliche Identifikationsarbeit war für Bengel die Zahl 666, die »Zahl des Tieres« (Offb 13,18). Er bezog sie auf eine im 12. Jahrhundert beginnende Zeitspanne, in der das Papsttum — symbolisiert durch das »Tier« — große Macht in der Christenheit hatte.

In der Folge versuchte Bengel, ein Schema für den Ablauf der Weltgeschichte aufzustellen. Für das Jahr 1836 rechnete er mit einer entscheidenden Wende: Ein erstes von zwei aufeinander folgenden tausendjährigen Reichen werde — rechnerisch genau am 18. Juni — beginnen. Diese unter Berufung auf Offb 20 formulierte Voraussage wurde und wird oft grob missverstanden. Bengel erwartete für 1836 keineswegs, wie aus

---

[9] Bengel, Testamentum (Oktavausgabe), Vorr., § 12.
[10] Zit. nach Claus, Bengel, S. 39.
[11] Vgl. zum Folgenden: Jung, 1836.

Unkenntnis immer wieder behauptet und geschrieben wird, das Weltende. Auch die Wiederkunft Christi zum Gericht über Lebende und Tote hat er nicht mit diesem Jahr verbunden, sondern den Beginn einer langen, glücklichen Wohlstands- und Friedenspcriode in dieser Welt, den Beginn des Reiches Gottes — einer »güldene(n) Zeit«[12] — auf der Erde. Die Menschen würden lange leben, Obrigkeiten würden »mit ihren Unterthanen als (= wie) mit Brüdern« umgehen,[13] in Jerusalem würde der Tempel wieder errichtet, und alle noch unerfüllten alttestamentlichen Verheißungen würden erfüllt werden. Die Menschen lebten allerdings noch im »Streit mit der Sünde im Fleisch« und noch »im Glauben und nicht im Schauen«.[14] Auf das erste Tausendjährige Reich würde ein zweites folgen, das mit einer ersten Auferstehung eingeleitet werde. Während auf der Erde der zuvor gebundene Satan noch einmal losgelassen werde, regierten die auferstandenen Gerechten mit Gott im Himmel. Die Parusie Christi und das Weltende, verbunden mit Gericht und Neuschöpfung, womit man im 17. Jahrhundert noch täglich gerechnet hatte, wurden auf das Jahr 3836 — also in eine ganz ferne Zukunft — verschoben.

Traditionell nannte und nennt man diese Erwartung eines zukünftigen irdischen Friedensreiches, die in der Confessio Augustana, dem für den deutschen Protestantismus zentralen Bekenntnis der Reformationszeit, als »judisch« verworfen worden war,[15] »Chiliasmus«. Bengel bekannte sich ausdrücklich dazu, Chiliast zu sein, und unterschied einen »unlauteren« von dem wahren, »seligen Chiliasmus«.[16]

---

[12] Bengel, Offenbarung, S. 727.
[13] Ebd., S. 951.
[14] Ebd., S. 950.
[15] Bekenntnisschriften, S. 72.
[16] Bengel, Offenbarung, S. 942-946. — Bengels Position wird in der Fachsprache als »dichiliastisch« (weil er *zwei* aufeinander folgende Gestalten des Tausendjährigen Reichs erwartete) und »postmillenaristisch« (weil er mit Christi Parusie erst *nach* diesen zweimal tausend Jahren rechnete) bezeichnet.

Mit seiner auf die Zukunft gerichteten Hoffnung knüpfte Bengel an Andeutungen an, die schon Philipp Jakob Spener (1635-1705), der Vater des Pietismus, in seinen »Pia desideria« (1675) gemacht hatte. Spener hatte von einem von Gott verheißenen »bessern zustand seiner Kirchen«, und zwar »hier a(u)ff Erden«, gesprochen,[17] verbunden mit dem Untergang des Papsttums, der Bekehrung einer großen Anzahl von Juden und der Vereinigung der getrennten Konfessionen, und sah sich durch diese positive Zukunftserwartung zum praktischen Reformhandeln in der Gegenwart motiviert. Bengel konkretisierte diese Dinge und versuchte den genauen zeitlichen Ablauf aufzuzeigen.

Bengel war von seinen Forschungsergebnissen und Berechnungen felsenfest überzeugt und die meisten seiner Schüler ebenso. Die geschichtlichen Entwicklungen — die Französische Revolution, die Napoleonischen Kriege, die zweimalige Gefangenschaft des Papstes — schienen Bengel zunächst, an der Wende vom 18. zum 19. Jahrhundert, Recht zu geben. Erst im Laufe von Jahrzehnten, als weitere vorausgesagte Dinge nicht eintraten, wurden die Zweifel größer. Dennoch wurde Bengel mit seiner Erwartung einer guten Zukunft auf der Erde zum Wegbereiter der für den Protestantismus des 19. Jahrhunderts charakteristischen Reich-Gottes-Idee, die große missionarische, pädagogische und soziale Aktivitäten auslöste.[18] Bengels Auslegungen und Berechnungen mögen uns heute abstrus vorkommen, sein fester Glaube an eine von Gott gewollte und herbeigeführte gute Zukunft für diese Welt ist aber immer noch aktuell.

---

[17]   Spener, Pia desideria, S. 172.
[18]   Vgl. hierzu: Jung, Protestantismus, bes. S. 69 f., 113-116, 120-127.

Johanna Regina Bengel

An der Seite bedeutender Männer der Geschichte standen meist bedeutende Frauen, die aber häufig nur wenig Beachtung fanden und finden. Das gilt auch für die Frau Bengels, der — wie vielen Frauen des Pietismus — bisher fast keine Aufmerksamkeit geschenkt wurde. Doch ein Porträt Bengels wäre unvollständig ohne seine Frau.[19] Am 5. Juni 1714 hat er in der Stuttgarter Stiftskirche Johanna Regina Seeger geheiratet. Sie war 1693 geboren, stammte aus Stuttgart und war die Tochter eines »Landschaftseinnehmers«, also eines Finanzbeamten. Bis zu ihrem Eheschluss lebte sie in Stuttgart. Ob sie in diesen Jahren Kontakt hatte zu den radikalpietistischen Zirkeln der Stadt, in denen Frauen um die »Trabantin Schneider« eine bedeutende Rolle spielten, ist nicht bekannt. Nach der Heirat begann sie damit, Griechisch zu lernen, um wie ihr Mann das Neue Testament im Urtext lesen zu können. Doch sie kam nicht weit damit. Ihre Pflichten im Haushalt ließen ein intensives Sprachstudium nicht zu.

Insgesamt zwölf Kinder hat Johanna Regina Bengel geboren, von denen allerdings sechs früh verstorben sind. An ihrem ersten Hochzeitstag, am 5. Juli 1715, morgens um fünf Uhr, wurde das erste Kind, der Sohn Albrecht Friedrich, geboren und am gleichen Tag nachmittags um vier Uhr getauft. Doch bereits am 2. August desselben Jahres starb er, nachdem er eine ganze Nacht lang schmerzerfüllt geschrien hatte. Am 29. August 1718 kam eine Tochter zur Welt, die nach ihrer Mutter Johanna Regina genannt wurde. Während eines Besuchs bei den Großeltern in Stuttgart erkrankte »Regele« an Ruhr und starb am 1. Oktober 1719. Anna Regina, 1721 geboren, verschied, als sie etwa ein Jahr alt war. Der 1723 geborene Sohn Josef lebte nur drei Monate. Augusta Sofia, geboren 1726, starb ebenfalls nach drei Monaten. Johann Wilhelm, der 1724 das Licht der Welt erblickte, wurde nur vierzehn Tage alt.

---

[19] Vgl. zum Folgenden: Jung, Bengel.

Schwangerschaft, Geburt, Tod – diese Trias bestimmte das Leben der meisten Frauen im 18. Jahrhundert. Die Geburten, die Krankheiten, das Sterben, alles spielte sich in den eigenen vier Wänden ab, und schon die kleinen Kinder nahmen an allem Anteil. Für uns heute ist das kaum mehr vorstellbar. Briefe und Tagebuchnotizen geben einen Einblick in die psychische und in die geistliche Bewältigung dieser Alltagsereignisse, sie zeugen von Hoffnungen und Ängsten, von Schmerz und Tränen, aber auch von Gottergebenheit und der Gewissheit eines Lebens nach dem Tod.

Sechs Kinder des Ehepaars wuchsen heran. Zunächst muss Sophia Elisabetha genannt werden, geboren am 6. Mai 1717, am Himmelfahrtstag, vormittags um acht Uhr. Sie hat später den Arzt Albrecht Reichard Reuß (1712-1780), einen begeisterten Herrnhuter, geheiratet und ist 1777 gestorben. Johanna Rosina, die am 29. Februar 1720 zur Welt kam, wurde die Frau des kaiserlichen Rats Christian Gottlieb Williardts (1712-1779) und starb 1788. Maria Barbara, geboren am 30. November 1727, heiratete den schon erwähnten Schüler ihres Vaters und späteren Dekan von Kirchheim unter Teck Philipp David Burk. Katharina Margaretha, geboren am 25. November 1730, verheiratete sich mit Eberhard Friedrich Helwag (1722-1780), der später Dekan von Göppingen war. Von einem Sohn wurde Johanna Regina am 16. August 1732 entbunden. Er wurde Viktor genannt und studierte später in Tübingen Medizin. Seinen Eltern machte er wegen seines nicht mit pietistischen Prinzipien im Einklang stehenden Lebensstils große Sorgen. Der »törichte Sohn«, so Vater Bengel in einem Brief, besuchte das Ballhaus und hatte zu spielen begonnen. Er starb bereits 1759. Seine Mutter hatte ihm am Sterbebett eine intensive leibliche und geistliche Pflege angedeihen lassen. Nach seinem frühen Tod schrieb sie in einem Brief: »Mein herzgeliebter Victor (ist) Mittwochs den 12. September unter der großen Erbarmung seines Heilandes in seine ewige Ruhe eingegangen.«[20] Als letztes Kind

---

[20] Zit. bei Wächter, Bengel, S. 454.

wurde am 12. März 1735 der Sohn Ernst geboren. Er machte eine Karriere als württembergischer Theologe und starb 1793 als Dekan von Tübingen.

Die Kinder des Ehepaars Bengel wurden in der Regel am Tag der Geburt oder am Tag danach getauft. Man hat nicht bis zum darauf folgenden Sonntag gewartet. Es ist auffällig, dass auch in einer so stark vom Pietismus geprägten Familie wie der Familie Bengel die Taufe nicht, wie es dem evangelischen Taufverständnis entsprochen hätte, nach einigen Tagen im normalen sonntäglichen Gemeindegottesdienst vorgenommen wurde. Man kann dies auf ein Verhaftetsein in der Tradition oder auf einen Rest von Aberglauben zurückführen. Die frühen Taufen waren mentalitätsgeschichtlich betrachtet auf jeden Fall eine Folge der elterlichen Angst um das jenseitige Schicksal der ungetauft verstorbenen Kinder.

Indirekt, durch ihren Verwandten Georg Michael Seeger (1691-1766), vermittelte Johanna Regina Bengel ihrem Mann 1720 einen Ruf an die vom Pietismus geprägte Universität Gießen. Doch der Klosterpräzeptor lehnte ihn ab, unter anderem, weil auch Johanna Regina Bengel, in Abstimmung mit ihren Eltern, die Ortsveränderung nicht wollte. So zog sie später mit ihrem Mann nach Herbrechtingen und schließlich wieder nach Stuttgart, ihrem Heimatort. 1717 hatte sie ein Zusammentreffen mit Francke, 1733 und 1739 Begegnungen mit Nikolaus Ludwig Graf von Zinzendorf (1700-1760). Nach dem Tod ihres Mannes lebte sie mehr als 17 Jahre lang als Witwe in Stuttgart. Am 20. März 1770 verstarb sie im 77. Lebensjahr. Erhalten geblieben sind von ihr neben einem Porträt zahlreiche Briefe, die überwiegend an ihre Kinder gerichtet sind und teilweise Einblicke in ihr religiöses Empfinden geben.

Lebenserfahrung und im Umgang mit dem Leid gewonnene Glaubensstärke sprechen aus einem eindrucksvollen Brief, den Johanna Regina Bengel an Neujahr 1753 an ihren Sohn Ernst gerichtet hat: »Der getreue Gott hat mir unter dem Leiden schon manche Erquickung geschenket. Ich bitte Ihn ferner, daß er mich seine Wege lehre, wann's auch dem Fleisch manchmahl bitter scheint.« Die alte Mutter empfiehlt, sich in schwierigen Lebenslagen »dem lieben Gott« in »seine Gnaden-Arme« hineinzulegen, das sei besser als klagen.[21]

Johann Albrecht Bengel war mit seiner Frau zufrieden. Im Rückblick auf sein Leben sagte er einmal: »An meiner Gattin hatte ich eine recht erwünschte Gehülfin, und hielt daher in meinem Gebete oft an, daß Gott sie mir, ihrer vielen mißlichen Zufälle ungeachtet, bis an's Ende meiner Wallfahrt lassen möchte: welches denn auch geschehen.«[22]

Politische und kirchenleitende Ämter

Bengels wissenschaftliche Arbeit fand Beachtung. Im Stillen hoffte der Gelehrte auf einen Ruf an die Universität Tübingen. Ein Lehrstuhl an der Theologischen Fakultät wäre die Krönung seines von wissenschaftlichen Interessen geprägten beruflichen Lebenswegs gewesen. Doch es sollte anders kommen. Der Ruf nach Tübingen blieb aus. Stattdessen kam Bengel 1741 auf eine Prälatenstelle nach Herbrechtingen (bei Heidenheim). Prälat zu sein bedeutete damals nicht wie heute automatisch, in einer kirchlichen Leitungsfunktion zu stehen. Nur einzelne Prälaten hatten eine leitende Aufgabe vergleichbar mit der heutiger Prälaten. Der Prälat von Herbrechtingen gehörte nicht dazu. Der Titel war zwar Ausdruck einer Beförderung, doch kirchlich gesehen war Bengel in Herbrechtingen ein ganz normaler Pfarrer und hatte die üblichen Aufgaben eines Gemeindepfarrers zu erfüllen. Dazu gehörte der regelmäßige Predigtdienst. Einige seiner Predigten sind uns erhalten und zeigen, wie er seine Gemeinde getröstet und aufgerichtet, aber auch in die Nachfolge gerufen hat.[23] Bengel war

---

[21] Zit. ebd., S. 452.
[22] Zit. nach Mälzer, Johann Albrecht Bengel, S. 62.
[23] Bengel, Wort.

allerdings kein begnadeter Kanzelredner. Häufig hat Bengel in Predigten lange Schriftpassagen von der Kanzel verlesen. Bengel verfasste auch Kirchenlieder. Einige stehen noch heute im württembergischen Teil des Evangelischen Gesangbuchs. »Gott lebet! Sein Name gibt Leben und Stärke, er heißet der Seinigen Sonne und Schild«[24], hat Bengel 1738 für seine schwermütige Tochter Sophia Elisabetha gedichtet. Und bereits 1734 drückte er seine tiefe Ehrfurcht vor dem Wort Gottes in Anlehnung an eine lateinische Dichtung des niederländischen Mystikers Pierre Poiret (1646-1719) in dem Lied aus: »Du Wort des Vaters, rede du und stille meine Sinnen«[25].

Häufig hielt Bengel in Herbrechtingen pietistische Erbauungsstunden ab. Beispiele dafür, wie er dort die Bibel auslegte, haben wir in den schon erwähnten »Sechzig erbaulichen Reden«.

Durch das Prälatenamt wurde Bengel Mitglied der württembergischen Ständeversammlung, einer Art von Parlament. Ab 1747 gehörte er den Leitungsgremien dieser Versammlung an, dem größeren und später dem engeren Ausschuss der »Landschaft«. Nun musste er gelegentlich zu Sitzungen nach Stuttgart reisen. Doch die politischen Gremien, denen Bengel angehörte, hatten in den Jahren, in denen er in ihnen mitwirkte, wenig zu sagen, denn die württembergischen Herzöge regierten absolutistisch. Bengel hatte am politischen Geschäft auch kaum Interesse. Er sah es als bloße Pflichterfüllung an. Alles in allem verbrachte er in Herbrechtingen vergleichsweise ruhige Jahre, in denen er seine gelehrten Studien fortsetzen konnte.

1749 bekam Bengel eine andere Prälatur, die Prälatur Alpirsbach übertragen; freilich war »Prälat von Alpirsbach« lediglich ein Titel. Bengel musste nicht in den Schwarzwald ziehen, sondern mit der Titularprälatur verbunden war die Stelle eines Konsistorialrats. Bengel hatte also nach Stuttgart

---

[24] Lied EG Nr. 613.
[25] Lied EG Nr. 632.

zu wechseln und arbeitete dort während der letzten Jahre seines Lebens in kirchenleitender Funktion. An vielen wichtigen Entscheidungen, die in der Landeskirche damals gefällt wurden, war er beteiligt. Allerdings haben wir kaum Einblicke in seine Tätigkeit, denn die Konsistorialprotokolle verzeichnen in der Regel nur Themen, Probleme und Ergebnisse, aber nicht Voten Einzelner. So wissen wir nicht, wie Bengel in kontroversen Fragen Position bezogen hat, für was er eingetreten ist und was er bekämpft hat.

Einen letzten Erfolg hatte Bengel im Jahre 1751: Er wurde in Tübingen zum Doktor der Theologie, ehrenhalber, promoviert. Die Ehrung galt allerdings nicht seiner Person und seinem wissenschaftlichen Lebenswerk, sondern nur seinem Amt, was man daraus ersehen kann, dass damals alle drei amtierenden geistlichen Konsistorialräte zugleich promoviert wurden. Dennoch: Indirekt zollte damit die Tübinger Universität der umfangreichen wissenschaftlichen Arbeit, die ein ganz normaler Lehrer und Pfarrer über Jahrzehnte geleistet hatte, ihre Anerkennung. Bengel hatte den Doktortitel auch aufgrund seiner Beiträge zur Wissenschaft voll und ganz verdient.

Bengel und das Judentum

Bengel hatte, wie erwähnt, 1713 das Frankfurter Getto besucht, wo damals mehrere tausend Juden lebten, und er hat sich im Rahmen seiner theologisch-exegetischen Arbeiten immer wieder mit dem jüdischen Volk und seiner Geschichte beschäftigt, weil ihn die Heilige Schrift dazu drängte und die Behandlung dieser Themen für seine heilsgeschichtliche Theologie unabdingbar war. Er studierte beispielsweise die 1701 erschienene »Histoire des Juifs« des reformierten Pfarrers Jakob Christian Basnage (1653-1723), die erste vollständige Untersuchung der Geschichte der Juden unter den christlichen Völkern.

Wie stand Bengel zum Judentum?[26] Bengel rechnete, wie wir gesehen haben, fest damit, dass schon bald ein größerer Teil des jüdischen Volkes an Jesus Christus glauben werde. Er meinte, diese »Bekehrung« werde Gottes eigenes Werk sein. Er unterstützte aber auch die von Halle ausgehenden Bemühungen einer — sehr behutsam durchgeführten — Judenmission. Er besaß die halleschen Missionsschriften, wurde 1741 und 1744 von halleschen Missionaren besucht und unterstützte deren Anstrengungen mit Geld. Judenchristen in der Kirche maß er eine ganz besondere Bedeutung bei: Gäbe es keine Christen jüdischer Herkunft in der Kirche, so wäre Gottes Wort hinfällig, sagte er im »Gnomon« bei der Auslegung von Röm 9, 6.[27] Als 1748 in der Stuttgarter Stiftskirche der aus Weiler in der Pfalz stammende junge Jude Joseph Gumbel (geb. ca. 1726) getauft wurde und den Namen »Christian Friedrich Weiler« bekam, übernahm Bengel als Vertreter der Landschaft ein Patenamt. In seinen Erbauungsstunden warnte Bengel seine Hörer eindringlich vor Überheblichkeit den Juden gegenüber. Die Christen seien »Heiden«, die zum ursprünglichen Gottesvolk hinzugekommen seien, und der »Vorzug« Israels, seine Sonderstellung, werde sich bis in die Ewigkeit erstrecken. Er rief, unter Berufung auf den jungen Luther, dazu auf, die Juden zu achten und freundlich mit ihnen umzugehen.[28] Bemerkenswert ist, dass sich auch Juden für Bengel interessierten: 1741 ist aus Stuttgart bezeugt, dass Juden seine »Erklärte Offenbarung« lasen.

Zu jüdischen Gemeinden in Württemberg hatte Bengel keinen Kontakt. Es gab damals auch keine großen Gemeinden im Land, die mit der von Bengel in Frankfurt besuchten vergleichbar gewesen wären. Als Konsistorialrat bekam er es 1751 mit einem Konflikt in Freudental zu tun, wo über hundert Juden

---

[26] Vgl. zum Folgenden: Jung, Kirche, bes. S. 77-85.
[27] Bengel, Gnomon, S. 586.
[28] Bengel, Reden, S. 377f., 545f., 1146, 1174.

lebten.[29] Der dortige Pfarrer versuchte, dagegen vorzugehen, dass Juden am Sabbat christliche Mägde beschäftigten. Er wandte sich an das Konsistorium und hoffte auf dessen Unterstützung. Doch dieses nahm eine beschwichtigende Haltung ein und wies den Pfarrer darauf hin, dass es den Freudentaler Juden laut ihrem Schutzbrief erlaubt sei, Sabbatmägde zu beschäftigen, sofern die christlichen Mägde dadurch nicht vom Gottesdienstbesuch abgehalten würden. Auf die antijüdischen Invektiven des Pfarrers ging die Behörde nicht ein. Bengel war an dieser Entscheidung beteiligt und hat sie mitgetragen. Welche Position er bei den Beratungen genau vertreten hat, lässt sich aber leider nicht mehr ermitteln.

Streit mit Zinzendorf

Ein wenig erfreuliches Kapitel aus dem Leben Bengels ist sein Streit mit Zinzendorf.[30] Bengels jahrelange heftige, öffentliche Auseinandersetzung mit dem Gründer und Leiter der Herrnhuter Brüdergemeine hatte zur Folge, dass es zu einer nachhaltigen, jahrzehntelangen Entfremdung zwischen dem württembergischen Pietismus und dem Herrnhutertum kam.

Wie ist dieser Streit entstanden? Bengel ist Zinzendorf erstmals im Jahre 1733 begegnet. Bengels Schüler Oetinger, damals ein begeisterter Anhänger Herrnhuts, hatte den Kontakt vermittelt. Zinzendorf und Bengel sprachen in Denkendorf miteinander, ohne sich nahe zu kommen. Die beiden Männer trennten Welten: Bengel war ein stiller, ernster, zurückgezogener Gelehrter, Zinzendorf dagegen ein lebensfroher und weltoffener Adliger. Bengel war studierter Theologe, Zinzendorf jedoch war Jurist und hatte sich seine theologische Bildung autodidaktisch erworben. Gemeinsam war ihnen ein großes Selbstbewusstsein. Aber die Überzeugung

---

[29] Vgl. Jung, Kirche, S. 167-171.
[30] Vgl. Mälzer, Bengel und Zinzendorf.

von der Richtigkeit der eigenen Ideen hinderte sie beide daran, den anderen zu verstehen. In konkreten theologischen Fragen kam es zu Meinungsverschiedenheiten. Zinzendorf konnte sich mit Bengels apokalyptischen Berechnungen nicht anfreunden, und Bengel hatte kein Verständnis für den Herrnhuter Aktivismus, insbesondere den dortigen Missionseifer.

Nach kritischen Gutachten Bengels und einer brieflichen Kontroverse in den 40er-Jahren kam es zum offenen Streit. Im Jahre 1751 nahm Bengel in einem eigens geschriebenen Buch, dem »Abriss der so genannten Brüdergemeine«, gegen Zinzendorf Stellung. Den Anlass bildeten die aus Bengels Sicht bedenklichen Entwicklungen der Herrnhuter Blut- und Wundenfrömmigkeit in den 40er-Jahren. Bengel sah in Zinzendorf einen Irrlehrer, der sein theologisches System nicht auf die Heilige Schrift, sondern, von einer zum Blutgefühl verfälschten Bluttheologie ausgehend, ganz auf das »innere Wort«, das Zeugnis des Herzens, gründe. Zinzendorfs unkonventionelle Ansichten über die göttliche Trinität sowie seine Christologie lehnte er scharf ab. Bengel kritisierte ferner das Selbstverständnis Herrnhuts: Eine ideale Gemeinde ernsthafter Christen zu bilden, dafür hielt er die Zeit noch nicht für gekommen. Bengel hat übrigens nie eine Herrnhuter Gemeinde besucht.

Bengel ist mit seinem harten Urteil Zinzendorf sicherlich nicht gerecht geworden. Aber er wurde gehört. Als Zinzendorf 1757 Württemberg ein letztes Mal besuchte, traf er nicht mehr viele Anhänger an, und er wurde bei seinem mehrtägigen Aufenthalt in Tübingen vom dortigen Dekan argwöhnisch beobachtet, ja bespitzelt.[31] Erst nach Bengels und Zinzendorfs Tod besserte sich das Verhältnis zwischen dem württembergischen Pietismus und den Herrnhuter Gemeinden allmählich wieder. Doch Streit unter Pietisten, Streit um die wahre Lehre und die richtige Praxis, das war im 18. Jahrhundert keineswegs ungewöhnlich.

---

[31]   Vgl. Jung, Besuch.

Krankheit, Alter, Tod

Bengel ist sein Leben lang kränklich gewesen. Schon gleich nach der Geburt schien es schlecht um ihn bestellt, und er wurde deswegen notgetauft. Im späteren Leben war er mehrmals dem Tode nahe. Außerdem litt er seit seiner Geburt an einer Sehschwäche. Ein Auge war nahezu blind, eine Tatsache, die er vor seiner Frau immer verborgen hat. Es ist bemerkenswert, dass dieser kränkliche Mann in seinem Leben so viel leisten konnte. Im Jahre 1743 glaubte Bengel, sein Leben abgeschlossen zu haben: »Ich habe nicht viel Ursach, längeres Leben zu wünschen. Neues, Sonderliches kann ich nicht mehr erleben: und in der Heiligung achte ich auch nicht, daß ich es noch weit höher bringen werde. Es ist mir vielmehr gut, wenn ich einmal von mir selbst los werde.«[32] Doch es sollte anders kommen. Zehn Jahre lang musste Bengel noch »in diesem Elende« ausharren.

Im Juni 1752 erkrankte Bengel wieder einmal. Wenige Monate später starb er in seinem Haus in Stuttgart, am 2. November, morgens zwischen ein und zwei Uhr. Die Familie und die Freunde hatten zuvor ein letztes gemeinsames Abendmahl mit ihm gefeiert. Das Lied der Ämilie Juliane von Schwarzburg-Rudolstadt (1637-1706) »Wer weiß, wie nahe mir mein Ende« wurde gesungen, und Bengel hat seine Frau und die Kinder gesegnet. Eines seiner letzten Worte war: »Mein Grund ist das Vertrauen, welches ich in der Kraft des Heiligen Geistes auf den ewigen Hohenpriester Jesus setzte, in welchem mir alles geschenkt ist.«[33] Die Bestattung erfolgte am 5. November in Stuttgart. Das Grab ist nicht mehr erhalten.

Bengel ist nicht vergessen. Die moderne Pietismusforschung interessiert sich für ihn, und in pietistischen Kreisen der württembergischen Landeskirche wird sein Andenken ebenfalls

---

[32]   Zit. nach Mälzer, Johann Albrecht Bengel, S. 116.
[33]   Zit. ebd., S. 121.

bewahrt. An seine Bedeutung als Theologe des Pietismus erinnert das Tübinger Albrecht-Bengel-Haus dadurch, dass es seinen Namen trägt.

M. Georg Conrad Rieger,
weil. Special-Superintendent
und Hospital-Prediger in
Stutgard
geb. 1687. d. 7 Martii. gest. 1743. d. 16 Apr.

Jac. Andr. Fridrich jun. Sculps. A.V.

Georg Konrad Rieger

Georg Konrad Rieger
(1687-1743)

von Siegfried Hermle

Jugend, Ausbildung, Vikariat — Bekehrung

Aus einer Cannstatter Weingärtnerfamilie stammte ein dem Pietismus nahe stehender Theologe, der »in die Reihe der begabtesten Prediger nicht nur seiner Heimat, sondern auch der ganzen evangelischen Kirche Deutschlands« zu stellen ist: Georg Konrad Rieger[1]. Rieger, am 7. März 1687 und damit im selben Jahr wie Johann Albrecht Bengel (1687-1752) geboren, trat weder als wissenschaftlicher Theologe noch als Mitglied der Kirchenleitung hervor, er wirkte als Pfarrer, als Seelsorger und vor allem eben als Prediger.

In seinem auf dem Sterbebett diktierten Lebenslauf heißt es über die Eltern: »Mein seeliger Vater war Johann Michael Rieger, Gerichts-Verwanter ..., ein redlicher Mann; meine Mutter Anna, eine geborene Jehlinin von Kornwesten, eine gute Beterin.«[2] Eine Anekdote besagt, Rieger habe bereits als Jüngling den Wunsch verspürt, Theologie zu studieren, doch im Gegensatz zur Mutter wollte der Vater nicht zustimmen. Als der Sohn seinen Wunsch wieder einmal vortrug — man war gerade beim Baumschneiden —, habe der Vater erklärt, Gott solle selbst entscheiden. Er werfe jetzt das Weingärtnermesser gegen einen Baum, wenn es stecken bleibe, dürfe Konrad studieren, wenn nicht, solle er in dem Stande bleiben, in dem er geboren sei. Das Messer blieb stecken!

---

[1]   Vgl. die grundlegende Literatur: Claus, Bengel, 84-97; Fritz, Pietisten, 33-50; Roessle, Bengel, 57-64; Zitat nach Roessle, 63.
[2]   Rieger, Weg, 797 f.

Rieger wurde im Folgenden gezielt auf das Landexamen, die Aufnahmeprüfung zu den Seminaren, vorbereitet, wobei sein Lehrer nicht nur Wert auf den Unterrichtsstoff, vornehmlich das Latein, legte, sondern auch auf Bibellesen, ja Auswendiglernen ganzer Abschnitte sowie das Nachschreiben von Predigten. Im zweiten Anlauf schaffte Rieger die Prüfung und wurde 1702 Schüler des Seminars Blaubeuren. Wegen kriegerischer Ereignisse wurde die Promotion bereits 1703 nach Maulbronn verlegt, wo Rieger nach eigenem Zeugnis durch den »liebwehrten Herrn Praeceptore Haselmajer so wol publice, als in einem Privat-Collegio pietatis die erste Semina (Samen) eines rechtschaffenen Wesens, das in Christo ist, und durch Jesum Christum in uns werden muß, empfangen«[3] hat. 1704 erfolgte der Umzug nach Bebenhausen, und von dort ging es dann 1706 zum Studium »nach Tübingen in das fürstliche Stipendium«, also in das Evangelische Stift. Machte Wilhelm Conrad Haselmajer (1663-1731) Rieger mit dem Frömmigkeitsstil des Pietismus und dessen typischer Veranstaltungsform, den Erbauungsversammlungen, bekannt, so zählten noch weitere Lehrer Riegers in den Seminaren zu den führenden Vertretern des Pietismus. In Bebenhausen wirkten der später als »württembergischer Spener« bezeichnete Prälat Johann Andreas Hochstetter (1637-1720), dessen Sohn Christian Hochstetter (1672-1732) sowie Christoph Friedrich Weißmann (1670-1729); zudem hatte Rieger wohl auch noch Gelegenheit, Predigten Reinhard Hedingers (1646-1704) zu hören.

Nach den üblichen zwei Jahren des philosophischen Grundstudiums legte Rieger als vierter von 35 Kandidaten das Magisterexamen ab, und weitere zwei Jahre später, 1710, folgte der Abschluss des Theologiestudiums. Während seiner Studienzeit stand Rieger unter dem Einfluss des ebenfalls dem Pietismus verbundenen Professors Andreas Adam Hochstetter

---

[3] Nach: ebd., 801 f.; folgendes Zitat ebd., 803.

(1668-1717), den er »besonders als seinen (geistlichen) Vater verehrete«.[4]

Zunächst wirkte Rieger nun als Hauslehrer in der Familie des Hofgerichts- und Landschaftsassessors Ferdinand Christoph Harpprecht (1650-1714) in Tübingen und versah zwischendurch für jeweils kurze Zeit Vikarsdienste in Lustnau und Herrenberg, wo er — wie es in Anmerkungen seines Schwiegersohns Wilhelm Jeremias Jakob Cless (1710-1757) zum Lebenslauf heißt — »unter dasigen Separatisten wunderlichen Seegen hatte«. 1713 wurde Rieger Repetent am Evangelischen Stift und 1717 dann Vikar in Stuttgart.

Besonders eindrücklich mag für den Vikar gewesen sein, am 21. November 1717 jenem Mann persönlich zu begegnen, zu dessen besten Freunden sein Tübinger Lehrer Hochstetter zählte: August Hermann Francke (1663-1727). Der große Hallenser Theologe hatte nach einigen Schwierigkeiten auf seiner »Reise ins Reich« auch in Stuttgart die Erlaubnis zur Predigt erhalten, die ihm zunächst verwehrt worden war, da er sich bei dem im Konkubinat lebenden Herzog Eberhard Ludwig (1676/1693-1733) nicht persönlich angemeldet hatte.[5] Rieger berichtete später, er habe an Francke die Frage gerichtet, wie er am erbaulichsten predigen könne. Francke habe geantwortet, man müsse so »predigen, daß in eine jegliche Predigt die ganze Ordnung des Heils, in Busse, Glauben und Gottseeligkeit bestehend, auf einmal hinlänglich eingebracht werde. ... Kurz, sagte er, ich muß allemal so predigen, daß, wann mich einer nur dieses einige mal höret, und darüber hinstürbe, er nicht nur etwas, sondern den ganzen Weg zur Seeligkeit, in der rechten Ordnung, wie es im Herzen aufeinander gehet, auf einmal gehöret hat.«[6] Ein Rat, der Riegers künftige Predigttätigkeit entscheidend prägen sollte.

---

[4] Ebd., 803; folgendes Zitat ebd., 804.
[5] Vgl. Brecht, Geschichte Bd. 1, 513.
[6] Rieger, Casual-Predigten, 28 f.

Nicht genau zu datieren ist die von Rieger in einer Predigt erwähnte Bekehrung; sie mag jedoch in diesen Jahren stattgefunden haben. Im Rückblick beschreibt er das Geschehen sehr eindrücklich: »Was war ich doch von Natur und von mir? Ein Kind des Zorns, fremd von den Testamenten der Verheissungen, ausser der Bürgerschaft Israels, ohne Christo, ohne Gott, ohne Hoffnung in der Welt! Wie war ich in meinem unbekehrten Zustand so müßig, und Gott so unnützlich! ... Ach! was für edle Stunden habe ich verderbet, die besser hätten sollen und können angewendet werden! Wie sind meine besten Jahre versäumet und versplittert worden! ... Endlich aber kam die Stunde, ... die ich mein Lebtag nicht vergessen will, da der Beruf Gottes mit Kraft und Nachdruck, mit Schelten und Locken, mit Bestrafen und Einladen an mich geschahe! Die Worte: was stehest du hie den ganzen Tag müßig? warfen mich nieder in den Staub; und die Worte: gehe du auch hin, gehe noch jetzt hin, in den Weinberg; richteten mich wieder auf meine Füsse. Ich bewegte mich denn, und ging; ich ging vom Marckt in den Weinberg, vom Welt- und Sündendienst in den Dienst Gottes. Ich wurde nun aus einem Müßiggänger ein Arbeiter.«[7]

Beachtenswert an dieser Beschreibung scheint mir, dass hier — wie in der Tradition Franckes häufig anzutreffen — ein ganz bestimmter Zeitpunkt — den Rieger freilich für sich behält — benannt wird, an dem die entscheidende Lebenswende stattgefunden hat. Zudem ist auffallend, dass gerade das Gleichnis Jesu von den Arbeitern im Weinberg aus Mt 20 offensichtlich eine Schlüsselrolle für Rieger spielte; die Arbeit im Weinberg war ihm seit seiner frühesten Jugend an vertraut und so überrascht es nicht, dass gerade dieser neutestamentliche Text bei Rieger auf eine so tiefe Resonanz stieß.

Im Übrigen hob er — im Unterschied zum traditionellen Luthertum — in seinen Predigten auf ein solches Bekehrungserlebnis ab. Beispielsweise führte er einmal aus: es »mögen

[7]   Rieger, Herzens-Postille, 378 f.

wenige Predigten auszunehmen seyn (die er gehalten hat), darein ich nicht den ganzen Proceß der Bekehrung eines Menschen, aus dem Natur-Zustand unter das Gesetz, endlich zur Gnade und neuen Gehorsam, gebracht habe.«[8] Im Blick auf den Bekehrungsvorgang unterschied Rieger zwei Phasen: zunächst gebrauche er »überal und immerdar zuerst das Gesez …, (um) dem Menschen seine Gestalt zu zeigen, ihm sein äusert verderbtes Herz und dessen unzehlige Betrügereyen zu offenbaren, den Jammer und Elend aus der Sünde vor Augen zu legen«. Dadurch wollte er den Hörer nötigen, nach seiner »Errettung zu verlangen.« Diese habe er »ihme dann alsobald in Christo Jesu gezeiget, zu welchem das Gesetz den Menschen mit der Hand hinführet. Diesen Christum in seinen Wolthaten den armen Gewissen anzupreisen, und den Gläubigen die unendliche Schätze der Gnade in Ihme zu ihrer Freude aufzuschliessen und weit auszubreiten, war recht meine Nahrung und Waide. Ich weiß gewis, daß ich Christum recht groß gemacht habe, weil ich die Sünde und das Sünden-Elend zuvor recht groß gemacht, aus welchem doch die überschwengliche Gnade Jesu Christi gar leichtlich helfen könne und wolle.«[9] Das Gewicht, das Rieger dem Bußkampf zumaß, erweist ihn als einen vom Pietismus Franckescher Prägung beeinflussten Theologen.

Diakon in Urach und Gymnasialprofessor in Stuttgart — Der Prediger

Nach dem Ende seiner Vikarszeit 1718 war Rieger als »Praeceptor«, also als Lehrer, vorgesehen; er sollte also wie Bengel einen wissenschaftlichen Weg einschlagen. Obgleich er bereits durch ein Dekret des Landesherrn nach Bebenhausen befohlen wurde, vermochte Rieger, der »Gott lieber in seiner

---

[8] Rieger, Casual-Predigten, 29.
[9] Ebd., 29 f.

Kirche dienen« wollte,[10] zu erreichen, dass er als Diakon, d. h. zweiter Pfarrer, nach Urach gesandt wurde. In Urach erwies sich Rieger als im Geiste des Pietismus wirkender Theologe. Insbesondere seine im Pfarrhaus angebotenen Wochenkinderlehren nahmen Anliegen seines Tübinger Lehrers Hochstetter — Verbesserung der Unterweisung der Jugend — auf und es überrascht nicht, dass Rieger die »Einfältige Erklärung der Christlichen Lehre« von Philipp Jakob Spener (1635-1705) seiner »Privat-Catechisation« zugrunde legte, der durch die von ihm in Frankfurt ins Leben gerufenen Collegia pietietatis dem Pietismus einen entscheidenden Impuls gegeben hatte. Nach seinen eigenen Äußerungen hoffte er durch diese Versammlungen, die bald von 100 Kindern besucht wurden, einen Samen zu legen, der »da und dorten unter Gottes Seegen wachsen, ... und Früchte bringen werde zur Steurung der immer mehr steigenden Gottlosigkeit«[11]. Ebenfalls in Urach begann er damit, gute »Bücher, Bibeln, Gesang-Bücher ... unter die Leute zu bringen ... und denen Armen es umsonst anzuschaffen«.

In seiner Abschiedspredigt am 1. Mai 1721 erinnerte Rieger daran, dass er in Urach — in kaum mehr als 30 Monaten — 195 Predigten gehalten habe. Freilich musste er erleben, dass sein Wirken nicht ohne Widerstand blieb, was ihn zur Klage darüber führte, dass der von ihm gewirkte »Seegen bey weitem nicht so gros in meinen Augen seye, als ich gewünschet hätte«[12]. Es sei zwar nicht schwer, »eine Aufweckung unter die Leute zu bringen, denn das Evangelium rumoret gleich, wo es hinkomt«, doch bald gebe es auch Heuchler und »gesezliche Gemüther«.

1721 wurde Rieger nach Stuttgart berufen, um dort als Professor am Gymnasium zu unterrichten; zugleich ernannte ihn die Kirchenleitung zum Mittwochsprediger an der Stiftskirche

---

10   Rieger, Weg, 805.
11   Ebd.; folgendes Zitat ebd., S. 806.
12   Rieger, Casual-Predigten, 34 f.

und erteilte ihm den Auftrag, das Matthäusevangelium in seinen Predigten auszulegen. Rieger hatte nun Gelegenheit zu regelmäßiger Predigt, ohne durch die vielfältigen Aufgaben eines Gemeindepfarrers gebunden zu sein. Bereits am 7. Mai nahm er seine Predigttätigkeit über das Matthäusevangelium auf, die er auch in seinen nachfolgenden Stellen weiterführte. Rieger hielt wohl an die 1000 Predigten über Matthäus — teilweise bis zu acht oder zehn Predigten über einen einzigen Vers — und kam doch nur bis zu Kapitel 19. Eine 1732 und 1736 in zwei Teilen vorgelegte Predigtsammlung unter dem Titel »Die Kraft der Gottseligkeit« über Mt 16, 24-28 bot in zwei Bänden auf zusammen fast 1300 Seiten Gedanken über die Nachfolge Jesu. Es ist nicht verwunderlich, wenn sein Schwiegersohn bemerkte, Rieger pflegte jedes Wort »wohl zehnmal umzukehren, so daß von dem, was über einem Spruch zu sagen war, vielleicht nur weniges unberührt geblieben sei«[13].

Was zeichnete den Prediger Rieger aus, dass er von Zeitgenossen hoch geschätzt und von Späteren gar als der »bedeutendste Prediger Württembergs im Zeitalter des Pietismus« eingeschätzt wurde?[14] Zunächst sind sein einfacher, von vielen Wiederholungen gekennzeichneter Stil, seine bildhafte Sprache[15] und die zahlreichen Bezüge zum Alltag herauszustellen. In einer Predigt von 1721 formulierte er seinen Anspruch: »Mein Vortrag war nicht in vernünftigen Reden menschlicher Weisheit und rednerischem Puz, der nur die Ohren küzelt, sondern in solcher Einfalt und Deutlichkeit, dass auch eure Kinder aus meinen Predigten sagen konten.«[16] An erster Stelle stand das Anliegen, der Gemeinde »zur Erkenntniß des wah-

13 Nach Hermelink, Geschichte, 173.
14 Rieger / Brastberger: Predigten, 7.
15 Die nachfolgenden Textauszüge geben einen guten Einblick in Riegers Predigtweise; hier sei nur ein besonders griffiges Bild beispielhaft angeführt. Rieger spricht einmal vom »Gerippe ihres Bein-dürren Christentum(s)« (Rieger, Herzenspostille, 1207).
16 Rieger, Casual-Predigten, 27.

ren Heils [zu] verhelfen«[17]. Sein Anspruch wird in der Uracher Abschiedspredigt greifbar, wenn er seinen Zuhörerinnen und Zuhörern zurief: »Haltet, ach!, haltet, Geliebte, im Gedächtnis Jesum Christum, der auferstanden ist von den Todten« – dies war ihm »ein Denkmaal guter Lehren«, das er hinterlassen wollte.[18] Überhaupt betonte er – und dies in deutlicher Abgrenzung zu Vertretern der Aufklärungstheologie –, dass er seine Aufgabe nicht darin sehe, die Gemeinde »nur auf ein ehrbares Leben und äusserliche Werke zu führen, einen Sitten-Lehrer abzugeben, und auf die gemeine Laster zu schelten«, vielmehr ging es ihm ausschließlich darum, »den Glauben an Christum zu predigen«[19]. Um freilich den Glauben ins Herz pflanzen zu können, musste man seiner Ansicht nach den Hörern »vorderist euren natürlichen Mangel, eure angeborene Verderbnis zeigen, wie ein solcher Glaube nicht in euch seye von Natur; auch nicht aus eigenen Kräften gewirket werden könne«.[20] Dabei sei »ein Prediger, der den Proceß der Busse nicht selbst ausgestanden hat, viel zu verzagt, einen Sünder recht anzugreifen«[21]. Wollte Rieger seinen Hörern vor allem ihre Verderbnis vorhalten, so führte dies zum Widerspruch in der Gemeinde: Er habe »oft hören müssen: ich wäre zu scharf … Aber ihr habts doch bedörft, ihr habts gewis bedörft. Ich bekenne jezt, daß ich im Anfang mit Fleiß und Bedacht denen so gar rohen und ungebrochenen Leuten, die nicht anderst wolten behandelt seyn, in etlichen Predigten einen solchen Schreken eingejaget, der ihnen bißher nachgegangen ist.«[22] Der Prediger dürfe nicht den Fehler begehen, »wann er nur einige Betrübnis siehet, … gleich über Halß und Kopf« zu trösten, er sei dann »der Gemeinde eben so nützlich …, als ein

[17]   Rieger, Herzenspostille, 1641.
[18]   Rieger, Casual-Predigten, 11.
[19]   Ebd., 104.
[20]   Ebd., 107.
[21]   Ebd., 21.
[22]   Ebd., 31 f.

Wolf dem Schaf-Stall«[23]. Vielmehr sollte er erst, wenn der verdammenswerte Zustand wirklich angenommen werde, »mit Freuden diese mehr als Englische Bottschaft (verkündigen): Wer glaubt an Christum, und ist getauft, demselben ist der Himmel erkauft, daß er nicht werd verloren. Der wird seelig. Der wird aus seinem verdammlichen Zustand errettet; der wird zu Gnaden aufgenommen; …; der wird in Christi Gerechtigkeit eingekleidet; der wird für ein Kind Gottes erklärt; der wird mit dem heiligen Geist begabet.«[24] Zugleich wurde Rieger nicht müde, darauf hinzuweisen, dass der Glaube »nicht aus bloß natürlichen Kräften erworben (werden könne), sondern durch das Wort Gottes von dem heiligen Geist gewircket, und also geistlich, göttlich, lebendig, mit Lust, Kraft und Gehorsam verbunden seyn«; Glaube sei ein Geschenk Christi, der die Gläubigen nicht allein »willig und frölich aufnehmen«, sondern sogar »zu Haupt-Leuten setzen, ja gar zu Königen neben Sich machen« wolle.[25]

Vor einer besonderen Herausforderung sah sich Rieger durch die seelsorgerliche Begleitung einer jungen Frau, die aus einem frommen Elternhaus stammte und nach mehreren Operationen, die ihr das Augenlicht retteten, von einem entstellten Gesichtsausdruck gezeichnet war. Beata Sturm (1682-1730),[26] die Berichten zufolge seit ihrer Jugend den Taufbund regelmäßig erneuert und sich gleich mehrfach mit Jesus »verlobt« hatte, führte nach dem Tod des Vaters 1709 zunächst ihrem Bruder den Haushalt, dann ging sie nach Blaubeuren zu einem Freund ihres Vaters, kehrte aber 1713 in die

---

[23] Ebd., 21.
[24] Ebd., 111 f.
[25] Rieger, Herzens-Postille, 1557; 22. – Im Blick auf seine eigene Bekehrung formulierte er: »und wem hab ich es zu danken? meinem Müßiggang? meinem unnützen Dastehen? meinem Wollen und Laufen? meinen wercklosen Wercken? O nein! sondern Gottes Erbarmen! dem Hausvater, seinem Ausgehen, seinem Anblick, seinem Ruf.« (ebd., 379).
[26] Vgl. zu Beata Sturm: Jung, Frauen, 86-96.

Landeshauptstadt zu ihrem Bruder zurück. Sie besuchte regelmäßig den Gottesdienst und widmete sich neben ihrem schon immer gepflegten intensiven Umgang mit der Bibel karitativen Aufgaben. Neben der Begleitung von Hausangestellten unterstützte sie Witwen, Waisen, Arme und Kranke in einem Umfang, dass von ihrem Weißzeug nur wenig übrig blieb. Hatte sie in Blaubeuren noch eine schwer depressive Phase voll Anfechtungen, ja Selbstmordgedanken durchlitten, so lebte sie nun ganz ihrem Glauben. In Anlehnung an eine Christin, von der in der Apostelgeschichte berichtet wird, sie habe viele gute Werke getan und reichlich Almosen gegeben, wurde »Jungfer Sturm« bald nur noch »württembergische Tabea« genannt.[27] Rieger setzte dieser Frau, die ein intensives Gebetsleben pflegte und deren Gebetsringen manche beispielsweise den glimpflichen Ausgang einer Feuersbrunst in Stuttgart 1725 zuschrieben, ein Denkmal durch ein kurz nach ihrem Tod 1730 herausgegebenes Büchlein.[28] Er stellte den Lesern den Glauben, die Liebe und die Gebetsstärke — das exemplarische Christentum — dieser Frau vor Augen und lud zur Nachahmung ein.

Pfarrer an St. Leonhard und Dekan an der Hospitalkirche — Kirche und Pietismus

Nachdem Rieger das Ansinnen, auf die arbeitsreiche Stadtpfarrstelle St. Leonhard zu wechseln, zweimal abgelehnt hatte und auch einem Ruf nach Frankfurt nicht folgen wollte, übernahm er 1733 schließlich doch das Pfarramt an St. Leonhard. Die fast zehn Jahre seiner Wirksamkeit waren bestimmt durch Seelsorge, Amtstätigkeiten und Predigtdienst.

[27] Vgl. Apg 9,36.
[28] »Die würtembergische Tabea oder das merckwürdige äussere und innere Leben und seelige Sterben der weyland gottseeligen Jungfrauen Beata Sturmin«.

Zwei besondere Ereignisse aus jenen Jahren seien hervorgehoben: Zum einen legte Rieger 1734 ein von ihm konzipiertes Gesangbuch »Neu eröffneter Andachtstempel« vor, das ihn als Parteigänger des Pietismus erweist. Nicht nur, dass er in ihm vor allem der »praktische(n) Materie von der Buße, Glauben und Heiligung« Raum bot,[29] unter den 491 Liedern befanden sich auch ca. 100 von pietistischen Dichtern und darunter bereits fünf des Grafen Nikolaus Ludwig von Zinzendorf (1700-1760). Aufschlussreich ist auch die Aufteilung: Nach 147 Liedern zum Thema »Gott« folgen von Nr. 148 bis 427 Lieder »vom Menschen« und abschließend lediglich noch 45 Lieder zur Kirche und ein Anhang mit weiteren 20 Liedern. Von 491 Liedern waren also 280 der Rubrik »vom Menschen« zugeordnet, was nicht überrascht, wenn man Riegers Hinweis auf einen Rat Speners bedenkt, demzufolge besonders Lieder über die Erneuerung und Heiligung zum Tragen kommen sollten.

Das zweite Ereignis betraf den als Finanzier des ungeliebten, weil zum Katholizismus konvertierten Herzogs Karl Alexander (1684/1733-1737) wirkenden jüdischen Hoffaktor Joseph Süß Oppenheimer (1692-1738). Er hatte durch neue Steuern, die Einführung von Monopolen und findige Umstrukturierungen die desolate Wirtschaft des Landes saniert und seinem Herrn die geforderten Finanzmittel zur Verfügung gestellt. Freilich hatte er sich durch den Umgang mit den eingesessenen Familien, der Protektion von Glaubensgenossen und seinem eigenen arroganten Verhalten den Hass der Bürger zugezogen. Nach dem überraschenden Tod des Herzogs wurde er verhaftet und aufgrund eines unwürdigen, ohne Schuldbeweis geführten Verfahrens wegen Betrugs zum Tod verurteilt. Rieger oblag nun die Begleitung von Oppenheimer; bei Besuchen im Gefängnis suchte er ihn — freilich erfolglos — von der christlichen Botschaft zu überzeugen. Hatte das am Hinrichtungstag zahlreich versammelte Volk erwartet, der Ver-

---

[29] Nach: Fritz, Pietisten, 42.

urteilte werde kurz vor der Hinrichtung die Taufe erbitten, um so dem Strang zu entgehen, so sah man sich enttäuscht. Das jüdische Glaubensbekenntnis sprechend bestieg Oppenheimer am 4. Februar 1738 die Richtstätte.

Bezeichnend für Rieger ist eine Predigt, die er am Sonntag vor der Hinrichtung hielt und die bald in einem Sonderdruck Verbreitung fand. Er stimmte nicht in den Ton des Hasses ein, der allenthalben in der Luft lag, sondern mahnte zu Buße und Besinnung und rief zum Gebet für den Verurteilten auf. Er mag dadurch mit bewirkt haben, dass das Volk bei der Hinrichtung keine Schmähworte rief, sondern eher mitleidig auf den Delinquenten blickte, ja, Kinder hätten gar für dessen Bekehrung gebetet.[30] Im Anschluss an seinen Predigttext aus Mt 20, 8, »Gute Arbeit gibt herrlichen Lohn«, führte Rieger aus: »Von was anders redet man unter uns jetzund allenthalben, von was schreibt man in und außer Land, als von einem Sünder, den das Unglück verfolget; den seine Sünden gefunden haben, wie ein Feind; auf dessen böse Arbeit ein fürchterlicher Lohn erfolgen solle? … Meynet ihr denn, es seye mit dem vielen Plaudern davon, mit euren mancherley Urtheilen, mit euren vermengten Affecten alles ausgerichtet? Es gehöret noch etwas mehrers dazu. Und was denn? Ich frage euch, rühret euch nicht auch die Noth dieses armen Mannes? Habt ihr nicht auch Mitleiden mit seiner unglükseeligen Seele? Thuts euch nicht auch wehe, daß man ihm schon vor acht Wochen und jetzund wieder auf ein neues die Mittel zu seiner geistlichen Errettung angeboten und er dieselbe bisher noch in verstoktem Unglauben verworfen hat? Ach! treibet euch dieses verblendete Juden-Herz nicht auch zum Gebett, als zu dem einigen, welches uns doch noch übrig gelassen ist? … Habt ihr alle … auch nur ein Vater Unser für ihn gebetet?«[31] Mitten in der Predigt hub Rieger zu einem Gebet an: »Herr Gott Vater im Himmel erbarme dich über ihn, Herr Gott Sohn der Welt Hei-

---

30   Vgl. Jung, »Evangelisches Bedencken«, 107.
31   Rieger, Casual-Predigten, 601 f.

land erbarme dich über ihn; Herr Gott heiliger Geist erbarme dich über ihn und sey ihm gnädig, jezt und in seiner lezten Todes-Stunde! Amen.«[32] Die Gemeinde aber forderte er auf, in dieser Weise daheim fortzufahren, denn »solche Liebe seynd wir einem Juden um eines einigen Juden willen, um Jesu Christi unsers hochgelobten Heilandes willen, schuldig« und mahnte zudem, sich »vor fleischlicher Schaden-Freude und ungeziemender Rach-Begierde« zu hüten, da die Rache allein des Herrn sei. Den Gemeindegliedern wurde zuletzt noch eingeschärft: »Ach! liebe Leute, ich bitte euch bey dieser Gelegenheit um eurer zeitlichen und ewigen Glückseeligkeit willen, spiegelt euch hieran!«[33]

Rieger kritisierte also weder das fragwürdige Gerichtsverfahren noch hatte er Zweifel an der Schuld des Hofjuden und der verhängten Todesstrafe, wohl aber sah er in diesem Vorfall Anlass zur Selbstprüfung der Christen. Er stellte seinen Gemeindegliedern vor Augen, dass sich Gott der reumütigen Sünder erbarmt und schärfte ihnen ein, sich nicht in Rachegedanken zu ergehen, sondern um ihr und des Verurteilten Seelenheil zu beten.

Doch nicht nur in diesem Fall hielt Rieger seinen Gemeindegliedern einen Spiegel vor; er kritisierte immer wieder ganz offen die Zustände seiner Zeit. Leute schimpften in ihrer Gottlosigkeit auf die Kirche, wie »weder die Juden ihre Synagogen, noch die Türcken ihre Moscheen, noch die Heiden ihre Pagoden so öffentlich schimpfiren dürfen«[34]. Überhaupt sei festzustellen, dass die Menschen »von der Beobachtung unserer berühmten Ordnungen herabgefallen (seien), …; dadurch so viele Unruhen, Mißbräuche und böse Dinge in Kirche und Staat eingedrungen, daß man jezt nimmer steuren kan, ob man auch wolte!… Wie sind auch unsere Bürger von der ehmaligen

---

[32] Ebd., 604. – Folgendes Zitat ebd., 605.
[33] Ebd., 607.
[34] Rieger, Herzens-Postille, 1169; folgendes Zitat Rieger, Casual-Predigten, 295.

Häußlichkeit, Sparsamkeit und Einfalt in Kleidern, Essen, Trinken, Reden, Handeln in allerhand neue Moden, Eitelkeit, Pracht, Verthunerey, Schleckerey verfallen, dadurch alle guten Mittel unserer Alten vollends verdistillirt werden und nichts übrig bleibt als ein prächtiges Nichts«. Besonders betrüblich war ihm auch, dass man sonntags lediglich »auf den vierten Theil Leute rechnen (könne), die ... in eine Kirche kommen: die drey Viertheile bleiben meistens ohne Noth aus.«[35]

Ungefähr zeitlich mit dem Wechsel ins Dekanatamt erschien 1742 die umfangreichste Schrift, die Rieger selbst zum Druck brachte. Nur mit großem Aufwand konnte die so genannte »Herzens-Postille« fertig gestellt werden;[36] ein voluminöser Band mit zum Teil bis zu zwei Predigten für jeden Fest-, Sonn- und Feiertag des Jahres. Die Postille konnte sich in der Reihe der bereits vorliegenden bewähren, zumal Riegers Predigten sämtlich durch sein pointiertes theologisches Programm bestimmt waren: »Ich suche nemlich überall Christum zum Grunde zu legen, seine überschwengliche Erkenntniß, und die unvergleichliche Herrlichkeit in Ihm, den Seelen zu offenbaren, ..., den Unglauben anzugreifen, den Glauben zu pflanzen, dessen Güter auszubreiten, mit denselben die Zuhörer willig zu machen, zu einem rechtschaffenen Christenthum sich zu entschliessen, und ihnen die Quelle anzuweisen, woraus sie alle Kraft zu einem göttlichen Leben schöpfen können.«[37]

1742 übernahm Rieger das Amt des Dekans an der Hospitalkirche. In dieser neuen Funktion oblag ihm neben der Predigt- und Gemeindearbeit die Visitation der zu seinem

---

[35]   Rieger, Herzens-Postille, 1169.
[36]   Im Vorwort schilderte Rieger die Schwierigkeiten bis zur Fertigstellung des Manuskripts: »bey den vorstehenden Feier-Tagen, Jahres-Wechsel, heuriger frühen Ostern, und ... (d)en gewöhnlichen Amts-Geschäften, (seien) die Neben-Stunden so nahe zusammen(gegangen), daß ich gezwungen ward, Gehülfen anzunehmen, und ihr geliefertes manchmal kaum überlesen fortzusenden.« (ebd., Vorwort 13).
[37]   Ebd., Vorwort 10.

Sprengel gehörenden Pfarrer sowie die Pflicht, deren Fortbildung zu betreiben. Freilich sollte er nur noch eine Disputation durchführen können; die zweite war in der Planung, als eine Krankheit ihn ins Bett zwang und kurze Zeit später zum Tod führte. Interessant ist, dass die Disputationen dem Thema Tod und der aus der Auferstehung entspringenden Hoffnung angesichts der Todesangst gewidmet waren — eine Vorahnung? Zudem wird in den Anmerkungen zu seinem Lebenslauf berichtet, trotz der kurzen Amtszeit habe er »allerley gute Vorschläge und Anstalten zur Verbesserung des Kirchen- und Schul-Wesens auf dem Lande« eingeleitet und »allerley Bücher« angeschafft.[38]

Aufschlussreich für das Amtsverständnis Riegers ist eine Predigt, die er als Dekan bei der Investitur von Pfarrer Johann Gerhard Kaufmann (1695-1770) am 23. Dezember in Heumaden hielt. Er stellte zu Beginn seiner Ausführungen heraus, dass das Predigtamt »eine Wolthat Gottes« sei[39]. Der Pfarrer solle sein Amt daher »nicht fürchterlich, sondern wie ein freundlicher Brautwerber führen«, um die Gemeinde »herum gehen und sagen: Ey liebe Seelen, wisset ihr auch, wie der Herr Jesus euch so lieb hat?« Ein Prediger habe sich klar zu machen, »daß er freylich nicht nach eigener Wahl ... sich des Predigt-Amts angenommen: sondern daß ihne Gott hiezu gerufen habe«[40]. Ohne das Amt würde alles in Unordnung versinken, da Gott aber ein Gott der Ordnung sei, habe er »der gesamten Kirche diese Gewalt übergeben, daß sie in seinem Namen Kirchen-Diener berufen darf.« Der Prediger müsse »nicht nur auf der Canzel eine Stimme (Gottes) seyn, sondern überal. Alles muß an einem Prediger predigen, sein ganzer Wandel und Leben«.[41] Sodann stellte Rieger heraus, dass jeder Prediger

---

[38] Rieger, Weg, 810.
[39] Rieger, Casual-Predigten, 541; folgendes Zitat ebd., 540. — Der Predigt lag Joh 1, 19-28 zugrunde.
[40] Ebd., 543; folgendes Zitat ebd., 545.
[41] Ebd., 546.

eine gründliche Erkenntnis seiner selbst wie auch Christi haben müsse: »Die Erkentnis unserer selbs muß uns demüthig im Herzen, in Geberden, in Worten, in Werken machen«; die »wahre und lebendige Erkentnis Jesu Christi« erfülle »das Herz eines Menschen mit Glauben, mit Demuth, mit Redlichkeit, ... mit ergözlicher Freude« und bewahre ihn davor, bloßer »Gesetz-Schreyer« zu sein.[42] Zum Dritten habe ein evangelischer Prediger auf »eine redliche Ausrichtung seines Amts« zu achten, er habe zunächst Christus »den Weg zu bereiten« und den Leuten deutlich zu machen, dass sie »von Natur ... weit entfernet von Christo« seien, dann solle er das Gesetz und das Evangelium verkündigen, die Sakramente verwalten und die ganze Gemeinde »zur Abstellung von Aergernissen ermuntern«.[43] Zuletzt hob Rieger hervor, ein Prediger müsse um die »tröstliche Hofnung des Seegens zu seinem Amte« wissen, die »Muth, Eifer, Fleiß« und Lust zum Amt schenke. An anderer Stelle warnte er eindringlich: »Oder du heisest ein Lehrer und Prediger. Was für ein guter Name ist das! Der eingeborne Sohn des Vaters hat selber auf Erden keinen andern geführt! Behalt diesen Namen bis an das Ende, und ziere denselben mit aller Treu und Wahrheit. Laß dir nimmermehr nachsagen, daß du ein Meelsorger, ein Bauchdiener, ein Götzenhirt, ein Miethling, ein stummer Hund, ein blinder Leiter, ein Menschenknecht, und Creutz-flüchtiger Heuchler seyst: sondern beweise dich wohl ..., daß du ein kluger und treuer Haushalter seyst, ... der da recht theile das Wort der Wahrheit«.[44]

Über diese unterschwellige Kritik an den Predigern und damit ja zugleich an den Zuständen in der Kirche hinaus ließ Rieger aber keinerlei Zweifel daran, dass für ihn die evangelische Kirche die wahre Kirche sei. »Unsere Evangelische Kirche ist dieselbe wahre sichtbare Kirche vor allen andern Haufen der Christenheit. Und es ist nicht genug zu rühmen,

---

[42] Ebd., 551, 553.
[43] Ebd., 554-557; folgendes Zitat ebd., 557 f.
[44] Rieger, Casual-Predigten, 1125 f.

noch kan mit genug würdigen Danck erkant werden, wenn einem Gott die Gnade gethan, und ihn in derselben hat geboren und erzogen werden lassen. Ein Evangelischer Lutherischer Bettler ist nach dem Geistlichen und Ewigen glückseliger, als ein irrgläubiger König.«[45] Von daher ist es auch nicht überraschend, dass er jeder Separation eine deutliche Absage erteilte. Unter Verweis auf den Mischzustand der Kirche – niemand könne dem anderen ins Herz sehen und Gott allein wisse, wer zu den Seinen gehöre – stellte Rieger in einer Predigt über das Gleichnis vom Unkraut unter dem Weizen klar, dass »Absonderung ... kein Mittel (sei), um die Kirche zu verbessern. Der Herr will, daß beides miteinander wachsen soll. Er könnte es selber am besten hindern; er tut es aber nicht. Es müssen Rotten und Ärgernisse unter uns sein ... Wenn sich alle Frommen von der Kirche absondern wollten, dann wäre dies ein ebenso gewaltsames Mittel als das Ausraufen des Unkrauts«.[46] Bei anderer Gelegenheit führte er aus: »Der Weg der Absonderung hat niemals Seegen von Gott gehabt. ... O es ist eine schlechte Kunst abbrechen, Klagen führen, ... sich im Eigensinn besser dünken als andere.«[47]

Obgleich Rieger, wie schon verschiedentlich aufgezeigt, die Anliegen des Pietismus förderte, wahrte er doch entschieden Distanz nicht allein zu separatistischen, sondern auch zu spiritualistischen Gruppierungen, die sich gerade in Württemberg immer wieder formierten: »Die Schrift ist übrig genug, uns den Weg zu Christo zu weisen. ... Christus ist des Glaubens Ziel und Ruhepunct. Was keine Beziehung auf Ihn hat, ist nicht einmal unserer Ansicht, geschweige einiger Freude würdig.«[48] Weiter kritisierte Rieger, dass es Leute gebe, »auch unter uns, die ... aus Eigendünckel, irriger Andacht und Pharisäischem Hochmuth sich absondern«, die Kirchen »als Göt-

---

[45] Ebd., 188.
[46] Rieger / Brastberger: Predigten, 69 – Mt 13, 24-30.
[47] Rieger, Herzens-Postille, 474.
[48] Rieger, Herzens-Postille, 221.

zenhäuser und Mördergruben unverantwortlich schelten und verschreien, und ihre eigenwillige Winkelversammlungen weit vorziehen« würden.[49]

Mit der letzten Bemerkung wird deutlich, dass Rieger selbst die für den Pietismus typischen Erbauungsversammlungen nicht unkritisch gesehen hat. Seiner Ansicht nach sollten alle Predigten Erbauungscharakter haben, sie »sollen von Rechts wegen nichts anders, als Erweckungsstunden der Todten, der Schläfrigen, der Trägen, der Sünder (sein), … Wenn man in die Kirche gehet, soll man sagen können: Ich will in die Erweckungsstunde gehen. Und wenn man von der Kirche herkommt, soll man billig sagen können: Ich komme von der Erweckungsstunde her, ich bin erweckt, ermuntert, gestärket …«[50].

Bei Rieger finden sich Verweise auf Luther oder Brenz, aber auch auf herausragende Gestalten des Pietismus: Arndt, Spener, Francke oder auch Bengel. Auffallend freilich ist, wie stark Rieger auf die Rechtfertigung verweist. Die Rechtfertigung ist für ihn der »Augapfel unserer Kirchen« und sie trage »die allerschönsten Ehren-Namen«; ja, die Lehre von der Rechtfertigung sei »der Auszug und Kern der ganzen heiligen Schrift, der Pfeiler und Grundfeste, das Herz und Kleinod, die Stütze und Säule der Evangelisch-Lutherischen Kirche; der Mittelpunkt des Christenthums, die Quelle, woraus aller Trost für betrübte Gewissen fliesset«[51]. Wenn dieser Lehrpunkt feststehe, so stehe auch der Grund der Seligkeit fest. Wichtig ist ihm auch der Glaube. Rieger grenzt sich durch die Betonung des Glaubens von den Papisten und den neuen »Heiligen« ab, »die nur immer Christum zum blosen Vorbild darstellen«: »Am Glauben liegts. Dis ist gut Altlutherisch gesprochen.«[52]

49   Ebd., 1168.
50   Ebd., 1285 f.
51   Ebd., 1185 f.
52   Ebd., 784.

Rieger bewahrt demnach eine eigene Position. In enger Rückbindung an das Proprium der Reformation sucht er die Anliegen des Pietismus seinen Hörern nahe zu bringen. Natürlich verweist er sie eindringlich auf die Notwendigkeit von Glaubensfrüchten — »Wenn nun ein solcher Grund, Quelle und Wurzel der allerherzlichsten, dringensten und freywilligsten Liebe aus dem Glauben in mein Herz gelegt ist: so können ja keine andere als gute Wercke daraus herfliessen, leicht, ungezwungen und willig«[53] —, doch zugleich ist ihm die Rechtfertigungslehre unantastbare Basis und die vorfindliche Kirche mit all ihren Fehlern die von Gott gestiftete Kirche, von der es keine Absonderungen geben kann. Auffallend ist zudem, dass Rieger nur selten die emotionale Seite des Glaubens herausstellt, und Zinzendorf wird ihm so suspekt, dass er auf dem Totenbett Oetinger bestellen ließ, er solle ein Zeuge wider den Herrnhutianismus sein; er sei der Einzige, der dazu tüchtig sei.[54] Weiter bleibt festzuhalten, dass Rieger trotz seiner Bekanntschaft mit Bengel — er bezieht sich sogar auf dessen noch ungedruckten »Gnomon«[55] — dessen Endzeitspekulationen nicht aufnahm. Rieger erweist sich als selbstständiger, unabhängiger Theologe, der sich seiner lutherischen Wurzeln bewusst war. Im Mittelpunkt seiner Predigten standen immer wieder die in der Reformation herausgestellten Exklusivwendungen »allein Jesus Christus«, »allein die Bibel«, »allein der Glaube«, »allein die Gnade«. Zugleich trachtete er auf dieser Basis das Neue zu fördern und ermahnte in seinen Predigten ganz entschieden, ein evangeliumsgemäßes Leben zu führen und durch gute Werke dem Glauben Ausdruck zu verleihen.

---

[53] Ebd., 886.
[54] Vgl. Hermelink, Geschichte, 236; vgl. oben S. 164 f.
[55] Vgl. Rieger, Herzens-Postille, 1702, vgl. unten S. 59 f.

Familie und Tod – Öffentliches Sterben

Zu erwähnen bleibt, dass Rieger 1718 in Urach Regina Dorothea Scheinemann (1693-1750) geheiratet hat. Das Ehepaar hatte fünf Kinder; der älteste Sohn verstarb kurz nach der Geburt und wurde in Urach bestattet, von den beiden in Stuttgart geborenen Söhnen ergriff der ältere, Philipp Friedrich Rieger (1722-1782), die militärische Laufbahn, der jüngere, Carl Heinrich (1726-1791), wurde wie sein Vater Theologe. Die Tochter Regina Dorothea (1720-1757) heiratete 1739 den Pfarrer Cless, den späteren Herausgeber der Schriften Riegers, und ihre jüngere Schwester Charlotta Beata (1728-1803) 1746 den Pfarrer Georg Christoph Hartmann (1717-1763).

Am Freitag, dem 22. März 1743, schaffte Rieger kaum mehr den Heimweg von einer Amtshandlung, er musste sich auf die Treppe setzen, um Luft zu bekommen. Seit diesem Tag konnte er das Haus nicht mehr verlassen, und am 15. April, dem Dienstag nach Ostern, verstarb er.

Überliefert ist ein ausführlicher Bericht über die letzten Tage Riegers, der im Stil der Zeit Gedanken, Empfindungen und Eindrücke vom Sterbenden selbst und den zahlreichen Besuchern wiedergibt. Seit Palmsonntag hatte er das Bett zu hüten und ließ sich aus der Schrift und anderen Büchern vorlesen. Zwei Tage später wurde der Beichtvater Riegers, Christoph Friedrich Stockmajer (1699-1782) gerufen, da sich der Gesundheitszustand rapide verschlechterte. Rieger bekannte seine Sünden und empfing das Abendmahl. Anschließend »redete und lehrete er fast den gantzen Nachmittag biß in die Nacht«; mit anwesenden Kindern betete er, und am folgenden Tag beschwor er die »um das Bett stehenden guten Freunde ... sich doch in Zeiten einen guten Vorrath zu samlen. Man brauche alles wol, wann es zum letzten Ernst gehe«.[56] Konfirmandinnen kamen zu Besuch, um ihm für seinen Dienst zu

---

[56]   Rieger, Weg, 818, 819.

danken, zwei Lehrer ermahnte er, »im Vortrag Evangelisch zu seyn, auch wann sie das Gesetz predigten«, und selbst an seinem letzten Lebenstag kam noch ein Gemeindeglied an sein Bett und bekannte, dass seine Seele durch Rieger gerettet worden sei.[57] Seiner weinenden Frau hielt er entgegen: »soll dann der Knecht nicht willig gehen, wann ihn der Herr gehen heißt?«[58] Immer wieder bekannte Rieger seinen Glauben: »Christus hat alles, alles, alles gut gemacht, was Adam verdorben hat!« oder auf Nachfrage: »ja, an meinen Heyland Jesum Christ (glaub ich) fest und unbeweglich!«[59] Als am Ostermontag den »Tag über … seine Hitze und Schlummern« anhielten, verbrachten seine Familie und Freunde die letzte Nacht mit ihm »unter Betten und Singen, wie er befohlen hatte, daß man ihne denen Chören der heiligen Engel« entgegenbringe.[60]

Riegers Sterben gestaltete sich in der Darstellung seines Schwiegersohnes zu einem öffentlichen Ereignis und zu einer Bestätigung seines Wirkens. Dies kommt besonders eindrücklich in einem Votum des Sterbenden zum Ausdruck: »Ich besiegle das Evangelium, so ich geprediget habe, mit meinem Tode und es reuet mich kein Wort.«[61] Glaubensstärke und Vorbild, Begleitung und Trost, Mahnung und Gemeinschaft, Bekenntnis und Glaubenshoffnung — all diese Faktoren durchziehen den Bericht über die letzten Lebenstage. So wurde den Lesern vor Augen geführt, dass Rieger auch in den schweren Stunden vor seinem Tod fest und unverbrüchlich zu dem stand, was er gepredigt hat und dass ihm und seinen Freunden sowie der ganzen Familie das Wissen um die Geborgenheit bei Christus Halt und Kraft gab.

Der Abschluss des auf dem Sterbebett diktierten Lebenslaufes kann als Zusammenfassung seiner Theologie angesehen werden:

[57] Ebd., 822, vgl. 829.
[58] Ebd., 821.
[59] Ebd., 826, 823.
[60] Ebd., 827, 828.
[61] Ebd., 819.

»Ich bin ein armer Sünder;
Und die letzte Zeitung von mir soll diese seyn:
Jesus Christus hat ihn seelig gemacht.«[62]

---

[62] Ebd., 815.

Evangelium Jesu Christi Eruditio mea.

SAMUEL URLSPERGER,
Pastor ad Div. Annæ et Ministerii Augustani Senior
Anno 1726.

Dieser Mann, diß Angesicht,
und ins Werk gelegte Dauber,
die deß Geistes Zeugnus haben,
wollen unsers Lobes nicht.

Nichts, als Jesus, Gottes Sohn,
wie Er ist am Creüh gehängen
ist Sein Wissen und Verlangen
Weißheit, Predigt, Ruhm und Lohn.

Samuel Urlsperger

Samuel Urlsperger
(1685-1772)

von Wolfgang Schöllkopf

Er erlebte schwere Zeiten in Württemberg, verließ das Land und wurde von Augsburg aus einer der profiliertesten Vertreter des Pietismus, schließlich gar mit weltweiter Wirkung.

Herkunft und Bildung

Samuel Urlsperger wurde am 20. August 1685 in Kirchheim unter Teck geboren[1]. Er war das zehnte Kind seiner Eltern Georg Reinhard Urlsperger, geistlicher Verwalter des Kirchenguts, und Anna Katharina, geborene Haas, Tochter des Bürgermeisters in Kirchheim. Ihre Vorfahren waren nach der Reformation aus Ungarn und der Steiermark ausgewandert, weil sie evangelisch bleiben wollten. Dieses Bewusstsein des Verlassens der Heimat aus Glaubensgründen sollte für Urlspergers Lebenswerk noch bedeutsam werden. Er ging auf die städtische Lateinschule in Kirchheim, durfte 1699 das Landexamen machen und kam danach in die Klosterschulen Blaubeuren und Bebenhausen. Dort war der ebenfalls in Kirchheim geborene Johann Andreas Hochstetter (1637-1720), der Förderer des Pietismus, Prälat. Ab 1702 studierte er Evangelische Theologie im Tübinger Stift, in dem damals schon eine Gruppe Studenten und Repetenten zu den frühen Pietisten zählten. Ein Jahr später kam Johann Albrecht Bengel

---

[1] Sein Geburtstag wird noch nach dem julianischen Kalender angegeben, da die mit der Reformation evangelisch gewordenen Länder die gregorianische Kalenderreform von 1582 sehr zögerlich erst ab 1700 einführten.

(1687 - 1752) ins Stift, mit dem Urlsperger freundschaftlich verbunden blieb. Die Studienreform von 1688, die im Sinne des Pietismus das Studium der biblischen Schriften und die Frömmigkeitspraxis der Studierenden in den Mittelpunkt stellte, war umgesetzt und wurde besonders vertreten von den Professoren Christoph Reuchlin (1660 - 1707) und Andreas Adam Hochstetter (1668 - 1717), dem Sohn von Johann Andreas Hochstetter. 1704, bald nach Urlspergers Magisterprüfung zwischen dem Grundstudium und dem Hauptstudium der Theologie, kehrte Johann Wolfgang Jäger (1647 - 1720) als Theologieprofessor und Universitätskanzler nach Tübingen zurück, der sich kritisch mit dem Pietismus und besonders mit dem Separatismus auseinander setzte. Für Urlsperger war er zudem der Bruder seines künftigen Schwiegervaters, der Onkel seiner späteren Frau. Mehrheitlich der Reformbewegung des Pietismus zugehörig war das Repetentenkollegium des Stifts, das die Stiftler stark prägte. Zugleich erlebte Urlsperger dort den ersten Höhepunkt der Auseinandersetzung mit dem Separatismus, als die Repetenten Christian Friedrich Schmoller (1675 - 1707), der Stiefbruder Hedingers, und Sigmund Christian Gmelin (1679 - 1707) verhört und des Landes verwiesen wurden. Da Urlsperger 1707 ein exzellentes Examen ablegte, bekam er vom Herzog ein Reisestipendium zugeteilt, das ihm eine umfangreiche Bildungsreise ermöglichte. Zuerst aber fuhr er nach Erlangen und verlobte sich 1709 mit seiner Kirchheimer Bekannten Sophie Jakobine Jäger von Jägersberg (1689 - 1773), deren Vater die dortige Ritterakademie leitete und zuvor Klosterhofmeister in Kirchheim gewesen war. Daher kannten sich die beiden und ihre Familien.

Reisen, Eheschließung, Anstellung

Von Erlangen aus besuchte Urlsperger zunächst die Universität in Altdorf und die Reichsstadt Nürnberg. Über Jena und Leipzig, das damals in den Auseinandersetzungen zwischen

Orthodoxie und Pietismus steckte, führte ihn sein Weg zum ersten Hauptziel nach Halle. Das große Schul-, Missions- und Sozialwerk des halleschen Pietismus mit seiner Ostindischen Mission und der Bibelanstalt beeindruckte ihn tief. Mit dem Begründer und führenden Theologen August Hermann Francke (1663-1727) blieb er zeitlebens freundschaftlich verbunden und nannte ihn in seiner umfangreichen Korrespondenz »Herzenspapa«[2]. In Begleitung des Francke-Schülers Anton Wilhelm Böhme (1673-1722) reiste er durch Holland nach England weiter, wo er zwei Jahre lang als zweiter Prediger an der deutschen lutherischen Savoy-Kirche und der Kapelle St. James des hannoverschen Thronanwärters Prinz Georg wirkte. Die Missionsgesellschaft »Society for Promoting Christian Knowledge« (SPCK) ernannte Urlsperger zum korrespondierenden Mitglied in Deutschland und ihre weltweiten Kontakte sollten für seine spätere Arbeit noch wichtig werden. Über Hannover, Berlin und noch einmal Halle kehrte er mit vielen Eindrücken und Kontakten 1713 wieder nach Württemberg zurück. Zuvor heiratete er am 7. August 1713 in Erlangen seine Verlobte, von der er in einem Brief an Francke schreibt: »jedtnach aber danke Gott, daß derselbe meiner Liebstin einen solchen Sinn gegeben, mit mir alles auszustehen«[3] — ein prophetisches Wort angesichts der bevorstehenden schweren Konflikte!

Den beiden wurden zehn Kinder anvertraut, von denen vier Töchter und ein Sohn das Erwachsenenalter erlebten. Dreißig Enkel und dreizehn Urenkel feierten das große fünfzigjährige Amts- und Ehejubiläum der Eheleute Urlsperger

---

[2] Nach: Brecht, in: Schwarz, Urlsperger, S. 166. — Basisliteratur: Schwarz, Urlsperger; Wais, Urlspergers Entlassung.

[3] Urlsperger an Francke, 1. 10. 1713, nach: Hancke, Hansjochen, Sophie Urlsperger geborene Jäger von Jägersberg und der Familienkreis Urlsperger, in: Schwarz, Urlsperger, S. 61.

1763 in Augsburg mit. Davon zeugt eine Programmschrift und eine Jubiläumsmedaille, die beide Eheleute zeigt.[4]

Die erste feste Anstellung erhielt Urlsperger in Stetten im Remstal, wo die Herzoginwitwe Magdalena Sibylle (1652-1712) ihren Sitz hatte. Sie war eine große Förderin des Pietismus mit einer eindrücklichen »praxis pietatis« und verfasste selbst Lieder und Erbauungsschriften. Die Stettener und Kirchheimer Schlosskirche ließ sie mit emblematischen Andachtsbildern ausmalen.

Von dort aus wurde Urlsperger 1714 als Hofkaplan, schon ab 1715 als Oberhofprediger an die Residenzen nach Stuttgart und Ludwigsburg berufen und hatte damit zugleich als Konsistorialrat Sitz in der geistlichen Kirchenleitung, dem Konsistorium.

Hofprediger in Stuttgart und Ludwigsburg

»in den verwirrten Zuständen, darein mich der Herr geworffen«[5]

Die politische Situation im Land war schwierig: Herzog Eberhard Ludwig (1676-1733), der 1693, kaum siebzehnjährig, vorzeitig für regierungsfähig erklärt wurde, gestaltete das Land im Geist des Absolutismus um und kam dadurch in Konflikt mit den württembergischen Ständen und ihrem Landtag. Die großenteils vom Landbau und Weinbau lebende Bevölkerung bekam dazu die Lasten ständiger Kriegswirren zu spüren. Dabei waren die Wunden des Dreißigjährigen Krieges noch nicht verheilt.

Ab 1707 lebte der Herzog in einer verbotenen Doppelehe mit seiner Mätresse Wilhelmine von Grävenitz (1686-1744). Nicht die Tatsache, dass ein barocker Fürst eine Mätresse hatte, war ungewöhnlich, sondern deren großer Einfluss auf

---

[4] Abbildungen in: Schwarz, S. 71 f.
[5] Urlsperger an Francke, 1.10.1713.

den wankelmütigen Herzog, der Ausbau ihrer Machtposition durch gezielte familiäre Ämterverfilzungen und die mit ihrer Stellung verbundene Demütigung der amtierenden Herzogin Johanna Elisabeth, geborene Prinzessin von Baden-Durlach (1680-1757). Im Volk wurde die Grävenitz wegen ihres schädlichen Einflusses, der jedoch nur durch die Charakterschwäche des Herzogs so gewaltig werden konnte, »die Landesverderberin« genannt.

Evangelischer Barock?

Sichtbares Zeichen der absolutistischen und zentralistischen Macht des Fürsten nach französischem Vorbild wurde die mit großer Pracht ausgestaltete und nach dem Herzog benannte neue Residenz Ludwigsburg. Zur Finanzierung der imposanten Anlage mit 18 Gebäuden und 452 Räumen belastete Eberhard Ludwig nicht nur die größtenteils armen Untertanen mit Steuern und Frondiensten, sondern er vergriff sich auch am Kirchengut. Dies jedoch kam im evangelischen Württemberg einem Sakrileg gleich und das Konsistorium kritisierte sein Vorgehen nach dem Motto »Kunst statt Katechismus, Barock statt Bibel« auf das Schärfste.

Mitten in diesen Auseinandersetzungen jedoch wurde der Oberhofprediger Urlsperger zum kritischen, aber konstruktiven Mitgestalter eines »evangelischen Barock«, und das kam so: Ludwigsburg sollte ursprünglich nur ein Jagdschloss werden[6]. Als jedoch 1715 die wohl auch von der Grävenitz beeinflusste Entscheidung fiel, die Residenz von Stuttgart nach Ludwigsburg zu verlegen, entstand auch der Plan für eine evangelische Hofkapelle. Der italienische Baumeister Donato Guiseppe Frisoni (1683-1735) entwarf eine Drei-Konchen-

---

[6] Sein erster Baumeister war übrigens ein württembergischer Theologe, Philipp Joseph Jenisch (1671-1736), den ein Eintrag in Speners Stammbuch als frühen Pietisten ausweist!

Anlage mit Kleeblatt-Grundriss, ausgerichtet auf einen zentralen Hochaltar. Die Ausstattung ist für Württemberg sehr ungewöhnlich, nämlich barock und evangelisch zugleich! Die Fresken von Paolo Retti (1691 - 1748) zeigen ausschließlich biblische Motive, keinen einzigen Heiligen. Patrozinium der Kirche ist die Heilige Dreieinigkeit, wohl nach dem Vorbild der Kirche im herzoglichen Bad in Teinach. Direkt in den Hochaltar eingebaut wurde die Kanzel, um die zentrale Stellung des göttlichen Wortes und seiner Auslegung in einer evangelischen Kirche sichtbar zu machen.

Auch für die damals noch sehr karge württembergische Gottesdienstliturgie hatte dieser außergewöhnliche Ort Folgen: Bereits 1708 verfügte der Herzog für die künftige Hofkirche die Bereicherung durch musizierte Teile aus der Messe und den regelmäßigen Altardienst durch die Geistlichen. Letzteres setzte sich im Land erst bis Anfang des 20. Jahrhunderts durch! Bis dahin wurde der ganze Gottesdienst in Württemberg ausschließlich von der Kanzel gehalten und an den Altar trat der Pfarrer nur bei der Abendmahlsfeier.

Es darf angenommen werden, dass der amtierende Oberhofprediger bei der Ausgestaltung von Kirchenraum und Liturgie ein gewichtiges Wort mitzureden hatte. So wären auch einige zeitkritische Elemente zu erklären, etwa die Darstellung der Tempelaustreibung am Eingang der Hofkapelle. In seiner Predigt zur Grundsteinlegung am 18. Mai 1718 erinnerte Urlsperger an den wahren Eckstein Jesus Christus, der von den Bauleuten verworfen wurde[7], und an das fürsorgliche Amt der »Säugamme«, das der Herzog für sein Land und seine Kirche habe. Zu diesem Zeitpunkt war der Konflikt des Hofpredigers mit seinem Fürsten fast schon auf seinem Höhepunkt.

[7]   Nach: Psalm 118, 22.

Entlassung

»in den dunkelsten Zeiten«[8]

Als Hofprediger wirkte Urlsperger vor allem durch seine Verkündigung. Dazu hatte er eine besondere Stellung, die ihm Zugang zu allen Ständen des Hofes ermöglichte. Diese nutzte Urlsperger zu einer beeindruckenden Seelsorge. So predigte er anlässlich der Taufe von zwei Hofmohren über die Gottesebenbildlichkeit aller Geschöpfe. Schon 1715 rief er zu einer landesweiten Sammlung für die hallisch-dänische Ostindienmission auf. Hatte ihn der Herzog dabei noch unterstützt, geriet Urlsperger in den folgenden Jahren immer mehr in Konflikt mit dem unmoralischen Lebenswandel des Fürsten und seiner absolutistischen Haltung, die der altwürttembergischen Tradition widersprach. Die Auseinandersetzung gipfelte in seiner, nach anfänglicher Zurückhaltung immer schärfer werdenden Kritik an der Grävenitz. Wenn die reich überlieferte Anekdote von der siebten Vaterunser-Bitte einen historischen Ort und Namen hat, dann gehört sie hierher: Die Gräfin verlangte vom Hofprediger, ebenso wie der Regent in das sonntägliche Kirchengebet aufgenommen zu werden. Darauf erwiderte dieser, dass dies schon längst geschehen sei — in der siebten Bitte des Vaterunsers: Erlöse uns von dem Übel!

In der Predigt am Vorabend des Reformationstages 1717 in Ludwigsburg wurde Urlsperger überdeutlich: »wenn wir Prediger nichts sagten, so würden endlich die Steine reden ... Die Sünde des obrigkeitlichen Standes und den Mißbrauch der Macht, so ihm von Gottes Gnaden allein zur Beförderung des Guten und zum Schutz der Frommen wider alles Böse gegeben ist, siehet und empfindet man ... An den Höfen ists über-

---

[8]   S. Urlsperger, Das Verlangen der Gläubigen nach dem, was gut ist, Augsburg 1754 (Bibliographie von W. Mayer bei Schwarz: Nr. 169), nach einer Predigt in Augsburg am 28. 10. 1753 (vgl.: Wais, Entlassung, S. 9 u. 16).

haupt so gar verdorben ...«[9] Dem vorausgegangen ist ein schriftlicher Bericht des Hofpredigers über die Machenschaften der Grävenitz und ihrer Sippe, für die 1717 gar ein eigenes Ministerium eingerichtet und dem Geheimen Rat vorgesetzt wurde! Dieser Bericht kam wohl auf Verlangen der Herzoginmutter Magdalena Sibylla zustande, die über die pietistischen Hofprediger Einfluss auf ihren Sohn nahm. Der Herzog forderte Urlsperger zur Herausgabe dieses Berichtes auf und drohte ihm schwere Strafen an. Kurz danach bekam Urlsperger »in den dunkelsten Zeiten« hilfreichen Besuch von August Hermann Francke (1663-1727), der ihn am 14. November 1717 in Stuttgart aufsuchte und ermutigte. Sein Sohn, Gotthilf August Francke (1696-1769), schrieb darüber an seine Mutter: »Urlsperger ist durch den Umgang mit dem Vater ermutigt worden, von der Wahrheit Zeugnis zu geben.«[10] Der Streit zog sich über Monate hin und gewann 1718 durch eine Kontroverse um den Karneval, den der Barock ins evangelische Württemberg importiert hatte, noch an Schärfe, bis Urlsperger in der Karfreitagspredigt seine Kritik wiederholte und der Herzog am Tag darauf, dem 17. April 1718, in Teinach seine Entlassung unterzeichnete. Gar von einer Verhaftung und einem drohenden Todesurteil ist die Rede. Dies stürzte Urlsperger und seine Familie in große, auch wirtschaftliche Nöte. Bewegend ist deshalb das Angebot seines Freundes Francke aus einem Brief zu entnehmen: »... denn wegen der ganzen Evangelischen Kirche bedaure ich, daß du aus deinen Ämtern entlassen worden bist ... Aber ich will meinen Bißen Brod mit ihm und seinem Weib und seinen Kindern theilen, daß ihr nicht Hunger leiden sollt.«[11]

Zwei Jahre sollte diese Strafzeit dauern. Für eine Berufung als Hofprediger beim Grafen von Hohenlohe-Pfedelbach gab

---

[9] Nach: Wais, Entlassung, S. 10 f.
[10] Nach: Wais, Entlassung, S. 16.
[11] Francke an Urlsperger, 8. 5. 1718, nach: Brecht, in: Schwarz, S. 168.

der Herzog Urlsperger nicht frei, wohl auch aus Angst, dessen Kenntnisse könnten weitere Verbreitung finden. Allein das Zugeständnis eines jährlichen Gnadenbetrags von 300 Gulden erzählt von einer ersten Sinnesänderung des erbosten Fürsten.

Dekan in Herrenberg

»daß unser Herrenberg ein Herberg des Evangelii werde«[12]

Am 5. Juli 1720 wird Urlsperger als Dekan nach Herrenberg berufen. Dabei spielten seine Bekanntschaften in Württemberg und im Ausland, die sich für ihn einsetzten, eine wichtige Rolle. Auch dort erwies er sich als Prediger im Geist des halleschen Pietismus, der zur Buße und zu einem praktischen Christentum der Tat aufrief. Nicht immer gelangen ihm seine barocken Wortspiele wie hier, als er »Herrenberg« und »Herberg« gleichsetzte. Anlässlich einer Bußpredigt wegen der drohenden Pest mahnte er am 26. Januar 1721: »Bessere dich, Württemberg, bessere dich, Herrenberg!«[13]

Das Dekanatamt in der schwäbischen Kleinstadt sollte jedoch nur Durchgangsstation für eine größere Aufgabe bleiben. Am 12. August 1722 hielt Urlsperger eine Gastpredigt in Augsburg über die »Vier Haupt-Bewegungs-Gründe, das Hertz des Menschen zur Übergabe an Gott zu bringen«[14]. In der gleichen Zeit war er als Nachfolger von Anton Wilhelm Böhme im Amt des lutherischen Hofpredigers in London im Gespräch. Aber die Wahl fiel auf Augsburg.

---

[12] Nach: Brecht, in: Schwarz, S. 104.
[13] Nach: Brecht, in: Schwarz, S. 107 (Bibliographie von W. Mayer bei Schwarz: Nr. 15).
[14] Nach: Brecht, in: Schwarz, S. 108 (Bibliographie von W. Mayer: Nr. 19).

Pfarrer und Senior in Augsburg

Die Berufung Urlspergers 1722 als Pfarrer an die evangelische Hauptkirche St. Anna und Senior des Augsburger Dekanats war verheißungs- und konfliktreich zugleich. Die Stadt des evangelischen Bekenntnisses von 1530 und des Religionsfriedens von 1555 war seit dem Westfälischen Frieden von 1648, an den das jährliche Friedensfest am 8. August erinnert, zur Wahrung der Parität zwischen Katholischen und Evangelischen verpflichtet. Wollte sich ein ausgewiesener Vertreter des Pietismus, dem die konfessionellen Schranken weniger bedeuteten als die Glaubenspraxis des Einzelnen, daran halten? Das war die Kritik der orthodoxen Stadtgeistlichen, die Urlsperger mehrheitlich nicht wählten, deren Oberhaupt er jedoch zu sein hatte. Gewählt hatten ihn die vom Pietismus geprägten Räte und Verwalter der Stadt, wie der Oberkirchenpfleger Johann von Stetten oder Johann Thomas von Rauner, »der Friedfertigkeit halber«[15]. Trauten sie dem Pietismus eine größere Gestaltungskraft für ihr Gemeinwesen am Ende der Zeit konfessionalistischer Streitigkeiten zu? Zunächst aber sollten genau diese noch einmal aufflammen:

Streit um die Seelsorge

Anlass für die Auseinandersetzungen war Urlspergers, in erster Auflage noch zur Herrenberger Zeit erschienenes Werk »Der Krancken Gesundheit Und der Sterbenden Leben; oder Schrifftmäßiger Unterricht Vor Krancke und Sterbende ...«[16]. Darin hatte Urlsperger ein umfangreiches Fragment von Johann Reinhard Hedinger zum gleichen Thema aufgenommen und ausgewiesen. Der Vorwurf der katholisierenden

---

[15] Nach: Graßmann, in: Schwarz, S. 83.
[16] Bibliographie von W. Mayer, Nr. 17; weitere Auflagen 1723, 1750, 1756, 1857.

Tendenzen traf im Augsburg der Parität einen empfindlichen Punkt. Anlass dafür waren Urlspergers Bemerkungen darüber, dass im Kontakt mit Verstorbenen zuweilen die Grenze zwischen Diesseits und Jenseits durchlässig sei. Hier scheint die Theosophie des württembergischen Pietismus Pate gestanden zu haben. Von da aus aber war es für die Augsburger Geistlichen bis zur Heiligenverehrung und zu Werken für die Verstorbenen nicht mehr weit. In Wahrheit jedoch stand hinter der theologischen Anfrage ein Streit um die Macht im Kollegium. Hauptgegner Urlspergers war der Diaconus an St. Anna, Georg Ruprecht, der ihm in der Nachfolge um die erste Pfarrstelle und das Seniorat unterlegen war. 1725 flammte der Streit durch eine unter dem Pseudonym »Petraeus« erschienene Polemik noch einmal auf. Der Verfasser war Esajas Schneider, Helfer an St. Ulrich, der gar an das Corpus Evangelicorum beim ständigen Reichstag in Regensburg appellierte und daraufhin in Augsburg entlassen wurde.

Dieser Auseinandersetzung wegen beschrieb Urlsperger seinen schweren Einstand in Augsburg in einem Brief an Francke so: »... es sind solche Umstände in Augspurg, dazu man eine rechte göttliche Vocation brauchte, wenn man sich darunter wagen sollte ...«[17] Der unselige Streit verdeckte zudem, dass es sich bei Urlspergers Krankenbuch um eine einfühlsame und kenntnisreiche Seelsorgelehre im Geist des Pietismus handelt.

Künftig war er sehr darauf bedacht, durch Reden und Predigten zu den verschiedenen Augsburger Reformationsjubiläen an seiner lutherischen Rechtgläubigkeit keinen Zweifel mehr aufkommen zu lassen.

[17] 29. 11. 1722, nach: Graßmann, in: Schwarz, S. 83.

Prediger und Praktiker

Nach diesem belastenden Anfang festigte sich Urlspergers Position in der Reichsstadt immer mehr durch sein Wirken nach innen in Predigt, Seelsorge und Unterricht und auch durch sein Wirken nach außen in Hilfswerken, Missionen und seiner umfangreichen Korrespondenz. Als Prediger blieb er der durch den halleschen Pietismus geprägte Theologe, der zu Buße und Herzensfrömmigkeit aufrief und scharf zwischen Kindern Gottes und Kindern der Welt unterschied. So legte er etwa in einer jahrelangen Predigtreihe die 176 Verse des 119. Psalms aus. Und auch als Praktiker war seine Triebfeder die »praxis pietatis«. Getreu dem pädagogischen Schwerpunkt Halles kümmerte er sich um die Schulreform, das Armenwesen und den Ausbau eines Waisenhauses. Zur Förderung der Glaubenskenntnis verfasste er katechismusartige Stücke über Luthers Leben und Lehre. Besonders findig war er darin, für seine Hilfsprojekte unter den Reichen der Reichsstadt Geld zu sammeln, wenn er etwa 1752 predigte: »Heraus, heraus, ihr Thaler und Dukaten, der Herr Jesus ist da und möchte euch gern sprechen!«[18]

Urlspergers Herz schlug besonders für evangelische Minderheiten und für die Mission. So setzte er sich ein für den Kirchenbau der deutschen evangelischen Gemeinde Smyrna in Kleinasien, weiterhin für die dänisch-hallische Ostindien-Mission sowie für die Protestanten im habsburgischen Reich Österreich und Ungarn. Und da wurde ihm eine besondere Not vor die Füße gelegt, deren Linderung ihn weltweit bekannt machen sollte: die Salzburger Emigranten.

[18] Nach: Brecht, in: Schwarz, S. 118.

Von Salzburg über Augsburg nach Amerika

Im Gebiet des Erzbischofs von Salzburg, besonders in den umliegenden Bergen und Bergwerken, gab es schon seit der Reformation unter Bauern und Knappen mit ihren Familien einen beargwöhnten geheimen Protestantismus. Äußerlich waren diese Menschen gezwungen, an den Riten der katholischen Kirche teilzunehmen, im Inneren aber trafen sie sich heimlich zu Bibelstunde und Andacht, bei denen aus verbotenen und versteckt gehaltenen Büchern vorgelesen wurde. Schon mehrfach wurden ihre Vorfahren unter schwersten Bedingungen wie der Zurücklassung ihrer Kinder aus dem Lande vertrieben. Zur Amtszeit Urlspergers legten die Salzburger Protestanten beim Corpus Evangelicorum am ständigen Reichstag in Regensburg Protest gegen ihre Unterdrückung ein. Zwar musste der habsburgische Kaiser politische Rücksicht nehmen, da er in Verhandlungen mit dem preußischen König stand, aber Salzburg kannte solche Zurückhaltung nicht. Zuerst versuchte man, die Bauern und Bergleute durch jesuitische Missionare zum Katholizismus zu bekehren, die sich daraufhin jedoch um so lauter als Lutheraner bekannten. Deshalb wurden die Protestanten im Erzbistum zu gefährlichen Rebellen erklärt, so dass für sie die Schutzbestimmungen des Westfälischen Friedens nicht in Geltung gebracht werden konnten. Kaiserliche Truppen zogen ins Land, und ausgerechnet am Reformationstag 1731 wies der Salzburger Erzbischof Leopold Freiherr von Firmian (1679-1744) die vollständige Vertreibung aller Protestanten aus seinem Bistum an[19]. Obwohl die evangelischen Länder Dänemark und Preußen zusammen mit England protestierten, wurde die Emigration in die Wege geleitet. Fast 20 000 Menschen verließen das Land, zuerst die »Unangesessenen«, Mägde und Knechte, dann die »Angesessenen«, Bauern und Bergleute mit Familien.

---

[19] 1966 bat der damalige Erzbischof von Salzburg um Entschuldigung dafür.

Mehr als 1000 kamen auf beschwerlichen Wegen ums Leben, und im Salzburger Land standen anschließend 1776 Bauernhöfe und zahlreiche Bergwerke leer.

Wo aber sollten die Vertriebenen neue Heimat finden? Die meisten Flüchtlinge nahm das Königreich Preußen auf und besiedelte mit ihnen Ostpreußen und den preußischen Teil Litauens. Andere zogen nach Holland und Hannover. Durchzugsstation für 6000 Salzburger wurde das Augsburg Urlspergers. Er, von seiner Familiengeschichte mit der Auswanderung aus Glaubensgründen vertraut, baute mit Hilfe vieler ein eindrucksvolles Hilfswerk auf. An Silvester 1731 kamen die ersten Flüchtlinge vor Augsburg an. Aquarellbilder dieser Zeit zeigen sie in ihrer typischen Landestracht unter den vornehmen Augsburgern, leiblich und geistlich versorgt durch Gastfreundschaft und Gottesdienste. Urlspergers Kontakte nach Halle und England ermöglichten einigen hundert Salzburgern die Auswanderung in die neue Welt, in das amerikanische Georgia. Die Engländer wollten dort Siedlungen gegen die spanischen Ländereien errichten. Die ersten Aussiedler gingen auf eine beschwerliche Reise von 143 Tagen, von denen sie allein 67 Tage auf dem stürmischen Atlantik zubrachten. Es wird erzählt, dass es aller Überredungskünste bedurfte, bis die Bergbauern in Rotterdam ein noch nie gesehenes Schiff bestiegen! Sie wurden von Hallenser Theologen begleitet, die Urlsperger genau Bericht erstatteten. Als Glaubenszeugnisse und zur Stärkung des protestantischen Selbstbewusstseins gab Urlsperger mit seinen Mitarbeitern diese Berichte, redaktionell bearbeitet, in zwei Reihen heraus: »Ausführliche Nachrichten von der Königlich Großbritannischen Kolonie Salzburger Emigranten in America« und »Amerikanisches Ackerwerk Gottes«. Mit letzterem Titel übertrug Urlsperger den Namen des nach dem englischen König benannten Landes Georgia in seine griechische Bedeutung und die Verwendung bei Paulus (1. Kor 3,9). Die Salzburger gründeten die Siedlung Eben-Ezer, benannt nach 1. Samuel 7,12 »Stein der Hilfe«, die später in besseres Ackerland verlegt wurde. Auch für sie galt das harte Los der Auswanderer-Generationen: »Der Ersten der Tod, der Zweiten die Not, der Dritten das Brot.« Über die englische Missionsgesellschaft »Society for Promoting Christian Knowledge«, über Halle und auch Augsburg wurden sie mit Kleidern, Arznei, geistlicher Literatur und ermutigender Korrespondenz versorgt. 1741 fand der letzte Transport statt, und bald folgten aus Süddeutschland angeworbene Arbeiter. Eine deshalb notwendige dritte Pfarrstelle finanzierte man durch eine »Predigt-Plantage«! Anfangs gegen die Sklaverei eingestellt, willigte man schließlich aus wirtschaftlichen Gründen doch in diese fragliche Praxis ein und wollte sie im Geist des Philemon-Briefes zur Mission nützen. Urlsperger befasste sich auch mit der Geschichte der evangelischen Salzburger und verfasste eine Schrift über ihren geistigen Vater, der 1686 inhaftiert und ohne seine Kinder des Landes verwiesen wurde: »Der noch lebende Joseph Schnaitberger«[20].

In einer umfangreichen und langjährigen Korrespondenz mit dem dänischen Staatsmann und Außenminister Johann Hartwig Ernst Graf von Bernstorff setzte sich Urlsperger für die politische Absicherung und materielle Versorgung dieses Hilfsprojekts ein, das er mit aller Kraft betrieb, nicht um sich selbst damit einen Namen zu machen, sondern als Liebesdienst an des Glaubens Genossen nach Galater 6, 10, wie er es in einem Brief an Gotthilf August Francke formulierte: »Wir wollen füreinander beten, miteinander glauben und leiden, aber auch in Gemeinschaftlichkeit siegen und singen: Die Rechte des Herrn behält den Sieg.«[21]

---

20 1732; Bibliographie von W. Mayer, Nr. 56.
21 21. 1. 1742; nach: Brecht, in: Schwarz, S. 175.

Am Ziel

Das große Hilfswerk für die Salzburger Emigranten, die vielfältigen Aufgaben in Augsburg, schmerzliche Todesfälle in der eigenen Familie und ein Leiden an der rechten Hand zehrten an Urlspergers Kräften. So war es ihm eine Hilfe, als er 1757 seinen Sohn Johann August Urlsperger (1728-1806) als Pfarrer an der Barfüßer-Kirche investieren konnte. Davon erzählt der siebzigjährige Senior, dass er »vor mehr als 4000 Zuhörern sieben Viertelstunde(n), Gott Lob! Munter und daß mich jeder deutlich verstehen können, gepredigt und geredet habe.«[22] Johann August wurde schließlich sein Nachfolger, auch in der Betreuung der Salzburger Siedlungen, und der Begründer der Deutschen Christentumsgesellschaft in Basel.

Samuel Urlsperger zeichnete auch verantwortlich für den Umbau der Augsburger St. Anna-Kirche im Rokoko-Stil 1747/48, in dem sie sich heute noch zeigt, versehen mit einer Erinnerungstafel der Salzburger Emigranten für ihren großen Förderer. Achtzigjährig legte er 1765 seine Ämter nieder und starb 1772. In seinem Abschiedsgottesdienst bat er: »Gott, laß dein Werk nicht liegen, welches du an, mit und durch mich in 43 Jahren in dieser Gemeinde getrieben.«[23]

---

[22] Nach: Weigelt, in: Schwarz, S. 179.
[23] Nach: Brecht, in: Schwarz, S. 129.

M. Philipp Friedrich Hiller,

Geboren den 6. Januar 1699.

Gestorben den 24. April 1769.

Philipp Friedrich Hiller

Philipp Friedrich Hiller
(1699-1769)

Ein erleuchteter Gottesgelehrter [1]

*Sein Leben und Wirken als Theologe, Prediger,
Dichter und Sänger des Glaubens*

von Walter Stäbler

Das Jahr 1999 gab in doppelter Weise Anlass, der Person und
des Werkes von Philipp Friedrich Hiller zu gedenken: am 6.
Januar jährte sich zum 300. Mal sein Geburtstag, am 24. April
zum 230. Mal sein Todestag. Hillers Leben dauerte also rund
70 Jahre. Es ist das Ziel dieser kleinen Arbeit, einen Einblick
zu geben in das reiche Leben eines bedeutenden Theologen
und Liederdichters des 18. Jahrhunderts, der nicht zuletzt
durch Johann Albrecht Bengel (1687-1752) seine theologische Prägung erhielt, der aber in Distanz und Nähe zu seinen
Lehrern eigene Wege zu gehen versuchte.

---

[1] Vgl. zum Ganzen: Philipp Friedrich Hiller, Geistliches Liederkästlein,
Metzingen 1994. Dem Liederkästlein vorangestellt ist der Lebenslauf
Hillers, der in dieser Arbeit verstärkt herangezogen wird (im Folgenden:
LL). — Ferner: Weth-Scheffbuch (Hg.), Das Wort und Christus in dem
Wort — Ausgewählte Betrachtungen und Lieder, Zeugnisse der Schwa-
benväter, Band XII. — Schließlich: Brecht (Hg.): Gott ist mein Lobge-
sang. Philipp Friedrich Hiller, Metzingen 1999.

117

Frühe Jugendzeit: 1699-1712

Philipp Friedrich wurde an Epiphanias 1699 in Mühlhausen an der Enz geboren und laut Taufregister am selben Tag getauft. Der erste Eintrag in diesem Dokument betrifft den Pfarrerssohn. Hillers Vater, Magister Johann Jakob (1663-1700), wirkte seit 1696 als Geistlicher in Mühlhausen. Hillers Mutter Maria Elisabetha war die Tochter des Großglattbacher Pfarrers Magister Georg Griesinger (1634-1708).

Hillers Eltern hatten erst 1696 geheiratet. Knapp fünf Jahre später verlor die Mühlhäuser Pfarrfamilie den Vater. Hiller schreibt in seinem Lebenslauf: »Von meinem Vater soll ich als Kind sehr geliebt worden sein. Aber der Tod hat ihm die Liebe und mir seine Wohltaten verkürzt.«

Der jungen Witwe blieb nichts anderes übrig, als wieder zu ihrem Vater nach Großglattbach zu ziehen. Sie heiratete 1706 in zweiter Ehe »den Bürgermeister zu Vaihingen an der Enz, Philipp Friedrich Weiß«. Diesem Mann war es wohl ein Anliegen, auch dem Stiefsohn eine gründliche Ausbildung zukommen zu lassen. Nicht zuletzt deshalb rühmt ihn Hiller als rechtschaffenen und treu gesinnten Stiefvater, »der mich zur Schule schickte und dem Studieren widmete«. Hiller spielt hier auf die Vaihinger Lateinschule an, die er von 1706 bis 1712 besuchte.

Hiller dürfte im Lateinischen und sogar im Griechischen recht weit gekommen sein. Wie Thomas Schulz[2] darlegt, unterrichteten damals in Vaihingen der Collaborator (zweiter Lehrer) Wilhelm Hengst (geb. 1687) sowie der Präzeptor Magister Johann Theodor Rock. Selbstverständlich war es auch ihr Ziel, dass möglichst viele ihrer Schüler erfolgreich am Landexamen teilnahmen. Allerdings ist nur von Hiller mit Sicherheit bekannt, dass er diese Prüfung bestand, so dass er 1713 Zutritt zur Klosterschule in Denkendorf erhielt.

---

[2] Vgl. Schulz, Die ehemaligen Lateinschulen im Kreis Ludwigsburg, ihre Geschichte bis zum Beginn des 19. Jahrhunderts, Ludwigsburg 1995, S. 38.

Nachzutragen bleibt die schlimme Erfahrung, die Hiller bei der Flucht vor den Franzosen 1707 machen musste. Sie führte die Familie nach Hillers eigenen Worten »bis nach Heidenheim«. Und es könnte sehr wohl sein, dass diese leidvollen Erfahrungen erklären, weshalb Hiller nichts Essbares weggeworfen hat. Ferner ist in diesem Zusammenhang Hillers frühe Bekanntschaft mit dem Tod zu erwähnen, wäre er doch beim Baden in der Enz als Kind beinahe ertrunken.

Klosterschüler in Denkendorf und Maulbronn sowie Stipendiat in Tübingen: 1713-1724

Es dürfte wohl Mitte November des Jahres 1713 gewesen sein, als Hiller in Denkendorf aufzog. Er gehörte zu Johann Albrecht Bengels erster Promotion[3]. Offensichtlich fiel der »zarte, feingliedrige Pfarrerssohn«[4] »in der Klosterschule durch seine musikalische und dichterische Begabung auf«.[5] Hiller wäre fast dem Studium der Theologie untreu geworden und zur Hofmusik übergegangen. Fest steht, dass zwischen Lehrer und Schüler ein Vertrauensverhältnis entstand, das ein ganzes Leben anhielt.

Wie Bengel in seiner »Lebensbeschreibung«[6] deutlich machte, suchte er bei seinem Kloster- und Predigtamt »der Gemeinde und vor allem der studierenden Jugend einen wahren geistlichen Nutzen zu bringen.«[7] Insgesamt galt es, den Klosterschülern die Kenntnisse beizubringen, die sie brauch-

---

[3] 21. 1. 1713 – 28. 9. 1716.
[4] Hermann, Johann Albrecht Bengel – Der Klosterpräzeptor von Denkendorf, S. 324.
[5] Hermann, Bengel, S. 324.
[6] In: Schäfer (Hg.), Gott hat mein Herz angerührt – Ein Bengelbrevier, Metzingen 1987 (im Folgenden: Bengelbrevier), S. 166-170.
[7] Vgl. Bengelbrevier, S. 167 (s. Anm. 6).

ten, »daß sie den Anforderungen der höheren Klosterschule (und weiterhin der Universität) zu genügen vermochten.«[8]

1716 wechselte Philipp Friedrich Hiller auf die Klosterschule in Maulbronn. Hier setzte er seine klassische, den alten Sprachen und den sieben freien Künsten verpflichtete Ausbildung fort. Gegenüber Denkendorf fällt auf, dass Hiller keinen Lehrer in Maulbronn hervorhebt, keinen namentlich in seinem Lebenslauf erwähnt. Hiller muss im Seminar in erhebliche Glaubenszweifel geraten sein, schreibt er doch in seinem Lebenslauf, er habe sich »durch Verführung der Bösen in die Schlinge des Satans ziehen« lassen. Diese Versuchungen — was immer er darunter verstehen mag — haben aber nicht angehalten, zumal er bekennt, dass er »nicht verstockt« worden sei, sondern dass Gott ihn »nach dem Reichtum seiner Barmherzigkeit wieder zu sich bekehrt« habe.[9]

1719 ist es dann soweit, dass Hiller mit dem Studium in Tübingen beginnen kann. Er schreibt sich am 31. Juli in der Universität ein. Seine Aufnahme ins Herzogliche Stipendium (Tübinger Stift) erfolgt im selben Jahr. Über die Leistungen Hillers sind wir gut unterrichtet. 1720 lautet sein Zeugnis: »Gute Anlagen. Mit dem Studium der Philosophie verbindet er vor allem deutsche Dichtung. Gute Sitten.«

Während sich die Hinweise auf Hillers gute Begabung und »Sitten« geradezu stereotyp wiederholen, findet sich hier der — wohl historisch gesehen erste — Hinweis auf seine große poetische Begabung, die sich später niedergeschlagen hat in seinen zahlreichen geistlichen Liedern wie auch in seinen verschiedentlich recht umfangreichen lehrhaften Dichtungen. Zu denken ist dabei z. B. an die gereimte Form des Katechismus, an die »Harmonie des Lebens Jesu, von Bengel, in Gedächtnisreime gebracht von Hiller« oder an den »Glaubensweg eines evangelischen Christen, von Francke, in Verse gebracht von

---

[8]   Hermann, Bengel, S. 344.
[9]   LL, S. X (s. Anm. 1).

Hiller«. Zu denken wäre ferner an »Das Leben Jesu Christi des Sohnes Gottes, unsers Herrn« von 1752.

Nach seinen eigenen Worten wurde Hiller »1724 examiniert«. Der Eintrag im Zeugnisbuch lautet: »Gute Anlagen. Wir loben seinen Fleiß in den Studien, seine Bescheidenheit in den Sitten. Er hat ein gutes Examen gemacht.« Seiner Begabung, seinem Fleiß wie auch seinem Verhalten wird also ein positives Urteil ausgestellt.

Vikar und Lehrer: 1724-1732

Die erste der zahlreichen Vikariatsstationen von Philipp Friedrich Hiller ist Brettach, eine Ortschaft zwischen Neuenstadt und Öhringen. Der Theologe ist 25 Jahre alt, als er in die Praxis einsteigt. Er arbeitet in Brettach laut der eigenen Lebensbeschreibung drei Jahre. Hier bekommt Hiller 1725 das schöne Zeugnis: »Predigt kurz und gut und führet sich wohl auf.«

Die weiteren Stationen seines unständigen Dienstes stellt er selbst so dar: »1727 ging ich nach Hause, informierte meinen Bruder und vikarierte zugleich für die zwei Speziäle (Dekane) in Roßwag und Vaihingen, wurde im folgenden Jahr nach Schwaigern zu dem dortigen Stadtpfarrer und Diakon als beider Vikar gesandt und kam nach einem halben Jahr zum Herrn Spezial nach Roßwag. 1729 kriegte ich Erlaubnis, in Nürnberg bei dem Marktvorsteher Müller zu informieren. 1731 suchte ich im Spätjahr wieder die Heimat auf und wurde bald hernach Vikar in Hessigheim, bis ich 1732 Pfarrer in Neckargröningen wurde.«[10]

Es ist einerseits interessant, dass die amtlichen Dokumente die Vikariatszeiten genau angeben. Danach dürfte Hiller in Schwaigern ein halbes Jahr, in Vaihingen/Enz dagegen ein Jahr tätig gewesen sein. Auf der anderen Seite unterschlagen diese Protokolle von 1734 und 1736 Hillers Vikariat in Hessig-

---

[10] LL, S. VII f. (s. Anm. 1).

heim völlig. Dieser Ort war für Hiller aber insofern besonders bedeutungsvoll, als er hier wohl seine Braut, die Pfarrerstochter Maria Regina Schickhardt, kennen gelernt hat.

In Roßwag und Nürnberg hebt auch die literarisch-poetische Produktion Hillers an. Er goss die Gebete von Johann Arndts (1555-1621) Paradiesgärtlein zu 301 Liedern um, so dass 1731 »Johann Arndts Paradiesgärtlein geistreicher Gebete in Liedern« erscheinen konnte. Beim »Paradiesgärtlein« wie auch bei den »Vier Bücher(n) vom wahren Christentum« handelt es sich um sehr frühe Erbauungsbücher der lutherischen Kirche in deutscher Sprache; sie fanden breite Beachtung und wurden im Pietismus hoch geschätzt.

Das Lied »Ich glaube, daß die Heiligen im Geist Gemeinschaft haben«,[11] das neben sechs anderen Liedern des bedeutendsten Dichters des schwäbischen Pietismus im neuen Evangelischen Gesangbuch Eingang gefunden hat,[12] stammt aus diesem Erstlingswerk Hillers.[13]

Fragt man sich, was es theologisch zu bedeuten hat, dass Hiller die Gebete Arndts in Liedform herausgibt, so wird man mehrere Aspekte zu bedenken haben. Zunächst liegt auf der Hand, dass Hiller auf Vorgegebenes zurückgeht. Indem er aber Arndt aufgreift, macht er deutlich, dass ihm eine lebendige Kirche vorschwebt, in der sich die alten Verknöcherungen auflösen. Ferner wird man nicht fehlgehen in der Annahme, dass bei Hiller ein deutliches pädagogisches Interesse vorliegt. Gereimtes ist memorierfähig, lässt sich gut lernen und kann eventuell sogar gesungen werden.

---

[11]   Evangelisches Gesangbuch (= EG), Nr. 253.
[12]   EG, Nr. 123; 152; 355; 537; 615; 667.
[13]   Der genaue Titel lautet: »Arnd, Johann: Paradies = Gärtlein Geistreicher Gebete in Liedern.«

Die erste Pfarrstelle in Neckargröningen (1732-1736)

Hiller wird am 20. Juni 1732 auf die Pfarrei Neckargröningen ernannt. Hier hat er — in der Nähe des Regierungssitzes Ludwigsburg — seinen Dienst als Prediger des Evangeliums intensiv und mit großem Fleiß versehen.

Bereits das Dienstzeugnis anlässlich der Visitation von 1733 spricht nur lobend über den neuen Pfarrer: »Hat gute studia (Bildung), ist in officio (Amt) fleissig und eiffrig, legt erbauliche predigten ab, hat ein gut eloquium (Beredsamkeit) und deutliche pronunciation (Aussprache), führt einen exemplarischen Wandel und ist die ganze Gemeind mit ihme wohl zufrieden.«

An der Beurteilung fällt auf, dass ein Hinweis auf seine Ehe fehlt. Den Bund fürs Leben schließt Hiller im Investiturgottesdienst am 24. August 1732 mit Maria Regina, geb. Schickhardt. Als Tochter des ehemaligen Hessigheimer Pfarrers Magister Johann Friedrich Schickhardt (1665-1739) erblickte sie am 6. Mai 1706 das Licht der Welt.

Immer wieder findet man Hinweise darauf, dass diese Ehe eine äußerst glückliche Verbindung war. Das Ehepaar nahm über 36 Jahre die Mahlzeiten aus einem Teller zu sich.

Der Eintrag im Ehebuch von Neckargröningen vom 24. August 1732 nennt Dekan Käuffelin (1679-1746), von dem Hiller gleich in doppelter Weise eingesegnet worden ist, nämlich »1. zum Amt als hiesiger Pfarrer, 2. zur Ehe mit Jungfer Maria Regina H(errn) M(agisters) Fridrich Schikardts Pfarrers in Heßgen (Hessigheim) ehlicher Tochter.«[14]

Angesichts dieser in zweifacher Hinsicht einmaligen Zeit rührt sich Hillers poetische Kraft, indem er dem Eintrag die Verse anfügt:

[14] Ehebuch, Evangelische Kirchengemeinde Neckargröningen.

»Herr! Seegne du uns selbst zum Amt und Ehe ein;
gib uns Barmherzigkeit in beiden treu zu seyn;
Im Amt mit klugem Ernst nur Jesum zu verkünden,
und in der Ehe uns mit Ihm selbst zu verbinden.
Gib Seegen in das Hauß, so viel du selbsten willst,
doch seegne so das Herz, daß du es ganz erfüllst.
Verknüpfe du im Band, geliebtster! mit uns beyden,
so kan zwar uns der Tod, doch dich von uns nicht scheiden.«[15]

In der Neckargröninger Zeit werden drei Kinder geboren: zunächst am 16. Oktober 1733 Philipp Friedrich, sodann am 25. Dezember 1734 Johann Christian und schließlich Maria Friederike am 18. Juni 1736.

Über eine literarisch-poetische Tätigkeit Hillers in Neckargröningen ist nichts bekannt. Offen bleiben muss, welche vorbereitenden Arbeiten er leistete für Veröffentlichungen, die in späteren Jahren erfolgten.

Insgesamt wird man sagen können, dass Hiller seinen Dienst ernst genommen und durchaus erfolgreich gewirkt hat. Das bestätigen nicht zuletzt die Dienstzeugnisse aus diesen Jahren. 1736 lautet es: »Hat ordentlich catechisiert, ist fleissig in officio (Amt), im Leben accurat.«

Hiller als Pfarrer in Mühlhausen/Enz (1736-48)

Hiller wurde seinen eigenen Worten zufolge »*unvermutet* nach Mühlhausen ... berufen«.[16] Mühlhausen war in ritterschaftlichem Besitz, es gehörte der »freiherrlichen Familie vom Stein zum Rechtenstein«. Erst 1784[17] kam das Dorf durch Kauf — es wurde um eine Summe von 130.000 Gulden erworben — an

---

[15]   Ehebuch, Evangelische Kirchengemeinde Neckargröningen.
[16]   LL, S. VIII (s. Anm. 1).
[17]   Nach Köbler, Historisches Lexikon, erst 1785. Bis 1508 hatte das Kloster Maulbronn die Ortsherrschaft inne.

das Herzogtum Württemberg. Aus dem besonderen Status Mühlhausens ergaben sich Konsequenzen in mancherlei Hinsicht. So stand der Mühlhausener Pfarrer in einem besonderen Abhängigkeitsverhältnis zu seinem Patronatsherrn, der bei der Besetzung des geistlichen Amtes ein entscheidendes Wort mitzureden hatte. Insofern ist der Hinweis in den Ortsakten verständlich, wonach Hiller am 15. Mai 1736 vom Konsistorium »auf die Pfarrey Mühlhausen *praesentiert*«, also der Familie vom Stein, die das Patronatsrecht innehatte, vorgestellt wird.

Hiller selbst hatte unter dem Datum des 14. Mai, einen Tag zuvor, sein Bewerbungsschreiben an die kirchliche Oberbehörde geschickt und darin u. a. vorgebracht, dass die Besoldung in Neckargröningen doch recht gering sei. Von mehreren Bewerbern wird allein Hiller dem Baron vom Stein vorgeschlagen. Allerdings hat der Baron einen anderen Kandidaten im Auge.

Auf dem Hintergrund des geschilderten Rechtsverhältnisses dürfte verständlich werden, inwiefern es um die Ernennung zum Konflikt kam, bis Hiller — laut Zeugnisbuch — »anno 1736 ad Pastoratum Mühlhausen ad Anisum« (= an der Enz) berufen wird.

Hiller hält am 17. Juni 1736 seine Probepredigt in Mühlhausen, offensichtlich mit Erfolg. Denn Baron vom Stein schreibt gleich am nächsten Tag an den zuständigen Dekan: »Nachdem H(err) M(agister) Philipp Friederich Hiller bisheriger Pfarrer zu NeckarGröningen gestern seine Probpredigt alhier abgelegt, so vermelde nunmehro, daß dies Orts kein weiterer Anstand sich finde, ihm M(agister) Hillern die Confirmation (Bestätigung) zu ertheilen, mit geziemender Bitte Eure Dignitaet wollen hiervon dem Hochfürstl(ichen) Consistorio den Bericht abstatten.«

Philipp Friedrich Hiller nimmt seinen Dienst am Sonntag Trinitatis 1736 auf. An diesem Tag ist der neue Pfarrer von Mühlhausen von seinem Kirchenpatron, dem Freiherrn vom Stein, zum Mittagessen eingeladen, an dem auch mehrere kirchenkritisch eingestellte Gemeindeglieder teilnehmen. Als das Gespräch auf die Kirche und ihre vielen Fehler gekommen sei, habe — so wird kolportiert[18] — Hiller lange Zeit geschwiegen. »Endlich aber, um doch nicht ganz teilnahmslos zu erscheinen, hob er sachte mit den Worten an, ob er auch etwas sagen dürfe? ›Ja, bitte, reden Sie nur!‹ Darauf erzählte er: ›Es waren einmal zwei Brüder. Der jüngere fragte eines Tags den älteren: Hör, sag mir doch, was hältst du von unserer Mutter, dem alten Weib? Ich sage dir aufrichtig: ich kann sie nicht länger meine Mutter nennen! Warum? lautete die erstaunte Gegenfrage des älteren. Warum redest du so unehrerbietig von unserer Mutter? Darauf erwidert der jüngere: Weißt du denn nicht, daß sie ein abscheuliches Krebsgeschwür an der einen Brust hat, und man fast nicht mehr um sie sein kann? Da hob aber der ältere Bruder warnend den Finger auf und sagte mit großem Ernst: Horch, Bruder, fürchtest du dich denn nicht der Sünde, so von unserer Mutter zu reden? Fürs Erste, so glaube ich noch nicht einmal, was du von unserer Mutter Krankheit sagst; fürs andere, wenn es auch je so wäre, bedenkst du denn nicht, daß sie einst mir und dir die jetzt kranke Brust so treulich gereicht hat? Ist das jetzt der Dank für ihre mütterliche Treue und Fürsorge? Ich — schloß er — werde sie dankbar ehren, so lange sie leben wird; wann sie aber einst sterben sollte, so wollen wir sie miteinander ehrlich begraben. Nicht?!‹ Also redete Hiller, und als er dies Gleichnis vollendet hatte, so ward es stille am Tisch, und die Kirche blieb fortan unangefochten.«[19] Hiller hat also gleich zu Beginn seiner Arbeit in Mühlhausen gezeigt, wie entschlossen er zu seiner Kirche stand.

[18] In der bei Enßlin und Laiblin in Reutlingen 1924 erschienenen Ausgabe des Geistlichen Liederkästleins, dort in der Lebensbeschreibung Hillers, S. 10 f. Zit. nach Arthur Leidhold, Philipp Friedrich Hiller, in: Blätter für Württembergische Kirchengeschichte 1956, S. 150-170 (im Folgenden: Leidhold, Hiller).

[19] Leidhold, Hiller, S. 156 f. (s. Anm. 18).

In Mühlhausen wuchs die Familie Hillers auf über zehn Mitglieder an. Zu den bisherigen drei Kindern gesellten sich weitere drei Knaben und drei Mädchen. Zwei Kinder starben früh. Hiller hat offensichtlich viel Wert auf die Unterweisung seiner Kinder gelegt, die er auch selbst unterrichtet hat.

Erstaunlich ist, dass Hiller trotz seiner vielfältigen Dienste noch die Zeit gefunden hat, in Mühlhausen eine »gedruckte kleine Poesie« zu verfassen, die den Titel trägt: »Gottgeheiligte Morgenstunden zur poetischen Betrachtung des Taues, nach etlichen Sprüchen heiliger Schrift angewendet.« Diese Schrift ist noch während der Mühlhausener Zeit erschienen. Es handelt sich dabei um Hirtenlieder, die zum weiten Bereich der Bukolik (Schäferdichtung) gehören. »In zwölf Betrachtungen, die jeweils anknüpfen an ein über den Tau handelndes Schriftwort, verbindet Hiller natürliches und geistliches Denken auf originelle und gelungene Weise.«[20] Schon ein kleiner Auszug zeigt, wie Hiller den literarischen Moden und Stimmungen des Jahrhunderts der Empfindungen verhaftet ist:

»*Ein armer Hirtenknecht stund, von dem Licht erwacht,*
Bei heitrem Morgen auf nach einer kühlen Nacht,
Die Hirtin schlief, und mit, in sanfter Ruh verschränket,
Acht Lämmer um sie her, die ihm sein Herr geschenket;
Er aber schlich sich weg, und wie er sonst gethan,
Fing er den lieben Tag im Namen Gottes an. ...
Herr, sprach er, leuchte mir, hier will ich stille stehen,
Dem Abglanz deines Lichts in Andacht zuzusehen;
Ein schimmernd Tröpflein Thau soll heut mit seinem Schein
Von mancher Wahrheit mir ein Gegenspiegel sein.«[21]

20   Weth-Scheffbuch, Das Wort, S. 30.
21   Wischmeyer, Philipp Friedrich Hiller, 1699-1769. Ein Dichtertheologe der Empfindsamkeit; in: Vaihinger Köpfe – Biographische Porträts aus fünf Jahrhunderten, Schriftenreihe der Stadt Vaihingen an der Enz, Band 8, 1993, S. 97.

Hiller ist ein gelehrter, lehrender Dichter gewesen. Nicht nur die Gedichte über den Tau illustrieren das, sondern diese charakteristische Eigenschaft zeigt auch das Epos »Das Leben JEsu Christi, des Sohnes GOttes, unseres HErren;... in gebundener Schreibart nach den einstimmigen Schriften der heiligen Evangelisten verfasset«, das die Evangelienharmonie Johann Albrecht Bengels zur Vorlage hat, das aber erst in der Steinheimer Zeit 1752 — im Todesjahr Bengels — in Heilbronn veröffentlicht wurde.

Seelsorger, Poet und theologischer Schriftsteller: Hiller als Pfarrer in Steinheim (1748-1769)

Am 26. April 1748 wird Hiller als Pfarrer nach Steinheim »confirmiert«. Wie er selbst schreibt, fasste er den Wechsel, der am 11. Juni erfolgte, als eine »Beförderung« auf. Schon die ersten dienstlichen Beurteilungen heben seine theologische Gelehrsamkeit heraus, betonen sein vorbildliches Verhalten und »Exempel« und rühmen Hillers »unermüdeten Fleiß« im Amt zur Erbauung der Gemeinde, so dass es 1751 heißen kann: »Man findet in seiner Gemeine Früchte seines Amts.«

Dessen ungeachtet wirft das Jahr 1751 einen schweren Schatten auf das Leben Hillers. Er verliert seine Stimme, für einen Prediger ein unerträglicher Zustand, der ihn an die Grenzen seiner theologischen Existenz führt. Davon zeugt nicht zuletzt jener Brief,[22] den er in der für ihn finstersten Lage an seinen ehemaligen Lehrer Johann Albrecht Bengel schreibt: »Euer Hochwürden halten mir bei dieser Gelegenheit eine aus demütigem Vertrauen gehende Bitte zu gut. Ich bin eine Zeit her in so schweren Anfechtungen, daß sie mir bisweilen übermenschlich zu sein scheinen. Ich bete, ich weine,

---

[22] Nach Mälzer, Die Werke der württembergischen Pietisten des 17. und 18. Jahrhunderts, Berlin, New York 1972 (im Folgenden: Mälzer), S. 159, am 8. 10. 1751 geschrieben.

ich schütte mein Herz aus, flehe um Wiedererlangung meiner Stimme, ich glaube unter dem Gebet und bin ruhig nach dem Gebet, aber unversehens kehrt die Bangigkeit zurück, die Sorgen brechen wieder herein, ich hange zwischen Furcht und Hoffnung. Ich stütze mich auf Matth. 21, 22 (›Alles, was ihr bittet im Gebet, so ihr glaubet, werdet ihr's empfangen‹). Aber ach, welche Einwendungen erheben sich dagegen! ›Du bittest um Zeitliches.‹ Aber das ›Alles‹ umfaßt ja auch dieses. ›Du betest nicht nach dem Willen Gottes.‹ Aber er will doch, daß ich bete für meine Kinder, für mein Weib, für mein Amt, zu dem ich von Kindheit an gegen meine und meiner verwitweten Mutter Hoffnung bin herangezogen worden! Ich bete als Ehegatte, als Vater, als Pfarrer. ›Aber eben als Pfarrer bist du Ihm wegen deiner Sünden mißfällig.‹ Sind denn meine Sünden nicht versöhnt, durch den Sohn Gottes?«[23]

Hier melden sich tiefste Ängste eines Menschen zu Wort, der »zwischen Furcht und Hoffnung« schwebt. Er führt genau die Einwände auf, denen er sich in seinem Hiob ähnlichen Leid ausgesetzt sieht, wenn er nach Gottes Hilfe ruft. Aber er ist bereit, neben der Heilung, auf die er selbstverständlich wartet, auch andere Formen der Hilfe wie Rat und Weisheit zum Dulden aus dem Mund seines Lehrers anzunehmen.

Der Antwortbrief Bengels an Hiller ist nicht erhalten, wohl aber die Nachricht darüber, wie die Gemeinde in Steinheim reagiert hat: »... versieht, nachdem er seit fernd (letztem Jahr) die Stimm nicht brauchen kan, nichts in der Kirche, aber alles, was zu Hause geschehen kan. Niemand führt die geringste Beschwerung.«[24]

Leider ist es bei der positiven Reaktion der Gemeinde nicht geblieben. In seinem Lebenslauf spielt Hiller darauf an, als er bei den leiblichen Wohltaten, die Gott ihm geschenkt hat, darauf zu sprechen kommt, dass er ihn bei dem Verlust der

23 Zit. nach: Hermann, Bengel, S. 324.
24 Landeskirchliches Archiv Stuttgart, A 1, 1752, S. 427.

Stimme »im Verborgenen gnädig geschützt hat gegen etliche heimliche Ränke«[25].

Philipp Friedrich Hiller musste infolge seiner Krankheit die in seinem Pfarramt anfallende Arbeit teilen. Er übernahm das, was zu Hause erledigt werden konnte, der umfangreiche Predigtauftrag ging an den Vikar. Aus den amtlichen Protokollen lässt sich ersehen, dass ihm bereits 1753 der Vikar M(agister) Sigm(und) Fried(rich) Hochstetter (1726-1794) zur Hand geht.

Ab 1758 tritt Johann Christian Hiller[26] in den Dienst seines Vaters. Er gilt als »ein geschickter, beim Studium und in der Anwendung seines Wissens fleißiger, dabey still u(nd) tugendhaft wandelnder Mann, seines Vatters würdiger Sohn«.

Als Hillers Sohn Ludwig Jakob 1764 sein kirchliches Examen besteht, löst dieser den Bruder Johann Christian ab und übernimmt die Geschäfte des Vikars in Steinheim bis fast zum Tod des Vaters 1769.

Konfliktfrei ist Hillers Leben allerdings auch in seinen letzten Jahren nicht verlaufen, vermerkt doch das Protokoll: »Pastor sucht Frieden und übt Geduld.« Die Geduld gilt insbesondere dem Amtmann Jacob Friederich Bayer, der zwar »in Gottesdienst und Wandel kein klagbares Exempel« gibt, mit dem es aber zu erheblichen Unstimmigkeiten gekommen ist. Pfarrer und Amtmann haben es über Jahre hinweg schwer miteinander, lässt doch die Handschrift des Dekans im Protokoll wissen: »Es ist beiden das Wort deß Apostels nöthig: Einer trage deß anderen Last.«

---

[25]   LL, S. X (s. Anm. 1). – In der Gemeinde soll es mehrere harte, übelwollende Glieder gegeben haben, die sich an den Dekan sogar »um Entfernung desselben wandten.« Vgl. Weth-Scheffbuch, Das Wort, S. 6 f.

[26]   Hillers zweiter Sohn; 1734-1820. 1765 Pfarrer in Gächingen, 1781 zweiter, 1801 erster Professor in Maulbronn, 1803 Prälat von Anhausen. Vgl. Friedrich Beissner (Hg.), Hölderlin – Sämtliche Werke, Große Stuttgarter Hölderlin-Ausgabe (im Folgenden: Stuttgarter Hölderlin-Ausgabe) 7,1, S. 363.

Auf dem Gebiet der »Ehe- und Scortationssachen«[27] hat der Pfarrer auch »viele andere Untersuchungen« vorzunehmen. Die zahlreichen Einträge im Steinheimer Kirchenkonventsprotokoll sind dafür ein beredtes Zeugnis. Hier hatte sich Hiller als Pfarrer zweifelsohne mit umfangreichem Konfliktstoff auseinander zu setzen und bedrängte Menschen seelsorgerlich zu betreuen.

Auch auf literarischer Ebene ist Hiller durchaus »seelsorgerlich« tätig: er veröffentlicht seine späten Dichtungen sowie Prosaschriften. Es ist keine Frage, dass sich Hiller »als eine Folge unfreiwilliger Muße«[28] auf das Schreiben verlegte.

Fest steht, dass sich Hillers intensive Bibelarbeit ausgewirkt hat auf den Inhalt seiner Steinheimer Schriften. »Die vormals wahllos und unkritisch aufgenommenen Themen traditioneller Frömmigkeitsliteratur werden jetzt bewusst preisgegeben zugunsten einer ausschließlich an der Schrift orientierten Theologie und Frömmigkeit, die ihre tragende Mitte in dem in der Schrift bezeugten Evangelium von Jesus Christus hat.«[29] Es gehört zu Hillers theologischer Schriftauslegung, »die Autorität des Alten Testaments zu festigen und mit Hilfe einer eigenen christusbezogenen Auslegung des Alten Testaments zu begründen«[30]. Hiller versteht also das ganze Alte Testament in typologischer, vorbildhafter Weise als Hinweis auf Christus. Seine Hermeneutik ist darin christologisch zentriert, dass das als Typos, als Vorbild, im Alten Testament gilt, was mit dem Urbild, eben Christus, deutlich übereinstimmt. Wie Jesus in der Taufe als der Geliebte vom Vater ausgerufen wird, so gilt zum Beispiel David bei seiner Salbung als der Mann nach dem Herzen Gottes. »Es ist ein Hauptfehler, wenn man das Alte Testament in eitler Begierde nach Wissenschaft wie nur die Chroniken der weltlichen Reiche obenhin wegliest und nicht

---

[27] Von lat. scortum = Dirne, Hure; Scortation: außereheliche Beziehungen.
[28] Weth-Scheffbuch, Das Wort, S. 50.
[29] Weth-Scheffbuch, Das Wort, S. 50.
[30] Weth-Scheffbuch, Das Wort, S. 51.

auf die Hauptabsicht, daß darin von dem zukünftigen Christus gezeugt wird, sorgfältig merkt, noch nach des Paulus Exempel auf den Glauben der Altväter achtet.«[31] Dieser theologische Ansatz Hillers wurde allerdings schon recht früh in Frage gestellt.

In die von Hillers Typologie geprägte Schrift »Neues System aller Vorbilder Jesu Christi durch das ganze Alte Testament«, die 1756 in Stuttgart erschien, ist sein bekanntestes Lied eingegangen: »Jesus Christus herrscht als König«. Mit seinen insgesamt 26 Strophen hätte es nicht in das Aufbauschema des Geistlichen Liederkästleins gepasst.

Welche Wirkungsgeschichte dieses Lied gehabt hat, kann man nicht zuletzt daraus ersehen, dass es – in politisch bedrängter Zeit – zum Thema geworden ist beim ersten Landesposaunentag der württembergischen Bläserchöre nach dem Zweiten Weltkrieg in Ulm am 1. und 2. Juni 1946. Damals versammelten sich unter der Leitung von Hermann Mühleisen ca. 2000 Bläser. Landesbischof D. Theophil Wurm (1868-1953) hielt die Festpredigt.

1762 und 1767 erschienen die beiden Teile jenes Werkes, das Hiller weit über die Grenzen seiner Heimat hinaus bekannt gemacht hat: das »Geistliche Liederkästlein«.[32] In der Vorrede vermerkt er selbst, dass es »ohne mein Vermuten von mir begehrt worden« sei, »etwas auf die Art des Bogatzky'-schen Schatzkästleins[33] und einiger anderer zu verfertigen«. Er habe die biblischen Sprüche selbst ausgewählt, »wie sie mir je und je vorgekommen sind«. Auf die biblischen Texte folgen knappe, kompakte Erklärungen. Und Hiller fährt fort: »Daher

---

[31] Die Vorbilder der Kirche neuen Testaments in dem alten Testament als der Zweyte Theil seines Systems zur Verehrung der mannigfaltigen Weisheit Gottes an seiner Gemeinde abgehandelt. 1766. Zit. nach Weth-Scheffbuch, Das Wort, S. 62 f.

[32] Vgl. zur Einführung und theologischen Konzeption: Brecht, Philipp Fr. Hillers Geistliches Liederkästlein, in: Brecht, Gott, S. 87-137.

[33] 1718 gab Karl Heinrich von Bogatzky (1690-1774) das »Güldene Schatzkästlein der Kinder Gottes« heraus.

machte ich über so viele Sprüche, als Tage im Jahr sind, eine kleine Ode, die vornehmlich auf die Anbetung Gottes, auf das Lob seiner Eigenschaften, auf den Ruhm seiner Werke und auf den Dank für seine Wohltaten ... gerichtet wären.«

Hiller hat das »Liederkästlein« »seiner herzlich geliebten Ehegattin« mit einem kleinen zweistrophigen Gedicht gewidmet — wiederum ein Hinweis auf die innige Gemeinschaft, die beide verbunden hat. Im ersten Vers der zweiten Widmungsstrophe deutet Hiller an, dass er bereits bei der Vorbereitung zur Veröffentlichung des Liederbuches — sein Sohn spricht vom 7. Dezember 1760 — seinen Tod erwartet hat: »Nun leb ich noch, Gott ließ mich bleiben.« Diese Erwartung des Todes veranlasste Hiller auch dazu, seinen Lebenslauf selbst aufzusetzen, den er am 8. Mai 1763 abschloss.

Hier ist nun auch der Ort, wenigstens an einem Beispiel schlaglichtartig die Wirkung zu beschreiben, die das Geistliche Liederkästlein gehabt hat. Es ist bekannt, dass Philipp Matthäus Hahn (1739-1790) Hillers Geistliches Liederkästlein hoch geschätzt hat. Zahlreiche Einträge in den Kornwestheimer und Echterdinger Tagebüchern sind hierfür ein Indiz. Immer wieder vermerkt er, dass er das Liederkästlein weitergegeben, also vertrieben habe. In Gottesdiensten und Erbauungsstunden ließ Hahn Hillerlieder singen. Hahn leistete sogar editorische Hilfe, als er am Mittwoch, dem 30. Juli 1788, damit anfängt, »das Liederregister des Hillerischen Liederkästleins ... abzuschreiben, um solches dem Metzler zu senden, der es vielleicht als einen Anfang zum Büchlein drucken läst.«[34] Schließlich will Hahn auf der Suche nach Erbauung sich und andere Menschen »durch ein Sprüchlein aus dem Schatzkästlein ... erwecken lasse(n)«.[35]

Hahn hat sich aber nicht nur auf das Liederkästlein beschränkt, sondern sich auch mit anderen Werken Hillers intensiv auseinander gesetzt. 1776 bereitete er seine Ausgabe

---

[34] Echterdinger Tagebücher (= ETB), S. 345 (30. 7. 1788).
[35] Kornwestheimer Tagebücher (= KTB), S. 47 (19. 9. 1772).

des Neuen Testaments vor, und in diesem Zusammenhang vertraut er seinem Tagebuch an: »Gantz Tag Testament und die hillerische Vers über den Lebenslauf Jesu verbessert.«[36] Damit ist entweder auf »Das Leben Jesu Christi … in gebundener Schreibart« (1752) oder auf die »Gedächtnisreime ( ), worein die evangelische Geschichten nach … Bengels Harmonie kürzlich gefasset seynd« (1752) angespielt. Keine Notizen finden sich bei Hahn über Hillers »späte« Schriften, von denen aus der Steinheimer Zeit insbesondere die »Nöthige Verantwortung seines Systems der Vorbilder Jesu Christi« (1759), »Die levitische Versühnung vorbildlich ausgelegt« (1762), die »Kurze(n) und erbauliche(n) Andachten bey der Beicht« (1763) sowie das »Nüzliche( ) Andenken für Confirmirte« (1768) zu erwähnen sind. Zu Hillers literarischem Schaffen gehören auch seine Briefe und sonstige Schriftstücke, von denen handschriftlich aber nur wenige erhalten blieben.

Philipp Friedrich Hiller stirbt am 24. April 1769. In einem Schreiben des Heidenheimer Dekans Christlieb heißt es: »Gestern Nachmittag zwischen 5 und 6 Uhr forderte Gott durch einen schnellen Tod aus dieser Zeitlichkeit ab den rechtschaffenen und gelehrten Pfarrer M. Philipp Friedrich Hiller, geboren zu Mühlhausen, den 7. Januar,[37] folglich seines Alters 70 Jahre, 3 Monate. Er starb am Schlag …«[38]

Da in Steinheim die Visitation 1769 am 31. Mai stattfand, fehlt die Beurteilung für Hiller. Aber die Visitationsakten enthalten in vermächtnisartiger Weise ein treffendes Urteil: »Hinterlies in der Gem(ein)d u(nd) in der Kirche einen geseegneten Namen.«[39] Im gleichen verehrenden Ton schließt die Inschrift auf Hillers Grabstein, der in der Kirche in Steinheim erhalten ist: »Steinheim, du weißest seinen Glauben, Demut, Geduld, Weisheit und sein Ende. Folge ihm nach!«

---

[36] KTB, S. 408 (22. 4. 1776).
[37] Richtiges Datum: 6. Januar.
[38] Zit. nach Weth-Scheffbuch, Das Wort, S. 24.
[39] LKA, A1, 1769 (s. Anm. 21).

Hillers segensstiftendes Tun wirkte über die Zeiten fort, wenn man an seine Schriften, an seine zu pädagogischen Zwecken formulierten Gedächtnisreime, vor allem aber an seine Lieder denkt, die weite Verbreitung fanden. Sie werden auch heute noch gesungen und gebetet. Sie vermitteln ihre Kraft ungebrochen, besonders an Menschen in Bedrängnis und Not. Ob im Krankenhaus oder am offenen Grab, ob im Predigtgottesdienst und beim Abendmahl oder bei der Andacht im Kreis der Familie − in vielen Lebensbereichen bewegt Hillers poetisches Vermächtnis das menschliche Herz, bringt es zur Ruhe oder verschafft ihm neuen Lebensmut.

JOH. JACOB MOSER.
Ætatis 74.

Occhslin pinx. 1775.   J. E. Haid. Sculp. 1775.

Johann Jacob Moser

Johann Jacob Moser
(1701-1785)

Staatsrechtler, Erzieher, Politiker, Journalist, Pietist, Liederdichter

von Iris Guldan

Leben

Außer als Staatsrechtler ist Johann Jacob Moser einem breiteren Personenkreis als Pietist und Märtyrer gegen Fürstenwillkür bekannt. Er hat durch seine Autobiographie zu diesem Bild selbst in nicht unerheblichem Maße beigetragen. Vor allem im 19. Jahrhundert betrieben evangelische Pfarrer eine »Verherrlichung« Mosers, indem sie seine Autobiographie nachschrieben und ihn als einen nur dem Glauben lebenden, bedeutenden Mann darstellten. Moser hatte dagegen nie eine wirklich führende Position inne. Seiner persönlichen Wirksamkeit waren durch seinen sturen, cholerischen und undiplomatischen Charakter Grenzen gesetzt.[1] Geltung erhielt Moser vor allem durch seine Veröffentlichungen. Er war zeitlebens stolz, am 18. Januar 1701 geboren zu sein, am Krönungstag des Kurfürsten von Preußen zum König.[2] Keineswegs also ist der einfache Schluss zu ziehen, Moser habe grundsätzlich gegen den Absolutismus gekämpft. Moser ist eine differenziertere Sichtweise eigen. Er erkennt durchaus positive Auswirkungen an, propagiert in der zweiten Hälfte des Jahrhunderts etwa die merkantilistische Wirtschaftspolitik, seine Reformen

---

[1] Vgl. Wilson, Moser.
[2] Moser, Johann Jacob: Lebens-Geschichte. Dritte, stark vermehrte und fortgesetzte Auflage. Teil 1. Frankfurt und Leipzig 1777, 4.

137

der Ausbildung von Staatsrechtlern orientieren sich ausdrücklich am Vorbild Preußens.

Aus der württembergischen Ehrbarkeit stammend, begann und beschloss er sein unruhiges Leben in Stuttgart. Von seinen Kinderjahren weiß man wenig. Seit 1712 besuchte Moser das Gymnasium Illustre in Stuttgart. Der oberflächliche polyhistorische Unterricht, den Moser im Rückblick abwertend beschrieb[3], scheint eine Unterforderung für den lebenslang überfleißigen Moser gewesen zu sein. Schon zu dieser Zeit begann er selbständig zu arbeiten. Nach dem frühen Tod des Vaters wechselte Moser kurze Zeit vor Beendigung des Gymnasiums – durchaus nicht unüblich – zum Studium der Rechte an die Universität Tübingen. In seiner ersten Studienzeit stand Moser unter dem Einfluss seines Lehrers und Förderers, des Theologen Christoph Matthäus Pfaff (1686-1760)[4]; dessen Bildungspläne, die Studenten zu kritischer Selbstständigkeit vor allem durch ausgedehnte eigene Lektüre zu erziehen, kamen der Veranlagung Mosers entgegen. Er beurteilte die Vorlesungen seiner Professoren durchweg negativ und erweiterte sein Wissen durch das Lesen von Fachbüchern. Pfaff erlaubte Moser seine Privatbibliothek zu benutzen und zog ihn zu seinen quellenkritischen Arbeiten zur Kirchengeschichte heran. Die Unionsideen Pfaffs scheint Moser allerdings nicht geteilt zu haben.[5] Er schloss sich mit dem an numismatischen und geographischen Forschungen interes-

---

[3] Moser, Lebens-Geschichte I, 4 ff.

[4] Ausführlich zum Einfluss Pfaffs und der weiteren Tübinger Lehrer Mosers: Schömbs, Staatsrecht, 70 ff.

[5] Zu Pfaff vgl.: Schäufele, Pfaff. – In seinem *Dreyfachen Entwurff einer Historie des Reiches JEsu Christi auf Erden, besonders von des seel. Herrn D. Speners Zeiten an, biß jetzo* schreibt Moser – allerdings ohne Namen zu nennen – über die Unitätsbestrebungen: »Was Anno 1719. u.s.w. für eine Religions-Mengerey und Vereinigung in denen Lehr-Sätzen zwischen denen Lutheranern und Reformirten gesuchet worden, hat mit der Historie des Reiches Christi eigentlich nichts zu thun, weil weder die Gelegenheit darzu, noch die Absichten dabey, lauter gewesen seynd,

sierten Theologiestudenten Eberhard David Hauber (1695-1765) und dem Jurastudenten Christoph Friedrich Harpprecht (1700-1774) zu einer Arbeitsgemeinschaft zusammen. Schon bald zeigte sich im starken Interesse für das Staatsrecht ein weiterer Grundzug Mosers. Er sah in diesem Fach die Möglichkeit, zum Nutzen der Gesellschaft praktische Probleme und Streitfragen zu lösen. Pfaffs pragmatische Geschichtsbetrachtung, fußend auf Christian Thomasius (1655-1728), kam Mosers Neigung zum Anwendbaren, Brauchbaren entgegen.

Durch Protektion erhielt Moser 1720 die Ernennung zum Professor extraordinarius (ohne Besoldung) an der Juristenfakultät in Tübingen.[6] Der junge Professor hatte wenig Erfolg, bald blieben seine Hörer ganz aus und somit die Hörgelder. Er sah sich gezwungen, sich nach anderen Verdienstmöglichkeiten umzusehen.

Moser bat um den zusätzlichen Titel eines württembergischen Regierungsrats, erhielt ihn 1721 und reiste darauf an den kaiserlichen Hof nach Wien. Durch Unterstützung des Reichsvizekanzlers Friedrich Karl Graf Schönborn konnte er reichsverfassungsrechtliche Kenntnisse sammeln und von gelegentlichen wissenschaftlichen Arbeiten leben. Wieder in Stuttgart, heiratete er 1722 Friederike Rosine Vischer (1703-1762). Der Versuch, in der Heimat Fuß zu fassen, gelang nicht. 1724 reiste Moser erneut nach Wien, wo er auf ein besseres Auskommen hoffen durfte. 1725 holte Moser seine Familie nach und legte seine württembergischen Titel nieder. Als er jedoch 1726 als wirklicher Regierungsrat nach Stuttgart

---

noch dem lieben GOtt vil damit gedient ist, wann zwey unbekehrte Leute sich über Lehrsätzen mit einander vereinigen, villeicht auch beyde hernach sich um so leichter mit einander gegen das wahre Reich JEsu vereinigen würden.« In: Moser, Johann Jacob: Hanauische Berichte von Religions-Sachen. 2 Bände, 19 Teile. Hanau 1750/51. Hier: 12. Teil, Nr. 5, 356.

6   Durch den Bruder der herzoglichen Mätresse, den Geheimen Kabinettsrat und späteren württembergischen Premierminister Friedrich Wilhelm von Grävenitz (Schömbs, Staatsrecht, 123).

berufen wurde, nahm er den Ruf an. Den Umzug des Hofes 1727 nach Ludwigsburg machte er nicht mit, behielt aber Regierungsrats-Besoldung und Sitz und Stimme im Regierungskollegium. Er erhielt zusätzlich Titel und Gehalt eines Professors am Collegium Illustre. Weil das Collegium geschlossen war, blieb Moser zunächst in Stuttgart, bis ihm 1729 ein Umzug nach Tübingen befohlen wurde. Moser hielt nun Vorlesungen für Universitätsstudenten. Streitigkeiten mit den Zensurkollegien, vielleicht auch der Besuch Nikolaus Ludwig Graf von Zinzendorfs (1700-1760) und seiner Anhänger 1733 in Tübingen, veranlassten Moser, seine Ämter niederzulegen. Er war ein Jahr lang ohne Stellung und Besoldung, lebte wohl von juristischen Gutachten. Beim Regierungsantritt des katholischen Herzogs Karl Alexander (1684/ 1733-1737) löste er dessen Versprechen ein, ihm ein angemessenes Amt zu verschaffen, und Moser wurde abermals Regierungsrat in Stuttgart, ihm wurde das Referat für Religionsangelegenheiten übertragen.

Unregelmäßige Bezahlung, Unzufriedenheit mit der unqualifizierten und unmotivierten Arbeitsweise der Kollegen und Kritik an der Regierungsweise des Herzogs ließen Moser 1736 einen Ruf als Direktor der Universität und erster Ordinarius der Juristenfakultät in Frankfurt/Oder annehmen. Die an Moser dort gestellten Anforderungen entsprachen aber nicht seinen Vorstellungen.[7] Seine undiplomatische Vorgehensweise bei der Durchsetzung seiner Reformen und die von ihm geforderte Beurteilung der Professoren trugen ihm den Hass seiner Kollegen ein. Die Zeit in Frankfurt wurde für ihn zur Qual. Nach drei Jahren erhielt er die lang ersehnte Entlassung. Moser zog sich daraufhin als Privatier in das pietistische Ebersdorf im Vogtland zurück und war als freier Schriftsteller tätig. 1747 nahm Moser eine Stellung beim Landgrafen von Hessen-Homburg an, seine Reformversuche zur Sanierung

---

[7] Genauer dazu: Bornhak, Moser, 29-39. – Gegen Bornhak: Rürup, Moser, 68.

der Finanzen konnte er jedoch nicht durchsetzen.[8] Schon im folgenden Jahr ging er nach Hanau und gründete mit Unterstützung des Hofes eine Kanzleiakademie.

1751 übernahm Moser sein letztes Amt. Er ging als Landschaftskonsulent nach Stuttgart zurück. Über seine Aufgaben hinaus ließ sich Moser als Berater des Herzogs gewinnen und setzte sich damit zwischen alle Stühle, brachte letztlich Landstände und Herzog gegen sich auf. Fälschlicherweise als Seele des landständischen Widerstandes gegen die absolutistischen Ambitionen des Herzogs bezeichnet, wurde Moser von 1759 bis 1764 ohne Gerichtsurteil auf der Festung Hohentwiel eingekerkert. Seine Bedeutung und seine Rolle in diesem Konflikt wurden allerdings in der Literatur stark überzeichnet. Seit 1755 agierte Moser als halboffizieller Berater des Herzogs. Er schrieb fast 40 Gutachten und veröffentlichte weitere Schriften in der Absicht, diverse Reformen in Gang zu bringen. Bis auf seinen Vorschlag zur Reform der Gemeindeverwaltung wurde keiner seiner Vorschläge umgesetzt. Die Landschaft war dagegen, dass ihr Berater den Herzog unterstützte. Moser bestand andererseits auf konsequentem Widerstand der Landschaft gegen die von ihm als unrecht eingestuften Forderungen des Herzogs nach Finanzierung von Truppen zur Unterstützung der französisch-österreichischen Allianz gegen Preußen, im Gegensatz zu der von der Landschaft angestrebten Form moderaten Taktierens, was den Konflikt zwischen Herzog und Landschaft eher verstärkte als zu einer Lösung beitrug. Nach seiner Verhaftung kehrten die Stände zum traditionellen »Lavieren und Temporieren« zurück. Die einfache dualistische Interpretation der württembergischen Politik, die die Sichtweise stützte, Moser und die Stände seien gegen die absolutistischen Ambitionen des Herzogs angetreten[9] oder Moser als einen Mann sah, der über den rivalisierenden Parteien stand[10],

---

[8] Vgl. Rürup, Moser, 9 und Schömbs, Staatsrecht, 138. Dazu auch: Dölemeyer, Reformprogramm, 151-162, hier 151 f.
[9] Literaturangaben bei Rürup, Moser, 154, Anm. 4.
[10] Rürup, Moser, 155 ff.

ist mit der differenzierteren Sichtweise der neueren Forschung nicht mehr aufrechtzuerhalten.[11]

Nach seiner Entlassung wurde Moser — immer noch Landschaftskonsulent — nur noch selten zu Beratungen herangezogen. 1770 schied er endgültig aus dem Amt. Er starb am 30. September 1785.

Das berufliche Werk Mosers

Die Erfahrung des Mangels an gewissenhafter Anleitung zu einem zielgerichteten Studium, die Moser in seinem eigenen Studium machte, hatte dazu geführt, dass er sich fast sein ganzes Leben mit dem Problem der Juristenausbildung beschäftigte und als Erzieher darauf Einfluss zu nehmen suchte. Dies veranlasste den erst 20-jährigen Professor, ein methodisches Kolleg auszuarbeiten, das sich mit der Art und Weise des Studierens der Rechte auseinander setzte, also wohl eine Anleitung zum Studieren, eine Art Studienberatung sein wollte.[12] Das Kriterium der Nützlichkeit und Anwendbarkeit trat in der ersten Hälfte des 18. Jahrhunderts in der Wissenschaft in den Vordergrund, so auch bei Moser. Nicht mehr die sich selbst genügende Gelehrsamkeit, sondern die Ausrichtung auf bestehende Probleme und auf die Grundlagen zur Problemlösung waren das Interesse.

Sein Plan einer *Schwäbischen Historischen Akademie* von 1721 blieb unverwirklicht.[13] Hier wird jedoch schon deutlich, dass Mosers Anliegen keine Universitätsreform war, es kam ihm allein auf die verstärkte Ausrichtung des Unterrichts auf die Praxis an.

Mosers Reisen an den Hof nach Wien (1721/22 und 1724/26) und zum Reichskammergericht nach Wetzlar (1724),

---

[11]   Vgl. Wilson, Moser.
[12]   Schömbs, Staatsrecht, 172 ff.
[13]   Moser, Nachricht. Vgl. Rürup, Moser, 60.

ebenso seine Erfahrungen als herzoglich-württembergischer Regierungsrat (1726-33), machten ihm die Missstände in Regierungskollegien deutlich. Der akademische Unterricht schien ihm nicht geeignet für eine praktische und nützliche Vorbereitung auf künftige Amtsstellungen. Die Universität wurde im 18. Jahrhundert allgemein ausschließlich als Ausbildungsstätte betrachtet. Wissenschaft und Forschung wurde als Sache einzelner Genies oder der öffentlichen Anstalten der Wissenschaftsgesellschaften angesehen. In den meisten Universitäten herrschte noch der oberflächliche, enzyklopädische Bildungsbegriff.

Moser fing noch in Stuttgart — also außerhalb der Universität — an, ein neues Fach, die Kanzleipraxis, zu lehren. In verschiedenen Kollegien gab er Anleitungen zur Amtsführung etwa für Präsidenten, Sekretäre, Registratoren etc.; er vermittelte also den künftigen Amtsinhabern praktische Einführung in verschiedene Amtsgeschäfte — den Kollegien und dem Landesherrn zum Nutzen. Ähnliche Kollegien wurden bald an anderen Universitäten eingeführt.[14]

Auch Mosers Antrittsrede in Frankfurt/Oder zeigt seine Ausrichtung auf die pragmatische Wissenschaft. Er forderte die gründliche Ausbildung der Universitätslehrer und damit gleichzeitig ihre Beschränkung und Spezialisierung auf einzelne Wissenschaftszweige und entwickelte damit einen modernen Fakultätsbegriff.[15] Die Forderung nach verstärkten praktischen Übungen zur Vorbereitung auf den Beruf konnte sich im universitären Bereich nicht durchsetzen, ebenso wenig die Forderung nach Bereitstellung von Lehrmitteln durch den Landesherrn.

Der Einfluss des Pietismus wird erkennbar, wenn Moser nun den Lehrern die Verantwortung über Seele, Sitten, Gesundheit und Wirtschaftsführung der Studenten übertragen sehen wollte und damit eine Sozialdisziplinierung mit intendierte.

---

[14] Z. B. Halle, Göttingen, Wien, Bamberg, Würzburg, vgl. Rürup, Moser, 63.
[15] Ebd., 71.

An der Diskussion um die Reformpläne[16] während der Gründung der Universität Göttingen 1732/36 hatte Moser wohl nicht unbeträchtlichen Anteil, wie ein Briefwechsel mit dem ersten Göttinger Kurator Gerlach Adolph Freiherr von Münchhausen (1688-1770) zeigt. Auch hier stand die Neugestaltung des Staatsrechtsstudiums durch eine praktische Ausbildung künftiger Regenten und Staatsdiener im Vordergrund. Moser ging davon aus, dass dieser Unterricht parallel und ergänzend zum universitären verlaufen sollte: nicht innerhalb der juristischen Fakultät, sondern in einer besonderen Staatsakademie. Allerdings sollten Universitätsprofessoren lehren, und zwar in drei parallel laufenden Kursen »deutsche Staatssachen«, »europäische Staatssachen« und »Kanzleipraxis«.[17] Die Akademie war also eine »Schule in der Schule«, »pragmatisches Handeln« sollte den theoretischen Teil des Studiums ergänzen. Obwohl Münchhausen prinzipiell mit den Überlegungen Mosers übereinstimmte, lehnte er dessen Konzept ab; er vollzog die völlige Trennung der Akademie von der Universität.

Nachdem Moser mit seiner Verwaltungsreform in Homburg gescheitert war, entschloss er sich 1749, ein solches Privatunternehmen mit Unterstützung des Landgrafen von Hessen-Kassel in Hanau zu verwirklichen. Unabhängig von Aufbau und Einschränkung des Universitätsbetriebs konnte er freier agieren, außerdem alle Interessierten — Universitätsabsolventen, aber auch nicht durch die Universitätslaufbahn Vorgebildete, Adlige nach ihren Reisen, Männer, die sich bereits im Amt befanden — aufnehmen. Mosers Konzept entsprach weitgehend dem bereits für Göttingen entworfenen, erweitert um zwei Fächer, dem »Cameral- und Commercien-Wesen« und den »militair-Sachen«.[18] Im November begann Moser

---

16 Erstmals und ausführlich behandelt bei Rürup, Moser, 78 ff.
17 Ebd., 81.
18 Moser, Johann Jacob: Entwurff einiger Anstalten zum Dienst junger Standes-Personen, so sich denen Staats-Sachen widmen wollen, dem Publico zur Prüfung vorgelegt. (Ebersdorf) 1745, 6 zitiert nach Rürup, Moser, 86.

seine Akademie mit zehn Hörern. Zusammen mit ihm unterrichteten sein Sohn Friedrich Carl und Ludwig Martin Kahle. Doch schon knapp zwei Jahre später folgte Moser dem Ruf, als Landschaftskonsulent nach Württemberg zu gehen. Die Hanauer Akademie — wie auch alle anderen praktischen und theoretischen Versuche Mosers — konnte in dieser kurzen Zeit keine nachhaltige Wirkung zeigen und muss als eine der vielen kurzlebigen Gründungen des 18. Jahrhunderts gesehen werden. Die Konzeption Mosers fand jedoch vielfältige Beachtung. Kritik galt der kurzen Dauer der Kurse und der Entfernung von der Universität.

Moser ordnete sich hier ein in die Reihen der Aufklärer, die mit vielfältigen Konzepten Verbesserungen zu erreichen suchten. Seine Vorschläge zur Emporbringung der Tübinger Universität, die er 1755 an Herzog Karl Eugen (1728/1744 - 1793) richtete, blieben unbeachtet. Sein letzter Beitrag zur Erziehung war ein Lehrbuch für Völkerrecht für die Hohe Karlsschule in Stuttgart.[19]

Der Reformwille Mosers entstand nicht durch die Bekehrung zum Pietismus, sondern als Wirkung der Aufklärung. Schon seine frühen Ansätze zeigen das Streben nach Verbesserung der juristischen Wissenschaften, zeugen von der Forderung nach dem Erhalt der Freiheit der Wissenschaft, dem Suchen nach Möglichkeiten vermehrter Erkenntnisvermittlung, verbesserter Informationsmöglichkeit für Studenten, Lehrende und Interessierte.

Mosers staatsrechtliche Methode[20], die er 1729 in seinem Lehrbuch *Compendium juris publici*[21] darstellte, will das Jus publicum ausschließlich aus den deutschen Rechtsquellen entwickeln, im Gegensatz zur bisherigen Methode, das Staats-

---

[19] Rürup, Moser, 94 f.
[20] Folgendes nach Schömbs, Staatsrecht, 178 ff.
[21] Moser, Johann Jacob: Compendium juris publici Germanici, oder Grundriß der heutigen Staats-Verfassung des Teutschen Reichs. Tübingen 1.-7. Aufl. 1731-1754.

recht historisch zu begründen. Dies hatte die Emanzipation des Staatsrechts von Historie und Hofpublizistik zur Folge und damit größere Rechtssicherheit. Die ausschließliche Orientierung an bestehendem Recht ohne philosophische Überlegungen setzte die Akzeptanz der bestehenden korporativistischen Reichsverfassung voraus. Moser lehnte sich mit seiner Auffassung an seinen Tübinger Universitätslehrer Gabriel Schweder (1648-1735)[22] an, der sich wiederum auf Kollegen aus dem frühen 17. Jahrhundert — etwa Hermann Conring (1606-1681) — stützte. Schweder hat nur wenige lateinische Schriften publiziert. Moser kommt somit nicht das Verdienst zu, diese Methode in Württemberg oder gar im Reich eingeführt zu haben, er zeichnet sich durch die Vielzahl seiner Publikationen in deutscher Sprache aus. Sein Anliegen war das Sammeln und Veröffentlichen von neuen und bisher ungedruckten Quellen, vervollständigt durch älteres, bis dahin schwer zugängliches, aber wesentliches Material.

Mosers Methode setzte sich nicht durch, sondern die in Jena, Halle und Göttingen praktizierten Anreicherungen des publizistischen Stoffes um die historischen, statistischen und polizeiwissenschaftlichen Fächer zu einer neuen umfassenden Disziplin der Staatswissenschaften.[23] In Göttingen gab es nebeneinander starke Historisierungstendenzen, ein eigenständiges Naturrecht und einen sowohl dokumentierenden, materialfreudigen als auch entschieden abstrahierenden und systematisierenden Positivismus.[24]

1732 las Moser als erster deutscher Professor positives europäisches Völkerrecht. Bestimmt war seine Sichtweise von der Auffassung, die Existenz des Völkerrechts lasse sich nicht aus rein naturrechtlichen, theoretischen Grundlagen ableiten, sondern vor allem aus Verträgen zwischen den Staaten und aus dem Herkommen sowie den allgemeinen Gebräuchen

---

[22] Ausführlich zu Schweder: Schömbs, Staatsrecht, S. 92 ff.
[23] Stolleis, Geschichte, 267.
[24] Ebd.

ihres Verkehrs in Friedens- und Kriegszeiten gewinnen. Adolf Laufs bezeichnete diesen Ansatz als bahnbrechend: »Mosers induktive Theorie einer erfahrungsmäßigen Völkerrechtswissenschaft suchte die Konstruktion der Staatenpraxis rekonstruktiv wiederzugeben und dadurch zur Objektivität zu gelangen.«[25] Eine wirklich systematische Durchdringung des Stoffes erreichte Moser freilich nicht.

Beachtung verdient auch das Mosersche Territorialstaatsrecht. Den Plan dazu, der wie sein Völkerrecht aus der Beschäftigung mit der Reichspublizistik entstanden war, veröffentlichte er 1739 in Ebersdorf.[26] Das Staatsrecht aller einzelnen Stände des Heiligen Römischen Reiches wollte er planmäßig zusammenfassen und veröffentlichen sowie ebenfalls auf bestehende Rechtsquellen gründen. Diese immense Aufgabe war von vornherein zum Scheitern verurteilt. Sie konnte durch die Arbeitskraft eines Einzelnen nicht bewältigt werden, außerdem lief die Objektivierung und Fixierung der Herrschaftsrechte auf deren Beschränkung und antiabsolutistische Eingrenzung hinaus, einzelne Länder bzw. Landesherren befürchteten Nachteile und verweigerten ihre Erlaubnis zu diesem Projekt.[27]

Moser hat durch seine Veröffentlichungen die Methodik des positiven Staats-, Völker- und Territorialrechts wesentlich verbreitet. Durch ständige »Zusätze« und Neuausgaben war er bemüht, seine Schriften aktuell und somit brauchbar für die Praxis zu erhalten.

---

[25] Laufs, Moser, 284-293, hier 291.
[26] Moser, Johann Jaccob: Nachricht von dem unter Handen habenden besonderen StaatsRecht aller einzelnen Stände des heil. Röm. Reichs. (Ebersdorf) 1739; Moser, Johann Jacob: Allgemeine Einleitung in die Lehre des besonderen Staats-Rechts aller einzelnen Stände des heil. Röm. Reichs. (Ebersdorf) 1739.
[27] Laufs, Moser, 290.

Der Pietist

Die Forschung ordnet Moser in seiner frühen Zeit den Aufklärern zu. Über die Religiosität in Mosers Elternhaus ist wenig bekannt. Deutlich aber wird aus Mosers eigenen Schilderungen, dass er sich auch in seiner Jugend der protestantischen Religion zugehörig fühlte und unter ihrem Einfluss aufwuchs. Während seines Studiums wurde er nach eigenem Bekunden aus Zweifeln, die die Bibellektüre hervorrief, zum Atheisten. Lessing hat in seinem Nathan formuliert, wie sich wohl auch Mosers Befinden gestaltete: »Der Aberglaub', in dem wir aufgewachsen, verliert, auch wenn wir ihn erkennen, darum doch seine Macht nicht über uns.« (IV, 4)[28] Und als Moser einmal zum Abendmahl ging, um seinen Atheismus, wie er sagt, nach außen nicht zu zeigen, überfiel ihn eine furchtbare Angst, in die Hölle zu kommen und er begann darum zu beten, dass dies nicht geschah. Moser blieb bei der »äußerlichen« Religionsausübung, wie wir aus einigen Begebenheiten seiner zweiten Wienreise 1724-1726 wissen. Bei einer Fronleichnamsprozession verneigte sich der Kaiser, Moser blieb stehen. Er berichtete, in seiner Wiener Unterkunft täglich fromme Lieder gesungen zu haben und eine Stellung in Prag u. a. deshalb ausgeschlagen zu haben, weil er an diesem Ort keine Religionsausübung habe.

Als Regierungsrat wieder in Stuttgart kam Moser durch die Lektüre einer physikotheologischen Schrift und durch die »aufmerksame Betrachtung der sichtbaren Dinge« zu einer »natürlichen«[29] Religion, zum Glauben an *eine* Gottheit, zum Deismus. Moser bestand sein ganzes Leben darauf, dass seine Religion »aus einer Ueberzeugung des Verstandes« herrühre. Seine inneren Zweifel führten ihn zu der Lektüre der ›Theologischen Bedenken‹ Philipp Jakob Speners (1635-1705), worin er Antworten des Theologen auf die Einwürfe eines

[28] Göbel, Lessings Nathan, 168.
[29] Moser, Lebens-Geschichte I, 82.

›Naturalisten‹ fand. Spener wandelte darin das Bild der Deisten vom Uhrmacher Gott und seiner Schöpfung der Welt als Uhr, die wenn sie vollendet ist, ohne Eingreifen des Uhrmachers läuft, um. Spener argumentierte folgendermaßen: wie der Lehrling dem Uhrmacher blind gehorchen muss, um das Handwerk erlernen zu können, müsse auch der Mensch erst Gottes Wort gehorchen, um aus dieser Erfahrung die Wahrheit der christlichen Religion erkennen zu können.[30] Erkenntnis aus der durch den Verstand nachprüfbaren Wahrnehmung wurde zur Grundlage der Moserschen Religion.

Am Pfingstfest 1728, als Moser wegen einer Unpässlichkeit zu Hause bleiben musste, geschah ohne äußeren Anlass »eine innerliche starcke Erschütterung, Bewegung und Erweckung meines Herzens«, schreibt er, »so, daß ich, nach dem gemeinen Fehler der Erweckten, auch gleich meinen Scribenten bekehren wollte.«[31] Moser hatte sich dem Pietismus zugewandt und ging aus von der grundsätzlichen Verderbtheit des Menschen und der Notwendigkeit der Rechtfertigung durch den Glauben.

Nach dem Umzug nach Tübingen schlossen sich Moser und seine Frau einer Gruppe von Erweckten im Tübinger Stift an, vermittelt durch Mosers dort logierenden Bruder Johann Wilhelm (1710-1759), dem nachmaligen Pfarrer und Spezial-Superintendent zu Dürrmenz, mit dem Moser und seine Frau nach dem Umzug nach Tübingen engen Kontakt hatten. Moser begann 1730, religiöse Lieder zu dichten und veröffentlichte erste erbauliche Schriften. Erbauungsstunden fanden zunächst bei dem Goldarbeiter Seyfarth statt, später im Hause Moser vor allem mit Teilnehmern aus dem Stipendium.

1733 kam Zinzendorf nach Tübingen, der nach der Abwendung von Halle den Anschluss an die Kirche in Württemberg

---

[30] Ebd., 83.

[31] Dieses und die folgenden Moser-Zitate dieses Abschnitts: Moser, Johann Jacob: Nachricht von meinem natürlichen, bürgerlichen und geistlichen Leben, für meine Kinder und Nachkommen. (Manuskript).

suchte. Zinzendorf besuchte und sprach von Januar bis April alle wichtigen württembergischen Persönlichkeiten. Im Zusammenhang mit dem Besuch Zinzendorfs und seiner Mitarbeiter entstand offenbar in Württemberg eine Erweckungsbewegung erstaunlichen Ausmaßes.[32] Auch Moser ließ sich in Zinzendorfs Bann ziehen. In einem Brief an Zinzendorf erinnert er diesen daran, was der liebe Gott durch ihn bei der Moserschen Familie bewirkt habe.[33] Aus den Herrnhuter Diarien geht hervor, dass vor allem die Kinder Mosers durch Zinzendorf bekehrt worden seien. Bei einem seiner nächsten Besuche logierte der Graf sogar im Moserschen Hause. Unter dem Einfluss der Herrnhuter gab Moser seine Ämter auf, um sich ganz in den Dienst der Sache Jesu zu stellen; bis Juli 1734 war er ohne Anstellung. Auf den Adelstitel »von Filseck und Weilerberg«, den er 1721 aus Gründen besseren Fortkommens angenommen hatte, verzichtete er nun. Eine Karriere war ihm nicht mehr wichtig, er wollte mit seiner ganzen Kraft am Bau des Reiches Gottes auf Erden mitarbeiten. Wieder berichtete Moser von seiner Bekehrsucht.[34] In den nächsten Jahren entstand eine umfangreiche Korrespondenz mit dem Grafen. In seiner erbaulichen Zeitschrift *Altes und Neues aus dem Reich Gottes* [35] veröffentlichte Moser umfangreiche Nachrichten, Berichte und Briefe aus Herrnhut.

Auch als Moser Regierungsrat unter Herzog Karl Alexander in Stuttgart wurde, fanden im Hause Moser wieder Erbauungsstunden statt. Schon in dieser Zeit hatte Moser viel Gutes von der Herrnhutischen Ideen zuneigenden Gemeinde Ebers-

[32]   Diarium über Zinzendorfs Reise nach Tübingen 1733 (von verschiedenen Verfassern geführt). In: Unitätsarchiv Herrnhut R. 20. A. 17. a. 1. a. Vgl. Moser, Nachricht.

[33]   Schreiben Mosers an Zinzendorf. Teinach, 29. Januar 1733. In: Unitätsarchiv Herrnhut R. 18. A. Nr. 15.

[34]   Moser, Lebens-Geschichte III, 204 f.

[35]   Moser, Johann Jacob: Altes und Neues aus dem Reich Gottes. 19 Teile. Frankfurt und Leipzig 1733-1736.

dorf im Vogtland gehört. Auf der Reise nach Frankfurt/Oder stattete Familie Moser Ebersdorf einen längeren Besuch ab.

Seine »wahre« Erweckung erlebte Moser fast zehn Jahre nach der ersten: 1737 in Frankfurt/Oder. Er war sich nun seiner Sündhaftigkeit, aber auch seines Gnadenstandes gewiss: »Ich hatte nicht den geringsten Zweifel mehr, daß mir alle meine vergangene, jezige und noch biß an das Ende meines Lebens vorkommende Sünden auf einmal geschenckt und ich ein liebes Kind Gottes seye.« Johann Christoph Schmidlin (1711-1788), später Special-Superintendent und Stadtpfarrer zu Blaubeuren, dann Konsistorialrat und Prälat zu Alpirsbach, verheiratet mit einer Schwester Mosers, ging als Informator der Moserschen Kinder mit nach Frankfurt und hielt im Moserschen Hause Erbauungsstunden ab.

Nach dem Desaster an der Frankfurter Universität sehnte sich Moser nach seiner Entlassung aus preußischen Diensten. Dennoch bat er nicht selbst um Entlassung. Er sei ohne den Willen Gottes nicht nach Frankfurt gekommen, deshalb wolle er auch nicht ohne Willen Gottes wieder gehen.[36] Bald darauf wurde Mosers Wunsch erfüllt. Er ging als Privatier nach Ebersdorf und hoffte, dort innere Ruhe zu finden, was ihm in den ersten Jahren auch gelang. In der Gemeinschaft war Moser froh, dass er »solche rechtschaffene Personen antraf, denen man sein ganzes Herz darlegen konnte. Unter denen Vertrauten ware also dieses der Hauptpunct ihrer Zusammenkünffte, worauf man alles im Gebet vor den Herrn brachte.«

Der Württemberger Theologe Maximilian Friedrich Christoph Steinhofer (1706-1761) war Hofprediger in Ebersdorf und der geistige Führer der Gemeinde. Trotz der Nähe zu Herrnhutischen Ideen war die Gemeinde unabhängig. Steinhofer übernahm die religiöse Bildung und Erziehung der Gemeinde, die die uneingeschränkte Zustimmung und Bewunderung Mosers fand. Besonders beeindruckt war Moser

---

[36] Moser, Lebens-Geschichte I, 186.

von Steinhofers Unterricht, den Hans-Walter Erbe folgendermaßen beschrieb:

»In den Versammlungen behandelte er bei fortlaufender Auslegung der paulinischen Briefe die Grundbegriffe evangelischen Christentums und gab damit seinen Hörern eine Art gemeinverständlicher protestantischer Theologie, ganz im Gegensatz zum pietistischen Gebrauch, an eine einzelne Bibelstelle erbauliche oder praktisch sittliche Erörterungen zu knüpfen.«[37] Für Moser war dieser Unterricht das bisher fehlende Element; er war überzeugt, dass die Voraussetzung rechten Glaubens der Unterricht darin sei.

Dennoch ging Moser auch mit Steinhofer nicht ganz konform. Er verglich Ebersdorf mit einer der ersten christlichen Gemeinden, die »freylich sehr mangelhafte Verfaßung der Evangelischen Kirche (müsse man) mit eben der Geduld tragen, darin sie Gott freuet, daran in seinem Theil beßere, was man könne, ohne sie über den Haufen zu werfen, biß Gott selbst einen andern Weg zeige ...«. Erkennbar wird hier die konservative Grundhaltung Mosers, die sich auch in seinem Staatsrecht zeigte. Steinhofer dagegen war der Ansicht, dass auch in weltlichen, die Glieder der Gemeinden unter sich betreffenden Angelegenheiten, wie bei den ersten Christen allein die Gemeinde und keine weltliche Obrigkeit etwas zu sagen habe. Für Moser war dies undenkbar. Als Verfechter des positiven Staatsrechts konnte Moser diese Tendenz nicht mittragen. Die durch den Westfälischen Frieden von 1648 festgelegten Religionsparteien waren für ihn die Grundlage des Staates. Eine Separierung von der protestantischen Kirche kam für ihn deshalb nicht in Frage. Wenn man den Pietismus als einen wichtigen Faktor für das Werk Mosers geltend machen will, muss man auch den Einfluss des positiven Staatsrechts auf die Religionsauffassung Mosers anführen.

Durch seine Veröffentlichungen und seine Tätigkeit als Gutachter verdiente Moser in Ebersdorf so viel, dass er Geld

---

[37]   Erbe, Zinzendorf, 177 f.

anlegen und anderen »Kindern Gottes« behilflich sein konnte. Von Mosers Unternehmungen lebten eine große Buchhändlerfamilie, ein Buchdrucker mit seinen Gesellen – von denen einer ebenfalls verheiratet war – für ihn eine Rechtfertigung seines Tuns im christlichen Sinn. Steinhofer jedoch kritisierte Mosers »Staatsrecht« als Hauptarbeit. Moser solle lieber dreschen oder Holz spalten, als seine Zeit so zubringen.[38]

Ab 1741 änderte Steinhofer seinen Unterricht, weil die Gemeindemitglieder zu viel Wert auf Wissen und Erkenntnis legten; er wandte sich immer mehr Herrnhut zu, weil er die persönliche Seelsorge nicht mehr genügend gewährleistet sah. Die seitherige Form des Unterrichts hatte dem Wesen Mosers entsprochen: dem Festhalten an den biblischen Grundlagen, die in Herrnhut jedoch immer mehr vernachlässigt wurden zugunsten einer glutvollen Frömmigkeit des Gefühls, die auf den Verstand verzichtete.

Die nun offenbare Ausrichtung Steinhofers an Herrnhut führte zum offenen Streit mit Moser. Moser wurde zum Gegner Zinzendorfs. 1742 bis 1744 richtete er drei Bitten um Gutachten Zinzendorf und die Herrnhutische Gemeinde betreffend an den württembergischen Bibelexegeten Johann Albrecht Bengel (1687-1752). Er sollte klären, ob man mit den Herrnhutern in kirchlicher und Geistes-Gemeinschaft stehen könne. Moser unterschied Lobenswertes – Beschäftigung mit dem Zweiten Glaubensartikel, Christi Liebe und der Lehre von der Versöhnung; das Bedachtsein auf Gemeinschaft mit Christi Kreuz, Tod und Leben und auf eine engere Gemeinschaft unter den Gläubigen; das Gute, das sie unter Christen und Heiden ausrichten – und Bedenkliches – Hervorhebung der Lehre vom Blute Christi.[39] Moser erwartete von Bengel fachliche Argumentationshilfe beim Streit um den Anschluss Ebersdorfs an Herrnhut. Bengel hob in Übereinstimmung mit Moser die Anfänge Herrnhuts lobend hervor. Die Eignung

---

[38] Moser, Nachricht.
[39] Mälzer, Bengel, 39; vgl. unten S. 70 f.

diesem — ganz im Sinne Mosers — abgesprochen, da es ihm an geistlicher Erkenntnis fehle. Die Kritik Mosers richtete sich im Wesentlichen auf die radikale und separierende Entwicklung Herrnhuts vor und während der so genannten Sichtungszeit und im Hinblick auf den Blut- und Wundenkult.

Die Gemeinde Ebersdorf spaltete sich nun in zwei Lager: pro und contra Anschluss an Herrnhut. Moser, der die frühere Ausrichtung der Gemeinde erhalten wollte, war bei den Gegnern des Anschlusses, obwohl er sich der Faszination, die von dem kindlich-unmittelbaren, rein gefühlsmäßigen Umgang mit dem Heiland ausging, nicht völlig entziehen konnte. Die neu geschaffenen Strukturen mit völliger Bevormundung der Gemeindeglieder, Briefzensur und die Aufnahme von Mitgliedern aus allen Konfessionen konnten seine Zustimmung nicht finden. Moser warf Zinzendorf vor, die Konfessionen aufheben zu wollen, um die Menschen unter seine Führung zu bringen und damit ein neues Papsttum zu schaffen. Auch später, vor allem in seinen *Hanauischen Berichten*, einer Zeitschrift die 1750-51 erschien, rechnete er mit Zinzendorf öffentlich ab.[40] Nach dem Ausschluss Mosers vom Abendmahl, was einem

---

[40] »Die Religions-Sachen stehen dermahlen in Ansehung der äusserlichen Kirche so wohl, als auch des unsichtbaren Reiches JEsu auf Erden, in solchen bedencklichen Umständen, welche nicht nur die Neugierigkeit zu reizen fähig seynd, sondern die auch allerdings eine Aufmercksamkeit verdienen. (…) Dises (das Reich des Lichtes und der Finsterniß,) aber anlangend, so nehmen auf der einen Seite der grobe Unglaube und die Spötterey, wo nicht über alle, doch wenigstens über die Christliche, Religion und auf der anderen Seite die so scheinbare Versuchungen der Zinzendorffischen Secte, so überhand, daß die Abwege zur Rechten und Lincken so arg und gefährlich werden, als jemahlen. (…) Und mein himmlischer Beruff, Krafft dessen ich eben so vil Recht habe und eben so schuldig bin, meinen Neben-Menschen für einem falschen Christo und für falschen Aposteln zu warnen, als andere befugt zu seyn glauben, allerley Fische in ihr Netz zu ziehen, nebst anderen erheblichen Umständen, bringen mich, mein in der Zinzendorffischen Sache lange genug, aber nicht ohne guten Grund, gehaltenes Stilleschweigen zu brechen (…)«. Moser, Hanauische Berichte, Vorrede.

Ausschluss aus der Gemeinde gleichkam, entschloss sich Moser 1747, Ebersdorf zu verlassen.

In Württemberg fand Moser keinen Anschluss mehr an die Gläubigen, er nahm nicht mehr an Konventikeln teil, weil sie ihm zu oberflächlich waren und sich nicht mehr wie noch in Ebersdorf seines »Hertzens«, seiner inneren Befindlichkeit annahmen. Da man in Württemberg seit 1744 den Herrnhutern nicht mehr wohl gesonnen war, wurde Moser, der den Verdacht, mit den Herrnhutern zu sympathisieren, nicht los wurde, auf Distanz gehalten.

Mosers Veröffentlichungen

Von seinem 17. Lebensjahr an bis kurz vor seinem Tod schrieb Moser an seinem umfangreichen Werk. Es wird auf etwa 600 Veröffentlichungen geschätzt, nachgewiesen sind 331. Geltung als Staatsrechtler verschafften ihm vor allem sein *Teutsches Staatsrecht* (1737-1754), das auf 53 Bände anwuchs, und sein *Neues Teutsches Staatsrecht* (1766-1782), das noch einmal 43 Bände ausmachte. Moser sammelte darin alles einschlägige urkundliche und diplomatische Material und Gerichtsentscheidungen[41], ausgerichtet auf den Nutzen zur Klärung von praktischen Problemen der Zeit. Moser publizierte Schriften zum Territorialstaatsrecht, Völkerrecht, Kirchenrecht, zu Württemberg und zu weiteren Themen. Seine Intention ist auch hier zu erkennen. Die deutsche Sprache, in der Moser schrieb, erweiterte den Leserkreis auch auf Nichtakademiker: alle Interessierten konnten darauf zugreifen. Gemäß dem Anspruch der Aufklärung, möglichst vielen Menschen Unterricht und Bildung zukommen zu lassen, waren akademische Kreise, aber auch Staatsbeamte, angesprochen. Mosers Veröffentlichungen bildeten die Grundlagen seiner Reformbestrebungen. Mit dem Untergang des Ancien Régime 1815 verlor

---

[41] Stolleis, Geschichte, 200.

jedoch Mosers Werk seine Basis. Der Publizist Moser ist heute als Auskunftsperson für Rechtshistoriker und Geschichtswissenschaftler von Bedeutung.

Zu den Monographien kamen Periodika, die durch ihren günstigen Preis eine weitere Vergrößerung des Leserkreises bewirkten. Von seinem 20. bis zu seinem 74. Lebensjahr war Moser als Herausgeber unterschiedlichster Zeitschriften tätig.[42] Zu Beginn von Mosers Tätigkeit gab es noch kaum ausgesprochene Fachzeitschriften. Moser machte sich dieses neue Medium zu Eigen, indem er auch hier von universellen Inhalten abrückte und sich ausschließlich auf sein Fachgebiet, das Staatsrecht, beschränkte.

Auch Mosers erbauliche Zeitschriften verdienen erwähnt zu werden. Seit August 1733 gab er die erste erbauliche Zeitschrift Württembergs heraus. Moser wollte Nachrichten aus dem Kreis der Pietisten verbreiten, an denen das Reich Gottes auf Erden sichtbar werden sollte. Die Zeitschrift brachte Berichte über Todesstunden und erbauliche Lebensläufe. Diese eigentümlich emotionslosen Schilderungen boten keine oder kaum Nachrichten zum Leben der beschriebenen Personen, sondern bestanden vor allem aus ausführlichsten schematisierten Schilderungen der Bekehrung und verdeutlichten ihren exemplarischen Charakter. Schließlich sollte in einer »Generalen Rubrik« alles, was »zur Erkanntnuß des Reichs Gottes und des Teuffels, wie auch unseres eigenen bösen Hertzens, zu Beförderung der Ehre Gottes, zu Befestigung in dem guten und zur Verwahrung für dem bösen«[43] dienen könne, eingefügt werden. Das waren etwa Reise- oder Gemeindebeschreibungen und Anstalten, die das Werk Gottes befördern halfen. Im Anhang wurden erbauliche Briefe, Lieder und Literaturhinweise abgedruckt. Dies alles sollte der Stärkung und

---

[42] Beschreibende Darstellung der Zeitschriften: Mälzer, Moser, 471-505. Vgl. auch Gehring, Anfänge.

[43] Moser, Altes und Neues aus dem Reich Gottes. Erster Teil, 15.

raturhinweise abgedruckt. Dies alles sollte der Stärkung und Verbreitung des wahren Glaubens und damit des Reiches Gottes auf Erden dienen.

Moser brachte bis 1753 acht Zeitschriften zu religiösen Themen heraus, fünf davon können als erbauliche Zeitschriften eingestuft werden, zwei befassten sich mit Kirchenrecht, eine enthielt beides. Von diesen Zeitschriften bestand das *Alte und Neue* am längsten, bis 1739 – von 1733 bis 1736, also vier Jahre, von Moser herausgegeben. Alle andern Zeitschriften bestanden nicht länger als zwei Jahre und müssen – wie Mosers juristische Zeitschriften – sich einreihen in die vielen kurzlebigen Zeitschriftenunternehmen der Zeit.

Vor allem in den Zeitschriften machte Moser Religionsbeschwerden der Evangelischen bekannt. Sein Interesse galt der Durchsetzung, wenigstens der Erhaltung der evangelischen Religion. Die Veröffentlichung dieser Gravamina trug allerdings eher zu einer Verschärfung der Konflikte mit den Katholiken bei.

Schließlich muss auf den Liederdichter Moser hingewiesen werden. Die meisten von Mosers Liedern entstanden während seines Arrestes auf dem Hohentwiel und haben eine besondere Geschichte. Moser wurden nur drei Bücher erlaubt: Bibel, Gesangbuch und eine Predigtsammlung seines Freundes Steinhofer. Schreibpapier und -feder wurden ihm verweigert. Moser kratzte deshalb seine frommen Lieder zunächst mit der Lichtputzschere an die Wand. Als er überlegte, wie er diese Lieder bei seiner Entlassung mitnehmen könnte, kam er auf die Idee, sie abzuschreiben und ritzte sie zu diesem Zweck auf den freien Stellen seiner drei Bücher ein. Als ihm endlich erlaubt wurde, Post zu bekommen, nutzte er auch die freien Stellen dieser Briefe. Moser kam es weder auf kunstvolle Sprache noch auf einen vollendeten Reim an, sondern ausschließlich auf den Gehalt der Lieder. Als Moser sie nach seiner Entlassung veröffentlichte, war ihre Zahl – wie auch die der übrigen Publikationen Mosers – von übermäßigem Fleiß gekennzeichnet: es waren über 1000 Lieder geworden.

FRIDERICH CHRISTOPH OETINGER
Sereniss: Ducis Würtemb. Consiliarius
et Abbas Murrhardensis.

Iac. Andr. Fridrich Ser. Duc. Würt. Sculptor aulicus, sc: A. V.

Friedrich Christoph Oetinger

Friedrich Christoph Oetinger
(1702-1782)

von Martin Weyer-Menkhoff

Wer Friedrich Christoph Oetinger, den Theologen und Philosophen, liest, dem fallen Eigentümlichkeiten auf, die mit dem historischen Abstand allein nicht zu erklären sind. Es ist zum einen dessen skrupulöse, geradezu zwanghafte Gründlichkeit in der Sorge, einseitig oder nach eigenen *Lieblingsmeinungen* zu urteilen. Diese fast krankhafte Neigung ist allerdings Grundlage nicht nur seiner ungeheuren Gelehrsamkeit, sondern auch der eigenwilligen Erkenntnisse, die sich ihm dann auftaten. »Alles prüfen und mit niemandem schnell fertig sein«, das war ihm wichtig; sei es als 14-Jährigem mit der Frage nach dem, was ihn als Christen die zu Israel gesprochenen Prophetenworte angingen – damit beschäftigte er sich 5 Jahre –, oder als 19-Jährigem, der sich mit der ekstatischen Gruppe der *Inspirierten* in Göppingen auseinander setzte – das tat er ein knappes Jahr lang. So ging es weiter bis zur Begegnung mit den Visionen des schwedischen Sehers Emanuel Swedenborg (1688-1772) im sechsten Lebensjahrzehnt, den er durch seine Übersetzungen in Deutschland bekannt machte.

Zum anderen finden sich neben sehr schönen, eingängigen Formulierungen und Wortschöpfungen (empfohlen seien seine *Weinsberger Predigten 1758/1759*) meist komplizierte, schwer verständliche Schriften. Oetinger weiß darum, will oder kann es nicht ändern. Auf seinen Tod dichtete ein Freund:

»In des Vatterlandes Klöstern
Buhlt er mit den kleinen Schwestern
Die der Weisheit Mägde sind.

Maas, Gewichte, Circel, Zahlen
Sah Er, und wie man in allen
Spuhren von dem Schöpfer findt ...

Sein Fleiß ohne auszurasten,
Machte Ihn zum Sammelkasten
Aller tiefen Wissenschaft.
Ob er alles recht getroffen,
Können wir nicht mehr als hoffen:
Unsre Augen sind zu blind.«[1]

Diese Eigentümlichkeiten und seine Vielseitigkeit brachten es mit sich, dass er keine »Schule« gebildet hat. Dennoch war er nicht ohne Wirkung. Eine kurze Übersicht über seine literarische Produktion sei der Skizze über Leben und Werk vorangestellt; abschließend soll die Frage nach Wirkung und Bedeutung in den Blick genommen werden.

Die Bücher

Ihnen wird man wohl zuerst begegnen, macht man sich auf die Suche nach Oetinger. Ein Gesamtüberblick über das literarische Werk Oetingers mit seinen weit über 100 Titeln ist ebenso schnell wie erschlagend vorzustellen.[2] Oetinger hat vier große und einige kleinere Predigtbände herausgegeben, sie gehören zum Kostbarsten seiner Schriften. Über die Kunst zu predigen hat er sich an verschiedenen Stellen geäußert. Darüber hinaus existiert ein beachtliches dichterisches Werk, auch an Liedern und Gebeten. Dazu gehört seine erste Veröffentlichung, abgefasst im Alter von fünf Jahren, zusammen mit seiner 7-jährigen Schwester, ein Leichengedicht auf beider Patenonkel, freilich zugeschrieben, aber mit Originalaus-

---

[1] (J. C. Hiller): Auf das seelige Abscheiden ... Oetingers. o. O. (1782).
[2] Bibliographie bei Martin Weyer-Menkhoff, Heil, 272 ff.

sprüchen des kleinen Oetinger versehen. Er hat auch komponiert und sich physikalisch-philosophisch mit Musiktheorie beschäftigt.

Die vielen sonstigen selbständigen Veröffentlichungen und Editionen sind von großer Breite, es gibt wenige Themenbereiche, zu denen Oetinger sich nicht geäußert hat. Es handelt sich zunächst um theologische Werke: Enzyklopädisches, biblische Kommentare, hermeneutische, kirchengeschichtliche, religionspädagogische und homiletische Bücher, darunter Kinderbibeln und Katechismen, und auch seelsorgerliche Anmerkungen. Hierzu gehört auch ein Ehebuch, das er als 75-Jähriger verfasste. Seine bewusst systematischen Werke – wie etwa die *Theologia (1765)* – zeigen seine Stärke und Eigentümlichkeiten weniger; dort hält er sich aus friedlicher Absicht gegenüber dem Stuttgarter Konsistorium und der Tübinger Fakultät sehr zurück. Anders jedoch zeigt er sich bei seinen eschatologischen Abhandlungen. Wenn man heute Schwierigkeiten mit der Beschaffung seiner Schriften hat, muss man wissen, dass seine Bücher durch seelsorgerliche Maßnahmen des Stuttgarter Konsistoriums schon zu seinen Lebzeiten Raritäten wurden.

Sehr viele philosophische Werke zu aktuellen wie historischen Themen stehen dem zur Seite; hierzu sind wissenschaftstheoretische Schriften ebenso zu zählen wie alchemistische Abhandlungen. Dazu kommen Publikationen zu den unterschiedlichsten Disziplinen wie Medizin, Jura, Politik, Physik und Chemie unter Einschluss von Elektrizitätslehre und Meteorologie.

Wer mit der Lektüre Oetingers beginnen will, lese am besten seine *Selbstbiographie (»Genealogie« 1762)*; danach bieten sich je nach Interesse seine *Predigten* an oder die Aufsätze in *Swedenborgs Philosophie (1765)*, *Die Psalmen Davids (1750 ff.)* oder *Die Lehrtafel (1763)*.[3] Mit der Autobiographie sei auch hier begonnen. Sie ist neben seinen Briefen, Tagebuchauf-

---

[3] Genaueres s. im Literaturverzeichnis.

zeichnungen und sonstigen Schriften die wichtigste Quelle zur Biographie und damit auch zur Erforschung der Entstehung seiner Theologie und Philosophie.[4]

Das Leben

Am Dienstag, dem 2. Mai 1702 wurde Friedrich Christoph Oetinger in Göppingen geboren. Er war das dritte von elf Kindern seiner Eltern; der Vater bekleidete dort das Amt des Stadt- und Amtsschreibers. Der kleine Friedrich Christoph (»Friederlein«) wuchs in pietistisch-gemäßigtem Klima auf. Als Siebenjähriger widerfuhr ihm ein mystisches Aufschwungserlebnis zu Gott, das in seiner »unbeschreiblichen Realität« und so nie wieder erlebten Fröhlichkeit »Einfluss auf sein ganzes Leben« haben sollte.

Im Studium (1722-1727): Jacob Böhme, Judentum und Johann Albrecht Bengel

Die Mutter hätte ihn gern Jura studieren sehen, der Vater jedoch hatte ihn von Geburt an »zur Theologie bestimmt«. In einem längeren Kampf mit sich selbst befreite er sich aus den elterlichen Bindungen und entschied sich für das Studium der Theologie, *obwohl* dies der Wunsch des Vaters war. Diese Entscheidung im Jahre 1721 nannte er auch *Erweckung* oder *Bekehrung*, es war die Ablösung von elterlichen Autoritäten und die Hinwendung zu dem, dessen Autorität Freiheit verheißt. »Gott dienen ist Freiheit« (»Deo servire libertas«), war sein Motto in Anlehnung an ein stoisches Wort, das ihm sicher aus dem Lateinunterricht vertraut war. Zu dieser Freiheit zählte für ihn auch, dass er neben Philosophie und Theolo-

---

[4]   Zur Biographie: Martin Weyer-Menkhoff: F. C. Oetinger. Bildbiographie. 1990.

gie seiner Neigung zu den Naturwissenschaften nachgehen konnte.

Er studierte bis 1727 in Tübingen. Wie bei jedem vernünftigen Studium machte er dabei grundstürzende Erfahrungen. Hier sind vor allem die Bekanntschaft mit der durch Christian Wolff (1679-1754) vermittelten und veränderten Philosophie Gottfried Wilhelm Leibnizens (1646-1716), den Schriften Jacob Böhmes (1575-1624) und die persönliche Begegnung mit Johann Albrecht Bengel (1687-1752) zu nennen. Zudem sammelte er einschlägige Erfahrungen mit »Freikirchen« und charismatischen Bewegungen.

So sehr der Student in die neue, ihrem Siegeszug entgegengehende Wolffsche Philosophie »ganz eintauchte«, so bald meldeten sich ihm Zweifel. Ist die moderne Vorstellung der nur zu Gott hin offenen Seelen, »Monaden«, mit den Vorstellungen, mehr noch: mit den von Oetinger vorausgesetzten heiligen »Grundbegriffen« der Bibel vereinbar? Ist der »Idealismus« — die das »Geistige« gegenüber der Materie bevorzugende Philosophie — mit dem Schöpfer zu vereinen? Ein Tübinger Müller, den er auf einem Spaziergang traf, zeigte ihm zu Hause, ein wenig verstohlen, ein Buch, das weiser als die Professoren lehre. Aber die Studenten dürften es ja nicht lesen. Dies war ein entscheidender Hinweis: Jacob Böhme, ein Buch des Görlitzer Schusters und »deutschen Philosophen«, lag auf dem Tisch. Hier fand er eine ganz andere Weise des Philosophierens und Denkens »über Gott und die Welt«. Sie werden nicht als Seinszustände beschrieben, sondern als im Prozess begriffen. Bis in die letzten *Tiefen* spürt Böhme diesen Prozessen nach. Der Wert der Leiblichkeit, die Freiheit des Schöpfers, die große Freiheit, die Böhme den Geschöpfen im Gegensatz zu Wolffs Determinismus zugestand, und die zwischen Göttlichkeit und Menschheit streng unterscheidende Lehre von Christus mögen Oetinger wohl besonders ins Auge gefallen sein.

Eine weitere lebenslang wesentliche Begegnung ist die mit dem entfernten Verwandten Johann Albrecht Bengel. Dessen

163

Hochachtung vor der Bibel als Heiliger Schrift und Hoffnung auf die Wiederkunft Christi prägten Oetinger tief. Beschäftigte sich Bengel intensiv mit der Offenbarung des Johannes als eines für seine Zeit höchst wichtigen Buches, indem er das apokalyptische Szenario kirchen- und zeitgeschichtlich auslegte, folgte ihm Oetinger später darin, indem er die apokalyptischen Szenen durch – wir würden heute sagen: utopische – missionarische, ethische und politische Vorstellungen und Anweisungen ergänzte. Hoffnung wurde durch Bengel für Oetinger zum Grund aller christlichen Ethik.

Auf Bildungsreisen (1727-1738): Zinzendorf und die Entdeckung der *Herunterlassung Gottes*

Im Zweifel, ob er in der etablierten württembergischen Kirche Gott recht dienen könne, ließ er sich nach dem Studium für insgesamt zehn Jahre beurlauben und unternahm mehrere Bildungsreisen innerhalb Deutschlands und nach Holland. Dabei traf er ebenso mit den merkwürdigsten Sonderlingen, Schwarmgeistern und Sektierern aller Schattierungen zusammen wie mit berühmten Kirchenleuten, Philosophen und Theologen.

Wesentlich war vor allem die Begegnung mit der Herrnhuter Brüdergemeine und ihrem Grafen von Zinzendorf (1700-1760). Oetinger war hingerissen! Er erlebte in lebendiger Bruder- und Schwesternschaft einen Typ urchristlicher Gemeinde, fast so, wie er sich das vorstellte. Doch schon bald kam es zu Auseinandersetzungen zwischen ihm, dem wahrheitssuchenden Philosophen, und dem zwei Jahre älteren, genial-großzügigen Grafen. Oetinger kritisierte Zinzendorfs Zweckdenken, nach dem ihm das Wachstum seiner »Gemeine« wichtiger als die Frage der Wahrheit sei. Zinzendorf würde aus der Bibel ein »Spruchkästlein« machen und Jesus so in den Mittelpunkt stellen, dass er darüber Gott, den Schöpfer, vergesse. Auch würde er das Gericht und das Gesetz hinten anstellen und damit der Willkür und einem frommen Totalitarismus Tor und Tür öffnen. Dass sich beide, Oetinger wie Zinzendorf, zu einer 17-jährigen Schwester im Herrn hingezogen fühlten, machte die Sache nicht gerade einfacher. Zehn Jahre lang setzte sich Oetinger mit Zinzendorf auseinander. Der Briefwechsel aus jener Zeit könnte in jedes psychotherapeutische Lehrbuch gehören, so klassisch führen die beiden gegensätzlich verschiedenen und voneinander angezogenen Charaktere Liebe und Hass vor, ohne dass ihnen die verschiedenen Ebenen ihrer Begegnung klar wurden. Gemäß ihrem Psychogramm steht Oetinger am Rande des Suizids, Zinzendorf umgekehrt wünscht Oetinger, in liebevolle Worte eingekleidet freilich, den Tod. Der wiederum rächt sich später, sofort nach Zinzendorfs Ableben, und lässt ihn literarisch im Totenreich auftreten.[5]

Auf den Reisen traf Oetinger jüdische Theologen, die ihn in die jüdische Philosophie einführten und noch einmal auf Jacob Böhme hinwiesen. Noch immer im Zweifel, in welcher Kirchenverfassung er Gott dienen könne, ließ er sich für einen möglichen Ausweg auch in der ärztlichen Kunst ausbilden. Schließlich erkannte er: »Nun bin ich mit der Vorstellung von einer Apostolischen Gemeine, so gut ich sie mir nach Erwegung und dann aus dem Wort Gottes habe vormahlen können, ausgereist, und habe sie nach meinem Bild nicht können antreffen, weil ich in meinem Gemähld die eigentliche Schattirung des Creutzes, davon die Episteln an die Corinther ein Zeugniß seyn, ausgelassen.«[6]

Wie Jesus, wie die Bibel, so existiere auch die Kirche nur in der unscheinbaren Gestalt der Niedrigkeit; dies um so mehr, als sich seit Konstantin (ca. 285-337) die Zeiten geändert hätten. Es sei in der Kirche nicht anders als in der Gesellschaft,

---

5   Oetinger: Gespräch im Reich der Todten zwischen Johann Conrad Dippel … und dem Grafen von Zinzendorf … o.O. 1761.

6   Oetinger: Die Unerforschlichen Wege der Herunterlassung GOTTES. Leipzig 1735, S. A 116 f.

schreibt Oetinger. Ebenso wie sich die gesellschaftlichen Zustände des Paradieses in Ungleichheit, Privateigentum und
Herrschaft gewandelt hätten, so sei nun auch »die Kirche von
ihrer ersten Lebensfrische in das abgelebte Greisenalter«[7]
übergegangen. Heute sei die Verwirrung groß. »Aus diesem
Grund kan man auch diejenigen, welche wider die Lehre
anstossen, nicht so bald Ketzer nennen, als in der ersten
Kirche.«[8]

Man müsse oft genug sein »Urteil suspendieren«, um ein
»rechtes Gericht« (= Urteil) fällen zu können, dürfte also
nicht, und schon gar nicht vorschnell über andere urteilen.
Unkraut und Weizen sollen nach Gottes Willen *miteinander*
wachsen. Mit »unzeitigem Richten« und »Babelstürmerey«
greife man Gottes Wegen, die noch jedem Umkehr ermöglichen, ins Werk. »Inzwischen läßt GOtt gleichwol das Evangelium verkündigen in der gantzen Welt, und zwar auch durch
die Kirche, die zur Hure worden.«[9]

Oetingers Gedanke der »Herunterlassung« besagt zusammengefasst: Die Wahrheit gebietet die Absonderung (Separation) von einer Kirchengemeinschaft, die das Evangelium
nicht rein lehrt und lebt. Die Liebe aber gebietet, dennoch
in der Gemeinschaft zu bleiben, also die *Herunterlassung* von
einem Reinheitsanspruch, der ideal und daher in der Praxis
destruktiv ist. Oetinger erkannte nun die Möglichkeit des Willens Gottes, als unvollkommener Mensch in einer fehlerhaften
Kirchengemeinschaft zu dienen. Das war ihm neu. Seine
Erfahrungen formulierte er später zusammenfassend, etwa
in der Einleitung seiner Autobiographie als drei Mittel der
Erkenntnis, die stets zusammengenommen werden müssen:
1. Philosophie oder der gesunde Menschenverstand, 2. Sinn
und Geist der Heiligen Schrift und 3. Biographie.

---

[7]   Oetinger: Explicatio (1735). (Dt.) in: Ders.: Theologia. T. I 1979, S. 282.
[8]   Oetinger: Herunterlassung (1735), S. A 100.
[9]   Ebd. S. A 51.

Als Pfarrer und Dekan (1738-1765): Alchemie, Elektrizität und Swedenborg

So kehrte er zurück nach Württemberg. 1738 übernahm er die Pfarrstelle Hirsau und heiratete Christiana Dorothea Linsenmann (1719-1796), von der er zunächst schrieb, »daß er sich gar nicht in sie verliebt habe«. Sie gebar ihm zehn Kinder, von denen sechs früh starben; zwei wurden Pfarrfrauen, einer Pfarrer, einer Medizinprofessor. Die Auseinandersetzungen mit Zinzendorf und einer dort tätigen herrnhutischen Gemeinschaft, aber auch Feindseligkeiten des Vogts machten ihm das Leben in Hirsau schwer. 1743 wechselte er daher nach Schnaitheim bei Heidenheim. Diesen Ort wählte er, um so Bengel, der in Herbrechtingen wohnte, näher zu sein. Doch nicht lange danach, 1746, ließ er sich nach Walddorf versetzen, zwischen Stuttgart und Tübingen gelegen. Diese Zeit war für ihn sehr fruchtbar. Wichtige Werke entstanden dort, auch begann er neben seinen theoretischen auch praktische chemisch-alchemistische Studien. 1752 nahm Oetinger eine Berufung als Spezialsuperintendent nach Weinsberg an. Einerseits schrieb er dort einen Teil seiner schönsten Werke – die *Weinsberger Predigten* wurden schon erwähnt –, andererseits erlebte er dort seine schwierigsten Zeiten im Amt. Von größeren Teilen seiner Gemeinde wurde er nicht akzeptiert, und seine Frau und Tochter wurden schließlich übel verleumdet.

Die Gemeinde konnte nicht verstehen, dass ein Geistlicher sich mit Chemie beschäftigte. Man munkelte auch, dass er sich durch alchemistische Versuche verunreinige und man daher nicht mehr das Abendmahl von ihm empfangen könne. Für Oetinger allerdings eröffnete sich hier ein ganzer Komplex: Böhmesche und jüdisch-mystische Philosophie, die *Kabbala,* alchemistische Vorstellungen und chemisch-physikalische Experimente fügte der Dekan von Weinsberg zu einem sinnvollen Ganzen. Wozu?

In jüdisch-mystischer Theologie seit dem Ende des 12. Jahrhunderts geheime Überlieferung, *Kabbala,* genannt, schlug sich die Situation des Gottesvolkes im Exil und die Frage nach dem Bösen eindrucksvoll nieder. Grundlage und Hauptschrift der Kabbala war der *Sohar* (»Glanz«), eine unter dem Pseudonym des berühmten Schimeon ben Jochai (2. Jh.) von Mose ben Schem Tov de Leon (1240-1305) gegen Ende des 13. Jahrhunderts herausgegebene Sammlung ansonsten anonymer Schriften. Für Oetinger war es — wie für viele damals — selbstverständlich, dass ein Christ zum Verständnis seines Glaubens das Gespräch mit den Juden sucht; im Zuge der Renaissance — und daraufhin eine ganze Zeit lang — kam es zur christlichen Aufnahme und Übernahme kabbalistischer Gedanken. Das Lied *Morgenglanz der Ewigkeit* (EG 450) von Christian Knorr von Rosenroth (1636-1689) spiegelt etwas davon wider. Ähnlich wie bei Böhme zeigt sich hier ein dynamisches Gottes- und Weltverständnis in inniger Verbundenheit wie strenger Unterschiedenheit. Die von Prinzessin Antonia von Württemberg (1613-1679) in Teinach hergestellte kabbalistische »Lehrtafel« nahm Oetinger später zum Anlass für ausführlichere Betrachtungen über das Zusammenspiel jüdischer und Böhmescher Philosophie sowie »Bauern-Physik« (Alchemie, Hermetik), die »wie ein Schlüssel in das Schloß heiliger Schrift« passen.[10] Schließlich knüpfte Oetinger brieflichen Kontakt mit dem Prämonstratenser Prokop Divisch, einem mährischen Theologen, Philosophen, Physiker und Musiker, der unabhängig von Benjamin Franklin (1706-1790) den Blitzableiter erfunden hatte. So unternahm Oetinger in Weinsberg wohl auch Versuche mit statischer Elektrizität. Oetinger war fasziniert, spürte dem Phänomen der noch gar nicht recht erkannten elektrischen Polarität nach und sah sich in seiner Philosophie des Lebens bestätigt: Nichts besteht einfach, alles ist aus Polaritäten zusammengesetzt, sei es nun Energie, Seele, Körper oder die Offenbarung Gottes (genauer: die »Information« darüber)! 1765 erschien Oetingers einziges

---

[10] Oetinger: Lehrtafel (1763); das Zitat: S. 428.

Werk über Elektrizität,[11] zugleich die deutsche Edition einer unveröffentlichten Schrift Divischs und damit die wohl erste deutsche Fachliteratur zum Thema. Dies Buch ist zugleich Werbung für die Installation von Blitzableitern, aber auch anderen, uns in ihrer Wirkung weniger einsichtigen »Wettermaschinen«.

Wozu das alles? Zunächst übten alle Arten von Beschäftigung mit der Natur eine große Faszination auf Oetinger aus. Er sah sich darin Gott bei seinem Handwerk nahe. Sodann kramte Oetinger Modelle veralteter Naturphilosophie hervor, eben etwa hermetische. Ihm war es wichtig, gegenüber der aufklärerischen Quantifizierung und radikalen Beherrschung der Natur durch den Menschen als ihrem »Herrn und Meister« – so René Descartes (1596-1650) – die Geschöpflichkeit der Natur, die Begrenzung des rein rationalen Weltbilds und das Primat der Materie vor dem Menschengeist entgegenzuhalten. Dies schien ihm als Auslegung der biblischen Botschaft mit dem Rückgriff auf inzwischen als erledigt angesehene Traditionen am besten zu gelingen.

1759 übernahm er das Dekanat Herrenberg.[12] Dort hatte er Ruhe und verfasste fast alle seine Hauptwerke. Auf vielfachen Wunsch hin schrieb er im Frühjahr 1762 eine Selbstbiographie, die *Genealogie der reellen Gedanken eines Gottesgelehrten.* Dort heißt es von der Herrenberger Zeit: »Sonsten bringe ich die Zeit mit Auferziehung meiner 4 Kinder zu, nachdem mir davon 6 gestorben.«[13] Den Winter 1762/63 kämpfte Oetinger mit einer nicht ernst genommenen, dann lebensbedrohlichen Rippenfellentzündung. Er erholte sich jedoch wieder.

Nach seiner Krankheit kam ihm das Werk des schwedischen Bergwerkassessors und Sehers Emanuel Swedenborg

---

[11] Oetinger: Procopii Divisch Theologiae Doctoris & Pastoris zu Prendiz bey Znaim in Mähren längst verlangte Theorie von der meteorologischen Electricite ... Tübingen 1765.

[12] Über Oetinger in Herrenberg s.: Gutekunst: Gottesleuchte.

[13] Oetinger: Genealogie (1762). 1990, S. 93 f.

(1688 - 1772), *Himmlische Geheimnisse* (1749), in die Hand. Mit Swedenborgs naturwissenschaftlichen Theorien hatte Oetinger sich bereits in den dreißiger Jahren befasst. Nun aber hatte er es mit einem visionären Werk zu tun. Swedenborg beschreibt hier seine Reisen in Himmel und Hölle. Dabei informiert er die Leser, dass es die Einrichtung der »*Abstreifungen*« gebe; Menschen mit minderschweren Sünden würden dort von diesen »*abgestreift*«, kämen also in eine Art (evangelisches!) Fegfeuer. Oetinger fand die Berichte Swedenborgs wichtig. Er wollte sie einem größeren Publikum bekannt machen, um sie zu prüfen. Dazu übersetzte er Teile des Werks aus dem Lateinischen und stellte es als Band I seinem *Testament* voran, dem auf dem Herrenberger Krankenlager geschriebenen Philosophien-Vergleich, einer Verteidigungsschrift für Jakob Böhmes Philosophie. Das Werk heißt: *Swedenborgs und anderer Irrdische und himmlische PHILOSOPHIE, Zur Prüfung des Besten/ ans Licht gestellt* (1765).[14] Im Vorwort heißt es: »Hier übergebe ich dem Leser etwas seltenes zur Prüfung dessen, was Gott für die gegenwärtige Zeit hat lassen kund werden ... Daher ich die gantze Sache als eine Philosophie, nicht als eine Theologie anzusehen bitte.«

Bei der zuständigen Zensurbehörde — dem Konsistorium oder der Theologischen Fakultät Tübingen — hatte er keine Chance. So ließ er sein Swedenborg-Manuskript kurzerhand und erfolgreich beim Dekan der Philosophischen Fakultät, Professor Johann Kies (1713 - 1781), zensieren, wie er es schon mit seiner *Lehrtafel* (1763) getan hatte.

In diesem Zusammenhang, da er sich auch sonst für spiritistische Phänomene interessierte (Zweites Gesicht, Zentralerkenntnis, Geistererscheinungen ...), sei kurz erwähnt, dass die Legenden, die Oetinger als »Geisterprediger« zeichnen, in Oetingers eigenen Schriften und Briefen keine Grundlage finden. Vielmehr sah er spiritistische *Praxis* als etwas an, das der

---

[14] Greifbare Ausgabe: Sämtliche Schriften ed. Ehmann. II 2. Stuttgart 1977.

besonderen Erlaubnis Gottes bedürfe. Um diese wolle er aber nicht einmal sich bemühen, schreibt er ausdrücklich. Ihm genügten die Aufgaben dieses sichtbaren Lebens völlig.

Als Prälat (1766-1782): Literarische Arbeiten, Bücherzensur, Politik und Ruhestand

Im Jahre 1765 wurde die Prälatur Murrhardt durch den Tod des 88-jährigen Prälaten Scharffenstein frei. Das Stuttgarter Konsistorium, die geistliche Kirchenleitung, schlug drei Dekane für die Wiederbesetzung vor. Oetinger stand auf Platz zwei. Der Geheime Rat, die Kirchenregierung als Vertretung des katholischen Herzogs, reichte diesem am 19. November den Berufungsvorschlag weiter, wobei er Oetinger »wegen seiner vom Consistorio gerühmten guten Eigenschaften« empfahl. Er sei »ein in vielen Wissenschaften versierter und gelehrter Mann von vieler Meditation und Lektüre, fleißig in Verfertigung verschiedener Schriften, hange mit Ehrerbietung an Gottes Wort und sei dessen in den Grundsprachen mächtig, warte dazu seines Amtes gewissenhaft, treu und fleißig und führe einen christlichen Wandel«. Nicht das erste Mal war Oetinger zum Prälaten vorgeschlagen; bereits 1761, 1762 und 1764 hatte man ihn im Auge. Oetinger wollte diesmal sichergehen: Ich »schrieb daher einen frantzösischen Brief an den Herzog, worauf Seine Durchlaucht mir folgend (November/Dezember 1765) 2 Briefe in 4 Tagen zugehen ließen«. Im ersten stand, dass er sich bereits für einen anderen entschieden hätte; im zweiten, dass er nun doch Oetinger berufen wolle: Der Herzog wollte in Murrhardt eine Saline errichten, dazu schienen ihm Oetingers chemische Kenntnisse von Nutzen. – Aus dem Salinenprojekt wurde jedoch nichts.

Als Prälat war Oetinger nun zum einen zugleich Abt des (längst evangelischen) Klosters Murrhardt, das heißt nominelles Oberhaupt des Klosteramts mit seinen Klostergütern. Diese wurden von einem Amtmann verwaltet. Zum anderen war er als *Rat* potenzieller Berater der Herzogs, ferner nach altem Recht Mitglied der Landschaft, dem württembergischen Landtag. Als Landschaftsmitglied hatte er nicht die kirchlichen, sondern die landständischen Interessen des Klosteramts zu vertreten. Das tat er sehr gewissenhaft. Kaum einmal fehlte er bei den Sitzungen.[15]

Inzwischen erregte Oetingers Swedenborg-Veröffentlichung Aufsehen, nicht nur in Württemberg.[16] Am 25. Februar 1766 verbot das Konsistorium dem neuen Prälaten bei schwerer Strafe die weitere Verbreitung des Werks, »worinnen allerlei abentheuerliche und dem Publico anstößige Dinge enthalten«. Maßgeblich beteiligt daran war Oberhofprediger Fischer (1695-1773). Darüber hinaus ließ es alle Exemplare »dieses schädlichen Buchs« beschlagnahmen, besonders beim Tübinger Drucker Bauhof. In Buchhandlungen und Bindereien fahndete man danach und hob auch ein Depot aus. Zugleich wurde Oetinger ermahnt, nichts mehr ohne Zensur drucken zu lassen. Dieses Vorgehen war sicher nicht rechtens, denn das Konsistorium hatte wohl die Zensur inne, aber den Prälaten nichts zu befehlen, zumal nicht ohne vorherige Anhörung; sie waren dem übergeordneten Geheimen Rat unterstellt. Dieser hätte sich gegenüber dem Prälaten äußern müssen.

Oetinger scheute sich nicht, seine Schriften nun vollends illegal herauszubringen. Schon der Drucker Bauhof scheint 1766 verbotenerweise und heimlich gegenüber dem Autor und Verleger Oetinger 300 bis 400 Exemplare von *Swedenborgs Philosophie* nachgedruckt und ins deutsche Ausland verkauft zu haben. Oetinger selbst wollte »sich an das Verbot des Konsistoriums wenig kehren« und klagte darüber, dass er das Buch bis 1770 habe zweimal auswärts nachdrucken lassen »müssen«! Überhaupt ließ Oetinger nun wieder jede Menge Schriften erscheinen, bisweilen anonym oder von anderen herausgegeben, oft auch offen ihn selbst als Autor nennend.

---

[15] Über Oetinger in Murrhardt s.: Gutekunst: Periodo.
[16] Vgl. I. Kant: Träume eines Geistersehers. Königsberg 1766.

»Das Consistorium war sehr erbost gegen mir ... Aber ich dachte: Ich diene meinem Herrn im Himmel. Der Herr wird für mich streiten, ihr werdet still seyn (2. Mose 14, 14). Daran hielt ich mich, und wußte, daß Gott mit mir war.«[17]

Politisch hatte der Prälat ebenfalls einige unruhige Zeiten, da er zusammen mit einer Minderheit der Landschaft gegen selbstherrliche Praktiken der Landschaftsleitung, des Engeren Ausschusses, protestierte. Außerdem setzte er sich für die Wiedereinsetzung des widerrechtlich auf den Hohentwiel eingesperrten Landschaftskonsulenten Johann Jakob Moser (1701 - 1785) ein. Eine glückliche Hand zeigte Oetinger in der Umsetzung seiner politischen Ansichten allerdings nicht.

Zehn Jahre vor seinem Tod betätigte er sich neben seinen chemischen Versuchen, für die er sich ein Labor im Murrhardter Prälatenhaus einbauen ließ, zusätzlich als Unternehmer. Er wurde Lehensträger eines benachbarten Bergwerks, das er allerdings wegen Unrentabilität und Betrügereien des von ihm angestellten Bergrats bald wieder schließen musste.

Bis Ende der 70er-Jahre war Oetinger noch sehr beschäftigt. Endlich, schreibt er, konnte er sich »mit guter Ruhe« um die Schriftphilosophie kümmern. Er produzierte eine Menge an Schriften. Hier sei nur das *Biblische und emblematische Wörterbuch (1776)* erwähnt, in dessen Artikeln er seine Theologie und Philosophie zusammenfasst. Dieses letzte große Buch gehört zu Oetingers Hauptwerken. 1777 erschienen noch vier von ihm selbst herausgegebene Schriften; die letzte Publikation ist eine Abhandlung über Jacob Böhme.[18] An Ostern 1779 hielt er seine letzte Predigt: *Über die Freude.*

Danach war ihm ein ruhiger Lebensabend beschieden. Es wird berichtet, dass er immer stiller geworden sei und kaum noch geredet hätte; gern habe er allerdings mit Kindern

---

[17] Oetinger: Genealogie (1762). 1990, S. 100.101.
[18] Oetinger: Versuch einer Auflösung der 177 Fragen aus Jakob Böhme. o.O. 1777; nur zugänglich in den Sämtlichen Schriften ed. Ehmann. I 5. Z. B. Reutlingen 1857, S. 414 - 423.

gespielt, im Übrigen schmeckte ihm Burgunderwein auf seine alten Tage besonders gut. Am Sonntag früh, dem 10. Februar 1782, erlag er mit fast 80 Jahren einer kurzen fiebrigen Erkrankung und wurde in der Stadtkirche zu Murrhardt beigesetzt. – Nach der Entsorgung größerer Mengen von Apparaturen als Sperrmüll zog seine Frau nach Sindelfingen, wo sie noch 14 Jahre lebte.

Wirkung und Bedeutung

Oetingers Wirkungen in der Kirchen- und Geistesgeschichte sind vielfältig. Die bei ihm enge Verbindung von Luthertum, pietistischer Bibelfrömmigkeit und Naturphilosophie ist später selten verstanden und kaum übernommen worden. Daher wurde Oetinger meist einseitig rezipiert. Deutlich sind seine – leider zu schwachen! – Wirkungen auf den Pietismus, aber auch auf Johann Wolfgang von Goethe (1749-1832), wohl auch auf Friedrich Hölderlin (1770-1843), Georg Wilhelm Friedrich Hegel (1770-1831) und Friedrich von Schlegel (1772-1829).[19] Die spekulative Theologie war durch ihn inspiriert, auch die Anthroposophie. Seit Ende der 60er-Jahre des vorigen Jahrhunderts ist eine Oetinger-Renaissance in Philosophie und Theologie – hier zugleich mit der Wieder-

[19] Cosmann, Peggy: Der Einfluss Friedrich Christoph Oetingers auf Hegels Abrechnung mit Spinoza. Die Selbstbewegung des Absoluten vs. bestimmungslose und unlebendige Substanzialität. ZRRG 50. 2/98. Leiden 1998, S. 115-136; Fullenwider, Henry F.: Friedrich Christoph Oetinger. Wirkungen auf Literatur und Philosophie seiner Zeit, Göppinger Arbeiten zur Germanistik 174, Göppingen 1975; Gaier, Ulrich (Hg.): Goethes Faust-Dichtungen. 3 Bde. Stuttgart 1999; Habermas, Jürgen: Das Absolute und die Geschichte. Von der Zwiespältigkeit in Schellings Denken. Phil. Diss. Bonn 1954; Heinze, Reiner: Bengel und Oetinger als Vorläufer des deutschen Idealismus. Münster 1971; Zimmermann, Rolf Christian: Das Weltbild des jungen Goethe. Studien zur hermetischen Tradition des deutschen 18. Jahrhunderts. München, I 1969; II 1979.

entdeckung der Trinität — festzustellen. Auch feministische Theologie greift auf ihn zurück.

Friedrich Christoph Oetingers Bedeutung für die Theologie lässt sich anhand seiner eigenen Grundbegriffe formulieren. Das in *Leiblichkeit* gefasste *Leben* ist ihm wertvoller Maßstab allen Denkens und Glaubens. Jeder Idealismus ist verdächtig. Der *Körper*, der *Leib* ist nicht nur Beiwerk und beliebiges Gestell der Seele, vielmehr wesentliche Gabe Gottes, womit Oetinger sich gegen eine verbreitete Abwertung des Körpers stellt. »Leiblichkeit ist das Ende der Werke GOttes.«[20] Im strengen Festhalten am Alten Testament und im Gespräch mit Juden als dessen privilegierten Auslegern und Verwandten Jesu können Christinnen und Christen Gott nur trinitarisch glauben und von ihm reden. — Gott ist überall am Werk. Das macht Gläubige zu Menschen mit weitem Herzen und klarem Denken. Vor lauter Glauben darf man das Leben, Sehen und Spüren, die Schöpfung, nicht vergessen. Menschen seien »zur Freude und nicht zum Leiden geschaffen«.[21] Jesus ist als Messias das Heil der Menschen wie der Natur. In der Hoffnung auf sein Kommen seien die irdischen wissenschaftlichen, technischen, wirtschaftlichen, sozialen, politischen und religiösen Dinge schon einmal so einzurichten, dass Menschen sich auf Christi Ankunft »vorbereiten« und freuen können, statt sich zu fürchten. Resignation ist vom Teufel; freilich sei selbst für diesen Christus nicht vergeblich gestorben. So bot Oetinger zu Beginn der Neuzeit Ansatzpunkte zur Überwindung einer schon geahnten Dialektik der Aufklärung wie auch Wege aus einer für die »Welt« belanglosen Selbstbeschäftigung mancher Theologie.

[20] Oetinger, Wörterbuch (1776), S. 407.
[21] Oetinger: Hochzeit-Predigt (1768). Sämtliche Schriften I 5. Stuttgart 1858, S. 424.

M. Johan Friderah Flattich, Pfarrer

zu Münchingen.

Sterben ist seliger, als Leben. Ag. 20,30

Johann Friedrich Flattich

Johann Friedrich Flattich
(1713-1797)

von Hermann Ehmer

Familie und Ausbildung

Neben dem alten Rathaus in Beihingen am Neckar, heute einem Ortsteil von Freiberg, befindet sich ein Denkmal, das aus einer Anzahl von Steinen besteht, die in immer kleinere Stücke geteilt sind. Der Sinn dieses Denkmals erschließt sich dem Betrachter erst, wenn er die Inschrift gelesen hat: »Man kann den größten Stein wegschaffen, wenn man ihn zuvor in kleine Stücke zerschlägt.« Das Denkmal — eines der wenigen im Lande, die einem Pfarrer gewidmet sind — erinnert an Johann Friedrich Flattich, der unweit vom Standort des Denkmals, im alten Beihinger Schulhaus, auf halber Höhe des Kirchbergs, am 3. Oktober 1713 als Sohn des Schulmeisters Johann Wilhelm Flattich geboren wurde[1].

Die Flattichs sind eine Familie der württembergischen Bildungsschicht, die über mehrere Generationen dem Herzogtum Pfarrer und Beamte gestellt hat. Die oft wiederholte Familiensage von einem mährischen Adligen Flattich, der im 16. Jahrhundert um seines evangelischen Glaubens willen ausgewandert und sich nach Württemberg begeben haben soll, ist längst als Erfindung erwiesen. Stammvater der Pfarrer- und Beamtenfamilie Flattich war der 1599 in Nußdorf bei Vaihingen an der Enz als Bauernsohn geborene Pfarrer Johannes Flattich.

Neben seinem Schulamt bekleidete der vielgeschäftige Johann Wilhelm Flattich auch noch das Amt eines Gerichts-

---

[1] Die folgende Darstellung gründet sich, wo nichts anderes angegeben, auf Ehmer, Johann Friedrich Flattich.

schreibers und war zugleich Amtmann einer der beiden adligen Dorfherrschaften. Vater Flattich starb 1728 im Alter von 50 Jahren und hinterließ eine Witwe mit drei Kindern, deren jüngstes der Sohn Johann Friedrich Flattich war. Dieser war, der Familientradition entsprechend, zum Studium der Theologie bestimmt worden. Er trat daher 1729 in die Klosterschule Denkendorf ein, wo Johann Albrecht Bengel (1687-1752) einer seiner Lehrer war. Bengel hat auf Flattich einen bleibenden Eindruck gemacht, wenngleich dieser seinem Lehrer später nicht unkritisch gegenüberstand.

Mit den übrigen Angehörigen seiner Promotion, wie man die Jahrgänge der Klosterschüler nannte, wurde Flattich 1731 von der Denkendorfer in die Maulbronner Klosterschule versetzt. 1733 kamen sie zum Studium in das Tübinger Stift. Die Stiftsstudenten wurden in ihren Studien von den Repetenten angeleitet, jungen Theologen, die sehr gute Examina abgelegt hatten. Zu den Repetenten der Studienzeit Flattichs gehört Friedrich Christoph Oetinger (1702-1782), mit dem Flattich ein Leben lang eng verbunden blieb. Allerdings war Oetinger während seiner Repetentenzeit viel auf Reisen, so dass nicht sicher ist, ob sich Flattich schon während seines Studiums an Oetinger angeschlossen hat.

Die Theologenausbildung begann mit dem philosophischen Grundstudium, das Flattichs Promotion am 31. August 1735 mit dem Erwerb des Magistergrads abschloss. In der 28 Studenten zählenden Promotion wurde Flattich nach seinen Kenntnissen in der Magisterprüfung an die siebente Stelle gesetzt. Die beiden auf die Magisterprüfung folgenden Jahre waren dem eigentlichen Studium der Theologie gewidmet. Von den Angehörigen der Tübinger theologischen Fakultät hat offenbar nur Georg Bernhard Bilfinger (1693-1750) größeren Eindruck auf Flattich gemacht. Bilfinger verband mit aufklärerischem Gedankengut eine überzeugende persönliche Frömmigkeit. Er war zwar von Haus aus Theologe, hatte sich dann aber der Philosophie und der Mathematik zugewandt und war 1725 von Zar Peter dem Großen (1672/1682-

1725) als Mathematiker nach St. Petersburg geholt, 1730 aber von Herzog Eberhard Ludwig (1676/1693-1733) auf eine frei gewordene theologische Professur nach Tübingen berufen worden.

Auch Flattich entwickelte als Student ein Interesse für die mathematischen Wissenschaften, die er neben seinem theologischen Pensum studierte, wie aus seinem Examenszeugnis hervorgeht. Genau genommen handelte es sich um die *Mathesis.* Darunter verstand man in der damaligen Begrifflichkeit, was man heute als Naturwissenschaften bezeichnen würde, nämlich die Wissenschaften, die sich auf Maß und Zahl gründen. Zusammen mit den übrigen Mitgliedern seiner Promotion legte Flattich am 10. Dezember 1737 vor dem Konsistorium, der obersten Kirchenbehörde des Herzogtums Württemberg, das Examen ab. Hierbei wurden ihm gute Anlagen und Sitten bescheinigt.

Vikariat in Hoheneck und erstes Pfarramt in Metterzimmern

Nach dem Examen kam Flattich als Vikar nach Hoheneck am Neckar zu dem Pfarrer Johann Friedrich Kapff, einem Bruder seiner Mutter. Zur Unterstützung in seinen Amtsgeschäften hielt Kapff schon längere Zeit einen Vikar. Flattich empfand die Umstellung vom Studium auf das geistliche Amt recht deutlich, denn er musste sich von einem Menschen, der abstrakte Begriffe gebraucht, in einen, der seine Sinne gebraucht, verändern. Im Laufe der Zeit gab Pfarrer Kapff die pfarramtlichen Aufgaben mehr und mehr an Flattich ab. Als Kapff 1741 starb, bewarb sich Flattich um die frei gewordene Stelle, doch führte sein Gesuch nicht zum Erfolg. Es wurde ihm die Stelle eines Garnisonspredigers auf dem Hohenasperg übertragen.

Vor Antritt der neuen Stelle hatte Flattich vor dem Konsistorium die zweite Prüfung abzulegen, die in einer Predigt und in einem mündlichen Examen bestand, wobei er sich in allen Stücken als tüchtig erwies. Diese erste feste Anstellung bot die Möglichkeit, sich zu verheiraten. Am 22. Mai 1742 schloss Flattich in Steinheim an der Murr die Ehe mit Christiana Margaretha Groß, einer Waise, Tochter des verstorbenen Pfarrers von Murr, Johann Melchior Groß.

Zu Flattichs Hohenasperger Gemeinde gehörten ausschließlich die auf der Festung garnisonierenden Soldaten mit ihren Angehörigen. Als Flattich 1742 aufzog, zählte man 389 Seelen, mithin mehr als in Hoheneck. 1744 war die Seelenzahl aber auf 108 gesunken, 1746 waren es gar nur noch 51. Es war die Zeit vor dem Regierungsantritt Herzog Carl Eugens (1728/1744-1793), in der die vormundschaftliche Regierung die Ausgaben für das Militär und daher auch den Personalstand möglichst niedrig hielt. Um die bescheidene Besoldung des Garnisonspredigers etwas aufzubessern, sah sich Flattich nach einer Nebentätigkeit um, die auch seiner Neigung entsprach. Er begann mit seiner »Information«, indem er Knaben, die er selbst unterrichtete, gegen Kostgeld bei sich aufnahm. Außerdem nahm er unverheiratete Offiziere der Garnison an seinen Tisch, so dass die jungen Eheleute schon früh eine große Haushaltung führten.

Am 11. November 1746 wurde Flattich die Pfarrstelle Metterzimmern übertragen. Die kleine Gemeinde über dem Tal der Metter unweit der Amtsstadt Bietigheim zählte beim Amtsantritt Flattichs 291 Seelen, eine Anzahl, die mit geringen Schwankungen durch die 13 Jahre, in denen er am Ort war, in etwa gleich blieb. Neben den Predigtgottesdiensten an Sonn-, Fest- und Feiertagen, den Wochengottesdiensten und den Kasualien oblag dem Pfarrer auch die Aufsicht über die Schule. Zu den weiteren Tätigkeitsfeldern, wie der Verwaltungsarbeit, gehörte auch der Vorsitz im Kirchenkonvent. Dieser war ein örtliches Gerichts- und Verwaltungsgremium und am Ende des Dreißigjährigen Krieges in allen Städten und Gemeinden Württembergs eingerichtet worden. Der Kirchenkonvent war ausschließlich für Fragen der Kirchenordnung zuständig, und zwar im Sinne der 1559 erlassenen und im 18. Jahrhundert weiterhin geltenden Großen Kirchenordnung, die nicht nur den engeren kirchlichen Bereich regelte, sondern ebenso auch Ehesachen, das Schul- und das Armenwesen.

Auch die Metterzimmerner Pfarrstelle war ein so genannter Anfangsdienst, weil die Besoldung nur für einen Berufsanfänger mit kleiner Familie und bescheidenen Ansprüchen hinreichend war. Jede Pfarrstelle war ja seit der Reformation mit einem festen Gehalt, der so genannten Kompetenz ausgestattet, weshalb eine Gehaltsverbesserung nur durch den Wechsel auf eine besser dotierte Stelle erzielt werden konnte. Gleichwohl hatte Flattich die Absicht, sein ganzes Leben lang in Metterzimmern zu bleiben. Denn es gab auch für einen Pfarrer Möglichkeiten, sein Einkommen zu verbessern. Nach dem Vorbild seines Onkels Kapff in Hoheneck verlegte sich Flattich auf den Weinbau. Er erwarb Äcker und Weinberge und versuchte sich im Weinhandel, doch fand er bald, dass dies einem Pfarrer nicht anstand.

Nicht nur durch diese Versuche, seine eigene wirtschaftliche Situation zu verbessern, sondern auch durch die schlechten Verhältnisse, in der sich viele seiner Gemeindeglieder befanden, wurde Flattich auf das Problem des »Hausens« verwiesen, des richtigen Wirtschaftens und Haushaltens. Für Flattich bildete die schlechte Lage vieler seiner Gemeindeglieder nicht einfach ein Verteilungsproblem; vielmehr versuchte er, der Sache auf den Grund zu gehen und Lösungen zu finden. Es entspricht Flattichs mathematisch geschulter Denkart, dass er das Problem genau untersuchte. Für einige Jahre fertigte er Statistiken an, um zu ermitteln, wie viel von der Ernte auf eine Person entfiel. Ergebnis dieser Untersuchung war, dass es in der Mangelgesellschaft des 18. Jahrhunderts, die in Flattichs Metterzimmerner Zeit durch eine Reihe schlechter Ernten in eine ihrer größten Krisen geraten war, nur eine einzige Möglichkeit des Überlebens gab, nämlich die Sparsamkeit, das richtige »Hausen«. Seit Metterzimmern war also das »Hausen« eines der wichtigen Themen für Flattich.

Pfarrer in Münchingen

Obwohl sich Flattich vorgenommen hatte, zeitlebens in Metterzimmern zu bleiben, wechselte er 1760 nach Münchingen. Diese Versetzung wird in der Überlieferung Herzog Carl Eugen persönlich zugeschrieben, der bei einer sonntäglichen Jagd in die Metterzimmerner Kirche geraten sein soll, wo ihm Flattichs Predigt so gut gefallen habe, dass er versprach, ihm die nächste gute Pfarrstelle zu übertragen. Die Akten lassen jedoch von einem Eingreifen des Herzogs nichts erkennen, wenn es auch nicht ausgeschlossen werden kann. Überhaupt müssen die Geschichten, die von einem häufigen Umgang des Herzogs mit Flattich erzählen, durchaus kritisch betrachtet werden. Sie erscheinen verhältnismäßig spät und zieren seit dem Erscheinen des Buches von Ledderhose zwar jeden Artikel über Flattich, finden aber in den gleichzeitigen Quellen keine Bestätigung.

Immerhin wurde Flattich von insgesamt 26 Bewerbern um die Münchinger Pfarrstelle ernannt, und zwar nachdem er eine sehr gute Predigt über Jesaja 50, 4 gehalten hatte. Das rege Interesse an dieser Pfarrstelle ergab sich daraus, dass diese zu den besseren im Lande gehörte. Die Besoldung der Münchinger Pfarrstelle betrug aber nach ihrem Geldwert nur etwa 15 Prozent mehr als die in Metterzimmern. Der wesentliche Unterschied war wohl der, dass der Pfarrer in Metterzimmern nur einen Teil des kleinen Zehnten zu beziehen hatte, während dieser Anteil in Münchingen höher war. Der kleine Zehnte war ein Zehntel des Ertrags von Obst, Kartoffeln, Linsen, Wicken, Hanf, Flachs, Kraut und Rüben, die auf bestimmten Grundstücken wuchsen. Diese Naturaleinkünfte boten, etwa durch die Weiterverarbeitung von Hanf und Flachs, ein weites Feld für die Eigenwirtschaft des Pfarrhauses und die Möglichkeit, das Einkommen entsprechend zu verbessern.

Mit der Versetzung nach Münchingen war Flattich im Alter von knapp 47 Jahren an die Stelle gekommen, an der er am längsten wirken sollte. Das stattliche Dorf im Strohgäu war wesentlich größer als Metterzimmern. In den 37 Jahren, in denen Flattich als Pfarrer in Münchingen wirkte, stieg die Seelenzahl, wie die Angaben der jährlichen Visitationen ausweisen, von 926 im Jahre 1760 auf 1171 im Jahre 1797. Ein weiterer Unterschied zu Metterzimmern war, dass in Münchingen eine adlige Familie im Schloss mitten im Ort ansässig war. Diese Münchinger Schlossherrschaft war die Familie des württembergischen Generalmajors Franz Karl von Harling. Flattich verkehrte häufig im Schloss, ebenso aber auch auf dem benachbarten, zu Schwieberdingen gehörigen Schloss Nippenburg, wo die Leutrum von Ertingen residierten. Karl Ludwig Philipp Leutrum von Ertingen war markgräflich badischer Kammerherr und Oberschenk. Trotz des Umgangs mit den gesellschaftlich hervorgehobenen Adligen sah sich Flattich in erster Linie an seine dörfliche Gemeinde gewiesen. Münchingen galt insgesamt als eine wohlhabende Gemeinde, aber der Wohlstand war recht ungleichmäßig verteilt, wodurch es in der dörflichen Gesellschaft deutliche Standesunterschiede gab, vom wohlhabenden Bauern bis herunter zum Bettelmann. Diese Unterschiede zeigten sich auch in der Kirche, denn auch in Münchingen war dort jedem sein Platz angewiesen, nicht nur durch die Trennung in Männer- und Weiberstühle.

Die dörfliche Oberschicht bildeten die wohlhabenden Bauern, Wirte und Handwerker, die auch die wichtigsten Dorfämter einnahmen, nämlich die des Schultheißen und der Gerichtsverwandten. Dem Gericht, das die niedere Gerichtsbarkeit innerhalb der Markung ausübte, saß der Schultheiß vor, der der Vertreter des Landesherrn im Dorf war. Außer dem Gericht bestand in größeren Dörfern wie in Münchingen noch der Rat, der vom Gericht in wichtigen Fällen beigezogen wurde. In der Regel hatten neue Gerichtsverwandte zuvor dem Rat angehört. Neben dem Schultheißen gab es noch das Amt des Bürgermeisters, das in der Regel doppelt besetzt war. Den Bürgermeistern oblag die Rechnungsführung der Gemeinde. Gericht und Rat bildeten den dörflichen Magistrat, bei dem frei werdende Sitze entweder durch Wahl der Bürgerschaft oder durch Selbstergänzung besetzt wurden. In den meisten württembergischen Dörfern — so auch in Münchingen — ist festzustellen, dass die Magistratsmitglieder untereinander verwandt waren. Das Schultheißenamt in Münchingen war lange Zeit, und zwar bis 1823, in der Hand der Familie Schmalzriedt.

Es gibt keine Äußerung von Flattich, wonach er die »Vetternwirtschaft« im Dorf als belastend empfunden hätte. Auch in der Gesellschaftsschicht, aus der der Pfarrer kam, bildete die »Freundschaft«, wie man die — auch entfernteren — Verwandten bezeichnete, das Beziehungsgeflecht, innerhalb dessen man sich bewegte. Auch für den Pfarrer, wie Flattichs Briefe an seine Tochter und den Schwiegersohn zeigen, war seine »Freundschaft« wichtig. Dieser Verwandtschaftskreis war aber ein anderer als die Familienverbindungen innerhalb des Dorfes. Der Pfarrer war hier gewissermaßen Außenseiter. Deshalb war es für den Pfarrer, der von außen in diese dörfliche Gesellschaft kam, natürlich wichtig, dass er es sich mit den maßgeblichen Personen im Dorf und deren Freundschaft nicht verdarb. Gelegenheiten zu Zusammenstößen gab es sicher genug, doch ist von Flattich nicht bekannt, dass es bei ihm zu solchen Problemen gekommen wäre.

Die Aufgaben des Pfarrers in Münchingen waren grundsätzlich dieselben wie die in Metterzimmern, wenn auch durch die wesentlich höhere Zahl von Gemeindegliedern mehr Kasualien anfielen und die Schule wesentlich größer war und neben dem Schulmeister noch einen Provisor, einen Lehrgehilfen, erforderte. Der Provisor hatte eine ähnliche Stellung wie ein Vikar, denn er war Privatangestellter des Schulmeisters, der ihn zu entlohnen hatte. Auffallend ist, dass in Münchingen das Armutsproblem eine größere Rolle spielte als in Metterzimmern. Es gab hier ein Bettelhaus und für die Aufsicht über das Bettelwesen auch einen Bettelvogt, der selbst zu den Armen gehörte. 1775 wurde es notwendig, den Ortsarmen zu gestatten, im Ort selber zu betteln, denn man sah es ungern, wenn die Münchinger Armen auswärts bettelten.

Den Münchinger Kirchenbüchern und Protokollen ist zu entnehmen, dass sich Flattich für deren Führung einer Hilfskraft bediente. Zu seiner Unterstützung in den pfarramtlichen Aufgaben hielt er sich nämlich in Münchingen meist einen Vikar. Zwischen 1768 und 1777 versah er jedoch sein Amt allein. Die Amtsführung des Pfarrers und der sonstigen örtlichen Kirchendiener sowie die Einhaltung der kirchlichen und anderen Ordnungen wurde durch die alljährlich im Frühjahr oder Frühsommer stattfindende Visitation überprüft. Diese wurde in der Regel vom zuständigen Dekan durchgeführt, wobei es üblich war, dass Gäste dazu kamen, die dann natürlich im Pfarrhaus bewirtet wurden. Die Visitation galt in erster Linie der Kirche und der Schule; auf dem Rathaus wurde beim so genannten »Durchgang« der Magistrat befragt, wie er mit Pfarrer, Vikar, Schulmeister und Provisor zufrieden sei. Diese konnten sich dann auch ihrerseits über den Magistrat äußern. Auch der Zustand des »Heiligen« oder Armenkastens, des ortskirchlichen Vermögens, »Pium corpus« genannt, wurde überprüft.

Der Pfarrer hatte vor der Visitation einen Bericht über seine Gemeinde anzufertigen, den der Visitator dann mit Bemerkungen versah. Flattichs Berichte sind durchaus schematisch abgefasst, so dass man daran zweifeln kann, ob sie die Realität beschreiben. So bezeichnet er gelegentlich den Stand des »Heiligen« als gut, wenn auch die Prüfung allerhand Ausstände monieren muss. Ein Unterschied zwischen Pfarrer und Visitator bei der Einschätzung der Zustände am Ort bestand fast regelmäßig auch hinsichtlich der Schule, wo Flattich die Schulversäumnisse meist als gering bezeichnete, während sie der Visitation als zu häufig erschienen. Flattich hat es an Ermahnungen zu fleißigem Schulbesuch gewiss nicht mangeln lassen, scheint aber doch ein gewisses Verständnis dafür gehabt zu haben, wenn die Kinder für dringende Feldarbeiten eingesetzt wurden, statt in die Schule geschickt zu werden.

Flattich und der Pietismus

Flattich wird im 19. Jahrhundert als einer der »Schwäbischen Väter« des Pietismus bezeichnet, weshalb es notwendig ist, anhand der Quellen seine Stellung zu dieser Bewegung zu untersuchen. Württemberg entwickelte sich im 18. Jahrhundert zu einem Zentrum des Pietismus. 1743 erließ die Regierung das so genannte Pietistenreskript, das private Erbauungsstunden zuließ, wenn auch unter bestimmten Bedingungen. So durften diese nicht während der öffentlichen Gottesdienste stattfinden, auch sollte man nicht zu solchen Stunden »über Feld«, also nach auswärts gehen. Den Pfarrern wurde aufgegeben, nach Möglichkeit diese Stunden selbst zu leiten oder doch die Aufsicht darüber zu führen. Dieses Gesetz schuf in der Kirche des Landes Raum für den Pietismus, denn damit war das Verhältnis des öffentlichen Gottesdienstes zu den privaten Erbauungsstunden klargelegt und somit ein geregeltes Miteinander von Pietismus und Landeskirche hergestellt.

Von Flattich wissen wir, dass er gelegentlich pietistische Pfarrerkonferenzen bei Oetingers Schwiegersohn, dem Diakonus Seiz in Besigheim, besuchte, bis diese verboten wurden. Aber auch später nahm Flattich gelegentlich an solchen Konferenzen teil. Doch wie stand es mit dem Pietismus in seiner eigenen Gemeinde? Es gibt keine Anzeichen dafür, dass sich während Flattichs Amtszeit in Metterzimmern eine pietistische Gruppe gebildet hätte. Von Münchingen wurde im Jahre 1800 gesagt, dass die Privatversammlungen am Ort vor 40 Jahren entstanden seien, also zu der Zeit, als Flattich aufzog. Er scheint die Versammlungen zwar nicht selbst eingeführt, aber doch wohlwollend gefördert zu haben.

Bekannt ist, wie Flattich die Entstehung des Pietismus erklärte, und zwar durch das Gleichnis von einem Hund, der von seinem Herrn geschlagen wird und sich deswegen einen anderen Herrn sucht, bei dem er es besser hat. So auch die »gemeinen (einfachen) Leute«, auf die jedermann einschlägt: »der Herzog schlägt auf sie hinein, die Soldaten schlagen auf sie hinein und die Beamten schlagen auf sie hinein. Das stehen sie nicht aus und gehen also durch, sie suchen einen anderen Herrn, sie suchen Christum, und wer Christum sucht, der ist ein Pietist«[2].

Die Entwicklung des Pietismus in Münchingen stellt sich aufgrund der Quellen folgendermaßen dar. Anfänglich scheint die pietistische Bewegung am Ort nach einer brieflichen Bemerkung von Flattich[3] eine chiliastische Tendenz gehabt zu haben, da die Leute an die baldige Wiederkunft Christi und den Einbruch des Tausendjährigen Reichs glaubten und deswegen meinten, auf das »Hausen« verzichten zu können. Offenbar wurden sie aber von Flattich wieder zurechtgebracht. Für die Visitation 1763 hatte Flattich noch berichtet: »Keine Privat-Versammlung wird gehalten.« Ein erster Hinweis auf eine solche findet sich dann im Synodusprotokoll 1770. Im Visitationsbericht 1773 heißt es: »Privat-Versammlungen werden zwar gehalten, doch nur an Son- und Feyertägen gleich nach der Kinderlehr, da sie singen und des Arndts Christenthum leßen und nichts unordentlichs begehen. Es kommen auch einige von ihnen öfters zu mir und begehren von meinen Predigten und Catechisationen weitern Grund und Erklärung.« Man las also in der Münchinger Stunde die 1606 erstmals erschienenen *Vier* (später: sechs) *Bücher vom Wahren Christentum* des Braunschweiger Geistlichen Johann Arndt (1555-1621), die damals zu den wichtigsten Erbauungsbüchern gehörten. Es ist offensichtlich, dass Flattich die Hand über die Münchinger Privatversammlungen gehalten hat. Die Vorschriften des Pietistenreskripts hinsichtlich der Zahl der Teilnehmer, der Tageszeit oder der Redner wurden meist wenig beachtet, was nicht zu Weiterungen führte, wenn der Ortspfarrer auf der Seite der Pietisten stand. Flattich bescheinigte daher der Münchinger Stunde ohne

---

[2] Ledderhose, Leben und Schriften des M. Johann Friedrich Flattich, S. 44.
[3] Flattich, Briefe, Nr. 41.

Weiteres, sich dem Reskript gemäß zu verhalten. Diese Aussage gehört aber zu den formelhaften Wendungen, die er auch sonst in seinen Visitationsberichten gebraucht.

Im Übrigen hatte Flattich selber einigen Zulauf von auswärtigen Pietisten, die ihn und seine Predigten besuchten. Dazu gehörte der in den Briefen Flattichs vielfach erwähnte Johann Karl Christoph von Seckendorf, zunächst Regierungsrat in Stuttgart, 1810 Minister, und seine Frau Auguste Louise geb. von Biedenfeld. Die meisten Pietisten, die zu Flattich von auswärts kamen, waren jedoch einfache Leute. Manchen gestattete er auch in seiner Gemeinde zu wirken, wie dem pietistischen Laienprediger Martin Keil von Schlierbach bei Göppingen, der auch bei Philipp Matthäus Hahn (1739-1790) verkehrte. Dieses Verhalten zeigt, dass Flattich wohl in engerer Beziehung zu den pietistischen Kreisen in Münchingen gestanden hat, als die Aussagen der Visitationsberichte vermuten lassen. So konnte er das Wirken Keils in seiner Gemeinde nicht als Konkurrenz empfinden, sondern hat dieses vielmehr begrüßt.

Ehe und Familie

Als Flattich von Metterzimmern nach Münchingen zog, war seine Familie weitaus zahlreicher als beim Aufzug in Metterzimmern 14 Jahre zuvor. Der Ehe Flattichs mit Christiana Margaretha Groß sind nämlich insgesamt 14 Kinder entsprungen, von denen jedoch acht schon früh starben. Christiana Margaretha Flattich selbst starb schon fünfzigjährig am 13. Dezember 1771. Ihr Mann hat in das Münchinger Totenbuch einen bemerkenswerten Nachruf auf seine Frau eingeschrieben:

Eine Ehe-Gattin, welche vor ihren Ehmann treulich besorgt war.

Eine Mutter von 14 Kindern, wovon 8 gestorben, und 6, nehmlich 2 Söhne und 4 Töchter noch leben.

188

Eine Stiefmutter von mehr als 200 jungen Leuten, welche sie seit 30 Jahren in der Kost und Information ihres Manns treulich verpflegte.

Eine Hausfrau, welche ihre Mägde und Taglöhnerinnen ohne Herrschsucht mit Liebe und Sanftmuth behandelte.

Eine Pfarrerin, welche nicht herrschsüchtig und eigennützig war, sondern im Gottesdienst, Demuth, anhaltender Arbeit und anderen Tugenden der Gemeinde ein gutes Exempel gab.

Eine Guththäterin, die sichs sauer werden ließ, um Gutes thun zu können, und die es vor seliger hielt, zu geben als zu nehmen.

Eine Creuzes-Trägerin, welche von Kindheit auf durch ihren Waysenstand, durch viele Geburten, durch kränkliche und sterbende Kinder, durch eine schwächliche Leibs-Constitution und manche harte Krankheiten, durch eine immerwährende weitläufige Haußhaltung; welche fast niemahls unter 20 Personen war, bewährt wurde.

Eine Überwinderin, welche im Glauben und Gedult, auch bey den 6tägigen heftigen Schmerzen, gestorben.

Die Rolle der Hausfrau wurde nach dem Tod von Flattichs Frau von seiner ältesten Tochter Veronika übernommen. Alsbald waren aber die Töchter alt genug, um zu heiraten. Der erste Mann, der sich für die Flattich-Töchter interessierte, war der Kornwestheimer Pfarrer Philipp Matthäus Hahn, dessen Frau 1775 gestorben war. Die Familien kannten sich durch den regen nachbarlichen Verkehr zwischen den Pfarrhäusern und die amtliche Aushilfe. Hahn musste vor allem auch wegen seines großen Haushalts zusehen, dass er sich wieder verheiratete. Seine Wahl fiel auf eine der Töchter Flattichs, entweder Helena oder die um einiges jüngere Beata. Helena wäre wohl durch ihre Herzens- und Verstandesbildung für Hahn die geeignetere Frau gewesen, doch fühlte sich dieser von ihrem Äußeren nicht angezogen. Nach Flattichs Auffassung sollte die Älteste, Veronika, zuerst heiraten, wie er Hahn in einem Gespräch andeutete. Doch scheint Hahn Veronika nicht in Betracht gezogen zu haben, sondern schwankte zwischen

Helena und Beata. Hahn hat den schwierigen Prozess seiner Entscheidungsfindung seinem Tagebuch anvertraut, und so wissen wir, dass er sich nach eingehender Prüfung für die 19jährige Beata entschloss, wohl auch deswegen, weil er sich zutraute, die Jüngere noch nach seiner Vorstellung formen zu können.

Die Ehe zwischen Hahn und Beata Flattich wurde am 11. Januar 1776 in Münchingen geschlossen. Hahn war freilich kein einfach zu behandelnder Ehemann, und Beata ließ sich nicht nach seinem Willen formen, so dass es immer wieder zu Verstimmungen kam. Beata muss sich nicht selten bei ihrem Vater beklagt haben. Es kam zu ehelichen Auseinandersetzungen, in denen Beata ihren Mann etwa des Geizes bezichtigte. Nachdem Hahn 1781 von Kornwestheim nach Echterdingen versetzt worden war, ebbte der zuvor so rege Verkehr zwischen den beiden Pfarrhäusern, wohl auch wegen der weiteren Entfernung, ab. Hahn starb 1790; seine junge, knapp 33 Jahre alte Witwe zog darauf mit ihren Kindern zum Vater nach Münchingen und hat ihm wohl bis zu seinem Tode den Haushalt geführt. Ihre Tochter Beate, das »Beatele«, das Flattich gelegentlich in seinen Briefen erwähnt, heiratete den Pfarrer Karl Friedrich Paulus. Beate Paulus, die sich um die Bewahrung des Andenkens ihres Vaters Philipp Matthäus Hahn verdient gemacht hat, ist die Stammmutter einer zahlreichen Nachkommenschaft. Ihr Sohn Philipp Paulus hat die Mutter in seiner Schrift *Was eine Mutter kann* porträtiert.

Die älteste Tochter Veronika heiratete 1776 den Stiftsverwalter Wilhelm Friedrich Trautwein, einen Pfarrerssohn aus dem damals württembergischen Gutach im Schwarzwald. Trautwein war Beamter des adligen Damenstifts Oberstenfeld mit Dienstsitz in Weinsberg. Flattichs zweite Tochter Helena war von Flattichs Töchtern die religiös am deutlichsten ausgeprägte Persönlichkeit, weshalb Philipp Matthäus Hahn sie als Gesprächspartnerin schätzte. Sie suchte 1778 — und nochmals im folgenden Jahr — Oetinger in Murrhardt auf, um sich mit ihm zu besprechen. Helena heiratete am 28. Februar 1786 den

Verwaltungsbeamten Georg Melchior (auch: Michael) Hörmann in Nürtingen. Flattichs jüngste Tochter Friederike heiratete 1793 den Pfarrer Johann Andreas Schmid in Bächingen an der Brenz.

Beide Söhne Flattichs wurden Pfarrer. Obwohl sie durchaus mittelmäßig begabt waren, vermochten sie diesen Mangel größtenteils durch Fleiß wettzumachen. Der ältere Sohn Andreas Friedrich, genannt Fritz, durchlief die Klosterschulen und das Stift und legte 1777 vor dem Konsistorium das Examen ab. Dabei wurde ihm bescheinigt, dass er in seinem Studium unermüdlichen Fleiß gezeigt habe, gleichwohl wurde er ernstlich ermahnt, im Vikariat seine theologischen Studien täglich zu mehren. Sein Vikariat — nicht weniger als neun Jahre lang — leistete Fritz Flattich beim Vater ab. Er bereitete dabei dem Vater manche Sorgen, denn er war häufig krank. Er wurde schließlich 1786, im Alter von 33 ½ Jahren, Pfarrer in Häfnerhaslach und heiratete Christiane Friederike Dann von Tübingen, eine Tochter des zeitweiligen Tübinger Bürgermeisters Jakob Heinrich Dann, der einer der Köpfe der Landtagsopposition gegen Herzog Carl Eugen gewesen war. Ihr Bruder Christian Adam Dann wurde später einer der bedeutendsten Vertreter der Erweckungsbewegung in Württemberg. Dem zweiten Sohn Flattichs, Christoph Ludwig, genannt Louis, war der Bildungsgang durch Klosterschulen und Stift versperrt, da nur *ein* Sohn einer Familie in den Genuss dieses Stipendiums kommen sollte. So ging Louis vom väterlichen Unterricht unmittelbar an die Universität Tübingen und studierte Theologie als »Stadtstudent«, das heißt als Nichtstiftler. Nach dem Examen 1779 war er Vikar an verschiedenen Orten, ab 1786 bei seinem Vater. Das Vikariat in Münchingen hat Louis bis zum Tod des Vaters versehen, und er ist darüber fast 41 Jahre alt geworden, ehe er ins Pfarramt kam. 1817 wurde er Pfarrer in Münchingen, wo er 1822 starb.

Schüler und Gäste im Pfarrhaus

Das Frontispiz von Ledderhoses Biographie Flattichs zeigt unter dem bekannten Scherenschnittporträt Flattichs eine Ansicht des Münchinger Pfarrhauses von Süden. Es handelt sich um ein einstöckiges Haus mit steinernem Sockelgeschoss, das mit einem Anbau versehen ist und darum recht geräumig wirkt. Das Haus wurde 1883 abgebrochen. Auch in diesem Pfarrhaus wurde eine große Haushaltung geführt, weil neben der zahlreichen Familie und einem Vikar auch noch Flattichs Schüler und Kostgänger zu versorgen waren. Gegen Ende seiner Metterzimmerner Zeit ist davon die Rede, dass Flattichs Pfarrhaushalt 24-28 Personen gezählt habe. Es ist anzunehmen, dass es in Münchingen nicht weniger waren, zumal das dortige Pfarrhaus in Flattichs Zeit und auf seine Kosten einen Anbau für die »Kostgänger« erhielt, die er zur »Information« in das Haus genommen hatte.

Neben den Schülern waren nicht selten auch problembeladene Leute in Flattichs Haus, gelegentlich auch Fälle von psychischer Krankheit, für die man von ihm Linderung, wenn nicht gar Heilung erwartete. Dazu muss man auch noch eine größere Anzahl von Besuchern rechnen, die von Flattich einen seelsorgerlichen Rat erbaten oder auch nur seine Predigt hören wollten. Es versteht sich, dass diese Gäste im Pfarrhaus − wenn auch bescheiden − verköstigt wurden. Diese Besucher geben einen Einblick in die pietistischen Kreise Württembergs in jener Zeit, die offenbar eine beachtliche Mobilität besaßen.

Den Hauptteil der Gäste in Flattichs Pfarrhaus stellten aber die Kostgänger, denn Flattich hat auch nach dem Tode seiner Frau die Information fortgesetzt und gar noch ausgeweitet, als er durch seinen ältesten Sohn in den Pfarramtsgeschäften unterstützt wurde. Das Unterrichten war Flattichs Leidenschaft. Bereits als Student in Tübingen hatte er damit begonnen, wie er in seinem *Sendschreiben von der rechten Art, Kinder zu unterweisen,* berichtet. Schon damals achtete er genau auf

Erfolg und Misserfolg seiner Bemühungen und überprüfte ständig seine Methode, ein Verfahren, das er auch anderweitig, etwa bei seinen Überlegungen zum Hausen, anwendete. Als Vikar in Hoheneck nahm sich Flattich der Ausbildung der Kinder seiner verwitweten Schwester an. Schon auf dem Asperg hatte Flattich damit begonnen, junge Leute als »Kostgänger« in sein Haus aufzunehmen und sie zu unterrichten. Auf diese Weise sind mehrere hundert junge Leute – bis zum Tod seiner Frau 1771 waren es rund 200 – durch seine Hand und sein Haus gegangen. Zur bunten Vielfalt der Kostgänger Flattichs gehört, dass es sich nicht ausschließlich um männliche Schüler handelte. Auch seine eigenen Töchter hat Flattich in den Unterricht der Kostgänger einbezogen, sie können daher für ihre Zeit als überdurchschnittlich gebildet gelten, da sie Latein und Griechisch lernten.

Fragt man danach, wie sich Flattichs Unterricht und Erziehung zur Pädagogik der Zeit verhalten, so zeigt der von ihm gewiesene Weg zurück zur Einfachheit bereits Anklänge an Jean-Jacques Rousseau (1712 - 1798) und natürlich auch an dessen Nachfolger, die Philanthropen. Leider wissen wir nicht, ob Flattich Rousseaus 1762 erschienene Programmschrift *Émile* gelesen hat. Es dürfte aber nicht daran zu zweifeln sein, dass er von diesem Buch und den darin niedergelegten Grundlinien der Rousseauschen Pädagogik Kenntnis hatte. Überhaupt gibt es eine ganze Reihe von Übereinstimmungen zwischen Flattich und Rousseau, nicht zuletzt jene, dass das Lateinlernen aus dem Grunde wichtig sei, um sich in der eigenen Muttersprache zu vervollkommnen. Zu Flattichs pädagogischen Einsichten gehört, dass man den Lehrstoff so einteilen muss, dass er vom Schüler leicht bewältigt werden kann. Das ist die Aussage des Beihinger Flattich-Denkmals.

Der Theologe

Ein theologisches System lässt sich aus Flattichs schriftlichem Nachlass nicht ableiten. Immerhin lassen sich einige Grundlinien seiner Theologie aufzeigen. In der Art und Weise seines theologischen Denkens hat er seinen Platz im württembergischen Pietismus, er ist aber nicht als Bibeltheologe in Bengelschem Sinne hervorgetreten. Flattichs theologische Bezugsperson war vielmehr Friedrich Christoph Oetinger, jedenfalls hat er persönliche Kontakte mit Oetinger gehabt. So hat Oetinger auch Flattichs *Sendschreiben von der rechten Art, Kinder zu unterweisen*[4] veröffentlicht.

Selbstverständlich stand Flattich als selbstständiger Denker Oetinger nicht unkritisch gegenüber. So scheint er für die Erforschung der Natur nicht so viel übrig gehabt zu haben, wenigstens nimmt sie bei ihm nicht die Stelle ein wie bei Oetinger. Zu beobachten ist bei Flattich, dass es auch bei ihm von der Naturbeobachtung ohne weiteres in theologische Gedankengänge geht. Diesem bruchlosen Übergang liegt die von Oetinger wie von Flattich angenommene Einheit von biblischem Glauben und den Erkenntnissen der modernen Naturwissenschaft zugrunde. Ein Denken in Analogien vermittelte zwischen den beiden Bereichen. Dieses Denken wird Emblematik genannt, die vor allem von Oetinger, aber auch von Flattich zu einer emblematischen Theologie weiterentwickelt wurde. Dies bedeutet, dass Flattichs Erkenntnis nicht beim Vorfindlichen stehen bleibt, sondern dass er den Dingen auf den Grund geht und versucht, einen verborgenen Sinn hinter den Erscheinungen der Welt und des Lebens zu sehen.

Die Emblematik ist als Kunstform in der Zeit der Renaissance zur Blüte gelangt und seitdem wirksam gewesen. Auf die Theologie angewendet bedeutet sie, dass nicht nur das Wort der Bibel, sondern in gleicher Weise auch Vorgänge und Verhältnisse in der Natur und im menschlichen Leben — als

---

[4] Wieder abgedruckt bei Ledderhose, Leben und Schriften, S. 64-71.

Embleme oder Sinnbilder richtig verstanden – in den Fragen des Glaubens und Lebens ohne großes Nachsinnen »Licht« geben, wie häufig bei Flattich zu sehen ist. Damit ist allerdings keine Beliebigkeit gesetzt, sondern Natur und Geschichte werden ebenfalls als Bücher gedacht, die ebenso gelesen und studiert werden und Aufschluss geben können wie die Bücher der Bibel. Diese drei Bereiche sind auch nicht voneinander getrennt, vielmehr haben sie ihren gemeinsamen Ursprung in Gott als dem Schöpfer. Schriftglaube und Vernunftgebrauch stehen also nicht im Gegensatz zueinander, sondern sind in der emblematischen Theologie eng miteinander verbunden.

Flattichs theologisches Denken ist also durch eine doppelte Bewegung gekennzeichnet. Zum einen ist er ganz der aufgeklärte Empiriker, der die Dinge genau untersucht. Er bleibt aber nicht bei dem Vorfindlichen stehen, sondern transzendiert, überschreitet es mit Hilfe der Emblematik. Zum andern gelangt er ohne weiteres von diesen Erkenntnissen – seien sie nun aus den Büchern der Natur, der Geschichte oder der Bibel geschöpft – mittels der emblematischen Theologie zu Konkretionen in seinem persönlichen Leben und Handeln. Flattich ist somit in einer höchst eigenartigen Weise als Biblizist und Empiriker zugleich Pietist und Aufklärer.

Letzte Lebensphase

Flattich erfreute sich bis in sein hohes Alter einer bemerkenswerten Rüstigkeit und machte noch als 70-Jähriger mehrtägige Fußreisen. Erst in hohem Alter musste er einiges von seinen Tätigkeiten an seinen Sohn Louis abgeben. 1794 hatte er ihm alle Amtspflichten überlassen. Am 1. Juni 1797 starb Flattich in Münchingen. Das erhaltene Inventar seines Nachlasses zeigt, dass er zwar etwas Vermögen hinterließ, aber persönlich bedürfnislos gelebt hat. Wichtiger als die materielle Hinterlassenschaft Flattichs ist ein Kreis von Jüngeren, für die er Lehrer und Vorbild geworden ist. Flattich hat somit die Verbindung und die Kontinuität vom württembergischen Pietismus des 18. Jahrhunderts zur Erweckungsbewegung des 19. Jahrhunderts vermittelt. Zu diesem Kreis um Flattich gehört der spätere württembergische Staatsminister Johann Karl Christoph von Seckendorf, der zu den Gründern der Stuttgarter Bibelanstalt gehört, ebenso wie Christian Adam Dann (1758-1837), zuletzt Pfarrer an der Stuttgarter Leonhardskirche. Dann war seinerseits der väterliche Freund von Ludwig Hofacker (1798-1828), eine der wirkungsmächtigsten Gestalten der württembergischen Erweckungsbewegung. Zu nennen ist hier auch Wilhelm Ludwig Hosch (1750-1811), der Flattich ebenfalls nahe stand und vor allem durch seine Lieder auf die Erweckungsbewegung wirkte.

Ein weiteres Feld der Nachwirkung von Flattich sind seine *Hausregeln*, die erstmals 1824, dann 1825 als eigenständige Veröffentlichung, herausgegeben wohl von seinem Sohn Louis, erschienen sind. Diese Regeln mit entsprechenden Beispielerzählungen betreffen Flattichs Thema des Hausens, und zwar in einem umfassenden Sinne, da auch Fragen zu Ehe, Kindern und Gesinde behandelt werden. Diese Sammlung von Hausregeln schöpft vor allem aus Flattichs Briefen, sie dürfen daher nach ihrem Inhalt im Wesentlichen als authentisch gelten. Sie sind bis zum Anfang des 20. Jahrhunderts in zahlreichen Auflagen erschienen. Diese posthume Schrift Flattichs blieb keineswegs auf den deutschen Sprachraum beschränkt. Die Hausregeln wurden nicht nur ins Französische, sondern auch in das südindische Kanaresisch übersetzt und 1867 bei der Basel Mission Press in Mangalore gedruckt.

Es ist nicht verwunderlich, dass sich einer Gestalt wie Flattich, die eine solche Nachwirkung entfaltete, schließlich auch biographisches und literarisches Interesse zuwandte. Eine Biographie Flattichs, verfasst von dem badischen Pfarrer Karl Friedrich Ledderhose, erschien 1873 in 5. Auflage, neu bearbeitet von Friedrich Roos 1926. Die Flattich-Biographie von Wilhelm Jörn erschien 1922 und wurde 1931 ein zweites Mal aufgelegt. Die wirkungsvollste Veröffentlichung über Flattich waren aber die *Tage und Stunden aus dem Leben eines leutseligen, gottfröhlichen Menschenfreundes, der Johann Friedrich Flattich hieß* von Georg Schwarz. Das Büchlein erschien erstmals 1940, in 10. – unveränderter – Auflage 1958, eine Taschenbuchausgabe mit dem Titel *Zwischen Kanzel und Acker* wurde 1979 herausgegeben, die inzwischen in 4. Auflage vorliegt. Dieser Flattich-Roman hat am meisten zur Bekanntheit Flattichs beigetragen und sein Bild – freilich romanhaft gestaltet – zutiefst geprägt. Das heute noch als christliche Unterhaltungslektüre geschätzte Büchlein hatte bei seinem ersten Erscheinen 1940 eine zweifellos kritische Funktion. Ganz offensichtlich gegen die Kriegspolitik des Dritten Reichs gerichtet ist die Szene, in der Herzog Carl Eugen dem Münchinger Pfarrer seine Kriegspläne offenbart und von Flattich Zustimmung – wenn nicht gar Begeisterung – erwartet. Flattich antwortet darauf schlicht: »Ich bin ein Friedensbote.« Dieses schöne Wort, das Schwarz hier Flattich in den Mund legt, ist zwar sonst nicht belegt, ziert aber heute zu Recht den Flattich-Gedenkstein neben der Münchinger Kirche.

Hahn.
Pfarrer zu Kornwestheim.

Daniel Berger Fc.

Philipp Matthäus Hahn

Philipp Matthäus Hahn
(1739-1790)[1]

Genialer Erfinder, Wegbereiter der Informatik, Mitarbeiter am Reich Gottes

von Walter Stäbler

Vorbemerkungen

... Er korrespondierte mit den wissenschaftlichen Autoritäten seiner Zeit, er exzerpierte die Schriften des großen deutschen Philosophen Immanuel Kant, ihn beschäftigten die Erkenntnisse des angesehenen und anerkannten schwedischen Naturforschers Emanuel Swedenborg. Er zählt zu den Persönlichkeiten, denen es gelungen ist, aus der Not ihrer Situation eine Tugend zu machen. Die Rechenmaschine, die er theoretisch konstruierte und auch in der Praxis verwirklichen konnte, markiert einen Meilenstein auf dem innovativen Weg hin zum Computer unserer Tage ...

Die Rede ist von Philipp Matthäus Hahn, jenem genialen Erfinder und kreativen Theologen, den das Herzogtum Würt-

---

[1] Vgl. zum Ganzen: Hahn, Beschreibung mechanischer Kunstwerke. Erster und zweiter Teil. Mit einer autobiographischen Vorrede. Reprint Stuttgart 1774. Schriften zu Philipp Matthäus Hahn, Band 1, Stuttgart 1985 (im Folgenden: Hahn, Kunstwerke). – Hahn, Fingerzeig zum Verstand des Königreiches Gottes und Christi, 1778 (im Folgenden: Hahn, Fingerzeig 1778); Nachdruck Metzingen 1999. – Hahn, Vermischte theologische Schriften, 1779/80. – Hahn, Kornwestheimer bzw. Echterdinger Tagebücher, hg. von Brecht/Paulus, 1979/83 (TGP 8/1; 8/2.) (im Folgenden: KTB bzw. ETB). – Stäbler, Pietistische Theologie im Verhör: Das System Philipp Matthäus Hahns (im Folgenden: Stäbler, System).

temberg in der Mitte des 18. Jahrhunderts hervorbrachte. Hahns Name verbindet sich nicht nur mit der Konstruktion verschiedenster Großuhren und Planetarien, die als Schmuckstücke in den bedeutendsten Museen gezeigt werden, sondern auch mit dem Bau von präzisen Taschenuhren und anderen mechanischen Kunstwerken. Des Weiteren sehen viele in Hahns Waagenmodellen die Wiege der süddeutschen Waageindustrie. Bis heute profitieren Tausende von Menschen von seinen Erfindungen. Dem Denker Hahn ist es gelungen, Menschen zu Arbeit und damit zur Sicherung ihrer Existenz, zu wirtschaftlichem Fortkommen — über Jahrhunderte — zu verhelfen.

Nicht von ungefähr würdigt der berühmte Schweizer Theologe und Schriftsteller Johann Caspar Lavater (1741-1801) das technische und das theologische Schaffen Hahns gleichermaßen: »Unter allen mir bekannten Theologen, der — mit dem ich am meisten sympathisiere — oder vielmehr dessen Theologie zunächst an die meinige grenzt und der doch so unaussprechlich von mir verschieden ist, als es ein Mensch sein kann. Ein ganz außerordentlich mechanisches, mathematisches und astronomisches Genie, das immer erfindet, immer schafft — mit ausharrender, allüberwindender Geduld, zum letzten Ziel alles ausführt. Er schafft Welten, und freut sich einfältig seiner stillen Schöpfungskraft ...«[2]

Ziel dieser Darstellung ist es, Hahn als den genialen Techniker vorzustellen, einige Blicke auf sein reiches Leben zu werfen und schließlich das theologische System Hahns zu würdigen.

[2] Quellen und Schriften zu Philipp Matthäus Hahn, Band 6, Katalog Teil 1, im Auftrag des Württembergischen Landesmuseums herausgegeben von Christian Väterlein, Stuttgart 1989, S. 27.

Philipp Matthäus Hahn – Aspekte seiner technischen Kunstwerke

Wer in einem Computerlehrbuch unserer Tage blättert, dem kann es passieren, dass ihm der Name Philipp Matthäus Hahn in den – historisch orientierten – Vorbemerkungen begegnet. In der Tat ist es Hahn gewesen, der die erste gut funktionierende Rechenmaschine bauen ließ. Schon früh zeigte sich Hahns geniale technische und mathematische Begabung.

In dem Lebenslauf, den er seiner »Beschreibung mechanischer Kunstwerke« aus dem Jahr 1774 vorausschickt und in dem er die Frage stellt, wie es komme, »daß ein Pfarrer sich mit solchen Dingen, welche nicht zu seinem Amte gehören, auch Zeit, Sorge und Nachdenken erfordern, abgeben mag und kann?«, vermerkt Hahn weiter: er könne nichts dafür, »daß mir GOtt von Jugend an eine Lust zu den mathematischen Wissenschaften eingepflanzet«.[3]

Schon mit acht Jahren beobachtete er den Lauf der Schatten »bey einem jeden Nagel am Hause«. Später versuchte er Sternbilder am Himmel zu erkennen, lernte den Lauf der Sonne durch die zwölf himmlischen Zeichen ein wenig verstehen. Mit 13 Jahren bekam er einen kleinen Sonnenuhren-Traktat aus Esslingen, nach dem er dann mit der Zeit Sonnenuhren entwickelte.

Da Hahn nicht das Geld besaß, um mathematische Bücher zu erwerben, schrieb er das damals in Geltung stehende mathematische Lehrbuch von Christian Wolff (1679-1754) einfach ab.

Hahn begeisterte sich nach seinen eigenen Worten schon als Student in Tübingen für die Sackuhren (Taschenuhren). Er hungerte sich buchstäblich das Geld ab, um ein solches Gerät kaufen zu können, welches er dann zerlegte und wieder zusammensetzte, bis er seine Teile verstand. Er fährt fort: »Ich hörte von allerhand beträchtlichen Erfindungen: die Lust an

---

[3] Hahn, Kunstwerke, S. I (vgl. Anm. 1).

diesen Sachen verband sich mit der Begierde, mich und meine Familie aus den dürftigen Vermögens-Umständen zu erheben; und hierdurch wurde ich von dem Erfindungs-Geiste besessen.«[4]

Man wird das, was hier unverblümt ausgedrückt ist, nicht gering achten dürfen. Hahn besaß materielle Interessen, und man wird das umso besser verstehen, je mehr man bedenkt, aus welchen Verhältnissen er kommt und wie er sich in seinem Studium geradezu durchhungern musste.

Hahn wäre in seinem Erfindungsgeist fast James Watt (1736-1819), dem Erfinder der Dampfmaschine, zuvorgekommen. Dass ihm dieser Erfolg und damit auch der Ruhm nicht zuteil wurde, scheiterte wohl an seinen mangelnden finanziellen Möglichkeiten. Hahn schreibt: »Ich las ... von der potterischen Feuer-Maschine, was der Druck der Atmosphäre und der heisse Wasser-Dampf, für eine grosse Gewalt habe, und setzte diese Maschine verkleinert alsobald in meinen Gedanken auf einen Wagen, und glaubte solchen allein durch Wasser und Feuer, ohne weitere Hülfe, über Berge und Thäler in beliebiger Geschwindigkeit bewegen zu können. Die Kosten und die Gelegenheit mangelte mir damalen, es im Kleinen versuchen zu können.«[5]

Sein Forschen war aber nicht allein durch materielle Interessen bedingt, sondern letztlich theologisch motiviert. So kam er als Vikar in Breitenholz bei Herrenberg 1761 auf den Gedanken, den Himmelsbau beweglich in einer Maschine darzustellen, »als ich einmal des Nachts den gestirnten Himmel mit Vergnügen anschaute«.[6] Hahn fing an, »ein Hauptbild einer künftigen Maschine auszusinnen, und die Bewegungen in Rad und Getrieb zu berechnen.«[7] Damals schaffte er noch nicht, was ihm in Albstadt-Onstmettingen gelingen sollte: der Bau von astronomischen Uhren.

---

[4]   Hahn, Kunstwerke, S. V (vgl. Anm. 1).
[5]   Hahn, Kunstwerke, S. VII-VIII (vgl. Anm. 1).
[6]   Hahn, Kunstwerke, S. VIII (vgl. Anm. 1).
[7]   Hahn, Kunstwerke, S. VIII (vgl. Anm. 1).

Der kongeniale und praktisch versierte Philipp Gottfried Schaudt, mit dem Hahn in Onstmettingen zusammenarbeitete, ging daran, die Arbeit mit Messing und Stahl zu erlernen, so dass die technischen Voraussetzungen geschaffen wurden, die Stockuhren oder kleinen astronomischen Uhren in Metall zu bauen.[8] Für diese Arbeit bekam er vom Herzog 300 Gulden und dazu den Befehl, »eine grössere dergleichen Maschine für die Herzogliche öffentliche Bibliothek in Ludwigsburg zu verfertigen«[9]. Außerdem brachte dies Hahn die Anwartschaft auf die Pfarrei in Echterdingen bei Stuttgart ein.

Nachzutragen ist, dass Hahn in Onstmettingen auch genial einfache Waagenkonstruktionen herausbrachte, mit denen er die Balinger Waagenindustrie begründete. Es verwundert nicht, wenn das Museum in Albstadt-Onstmettingen gerade in der Geschichte der Präzisionswaagen im südlichen Teil Deutschlands federführend ist.

In die Kornwestheimer Zeit, in der Hahn wunderschöne große astronomische Uhren konstruierte und fertigen ließ, fällt die für die Informatik bahnbrechende Erfindung der Rechenmaschine. Hahn als Konstrukteur stand vor dem kaum lösbaren Problem, die Zahnräder für seine Maschinen berechnen zu müssen: »So waren ganz neue langwührige und sehr beschwerliche Rechnungen hiezu vonnöthen, also, daß ich beynahe stumpf im Denken wurde, und wann ich eine halbe Nacht hindurch gerechnet hatte, nimmer zwo Zahlen zuverlässig zusammen zehlen konnte. Dieses brachte mich auf den Gedanken: ob nicht eine Rechnungs-Maschine möglich sey.«[10] Hahn war zunächst der Meinung, diese Arbeit in wenigen Wochen fertig stellen zu können. Es sollte fast zehn Jahre dauern, bis die endgültig ausgeführte Form im Mai 1779 im »Teut-

[8]   Vgl. Philipp Matthäus Hahn, Kurze Beschreibung einer kleinen beweglichen Welt-Maschine, herausgegeben von Reinhard Breymayer, Tübingen 1988. – Eines dieser Exemplare befindet sich heute im Besitz S. K. H. Max Markgraf von Baden.

[9]   Hahn, Kunstwerke, S. XI (vgl. Anm. 1).

[10]   Hahn, Kunstwerke, S. XIV-XV (vgl. Anm. 1).

schen Merkur« der Welt vorgestellt wurde. Schließlich sei der Vollständigkeit halber erwähnt, dass Hahn in Echterdingen vor allem durch den Bau von Taschenuhren berühmt wurde und daran auch etliches verdiente.

Es wurde oben ausgeführt, dass es materielle Interessen waren, die Hahn zum Bau dieser Konstruktionen bewogen. »Wer gantz allein aufs Geistliche siehet, der bekomt einen Rausch darinnen.« Hahn stand allerdings seinen mechanischen Produkten in einem gespaltenen Verhältnis gegenüber. Er kann schreiben: »Oft befiel mich ein Eckel an allen mechanischen Dingen, welcher oft etliche Wochen anhalten konnte.«[11]

Fest steht aber auch, dass Hahn die Mechanik, das Technische, die Mathematik nicht lassen konnte. Dafür mag es viele Gründe geben: Hahn spricht davon, dass er enorm fleißig war und deshalb auch in diesem Bereich arbeiten konnte, dass er Abwechslung brauchte, dass ihn alle Arten von Amtsgeschäften nicht schwer ankamen, so dass er sie schnell erledigen konnte. »An dem rechten Gebrauch der Zeit und frischem Angriff der Sachen ist alles gelegen. Wann andere Leute schlafen, so wache ich.«[12]

Philipp Matthäus Hahn – Aspekte seines Lebens

Philipp Matthäus Hahn wurde am 25. November 1739 in Scharnhausen bei Stuttgart geboren. Sein Leben währte wenig mehr als 50 Jahre, er starb am 2. Mai 1790. Auf dem Hintergrund dieser Daten lässt es sich leicht verstehen, dass 1989/90 große Hahnjubiläen und Feierlichkeiten mit Repräsentanten von Staat und Kirche begangen wurden, eine Menge von Büchern über Hahn erschienen und faszinierende Ausstellungen in Scharnhausen, Albstadt-Onstmettingen auf der Balinger Alb, in Kornwestheim, in Stuttgart sowie in Leinfelden-

---

[11]   Hahn, Kunstwerke, S. XX (vgl. Anm. 1).
[12]   Hahn, Kunstwerke, S. XX (vgl. Anm. 1).

Echterdingen gezeigt wurden. Diese Ausstellungsorte markieren zugleich die wichtigsten Stationen von Hahns Leben.

Scharnhausen

In seinem jüngst entdeckten Lebenslauf, den er wohl für seine Vorstellung beim Antritt der ersten Pfarrstelle in Onstmettingen entworfen hatte, schreibt er: »Ich, M(agister) Philipp Matthäus Hahn, habe das Licht dieser Welt erblickt, Anno 1739, dem 25.ten Nov(ember). Mein Vatter ist der noch lebende Pfarrer in Ostdorf, M(agister) Georg Gottfried Hahn. Meine Mutter hieße Juliana Kunigunda, und war des ehmaligen Pfarrers von Scharnhausen Stuttgardter Amts, M(agister) Johann Philipp Kaufmanns eheliche Tochter, welche mir sehr lieb gewesene Mutter aber, schon vor ohngefehr 12 Jahren durch den Tod entrissen worden.«

Hahn besuchte die Lateinschule in Esslingen, später in Nürtingen. Sein Ziel war es, das Landexamen, also die Prüfung für das theologische Seminar, zu bestehen. Hätte Hahn diese Prüfung erfolgreich abgelegt, er hätte im Blick auf die materielle Basis seiner Ausbildung ausgesorgt gehabt, denn die Stipendiaten konnten an den niederen und höheren Seminaren, vor allem dann aber im Stift in Tübingen kostenfrei studieren. Hahn nahm fünfmal Anlauf, diese Prüfung zu meistern – er fiel jedoch immer durch. Aber er gab nicht auf. Als Autodidakt erwarb er sich im Selbststudium fundamentale Kenntnisse in den damaligen mechanischen und mathematischen Wissenschaften, so dass er sich mit fast 17 Jahren – nunmehr von Onstmettingen aus – an der Universität Tübingen einschreiben konnte.

Albstadt-Onstmettingen

Für Philipp Matthäus Hahn verband sich mit dem Ortswechsel von Scharnhausen nach Onstmettingen ein glücklicher Umstand. Denn er lernte dort den für seine technischen Arbeiten entscheidend wichtigen Philipp Gottfried Schaudt kennen, der dann später, als Hahn selbst Pfarrer in Onstmettingen wurde, auch als Schulmeister dort tätig war. Während Hahn die theoretischen Grundlagen schuf, wird es Schaudt sein, der für Hahn die technischen Gerätschaften bauen und die Werkstatt betreuen wird.

Hahn studierte von 1756 bis 1760 Philosophie und Theologie, wirkte in den folgenden vier Jahren von 1760 an in verschiedenen Vikariaten, unter anderem in Breitenholz und Herrenberg, und erhielt bereits mit 25 Jahren — für damalige Verhältnisse eine Sensation! — seine erste Pfarrstelle im heutigen Albstadt-Onstmettingen. Hier wirkte er von 1764 bis 1770. Hahn gelang es durch intensive seelsorgerliche Tätigkeit, den Gemeindeaufbau voranzutreiben. Er legte in dieser Zeit bereits sein Theologisches Notizbuch an, in dem er sich als äußerst kundiger Theologe ausweist. So exzerpierte er eine wichtige Schrift Immanuel Kants — »Träume eines Geistersehers« —, er beschäftigte sich intensiv mit Swedenborg und vor allem mit den Schriften Friedrich Christoph Oetingers (1702-1782), bei dem er 1762 in Herrenberg Vikar gewesen war und dessen Bücher er nach seinen eigenen Worten alle durchgelesen und ausgewertet hat.

Bedeutsam für Hahns äußeren Werdegang wurden allerdings seine technischen Erzeugnisse, von denen der Herzog über den Balinger Dekan erfuhr und die Hahn schließlich die am zweitbesten dotierte Pfarrstelle Württembergs einbrachte: Kornwestheim.

Kornwestheim (1770-1781)

Hahns Arbeit konzentrierte sich ab jetzt auf den Aufbau des
»Stundenwesens«,[13] vor allem aber auf die Veröffentlichung
theologischer Schriften. Bedeutsam und bis heute in weiten
Kreisen gelesen ist sein 1774 erschienenes Predigtbuch. Weniger bekannt dagegen ist seine Übersetzung des Neuen Testaments, die drei Jahre später herauskam. Daneben verfasste er
viele theologische Aufsätze und vor allem die bedeutsamen
Auslegungen des Epheser- und Kolosserbriefes.

Der Herzog hatte Hahn allerdings nicht als Prediger und
Seelsorger nach Kornwestheim geholt, sondern er wollte
Hahn als technisches Genie in seiner Nähe verfügbar haben.
Was Hahn für Herzog Carl Eugen (1728/1744-1793) bedeutete, ist daraus zu ersehen, dass er für Hahn bereits zwei Jahre
nach seinem Aufzug ein neues Pfarrhaus errichten ließ – das
übrigens bis heute steht. Dort empfing Hahn die bedeutendsten Persönlichkeiten seiner Zeit. Ständig und zahlreich,
manchmal kutschenweise, kamen die Besucher von auswärts,
etwa oft vom herzoglichen Hof, der diese Berühmtheit gerne
vorführte. Das war wiederum mit Störungen verbunden, über
die Hahn sehr geseufzt hat. Selbst Kaiser Joseph II. (1741/
1765-1790) musste er 1777 seine astronomische Maschine
erklären, was ihm aber nicht viel Spaß bereitete: Der Kaiser
»bezeigte sein volles Wohlgefallen, und er verlangte nun, sie
den Akademien durch eine Beschreibung bekannt zu machen.
Ich aber konnte dem Vorschlage des Kaisers nicht folgen, weil
ich nicht Zeit hatte, mit Beschreibungen dieser Art umzugehen, indem ich damals an theologischen Büchern arbeitete
und sie in Druck gab.«[14]

---

[13] Vgl. Hahns Schrift: »Erzählung vom Anfang und Fortgang der Erbau-
      ungsstunde in K.«
[14] So Hahn in seinem Lebenslauf 1773/74, abgedruckt in: Chr. Ulr. Hahn,
      Hinterlassene Schriften 1, S. 1-44.

Hahn beschäftigte hier in seiner Werkstatt – der Schulmeister Schaudt ließ sich vom Herzog nicht nach Kornwestheim bewegen – seine Brüder und Söhne, aber auch zum Teil Gesellen aus dem Dorf, mit denen der Umgang nicht leicht war.

Zweimal versuchte der Herzog, Hahn von seinem Pfarramt wegzulocken und ihm eine Professur in Mathematik oder Philosophie in Tübingen anzubieten. Aber Hahn blieb seinem Pfarramt treu. »Ach, dachte ich heute schon, mit wieviel onnöthigen Hindernissen bistu umgeben und hastu dich selbst verwickelt, da doch das Evangelii zu predigen, auseinanderzuwickeln und in demselben zu arbeiten eine tausendmal interessantere Sache ist! Was Rechenmaschine, was astronomische Maschine, das ist Dreck! Jedoch um Ruhm und Ehre zum Eingang und Ausbreitung des Evangelii zu erlangen, will ich die Last noch weiter tragen ... Herr, laß mich doch leben, dass ich dein Evangelium der gantzen Welt verkündige!« – schreibt Hahn am 10. August 1773.

Es muss allerdings angemerkt werden, dass wohl auch materielle Gründe eine Rolle spielten. In einem jüngst entdeckten Brief Hahns an den berühmten Philosophen und Dichter Johann Gottfried von Herder (1744-1803) schreibt er: »Ich bin jezo seit 14 Tagen 42 Jahre alt und habe 7 Kinder, bin ohne Schulden und von mittelmässigem Vermögen. Meine hiesige Besoldung beträgt 1500 Gulden, wenn ich den Zehnten an Geld einziehe; käme aber auf 2000, wenn ich die Mühe eines Naturaleinzugs über mich nehmen könnte und möchte ... Mithin kann ich wohl stehen, was das Äußere betrifft.« Als Professor in Tübingen hätte er 600 Gulden verdient.

Der eben erwähnte Brief an Herder ist auch insofern interessant, als Hahn in ihm von bedrängenden Schwierigkeiten berichtet, die ihm von Seiten des Konsistoriums begegneten: »Ich wünschte, daß ich noch nichts geschrieben hätte und jezt anfangen könnte. Einige Pfarrer haben mich, theils aus Mißgunst, da ich auf eine bessere Pfarrey promovirt worden, theils aus blindem Eifer, als ob durch meine Schriften viele verführt würden, in dem Consistorio verklagt und ich bin den 14. vorgefordert worden, da mir zur Last gelegt wurde, 1) daß ich Bücher ohne Censur habe drucken lassen, ... 2) daß in den Büchern selbst manche anstössigscheinende Ausdrücke vorkommen.« In der Tat wurde Hahn vor seinem Wechsel nach Echterdingen in ein Lehrzuchtverfahren verwickelt, das ihn um ein Haar sein Amt gekostet hätte.

Echterdingen (1781-1790)

1781 wurde Hahn — wohl durch die Gunst des Herzogs Carl Eugen — als Pfarrer nach Echterdingen bestellt. Die Flügel waren ihm infolge eines Lehrzuchtverfahrens durch die Oberkirchenbehörde kräftig beschnitten, nur noch heimlich und unter falschem Namen konnte er zwei kleinere Schriften veröffentlichen.

Auch die Erbauungsstunden im Pfarrhaus waren ihm bei seinem Konflikt mit dem Kirchenrat untersagt worden, so dass er — gleichsam im Untergrund — nach anderen Möglichkeiten suchte und sie auch fand. Zeitweise dachte er daran, ob er nicht nach Amerika auswandern und dort eine eigene Heilige Gemeinde gründen sollte.

Hahn verstarb am 2. Mai 1790 — wohl an Lungenkrebs — in Echterdingen, wo sein Grab auf dem Friedhof bei der Kirche lange Zeit als verschollen galt. Hahns Ruhestätte konnte allerdings bei den Vorbereitungen zum Jubiläum 1989/90 in mühsamer Kleinarbeit wieder ausfindig gemacht werden.

Philipp Matthäus Hahn — Aspekte seines theologischen Systems

Versucht man, Hahns Theologie, seine Art, in seiner Zeit verantwortlich von Gott zu reden, systematisch darzustellen, so muss man ausgehen von einem Grundbegriff, der sein Denken zentral bestimmt und den er vor allem aus dem Neuen Testament — speziell aus dem Epheserbrief — gewonnen hat. Für Hahn steht fest, dass sich Gott von Ewigkeit her vorgenommen hat, seinen Liebesplan mit seiner Welt zu verwirklichen. »Bin aufs neue bestätiget worden im ewigen Liebesvorsatz Gottes und wie nöthig eine gantze Erkentnis des gantzen Evangelii sey, und wie ein stücklichtes (in Stücke zerteiltes) Evangelium nicht stärcke und auch dem allgemeinen Wahrheitsgefühl nicht genug thue« — so vertraut er seinem Tagebuch am 8. Januar 1773 an.

In diesem kurzen Zitat ist jeder Begriff entscheidend. Hahn spricht von ganzer Erkenntnis des ganzen Evangeliums, er spricht davon, wie ein »stücklichtes Evangelium« nicht stärkt. Hier grenzt er sich von einseitigen Frömmigkeitsformen ab, die sich mit dem »ewigen Einerlei von Sünde und Gnade« begnügen. Hahn will mehr. Hahn will hineinsehen in den — kosmischen — Liebesratschluss und Heilsplan Gottes. Und an dieser Stelle sind ihm besonders die theologischen Aussagen des Epheserbriefes hilfreich, den er immer wieder — vor allem in den Erbauungsstunden — auslegt und worüber er auch Kommentare publiziert. Diesem Drang nach Erkenntnis entspricht gleichsam als Organ oder Sensorium im Menschen das allgemeine Wahrheitsgefühl *(sensus communis)*, das vor allem bei Oetinger als Anknüpfungspunkt für Gottes Wort eine entscheidende Rolle spielt.

In Hahns erstem Kommentar zum Epheserbrief, der den bezeichnenden Titel trägt: »Fingerzeig zum Verstand des Königreiches Gottes und Christi«, ersieht man auf einen Blick das Grundanliegen von Hahns Theologie: »Gott will das ganze Schöpfungs=All mit seiner Herrlichkeit erfüllen ... Oder: der unsichtbare Gott, ... das allervollkommenste geistliche Wesen, hat sich von Ewigkeit vorgesetzt, aus seinen unergründlichen und unfasslichen Tiefen in die Sichtbarkeit hervorzutreten, sich zu offenbaren, und stufenweis in einer Reihe von unzählichen Ewigkeiten, sich fasslich, leibhaft und mittheilbar zu machen. Der Beweis hierfür ist das Wort: Zu Lobe seiner Herr-

210

lichkeit: welches Eph(eser) 1. dreymal vorkommt. ... Sein Lob kann nicht ohne seine Erkenntniß und Offenbarung sein. Auf diesen großen Zweck der Erkenntniß und Offenbarung Gottes gründet sich die Schöpfung und Erlösung, und sein ganzer Vorsatz oder Geheimniß seines Willens. ... Gott will sich offenbaren, zeigen und sichtbar machen.«[15]

Halten wir fest: Außerhalb seiner Offenbarung ist Gott ohne allen Raum, ohne Zeit und Ort zu denken. Da ist er für den Menschen unfassbar, Gott in seiner Tiefe! Da sich nun aber Gott geoffenbart hat und offenbart, aus sich heraustritt und zeigt, so kann Hahn von lauter Offenbarungen Gottes reden, durch die er als geoffenbarter Gott »in dem unendlichen Raum Himmels und der Erden, in allen Menschen, Engeln und Geschöpfen, in jedem nach seiner Art«[16] wohnt. Hahn geht es in diesen Ausführungen also darum, verständlich darzulegen, weshalb Gott aus seiner Unsichtbarkeit herausgetreten ist. Recht verstanden versucht Hahn somit als Theologe der Aufklärungszeit, im Gefolge des Theosophen Jakob Böhme (1575-1624) eine Antwort auf *die* Frage aller philosophischen und theologischen Fragen zu geben: »Warum ist überhaupt etwas und nicht vielmehr nichts?«

In Entsprechung zu diesem »Modell Gottes« versteht Hahn den Menschen. Wenn Gott in allen Menschen wohnt, so ist jeder verständige Geist »ein kleiner Gott, der einen Abgrund von verborgenen Vollkommenheiten in sich liegen hat, welche er eben so wie Gott, an das Licht zu bringen und seine Herrlichkeit zu offenbaren, bemühet ist«.[17] In seinem Tagebuch notiert er am 4. November 1772 nach einem Gespräch mit dem Metzinger Strumpfweber Jud: »Ich sagte ihm auch meine Meynung von der Beschafenheit des gantzen Menschen mit Leib, Sel, Geist, Gott wie Zwiebelhäute in einander, da Gottes Aug, Ohr, Mund, Kraft der innerste Punct ist«.[18] Aus diesem Beispiel

---

15   Hahn, Fingerzeig 1778, S. 70-73 (vgl. Anm. 1).
16   Hahn, Fingerzeig 1778, S. 84 (vgl. Anm. 1).
17   Hahn, Fingerzeig 1778, S. 85 (vgl. Anm. 1).
18   KTB, S. 63.

wird ersichtlich, wie Hahns theologisches Denken vom Bild und von der Anschauung her geprägt ist.

Vergleicht man dieses Bild vom Menschen, wie es Hahn zeichnet, mit Grundaussagen der biblisch-reformatorischen Theologie, dann zeigen sich fast von selbst eklatante Differenzen: Nach Hahn ist der Mensch durch den Sündenfall zwar von Gott entfremdet, aber der göttliche Lichtfunken ist im Menschen noch vorhanden. Wäre, so fragt man sich, der Mensch nicht zumindest theoretisch imstande, von sich aus diesen göttlichen Funken aufleben zu lassen und zur Herrlichkeit Gottes aufzusteigen?

Im Blick auf die Person Jesu redet Hahn recht menschlich: Jesus hatte Hunger, bekam Anfälle und Affekte, fühlte wie ein Mensch, doch er war ohne Sünde. Ungeachtet dessen wuchs in ihm die Gotteserkenntnis von Stufe zu Stufe bis zu ihrer höchsten Entfaltung in seiner Auferstehung. Von dieser Jesulogie unterscheidet Hahn eine Christologie höherer Ordnung.[19] Jesus erreichte als erster Mensch den schon für Adam vorgesehenen Weg der Herrlichkeit und Verherrlichung. Nachdem Jesus in seinem Tod für die Menschen eingetreten ist, ist es für alle Menschen möglich, dieselbe Vollendung zu erlangen wie Jesus. In Gottes Plan sind alle Menschen dazu bestimmt, Söhne und Töchter Gottes zu werden und in seiner Herrlichkeit zu leben. Der im Menschen schlafende geistliche Same − Hahn nennt ihn auch Lichtfunke − kann durch das Wort der guten Botschaft wieder geweckt und damit das innere geistliche Leben entzündet werden. Durch die Erneuerung im Glauben gelangt der Mensch auf dem Weg der Nachfolge Jesu, auf dem es manche Hindernisse zu überwinden gilt, allmählich zur Ähnlichkeit Gottes als seinem Ebenbild. Hahn hat in seiner Lehre von den Lebensstufen den Weg des neuen Menschen genau beschrieben.

Die Hoffnung auf das kommende Reich Gottes teilt der Theologe Hahn mit den philosophischen und literarischen

---

[19]   Vgl. Stäbler, System, § 13 und 14 (vgl. Anm. 1).

Größen seiner Zeit, insbesondere mit Georg Friedrich Wilhelm Hegel (1770-1831) und Friedrich Hölderlin (1770-1843). Aus der Feder Hölderlins stammt folgender Auszug aus dem Brief, den er am 10. Juli 1794 an Hegel richtet: »Ich bin gewiß, dass Du indessen zuweilen meiner gedachtest, seit wir mit der Losung – Reich Gottes! voneinander schieden. An dieser Losung würden wir uns nach jeder Metamorphose, wie ich glaube, wiedererkennen.«[20]

Reich Gottes, Königreich Jesu – der Inhalt dieser theologischen Begriffe ist nach Hahns eigenen Worten »die Hauptsache in der Schrift«. Zum Verstand des Königreiches Christi gehört »der ewige Liebes Vorsatz, ewige Erwählung und die Wiederherstellung aller Dinge: ohne welche die Lehre nicht in ihrer grossen Kraft und Umfang kan verstanden und angenommen werden.«[21]

So steht auch hinter Hahns Lehre vom Königreich Christi der große Plan und die Absicht Gottes, wie sie sich schon ergibt aus seinem Vorsatz. Gott nahm sich vor – so schreibt Hahn in seinem Predigtbuch –, »alles geschaffene mit seiner Herrlichkeit zu erfüllen: daß das ganze Schöpfungsall ein Tempel GOttes werde, da sich GOtt in seinen Tiefen der Vollkommenheit, Süssigkeit, Schönheit, Weisheit und Kraft, offenbaret, und seinen Geschöpfen mittheilet«. Dieser Tempel Gottes ist unermesslich groß, und das Königreich reicht weit hinaus. »Himmel und Erde, alle Geschöpfe, Engel und Menschen gehören zu diesem Königreich.« Dabei spielt der Mensch eine herausgehobene Rolle als Ebenbild Gottes. Durch ihn als seinen Tempel will Gott in allen anderen Geschöpfen wirken, sich in sie abglänzen und sie mit seiner Herrlichkeit stufenweise erfüllen. Ist der Plan Gottes durch den – zwar vorausgesehenen – Sündenfall gewissermaßen

---

[20] Zitiert nach Reinhard Breymayer, Von Hiller zu Hölderlin. Das Netzwerk altwürttembergischer Ehrbarkeit als Vermittler pietistischer Traditionen, in: Martin Brecht (Hg.), Philipp Friedrich Hiller, Gott ist mein Lobgesang, Metzingen 1999, S. 150.

[21] Hahn, Theologische Notizen und Exzerpte, S. 347.

unterbrochen worden, so beinhaltet die Vollendung des Königreiches Gottes die Rückführung des Menschen in jenen ihm von Gott zugedachten Urzustand. Was am Anfang war, allerdings nicht vollendet werden konnte, soll durch das Königreich in Erfüllung gehen. Das Königreich ist seit den Tagen Christi im Wachsen begriffen. Immer wieder gibt es neue Anfänge Gottes mit den Menschen, nicht zuletzt in Hahns Tagen »durch unzählige Diener Gottes, die aus dem Geist lehren«.[22]

Hahn hat lange Zeit mit Bengel das Jahr 1836 als Termin der Wiederkunft Christi angesehen — nicht des Weltuntergangs! In diesem Jahr sollte das 1000-jährige Reich beginnen. Hahn wurde allerdings in späteren Jahren vorsichtiger in der Nennung von Daten. Er gehörte zu den Theologen, die sich im Lauf der Zeit mehr und mehr von der Bengelschen Berechnung lösten, obwohl für ihn damit die Bedeutung Bengels nicht schwand. Nach Hahn vollzieht sich die Weltenwende in verschiedenen Entwicklungsstufen. Gegenüber der vollkommenen Verwirklichung des Reiches Gottes im Eschaton ist das 1000-jährige Reich trotz seiner Herrlichkeit nur ein Schatten. Es markiert den Beginn des großen Hochzeitstages Jesu mit seiner Gemeinde. Die Voraussetzungen für dieses Friedensreich Christi sind darin gegeben, dass Satan für 1000 Jahre gebunden ist. Die Erneuerung, die sich zuerst an der Erde vollzieht, dehnt sich nach Hahn auf das Sonnensystem wie auch auf den ganzen Kosmos aus. Wenn nun aber das ganze Schöpfungsall zum Tempel Gottes werden und also das Königreich Jesu nach seinem weiten Umfang alles umfassen wird, kann es schließlich keinen Bereich mehr geben, der nicht in Verbindung mit Gott stünde, so dass Gott sein wird alles in allem: »Bis Gottes Licht uns gantz durchscheinet und die Finsternis gantz von dem Licht durchdrungen ist, ... daß es eine solche Haushaltung wird, da Gott aus seiner Tiefe — endgültig — heraustritt und als Vatter mit Kindern in lauter und

[22] Hahn, Theologische Notizen und Exzerpte, S. 84.

ewiger Liebe mit uns spielt und Jesus selbst seinen allervoll-
kommensten Sieg und Herrlichkeit erlangt.«

Es fällt auf, dass Hahns »Sympathisanten«, die in ganz
Deutschland verbreitet waren und auch in der Schweiz lebten,
seine Theologie in einem neuen, hellen Licht sahen. Nur ein
Beispiel sei angeführt: Es ist bekannt, dass der Landwirt und
spätere Erweckungsprediger Heinrich Boßhard in Rümikon
bei Winterthur, der bestimmt war, Hahns wichtigster Anhänger in der Schweiz zu werden, in der herkömmlichen Lehre
immer die Menschheit Christi, wie er sie in der Bibel fand, arg
verkürzt gefunden hatte und nun jubelte, als er bei Hahn ein
begeistertes Zeugnis von Christi wahrer Menschheit fand.

Hahns Theologie ist in seiner Zeit auf breite Zustimmung
gestoßen. Dafür spricht schon äußerlich die Tatsache, dass sein
Predigtbuch überaus geschätzt und über Deutschland hinaus
weite Verbreitung fand.

Synthese – oder: Zwei Seiten einer Medaille!

Man geht sicher nicht fehl, wenn man die letzte Motivation für
die Wunderwerke, die Hahn schuf, im Religiös-Theologischen
sieht: Ausschlaggebend dürfte Hahns Sicht vom Menschen als
kleinem Gott gewesen sein. Dieser Gedanke geht auf die Philosophie von Gottfried Wilhelm Leibniz (1646-1716) zurück.
Der Mensch als Gottes Ebenbild sieht hinein in den Plan
Gottes vom Anfang an bis in die Herrlichkeit der Vollendung.
Und dem Menschen als kleinem Gott eignen dann auch die
Schöpfungsqualitäten, die Gott auszeichnen. Der Mensch in
seiner »hohen Warte« baut im Kleinen nach, was Gott im Großen vorgebaut hat.

Zusammenfassend wären also vier Motivationen für Hahns
mechanische Forschungen zu nennen: Zunächst die Freude an
der Mathematik, die er schon als Kind verspürte. Später dann
der finanzielle Anreiz. Vor allem aber das Streben, in seinen
Erfindungen den Schöpfungsplan Gottes nachzuvollziehen.

Und sicher spielte auch das Bedürfnis eine Rolle, sich bei dieser Arbeit von seinen theologischen Überlegungen zu entspannen.

Die Seh- und Denkweise Hahns gehört in die Zeit der Maschinenbücher. Und es ist kennzeichnend für Hahn, dass er es wagte, den Bereich der Theologie bzw. des Glaubens *und* den der Naturwissenschaft mitsamt der Technik nicht auseinanderdriften zu lassen, obwohl er mitunter in große Schwierigkeiten geriet. Er sah in beiden Bereichen zwei Seiten einer Medaille.

Als Theologe war es ihm ein Anliegen, zeitgemäß und verstehbar von Gott zu reden, Aufklärung zu betreiben – sowohl aus der Vernunft als auch aus dem Glauben heraus. Das fasziniert Menschen an Hahn, je länger sie an seinem Gedankenreichtum teilhaben können.

Johann Georg Rapp

Johann Georg Rapp
(1757-1847)

von Hermann Ehmer

Amerika

Wer heute im westlichen Pennsylvanien auf dem Ohio River Boulevard am rechten Ufer des Flusses von Norden kommend nach Pittsburgh fährt, kommt durch eine Landschaft des amerikanischen »rust belt«. Wo sich noch vor drei, vier Jahrzehnten endlose Stahlwerke erstreckten und nachts die Bessemerbirnen ihr funkensprühendes Feuerwerk veranstalteten, breitet sich heute eine Industriebrache aus. Auch den Siedlungen sieht man an, dass das industrielle Herz dieser Landschaft zu schlagen aufgehört hat. Um so überraschender ist es, wenn man nach dem weitläufigen, aber wenig geschäftigen Rangierbahnhof von Conway und dem Orte Baden plötzlich eine Gruppe wohl gepflegter Gebäude im freundlichen Backsteinrot und weiß gestrichenen Holzwerk erblickt, die von einem Kirchturm mit spitzkuppeligem Dach und Turmuhr überragt wird.

Eines der Schilder von der Art, mit denen in Pennsylvanien historische Stätten markiert werden, unterrichtet darüber, dass es sich hier um das Old Economy Memorial handelt, das einer Harmony Society gewidmet ist und von der Historischen Kommission des Staates Pennsylvanien verwaltet wird. Die breite Church Street, die mitten durch die Siedlung führt, hat neben den üblichen Straßenschildern auch noch andere, auf denen in Frakturschrift »Kirchengasse« steht. Doch erst bei näherer Erkundigung erfährt man, dass es sich bei Old Economy um eine Siedlung württembergischer Separatisten aus dem Anfang des 19. Jahrhunderts handelt, die hier unter ihrem Anführer Georg Rapp ihre dritte und letzte Siedlung

219

gründeten. Gegenüber der Kirche, die heute von einer lutherischen Gemeinde genutzt wird, steht ein breit hingelagertes doppelstöckiges Wohnhaus mit einem großen, parkähnlichen Garten dahinter. Um den Garten herum stehen weitere große Gebäude, aber auch eine Anzahl kleinerer Wohnhäuser.

Die freundlichen Damen, die durch dieses Freilichtmuseum führen und in den Häusern, in Küche und Keller, im Laden und in den Werkstätten zeigen, wie die Bewohner der Siedlung vor bald zwei Jahrhunderten lebten und arbeiteten, tragen eine schlichte dunkle, biedermeierlich anmutende Tracht. Sie erzählen davon, dass »Father Rapp« mit seinen Leuten auf der Flucht vor Verfolgung und auf der Suche nach Religionsfreiheit aus Deutschland nach Amerika gekommen sei. Religionsfreiheit gehört aber bis zum heutigen Tag zu den Grundwerten des Vielvölkerstaats USA, und somit sind Rapp und seine Anhänger historische Belege für die Geltung dieser Freiheit, sind sie Zeugen dafür, dass der amerikanische Traum immer wieder Wirklichkeit wird.

Wenn auch viele der Leute, die mit Old Economy zu tun haben, die Angestellten und die freiwilligen Helferinnen und Helfer, schon einmal oder auch öfter in Deutschland waren und sich vielleicht auch schon in der Heimat von »Father Rapp« umsehen konnten, so tritt die Erforschung Rapps und seiner Gemeinschaft seit dem Erscheinen der Bücher Karl Arndts[1] einigermaßen auf der Stelle, was natürlich auch auf die Sprachbarriere zurückzuführen ist. Für die deutsche Pietismusforschung erscheint Rapp allenfalls beiläufig, ein eigentliches Thema stellt er nicht dar[2]. So handelt es sich hier

[1] Karl J. R. Arndt, ein amerikanischer Germanistikprofessor, der 1945-1950 die Religious Affairs Branch der US-Militärregierung in Württemberg-Baden leitete, hat sich fast ein ganzes Forscherleben mit Rapp und den Rappisten befasst, auf die er allerdings schon vor dem Zweiten Weltkrieg in Amerika gestoßen war. Er hat grundlegende Arbeiten über Rapp und seine Harmoniegesellschaft vorgelegt.

[2] Vgl. Brecht, Martin: Der württembergische Pietismus. In: Brecht/Deppermann (Hrsg.), Geschichte des Pietismus Bd. 2, S. 224-295, hier S. 286 f.

um einen Fall, für den eigentlich niemand richtig zuständig ist. Doch wurde Rapp in seiner Heimat nicht vergessen; noch Jahrzehnte nach seiner Auswanderung muss es Verbindungen zum württembergischen Pietismus gegeben haben. Keine Geringeren als Justinus Kerner (1786 - 1862)[3] und Theodor Heuss (1884 - 1963)[4] haben dem »Räpple« literarische Denkmäler gesetzt. Es ist deshalb der Mühe wert, sich mit Rapp und seiner Gemeinschaft zu befassen.

Zum Propheten berufen

Johann Georg Rapp[5] wurde am 1. November 1757 in Iptingen bei Vaihingen geboren. Die kleinbäuerlichen Verhältnisse der Familie machten einen Zuerwerb notwendig, weshalb Rapp eine Zeit lang, und zwar nach 1777, als Leineweber auf der Wanderschaft war. Es ist aber nicht bekannt, wohin ihn seine Wanderschaft geführt hat. Diese Wanderjahre stellen aber nicht nur seine berufliche, sondern wohl auch seine religiöse Bildungszeit dar. Nach seiner Rückkehr in die Heimat und seiner Verheiratung besuchte er nämlich eine Zeit lang die Erbauungsstunden im Hause des Johannes Weber. Seit 1780 war Rapp auf einer religiösen Suche, die von einer starken inneren Unruhe bestimmt war. Er verheiratete sich 1783 und blieb schließlich der Kirche und dem Abendmahl fern, trennte sich aber auch von der Versammlung bei Johannes Weber.

Auf Befragen gab Rapp 1785 an, »ein anders und bessres Licht« bekommen zu haben[6]. Es muss sich hier um ein Bekeh-

[3] Kerner, Bilderbuch, S. 249-251.
[4] Heuss, Räpple.
[5] Die erste wissenschaftliche Arbeit über Rapp ist dem späteren Iptinger Ortspfarrer Viktor Rauscher zu verdanken: Rauscher, Separatisten. — Eine kurze Darstellung bietet: Ehmer, Harmonie. — Für die Entstehung der Rappschen Gemeinschaft ist jetzt maßgebend: Fritz, Johann Georg Rapp.
[6] Protokoll des Verhörs von Rapp und seiner Frau vor dem Kirchenkonvent in Iptingen am 15. April 1785, abgedruckt bei Arndt, George Rapp's Separatists 1700-1803, S. 67-70, hier S. 68.

rungserlebnis handeln, das Rapp in Begriffen beschreibt, wie sie anderthalb Jahrhunderte zuvor der schlesische Mystiker Jakob Böhme (1575-1624) gebraucht hat. Der Aufforderung des Kirchenkonvents, eine schriftliche Begründung einzureichen, weshalb er der Predigt und dem Abendmahl fern blieb, kam Rapp nach. Er beschrieb seine Bekehrung als einen dreifachen Vorgang, der ihn schließlich zu der Einsicht gebracht hatte, »daß in Christo Jesu allein die ware Seeligkeit war«. Rapp erkannte auch, »wie Nothwendig es war in der Stille zu seyn und auf seyn Herz zu merken … bin auch selbige Zeit nicht in die Kirche gekommen, weil mir Jesus als des Lebens Wort in meinem Herzen helle geleuchtet hat und ich sonst nichts gebraucht habe weil ich Jesum gefunden. … Und dieses ist die Ursach, warum ich von der Kirche geblieben, weil ich daselbst mehr von Krafft, als zu Krafft kam, dieses hab ich aber nicht gethan aus Eigen sinn oder Hochmuth … Dan ich habe die Gnaden Mittel gebraucht so lange, biß ich Jesum das weßen selbst gefunden habe.«[7] Es handelt sich also um nichts weniger als um eine persönliche Heilsoffenbarung, von der Rapp hier redet, gegenüber der ihm Wort und Sakrament seiner Kirche als unnütz, ja sogar schädlich erschienen.

Rapp hatte sich in der Zeit seiner Suche von Michael Hahn (1758-1819)[8] beraten lassen, wie er später angab[9], »da er beständndige Unruhe seines Herzens gehabt« hatte. Hahn habe ihm »den Weeg dardurch geöffnet, daß er durch Stuffen und Graden der Reinigung gehen müsse, die er ihme auch entdeckt, und dardurch sei er zur Ruhe gekommen«. Es ist anzunehmen, dass Rapp und Hahn sich damals auch über ihre Stellung zur Kirche besprachen, doch erst im weiteren Verlauf zeigte es sich, dass Hahn in der Kirche blieb und den Hochmut Rapps tadelte, der sich von der Kirche separierte. Umgekehrt

[7] Arndt, George Rapp's Separatists 1700-1803, S. 71 f.
[8] Trautwein, Theosophie, bes. S. 73 f.
[9] Aus Rapps Verhörprotokoll vom Mai 1787, abgedruckt bei Arndt, George Rapp's Separatists 1700-1803, S. 104-111, hier S. 105. Die Begegnung mit Michael Hahn lag nach Rapps Angabe zwei Jahre zurück.

fand Rapp die Schriften Hahns »nicht tief und mystisch genug«.[10]

Einen Nachhall der Meinungsverschiedenheit zwischen Rapp und Hahn bietet Immanuel Gottlieb Kolb (1784-1859), der bedeutendste Schüler Hahns, der erzählt, er sei »auch einmal in eine Versammlung nach Iptingen zu dem Separatisten Rapp« gekommen, »und hörte denselben mit majestätischen Worten über die heil. Offenbarung reden, so daß ich von diesem starken, feurigen Geist sehr angezogen wurde. Als ich jedoch später Mich. Hahn kennen lernte, so stellte sich mir durch Vergleichung desselben mit Rapp der Mangel bei Letzterem ins Licht, indem dieser nur von der Herrlichkeit und den großen Aussichten der Christen geredet hatte, ohne auch zugleich den Verläugnungs- und Demuthsweg zu zeigen der dazu führt.«[11]

Rapp sammelte Anhänger um sich, nicht nur im Ort, sondern auch in der näheren und weiteren Umgebung. Diese wurden in ihrem Umfeld sofort auffällig durch die Unterlassung der Taufe ihrer Kinder, die Verweigerung des Schulbesuchs und der Konfirmation. Schließlich wurde Rapp und zwei weiteren Rädelsführern 1791 von der herzoglichen Regierung die Landesverweisung angedroht, wenn sie in der Verächtlichmachung der Kirche und ihrer Gebräuche fortfahren und ihre Lehren weiter ausbreiten würden[12]. Dabei wurde allerdings betont, dass man »nicht gemeint seye, ihrem Gewissen Gewalt anzuthun«, doch verlange man von ihnen, »daß sie die in Religions-, Kirchen- und Schulsachen eingeführte äusserliche Ordnung nicht stören«. Als dieser Erlass vom Oberamtmann in Maulbronn Rapp und einigen seiner Anhänger eröffnet wurde[13], trat Rapp vor und sagte mit »vielem Stolz, Selbstgefälligkeit und Impertinenz: Was kann ich dafür, dass die Leute

10 Trautwein, Theosophie, S. 121, A. 10; 251.
11 Kolb, Kurzer Lebensabriss, S. 34.
12 Arndt, George Rapp's Separatists 1700-1803, S. 180-182, hier S. 181.
13 Arndt, George Rapp's Separatists 1700-1803, S. 184-189, hier S. 186.

von allen Orten des Landes sich zu mir drängen, wann sie von euren Geistlichen im Lande etwas Gutes hören könnten, so würden sie nicht zu dem armen Räpple im Zwilchkittel nach Iptingen laufen.« Rapp drohte schließlich mit der Heimsuchung Gottes. Da fiel ihm der Oberamtmann ins Wort: »Er solle das Maul halten, er seye kein Prophet, und habe keinen Beruf dazu. Ja! replicirte er troziglich: ich bin ein Prophet, ich bin darzu berufen.« Dieses Bewusstsein der Berufung sollte für die folgenden Jahrzehnte die Grundlage für das Leben Rapps und seiner Anhänger sein.

Die Anhängerschaft Rapps wurde von den Behörden auf 10.000 - 12.000 Personen geschätzt. Dies ist mit Sicherheit viel zu hoch gegriffen, aber etliche Hundert müssen zum harten Kern der Gemeinschaft um Rapp gehört haben. Insgesamt kann man sagen, dass die staatliche Gewalt — im Zeitalter der Aufklärung — verhältnismäßig nachsichtig mit diesen Leuten umging. Die Beschreibung, die der Dichter Justinus Kerner, dessen Vater Christoph Ludwig Kerner (1744 - 1799) von 1795 bis zu seinem Tode Oberamtmann in Maulbronn war, von Rapp gibt[14], mag in der Erinnerung etwas verklärt sein, da sie Rapp mehr als gern gesehenen Gast in der Maulbronner Oberamtei darstellt denn als aufsässigen Untertanen, mit dem der Vater Kerner amtlich zu tun hatte.

Rapps Theologie

Für die Frage nach Rapps Theologie ist man vorerst auf einige wenige Zeugnisse angewiesen. Es liegen zwar zwei Glaubensbekenntnisse seiner Gemeinschaft[15] vor, die aber mehr die Aufgabe haben, deren separatistische Züge in einem milderen

---

[14] Kerner, Bilderbuch, S. 249 - 251. Dieses Kapitel ist auch abgedruckt bei Arndt, George Rapp's Separatists 1700 - 1803, S. 260 f.

[15] Es handelt sich hierbei um das dem Herzog und dem Landtag vorgelegte Glaubensbekenntnis, datiert Lomersheim, 1. März 1798, sowie um ein zweites an dieselben Adressaten, datiert Ölbronn, November 1799,

Licht erscheinen zu lassen und daher nicht aussagekräftig genug sind. Glücklicherweise gibt es aber eine Anzahl von Briefen Rapps an verschiedene seiner Anhänger aus den Jahren 1793-1802, in denen er zumeist auf theologische Fragen Antwort gibt[16]. Diese Briefe sind vorwiegend an nicht genannte einzelne Personen gerichtet und erinnern durchaus an die Briefe von Michael Hahn, wie sie in der Ausgabe von dessen Werken abgedruckt sind. Die Briefe Rapps dürften als internes Schriftgut daher unmittelbare Auskunft über seine Theologie geben.

Deutlich wird in Rapps Briefen der Einfluss der eigenartigen Sophia-Mystik Jakob Böhmes. Dieser ging davon aus, dass Adam vor dem Fall ein androgynes Wesen war, das männliche und weibliche Eigenschaften besaß, und erst der Sündenfall bewirkte das Auseinandertreten der beiden Geschlechter. Dieser Gedankengang wirkte sich auch auf die Gottesvorstellung Böhmes aus. Zur göttlichen Dreieinigkeit von Vater, Sohn und Heiligem Geist trat noch eine vierte Wesenheit hinzu, die himmlische Sophia, die nicht zur Trinität gehörte, sondern das von Gott ausgehende Wirken verkörperte, in der sich Gottes Weisheit personifizierte. Diese Spekulation gründete sich natürlich auf Schriftstellen wie das Buch des Predigers Salomo. Sophia verkörperte aber auch das weibliche Prinzip in Gott, wodurch Gott nun auch zu einem androgynen Wesen wurde, wie Adam vor dem Fall. Der Jungfrau Sophia wandte sich die Verehrung der Menschen zu, die die mystische Vereinigung mit Gott suchten. Damit wurde Sophia zur Braut, der sich das in höchst weltlichen Formen ausgedrückte Liebesverlangen zuwandte. Die mystische Verehrung der himmlischen Jungfrau Sophia ist Böhmes Vermächtnis an den

---

Letzteres mit 50 Unterschriften von Anhängern Rapps aus Ölbronn und Kleinvillars; Arndt, George Rapp's Separatists 1700-1803, S. 272-279 und S. 294-300.

[16] Veröffentlicht von Arndt, George Rapp's Separatists 1700-1803, S. 227-353. Diese Schreiben werden von Arndt als Hirtenbriefe, Pastoral Letters, bezeichnet.

separatistischen Pietismus, das diesem durch Gottfried Arnold (1666-1714) und Johann Georg Gichtel (1638-1710) vermittelt wurde[17].

Überhaupt ist in Rapps Briefen viel mystisches Vokabular zu finden, wie die »Versenkung im Grunde Gottes«, »Geduld« und »Gelassenheit«. Mehrfach wird die Naherwartung angesprochen. Rapp »weiß, daß das Kommen Jesu nahe ist den eingekehrten Seelen, die in Zion wohnen. . . . Ich denke, die Pforte werde bald gesprengt werden . . .«[18] Vor allem in den Briefen, in denen Rapp Stellen der Offenbarung auslegt[19], wird die Erwartung des unmittelbar bevorstehenden Gerichts deutlich: »Weltliche u. Geistliche Obrigkeit haben beyde große geistliche Hurerey getrieben u. durch den Schein ihrer Ceremonien alle Völker rauschend[20] gemacht u. das wahre Licht der reinen Wahrheit deß inneren Gottesdinstes im Geist u. Wahrheit dadurch verdunkelt.« Es gelte daher, aus Babylon auszugehen (Offb 18,4), das heißt »nicht allein die äusseren Ceremonien verlassen, sondern auch beobachten den rechten u. wahren Gottesdinst, daß recht lautere eingehens mit seinem Verlangen in Gott, u. gänzlicher Abgeschiedenheit von sich selbst u. den Creaturen, u. Jesum Christum anziehen«. Deutlicher wird Rapp schließlich, wenn er von dem Tag redet, »da das Große soll hinunter u. das Geringe u. Verachtete hinaufgesetzt werden«. Schließlich sagt er voraus, »daß eine gänzlich Umgestaltung der Stadt Babilon bevorstehe welches sonderlich den ganzen Theil Europas betreffen wird, . . . darum weil du Europa so groß worden bist in deinem Stolz u. dich von deinen Geistlosen Priestern hast bereden lassen, du seyest die recht Braut Christi«.

Zu den von Böhme herrührenden Spekulationen traten als verschärfende Elemente noch die Zeitereignisse hinzu, die

---

[17] Hirsch, Geschichte, Bd. 2, S. 250-252.
[18] Arndt, George Rapp's Separatists 1700-1803, S. 265.
[19] So in einem undatierten Brief über Offb 18 in Arndt, George Rapp's Separatists 1700-1803, S. 281-284. Daraus auch die folgenden Zitate.
[20] berauscht.

Französische Revolution und die Napoleonischen Kriege. Diese förderten eine Endzeitstimmung, die in Württemberg freilich schon durch Johann Albrecht Bengel (1687-1752) vorbereitet worden war, der das Jahr 1836 als den Zeitpunkt der Wiederkunft Christi und des Einbruchs der endzeitlichen Ereignisse errechnet hatte[21]. Auch andere kirchliche Theologen, wie der Prälat Magnus Friedrich Roos (1727-1803), der 1793 eine *Beleuchtung der gegenwärtigen großen Begebenheiten durch das prophetische Wort Gottes* hatte erscheinen lassen, die 1794 nochmals aufgelegt und 1797 in englischer Sprache veröffentlicht wurde, befassten sich mit den Zeitereignissen und ihrer Bedeutung. Besonders bekam aber der in Württemberg stets latent vorhandene separatistische Pietismus einen erheblichen Auftrieb, als die seit 1789 erfolgten politischen Umwälzungen die Voraussagen Bengels von den Wehen der Endzeit zu bestätigen schienen. Die nahende Endzeit ließ die Frage danach, wer gerettet und wer verdammt werden würde, besonders drängend werden. Für die separatistischen Strömungen im Pietismus gehörte aber die Amtskirche auf die Seite der Verdammten; sie war die Hure Babylon aus Offb 17.

Auch für Georg Rapp und seine Gemeinschaft wurde die intensive Erwartung des nahen Weltendes zu einem entscheidenden Glaubensartikel, der es notwendig machte, einen Bergungsort zu suchen, den man in Amerika zu finden glaubte. Dieser Bergungsort wurde von Rapp zusammen mit einigen Begleitern vorbereitet, die im Sommer 1803 nach Amerika reisten. Rapps Anhänger, etwa 700 an der Zahl, trafen 1804 in drei Schiffsladungen in Amerika ein. Die Auswanderung als eschatologisches Ereignis wurde — ähnlich wie 1817 bei den Russland-Auswanderern — auch von den Anhängern Rapps in Liedern besungen. Es wird deutlich, dass man in Amerika den Bergungsort gefunden hatte, während Europa dem Untergang geweiht war. Dies — nicht etwa die erlittene Verfolgung, die so

---

[21] Mälzer, Bengel; zu den apokalyptischen Berechnungen Bengels vgl. Brecht, Geschichte des Pietismus, Bd. 2, S. 254-256. Vgl. unten S. 60 f.

schwer nicht war — stellt sich damit als hauptsächliche Motivation der Auswanderung dar. Im »Reißlied der Zioniten ins Land Silva«[22] heißt es:

> Brüder theure Bundes Brüder
> freuet euch
> Singt dem Herren neue Lieder
> der sein Reich
> In America aufrichtet
> und Europa ganz vernichtet,
> Brüder eilt.
> ...
> Nun Adieu ihr Würtemberger,
> eur Gericht
> in dem finstern Feuer Kercker,
> trifft uns nicht
> aber euch wirds ganz zerstöhren
> Pfaffen u. die Babels Lehren,
> sind nur Stroh.

Ein zweites Lied, bei dem fast jede Strophe mit »Auf, auf« beginnt, zeigt damit Anklänge an Schubarts Kaplied, ist zugleich aber auch theologisch gefüllt, da es Bezüge zur Böhmeschen Mystik und zu Aussagen der Offenbarung aufweist:

> Auf, auf schwingt euch zum Grund
> wo Gott sich finden läßt
> Er will nur wohnen innerlich
> sonst wäre Gott uns Fürchterlich

---

[22] Arndt, George Rapp's Separatists 1700-1803, S. 442-449, druckt drei solcher Lieder ab, jedoch ohne Herkunftsangabe, es ist aber der Bezug auf die Rappsche Auswanderung deutlich, da mit dem »Land Silva« sicher Pennsylvanien gemeint ist. Bemerkenswert ist die Selbstbezeichnung »Zioniten«, die 1817 auch von den Russlandauswanderern gebraucht wird, vgl. dazu Zwink / Trautwein, Geistliche Gedichte.

da wir zu Ihm einkehren
begehren.
...
Auf auf in America
soll noch die Schafweid syn
dahin soll fliehn das Sonnen Weib
daß sie entrückt zur bösen Zeit
dann wirds Gericht einbrechen
zu rächen.

»Harmonie«

In Amerika hatte Rapp inzwischen 3.000 acres bisher unkulti-
viertes Land am Fluss Connoquenessing im westlichen Pennsylvanien, nördlich von Pittsburgh, erwerben können, wo man
eine Siedlung errichtete[23], die — wohl nach Apg 4, 32 — Harmonie[24] genannt wurde. Am 15. Februar 1805 wurde ein Gesell-
schaftsvertrag abgeschlossen, der das Gemeineigentum begründete, wonach die Gemeinschaft für die geistlichen und
leiblichen Bedürfnisse des Einzelnen sorgte. Jeder, der wieder
austrat, sollte aber seine Einlage zurückerhalten. Die Leitung
der Gesellschaft hatten Georg Rapp und sein aus Endersbach
stammender Adoptivsohn Friedrich Reichert.

[23] Zum Folgenden vgl. Arndt, George Rapp's Harmony Society, S. 61-140.
Zu Harmonie und den weiteren Siedlungen der Anhänger Rapps vgl.
auch Schempp, Gemeinschaftssiedlungen, S. 44-49.

[24] Ein späterer Beleg dafür, dass mit Harmonie tatsächlich die urchristliche
Gütergemeinschaft der Apostelgeschichte gemeint ist, stellt der Aufruf der Esslinger Harmonie zur Auswanderung nach Kaukasien vom
11. November 1816 dar; Leibbrandt, Auswanderung, S. 118-121. Hier
wird ein geschichtstheologisches Schema mit drei Perioden geboten,
der noachitischen, der urchristlichen und der jetzt beginnenden dritten
Periode des Heiligen Geistes. Hiernach endete die urchristliche Periode
durch Ananias und Saphira (Act 5, 1-10), durch die wieder alles in die
»Eigenheit« überging.

Eines der ersten Gebäude, die nach den für Wohnzwecke erbauten Blockhäusern errichtet wurden, war eine Mühle, für die noch im ersten Jahr der Mühlgraben ausgehoben wurde, ferner eine große Scheune, dann ein Magazin zur Aufbewahrung der Vorräte, eine Ölmühle und weitere Mühlenbetriebe, eine Färberei und eine Gerberei. Dies zeigt, dass man keineswegs nur auf Selbstversorgung aus war, sondern von Anfang an auch für den Markt produzierte und dafür nicht nur Rohstoffe, sondern fertige Produkte bereitstellen wollte.

Nach einigen Anfangsschwierigkeiten entwickelte sich Harmonie zu einer blühenden Siedlung mit 130 Häusern, vielen Wirtschaftsgebäuden und einer Kirche. Die Rappschen Separatisten hatten eine richtige Kirche gebaut, die in ihrem Erscheinungsbild mit einem stattlichen Turm und einem geräumigen Schiff, dessen Dachboden für die Aufnahme von Getreidevorräten eingerichtet war, durchaus den Kirchen in der Heimat gleicht. Die beste Schilderung von Harmonie stammt von einem John Melish, der die Siedlung 1811 besuchte[25]. Er fand eine autarke Gemeinschaft von ungefähr 800 Personen vor. Die schwäbischen Bauern, die sich hier angesiedelt hatten, begnügten sich nicht allein mit dem Ackerbau, den sie nur für den eigenen Bedarf betrieben. Vielmehr gab es auch eine groß angelegte Tuchfabrikation. Überhaupt tendierte die Wirtschaft von Harmonie mehr zu industrieller Fertigung und weniger zu landwirtschaftlicher Produktion. Auf den Weiden von Harmonie grasten etwa 1000 Schafe. Daneben wurde Flachs angebaut, der zu Leinen verarbeitet wurde. Die Gütergemeinschaft der Harmonisten legte es wohl nahe, alle Arbeitsvorgänge, die vom Rohstoff zum fertigen Produkt führten, selbst auszuführen. In dieser Akkumulation des Mehrwerts, aber auch in der besonderen konjunkturellen Situation jener Jahre liegt der Grund für den rasch wachsenden Wohlstand der Gemeinschaft. Neben den Leuten, die in der Tuch-

25 Arndt, George Rapp's Harmony Society, S. 110-120; Druck: Arndt, Harmony on the Connoquenessing, S. 451-464.

fabrikation tätig waren, gab es auch Handwerker: Schuhmacher, Schneider, Sattler, Schmiede, Schreiner, Zimmerleute, Seifensieder und Kerzengießer. Die Gemeinschaft hatte einen eigenen Arzt, der einen beachtlichen Garten mit Heilkräutern angelegt hatte.

Bemerkenswert erschienen die terrassierten Weinberge, die die Siedler aus ihrer Heimat kannten, ebenso der Lustgarten jenseits des Flusses, über den eine Brücke führte, mit einem Labyrinth, in dessen Mitte ein Tempelchen stand, das außen eine raue und innen eine glatte Oberfläche hatte und das die Harmonie versinnbildlichte[26], während das Labyrinth die Schwierigkeiten des Wegs zur Harmonie bedeutete. Die Besucher stellten bei den Harmonisten neben großer Betriebsamkeit auch tiefste Zufriedenheit fest. In Vater Rapp hatten sie ihren geistlichen Mittelpunkt. Er leitete die Gottesdienste, die in ihrer Einfachheit dem evangelischen Gottesdienst in der württembergischen Heimat glichen[27]. Noch heute zeigt man in Harmonie »Father Rapp's Seat«, eine natürliche Felsenformation auf einem Hügel, von wo man die gesamte Siedlung und die Felder überblickt. Von hier aus soll Rapp alles überwacht haben, was in der Harmonie vorging.

Hatte man sich daheim geweigert, die Kinder in die Schule zu schicken, so wurde jetzt die Schulpflicht bis zum vierzehn-

---

[26] Da die Böhmesche Sophia-Mystik bei den Rappisten ebenfalls eine wichtige Rolle spielte, läge es nahe, hier an eine Versinnbildlichung der himmlischen Sophia zu denken. Immerhin wird eine in Stein gehauene geflügelte weibliche (?) Gestalt im Türsturz des ehemaligen Magazins (heute Museum) als Sophia bezeichnet. Andererseits war den Rappisten die Emblematik durch Johann Arndts Bücher vom wahren Christentum wohl vertraut, so dass das Labyrinth mit dem Tempelchen durchaus die Bedeutung gehabt haben kann, von der Melish berichtet.

[27] Die Beschreibung des abendlichen Wochengottesdienstes zeigt, dass dieser bestand in: Eingangslied, Gebet, Predigt, Gebet und Segen. Sonntags war um neun Uhr Katechisation der Kinder in der Schule, um zwölf und um sechs Uhr abends Gottesdienst in der Kirche. Dies entspricht durchaus der württembergischen Gottesdienstordnung der Zeit.

ten Jahr eingeführt — für die damaligen Verhältnisse an der Westgrenze der USA eine Ausnahme. Die Bewohner der Siedlung lebten in Hausgemeinschaften, die im Allgemeinen eine Familie, aber auch eine kleine Anzahl nicht verwandter Personen umfassen konnte. Diese Lebensform gefiel freilich nicht jedem; gelegentlich trennten sich Leute von Harmonie, manche belangten die Gemeinschaft gerichtlich, um ihre Einlage und den Gegenwert ihrer Arbeit zurückzuerhalten, doch kam auch wieder Zuwachs, vor allem aus Württemberg.

1808 war in Harmonie die Ehelosigkeit eingeführt worden, freilich nur als Empfehlung, an die sich gleichwohl die meisten hielten. Den Erklärungen zum Trotz, dass der Zölibat nicht religiös begründet sei[28], kann dieser doch nur von der Sophia-Spekulation abgeleitet werden. Wer die Vermählung mit der Jungfrau Sophia erstrebte, konnte sein fleischliches Verlangen in himmlische Liebe verwandeln.

Um einem Nachlassen der Naherwartung vorzubeugen, verkaufte Rapp 1814 die Siedlung und gab das Zeichen zu einem erneuten Aufbruch. Der Käufer von Harmonie, der Mennonit Abraham Ziegler, wurde vertragsmäßig verpflichtet, eine Mauer um den Friedhof zu errichten, der mit seiner um eine Mittelachse drehbaren steinernen Tür[29] und einem einzigen Grabstein — für Rapps 1811 verstorbenen Sohn Johannes — eine der aussagekräftigsten Zeugnisse für die Harmonie-Gesellschaft an dem Ort ihrer ersten Ansiedlung ist. Die seinerzeit von den Anhängern Rapps errichteten Gebäude der Siedlung sind heute alle in Privathand. Ein Verein »Historic Harmony« bemüht sich — u. a. durch ein Museum —, am Ort die Erinnerung an die Rappsche Harmonie-Gesellschaft wach zu halten.

---

28 So Schempp, Gemeinschaftssiedlungen, S. 44, jedoch ohne Begründung.
29 Die heute ziemlich verwitterte deutsche Inschrift über der Tür redet von 100 Mitgliedern der Harmonie-Gesellschaft, die zwischen 1805 und 1815 hier begraben wurden.

»Neu-Harmonie«

Von Harmonie aus zogen die Rappisten 1814 nach Westen[30], ins Indianerterritorium, das erst 1816 als Staat Indiana in die Union aufgenommen wurde. Der neue Siedlungsplatz lag am Wabash, einem Nebenfluss des Ohio, was für die Anreise günstig war, da so die größte Strecke auf dem Wasserweg zurückgelegt werden konnte. Die neue Siedlung wurde ebenfalls »Harmonie« genannt, erhielt aber später zur Unterscheidung von Harmony in Pennsylvanien den Namen New Harmony. Es wird also hier, um Verwechslungen zu vermeiden, ebenfalls von Neu-Harmonie oder New Harmony gesprochen, wenn von Harmonie in Indiana die Rede ist.

Den Ansiedlern am Wabash stellten sich nicht unbeträchtliche Anfangsschwierigkeiten entgegen, zumal der sumpfige Boden allerhand Krankheiten begünstigte, die zahlreiche Todesopfer forderten[31]. Trotz dieser Hemmnisse entstand wieder ein Ackerbau-, Manufaktur- und Handelszentrum, dessen Bedeutung für den jungen Staat Indiana nicht hoch genug veranschlagt werden kann. Nicht nur in wirtschaftlicher Hinsicht wurde Neu-Harmonie beispielgebend, es stellte ebenso einen Bildungsfaktor dar. So war die Bibliothek von Neu-Harmonie längere Zeit größer als die des Staates. Rapp verfasste hier »Gedanken über die Bestimmung des Menschengeschlechts«, die auf der Kenntnis der Schriften Herders basieren. Selbstverständlich nahm auch die Musik einen wichtigen Platz im Leben der Harmonisten ein. Zum Repertoire gehörte nicht nur geistliche Musik und Selbstverfasstes, sondern zum Beispiel auch Schillers Ode an die Freude.

---

[30] Zum Folgenden vgl. Arndt, George Rapp's Harmony Society, S. 143-301.

[31] Der Friedhof in Harmonie nahm in zehn Jahren 100 Tote auf, jener in Neu-Harmonie im gleichen Zeitraum jedoch mehr als das Doppelte; Arndt, George Rapp's Harmony Society, S. 300 f.

Die Siedlung Neu-Harmonie[32] war am 8. August 1814 nach einem Plan von Friedrich Reichert ausgesteckt worden. Dieser Plan bildete ein Schachbrettmuster, dessen Grundlage ein Straßenkreuz war. Die Hauptstraße (Main Street) verlief nord-südlich und wurde von der in Ost-West-Richtung verlaufenden Kirchstraße (Church Street) geschnitten. Unweit der Kreuzung von Haupt- und Kirchstraße wurde 1816 eine Kirche in Fachwerkbauweise errichtet, die mit einem Schiff und dem östlich davon errichteten Turm ganz der in Harmonie und der später in Economy errichteten Kirche gleicht. Eine Glocke für diese Kirche wurde 1817 in England bestellt, kam aber erst 1819 nach Neu-Harmonie. In der Kirche saßen, wie Besucher berichten, Männer und Frauen getrennt, Rapp aber vorne auf einem erhöhten Platz hinter einem Tisch, so wie es auch heute noch in den pietistischen »Stunden« gehalten wird. Westlich dieser ersten Kirche wurde 1822 der Bau einer neuen Kirche begonnen. Dies war ein interessanter kreuzförmiger Bau mit einer Kuppel über der Vierung, der freilich noch nicht fertig gestellt war, als die Gesellschaft 1824 von Neu-Harmonie abzog.

Georg Rapp hatte sein Haus an zentraler Stelle, nämlich an der Kreuzung von Haupt- und Kirchstraße, gegenüber der Kirche. In der unmittelbaren Nähe von Rapps Haus stand der Fruchtkasten (granary). Natürlich hatte sich auch hier von Anfang an die Notwendigkeit gezeigt, für die Nachbarschaft einen Laden zu eröffnen, ebenso wie ein Gasthaus, das durchreisende Fremde aufnehmen konnte. Auch in Neu-Harmonie gab es wieder einen Garten mit einem Labyrinth und einer »Rotunde« in der Mitte, unter der wohl ein rundes oder mehreckiges offenes Tempelchen, wie später in Economy, zu verstehen ist.

---

[32] Zur Beschreibung vgl. neben Arndt, George Rapp's Harmony Society, S. 201-211: Pitzer / Elliott, New Harmony's First Utopians; Blair, The New Harmony Story.

234

Der Festigung der Gemeinschaft diente zweifellos, dass 1818 das Buch verbrannt wurde, in dem die Einlagen verzeichnet waren, die jedes einzelne Mitglied beigebracht hatte. Weiterhin schien nach zehn Jahren ein erneuter Aufbruch notwendig, der damit begründet wurde, dass das Weib in der Offenbarung 3 ½ Zeiten in der Wüste ernährt wird (Offb 12), wobei Rapp offensichtlich eine Zeit für zehn Jahre annahm und damit das Konzept einer permanenten Revolution verfolgte. 1824 wurde Neu-Harmonie an den schottischen Sozialisten Robert Owen verkauft, der hier ein Gemeinschaftsprojekt in Form einer Intellektuellenkommune verwirklichen wollte. Die neue Kirche wurde abgerissen, die alte war schon abgerissen worden, das Gemeinhaus der Rappisten zur Oper umgestaltet.

Von der neuen Kirche steht heute noch eines der Portale, in klassizistischem Stil, mit einem von zwei Säulen getragenen Giebel, in dem eine goldene Rose zu sehen ist, mit der Inschrift »Micha 4 v. 8«, eine der Stellen, in der sich die alttestamentliche Hoffnung auf die Wiederkunft des Königreichs Davids ausspricht. Erhalten ist auch der Begräbnisplatz der Harmoniegesellschaft, auch hier ohne Grabsteine. Ummauert wurde er mit den Backsteinen der abgebrochenen Kirche.

Owens Projekt war nicht von langer Dauer, gleichwohl ist New Harmony bis zum heutigen Tag zu einem namhaften Teil im Besitz der Familie Owen und somit auch weitgehend der Erinnerung an Robert Owen gewidmet. Im »Atheneum«, einem von dem zeitgenössischen Architekten Richard Meier gebauten modernen Museum, kann sich der Besucher über die vielfältige Geschichte von New Harmony unterrichten. Dazu gehört auch, dass der deutsch-amerikanische Theologe Paul Tillich (1886 - 1965), der mit der Familie Owen befreundet war, auf eigenen Wunsch in New Harmony begraben ist, wo ihm ein eigenartiger Gedächtnishain gewidmet ist.

»Ökonomie«

Die Rappisten begaben sich nach dem Verkauf von Neu-Harmonie zurück nach Pennsylvanien[33], wo sie nördlich von Pittsburgh in der Talaue des Ohio die Siedlung »Ökonomie« (»Economy«) gründeten. Der Name meint das göttliche Heils-handeln, das in ihrer Gemeinschaft Gestalt gewann. In Ökono-mie wollte man noch fünf Jahre verbringen, bis zum Septem-ber 1829, für den Rapp den Einbruch der endzeitlichen Ereig-nisse − abweichend von Bengel − berechnet hatte. Die Anlage von Ökonomie stellt ein Schachbrett dar, wobei eines der Rechtecke, die dieses Straßennetz bildet, von einem Garten eingenommen wird, in dessen Mitte ein sechseckiger Pavillon errichtet wurde. In diesem Pavillon steht heute eine die Harmonie versinnbildlichende Frauenstatue[34], die allerdings neueren Datums ist. In der südwestlichen Ecke des Gartens findet sich eine Grotte, mit außen rauer und innen glatter Oberfläche. Die Seite des Gartens an der Kirchengasse wird von Gebäuden eingenommen, insbesondere von dem statt-lichen Wohnhaus, das für Rapp errichtet wurde und im Som-mer 1825 vor seiner Fertigstellung stand. Es handelt sich um ein geräumiges doppelstöckiges Haus, an das links und rechts einstöckige Flügel angebaut sind. Rapps Haus gegenüber, auf der anderen Seite der Straße, wurde um 1828 die Kirche errichtet, mit einem stattlichen, 30 Meter hohen Turm auf der Westseite. Die Nordseite des Gartens wird begrenzt von der »Store-Gasse«, die ihren Namen von dem Laden hat, der hier eingerichtet wurde. An der Kreuzung von Store- und Kirchen-gasse steht das lang gestreckte Gemeinhaus, das im oberen

---

[33] Zum Folgenden vgl. Arndt, George Rapp's Harmony Society, S. 305-602.

[34] Diese hat vermutlich eine Vorgängerin gehabt, da Friedrich List von einer »Ceres« berichtet, die auf einen 13 Fuß hohen Felsen gestellt wer-den sollte; Arndt, George Rapp's Harmony Society, S. 322. Wahrschein-lich war die angebliche Ceres doch eine Harmonie.

Stock einen großen Saal enthält. Dieser Festsaal diente für Anlässe wie das Harmoniefest, mit dem alljährlich am 15. Februar die Gründung der Harmoniegesellschaft begangen wurde, ebenso für das Erntefest und die Liebesmähler. Hinter dem Gemeinhaus befindet sich in einem eigenen Gebäude die Küche, in nächster Nähe der Fruchtkasten (granary) und das Magazin (warehouse). Auch in Ökonomie gab es ein Hotel; es stand östlich vom Kern der Siedlung, dort wo die Store-Gasse auf die Landstraße traf, die von Pittsburgh nach Beaver führte. Mit Ausnahme des Hotels waren damit aber wieder alle wichtigen Gebäude zentral gelegen, zwar nicht an einer Straße aufgereiht, aber um den Garten herum angeordnet.

Ökonomie erscheint in der Reiseliteratur der Zeit ebenfalls als ein blühendes Gemeinwesen. Zu den Besuchern, die sich in Ökonomie gewissermaßen die Klinke in die Hand gaben, gehört der Volkswirtschaftler Friedrich List (1789-1846), der aus politischen Gründen aus Württemberg hatte emigrieren müssen und 1825 die Landsleute am Ohio besuchte. Er fand in Ökonomie eine Siedlung, die für ihn die Vorzüge Deutschlands und Amerikas vereinte. Herzog Paul von Württemberg (1797-1860), ein anerkannter Erforscher des amerikanischen Kontinents, war ebenfalls in Ökonomie; von dem ihn begleitenden Maler Karl Bodmer gibt es eine wunderschön aquarellierte Ansicht des Ortes. Der Dichter Nikolaus Lenau (1802-1850) verbrachte den Winter 1832/33 in Ökonomie, wo er sich in dem ihm sonst fremd gebliebenen Amerika sofort heimisch fühlte.

Auch an ihrem dritten Siedlungsort erlebten die Rappisten eine wirtschaftliche Blüte, die alle Besucher beeindruckte. Selbst die Krise des Jahres 1829, des Termins des Einbruchs der endzeitlichen Ereignisse, wurde gemeistert. Just zu diesem Zeitpunkt kündigte sich in Ökonomie ein »Graf Leon« aus Frankfurt am Main an, ein Hochstapler oder Psychopath, der jedoch erst 1831 eintraf. Dieser Graf Leon, der sich auch Proli nannte, verursachte in der zweifellos angespannten Atmosphäre eine Spaltung der Gesellschaft, die in einer Vermögens-

auseinandersetzung mit den weichenden Mitgliedern endete[35]. Georg Rapp gelang es aber, diese Krise ohne Schädigung
seines Ansehens zu meistern. Damit war aber auch die aktive
Zeit der Gemeinschaft vorbei. Der hoch begabte Friedrich Reichert, der vor allem die Außenbeziehungen der Gemeinschaft
vermittelt hatte, starb schon 1834. Seine Nachfolge übernah-
men Romelius Baker und Jakob Henrici. Johann Georg Rapp
besaß nach wie vor die unbestrittene Autorität als geistlicher
Leiter. Er starb hochbetagt am 7. August 1847 in Ökonomie[36].

Württemberg und die Rappisten

Noch Jahrzehnte nach der Auswanderung der Rappschen
Gemeinschaft bestanden Verbindungen in die alte Heimat. Ein
Beleg dafür ist ein »Antwortschreiben einiger Geistlichen in
Würtemberg, auf einen von einem Mitglied der Rapp'schen
Harmonie ... ihnen zugekommenen Brief.«[37] Aus dem 1835
verfassten Schreiben wird deutlich, dass man in Ökonomie
nach wie vor den Anspruch erhob, dass die Gemeinschaft
das Sonnenweib der Apokalypse darstellte. Die ungenannten
württembergischen Geistlichen bestritten, dass die Harmonie-
Gesellschaft die wahre Kirche sei, und verwiesen auf das
Endurteil Gottes, durch das das Unkraut vom Weizen getrennt
werden wird. Eingehend widerlegt wird die Behauptung, dass
die Gütergemeinschaft die einzige, Christen gemäße Wirt-

---

[35] Diese Geschichte wird mit vielen Einzelheiten erzählt in: Die Rappische
Kolonie in Nordamerika. In: Der Christen-Bote 37 (1867) S. 25 - 27. Der
Artikel erschien offenbar aufgrund neuerlicher Werbungen für Ökono-
mie in Württemberg.

[36] Zum Folgenden vgl. Arndt, George Rapp's Successors and Material
Heirs.

[37] Der Christen-Bote 1835, Sp. 99 - 103, 107 - 110. Der Brief ist wieder
abgedruckt von Arndt, George Rapp's Years of Glory, S. 76 - 88. Weiteres
Material zu dieser Kontroverse scheint Arndt nicht bekannt geworden
zu sein.

schaftsform sei. Vollends wird der Behauptung widerspro-
chen, dass in Amerika der Bergungsort sei, im Gegenteil »deutet Alles viel mehr auf Palästina und überhaupt Asien, als auf
Amerika.« Besonders aber wird die Berechtigung der hierar-
chischen Stellung Rapps bestritten, der auf den Betrüger Proli
hereinfiel. »Da seyd ihr ja betrogen worden«, heißt es in dem
Sendschreiben, »weil ihr die Geister nicht prüfen konntet, und
doch behauptet ihr die ächteste Gemeinde zu seyn!«

»Der Christen-Bote«, das Organ des württembergischen
Pietismus, berichtete auch vom Tod Friedrich Reicherts 1834[38]
und davon, wie Rapp es fertig brachte, das Erbe seines Adop-
tivsohns anzutreten, der die Geschäfte der Harmonie-Gesellschaft in seinem eigenen Namen getätigt hatte. Gleichzeitig
veröffentlichte der »Christen-Bote« das Antwortschreiben
Rapps auf den oben erwähnten Brief der Württemberger, in
dem er vor allem festhält, dass er Proli von Anfang an durchschaut habe, während einige der Gemeinschaft auf ihn herein-
gefallen und durch die Trennung »der Leib unserer Gemeine
vom Unrath gereinigt worden« sei. Im Übrigen sah Rapp in der
Tatsache, dass sich die Gütergemeinschaft nun über dreißig
Jahre gehalten habe, einen Beweis dafür, dass seine Gemeinde auf dem richtigen Weg sei. »Desto mehr gebührt uns
zu wachen, und wer noch einen Funken vom großen Urlicht
besitzt, möge es durch den empfangenen Geist nach Joh. 14,
16 durch eine volle Uebergabe vermehren, und eine himmlische Erde finden, daß der Lebensbaum darein verpflanzt
werde, welcher bald Früchte bringen mag für uns und unser
Brudergeschlecht; welches unsere Gemeine in einem kleinen
Ertrag wirklich schon genießt und kostet, und vor alle die
Widerwärtigkeiten, die schon erduldet, reichlichen Ersatz
einerndten, weil großer Friede und Einigkeit in und unter uns
wohnt, denn Kreutz und Anfechtung vereinigt gleiche Dul-
der.« Dieser Briefwechsel belegt, dass die Rappsche Separation auch noch drei Jahrzehnte nach der Auswanderung im

[38] Der Christen-Bote 1835, Sp. 248, 263 f.

Bewusstsein der Württemberger war und die Auseinanderset-zung mit ihr nach wie vor für notwendig erachtet wurde. Ande-rerseits ist zu erkennen, dass die Harmonie-Gesellschaft auch nach dem Fiasko von 1829 ihren Anspruch aufrechterhielt, die wahre Gemeinde Gottes zu sein, die aus Babylon ausgezogen war.

Auch weiterhin scheinen Nachrichten über »Rapps Colo-nie-Oekonomie bey Pittsburg in Nordamerika« in Württem-berg von Interesse gewesen zu sein. Ein entsprechender Be-richt[39] verhehlt keineswegs die wirtschaftlichen Erfolge von Ökonomie, betont aber die autokratische Stellung Rapps: »In der Mitte gegen den Fluß hin thront Rapp in einem Palaste. Er hat darin seine Kunstkabinete, seine Gemäldegallerie, seinen Konzertsaal, seinen Audienz- und Speise-Saal. Hinter dem Palast dehnt sich ein weiter prächtiger Garten aus, dessen Anlagen an die ehemaligen Hohenheimer Anlagen erinnert....Priester und König, predigt und regiert Rapp; Beides mit gewaltiger Stimme. Seine Leute zittern, wenn sie ertönt, doch lieben sie ihn nach ihrer Aussage zärtlich.«

Der Bericht wiederholt die Affäre Proli und bezeichnet den Tod von Friedrich Reichert als schweren Schlag für die Gesellschaft, wodurch freilich ihr Wohlstand nicht beein-trächtigt werde. In der Tat steigerte sich die wirtschaftliche Prosperität von Ökonomie in dem folgenden Zeitraum noch durch die Industrialisierung des Ohio-Tales mit dem Auf-bau der Stahlproduktion, der Errichtung von Eisenbahnen und der Entdeckung von Ölquellen. Freigiebig ließ man be-sonders gleich gesinnte Gemeinschaften am Reichtum der Harmonie-Gesellschaft teilhaben. Dazu gehören die Hutte-rer, die Nachkommen der Täufer der Reformationszeit, denen man die Übersiedlung von Russland nach Ame-rika ermöglichte. Dann die Gemeinschaften von Zoar[40] und

---

[39] Der Christen-Bote 1835, Sp. 364 f.

[40] Es handelt sich hierbei um die separatistische Gruppe von Rottenacker an der Donau, die 1817 nach Amerika übersiedelte; vgl. Fritz, Separatis-ten und Separatistinnen in Rottenacker.

240

Amana[41] und die Shakers[42], schließlich auch die Tempelgesellschaft[43], deren Auswanderung von Württemberg nach Palästina mit namhaften Summen unterstützt wurde. Im Übrigen war Ökonomie, wie eine württembergische Besucherin urteilte, unter der Leitung von Baker und Henrici »eine Stätte des Friedens und des stillen Glückes geworden, und die Gesellschaft verdient jetzt mit Recht den Namen Harmonie.«[44] Die Rappsche Bewegung war in ihre Herbstzeit eingetreten, die Frühjahrsstürme des Separatismus, die sie nach Amerika getragen hatten, waren längst vorüber. Das Ende war abzusehen.

---

[41] Amana in Iowa ist ebenfalls eine Gründung deutscher Inspirationisten, vornehmlich aus Hessen und Sachsen, unter Christian Metz (1793-1867), führt aber seine Tradition auf den ehemaligen württembergischen Pfarrer Eberhard Ludwig Gruber (1665-1728) und den württembergischen Pfarrerssohn Johann Friedrich Rock (1678-1749) zurück. Diese Gemeinschaft hielt bis 1932 am Gemeineigentum fest. Vgl. Art. Amana Society, in: Die Religion in Geschichte und Gegenwart, Bd. 1 3. Aufl., Sp. 303.

[42] Die Shakers sind die wohl bekannteste und bedeutendste religiöse Gruppe, die Gemeineigentum und Ehelosigkeit praktizierte. Sie ist ein Seitenzweig der Quäker und wurde von Ann Lee (1736-1784) begründet. Die vornehmlich englischsprachigen Shakers lebten verteilt auf verschiedene Orte in Nordamerika; vgl. Nordhoff, Communistic Societies, S. 117-256; Art. Shakers, in: Die Religion in Geschichte und Gegenwart, Bd. 2 3. Aufl., Sp. 2 f.

[43] Vgl. Sauer, Tempelgesellschaft.

[44] So in einer Gegendarstellung auf den im Christen-Boten erschienenen Artikel über Ökonomie, in der das strenge Regiment Rapps keineswegs beschönigt wird: Das jetzige Economy. In: Der Christen-Bote 37 (1867) S. 87-89. Die Verfasserin L(ouise) W(eil) hatte selbst längere Zeit in Economy zugebracht und ihre Erfahrungen niedergelegt in dem Buch: Amerika, Stuttgart 1860. Vgl. Arndt, Harmony on the Connoquenessing, S. 270 f.

Das Ende

Der Reichtum der Harmonie-Gesellschaft zog natürlich auch Begehrlichkeiten auf sich. Unter denen, die versuchten, sich auf verschiedene Weise zu Erben der aussterbenden Gesellschaft zu machen, hatte letztlich ein John Duss Erfolg, ein Musiker von eher bescheidenen Gaben, der mit dem Geld der Gesellschaft unter anderem ein Ausstattungsprogramm für die Metropolitan Opera in New York finanzierte. Rapps Harmonie-Gesellschaft, die schon längst ausgestorben war, wurde 1905 auch de jure aufgelöst. Ein Großteil der Ländereien von Ökonomie wurde von der American Bridge Company aufgekauft; italienische und slawische Einwanderer kamen als Arbeiter für die Stahlwerke in die Gegend. Die neu entstandene, südlich an Ökonomie anschließende Siedlung bekam den Namen Ambridge[45].

Die nach wie vor ungeklärte Rechtslage mündete in einen Rechtsstreit, den Duss mit dem Staat Pennsylvania führte. Dieser endete in einem 1916 geschlossenen Vergleich, wonach dem Staat der Kern der Siedlung zugesprochen wurde und Duss den ansehnlichen Rest der Besitztümer erhielt. Unter staatlicher Verwaltung fiel Ökonomie in einen Dornröschenschlaf, der bis in die 50er-Jahre des 20. Jahrhunderts anhielt. Lediglich die Kirche wurde von einer lutherischen Kirchengemeinde übernommen und heißt jetzt St. John's Lutheran Church. Bis in die 60er-Jahre wurden dort auch noch deutschsprachige Gottesdienste gehalten, die zuletzt noch von einigen Frauen, die nach 1945 als »war brides« in die Gegend gekommen waren, besucht wurden. Das Zentrum von Ökonomie ist heute ein Freilandmuseum, verwaltet von der Historical Commission des Staates Pennsylvania, wo man sich bemüht, das Leben der Harmonie-Gesellschaft in unterschiedlichen Aktivitäten dem Besucher darzustellen.

---

[45] Erinnerungen an die Spätzeit und die Auflösung der Harmoniegesellschaft bietet: Knoedler, Harmony Society.

Im Dornröschenschlaf befindet sich noch die Bibliothek der Harmonie-Gesellschaft im Rappschen Haus, die trotz der zu vermutenden Verluste immer noch recht stattlich ist. Auch dem flüchtigen Besucher dieser Bibliothek fällt auf, dass hier die Grundwerke des separatistischen Pietismus: Böhme, Gichtel, Arnold und die Berleburger Bibel stehen (um nur diese wenigen Beispiele zu nennen). Eine eingehende Sichtung dieser Bibliothek könnte das theologische Fundament des württembergischen Separatismus am Ausgang des 18. Jahrhunderts noch deutlicher herausarbeiten, als es heute bekannt ist. Auch unmittelbare Zeugnisse der Rappschen Theologie und Verkündigung gibt es: die im Staatsarchiv in Harrisburg verwahrten »sermons« von Rapp, die wohl Nachschriften seiner Ansprachen darstellen, da sie nicht von seiner Hand stammen. Bis heute sind diese Manuskripte ungeordnet und unbearbeitet. Eine Untersuchung dieser Zeugnisse könnte vermutlich erklären, wie die Krisenzeit 1829 - 1831 bewältigt wurde, wie aus der präsentischen vermutlich eine futurische Eschatologie wurde. Darüber hinaus wäre hier Georg Rapp als zweiter Laientheologe des württembergischen Pietismus neben Michael Hahn zu entdecken.

Gottlieb Wilhelm Hoffmann

Gottlieb Wilhelm Hoffmann
(1771-1846)

von Andreas Gestrich

Als »Patriarch seiner Gemeinde« oder — liebevoller — als »Vater Hoffmann« wurde der Gründer und langjährige Vorsteher der evangelischen Brüdergemeinde in Korntal bezeichnet.[1] Die Autorität und der prägende Einfluss dieses »ebenso weltklugen und energischen wie glaubenstreuen und in all' seiner Frömmigkeit nichts weniger als kopfhängerischen« Mannes reichte jedoch weit über Korntal, selbst weit über Württemberg hinaus.[2] Ganz ohne Zweifel darf man Hoffmann zu den »Vätern und Patriarchen«, zu den führenden Persönlichkeiten des württembergischen Pietismus der ersten Hälfte des 19. Jahrhunderts rechnen. Grundlage seines Rufs war jedoch nicht — wie bei den pietistischen »Schwabenvätern« des 18. Jahrhunderts[3] — eine reichhaltige theologisch-literarische Tätigkeit, sondern Hoffmanns Funktion und Geschick als Organisator, seine Verbindung von Frömmigkeit und praktischer Politik und vor allem die erfolgreiche Umsetzung seiner Vision einer christlichen Gemeinde.

Korntal war Hoffmanns »Kind«, sein Beitrag zur Theologie des Pietismus — und dieser Beitrag erregte überregionale Aufmerksamkeit. Korntal wurde vielfach angefeindet und als protestantisches Wallfahrtszentrum, als »heiliges Korntal«, verspottet. Aber es wurde ebenso rasch und gruppenübergreifend zum festen Bestandteil und Symbol pietistisch-protestantischer Frömmigkeitspraxis in Württemberg. Es war Ausdruck

---

[1] Wagenmann, Hoffmann, 594 f.
[2] Ebd., 594.
[3] Kurzer Überblick zu den »pietistischen Schwabenvätern« bei Schäfer, Württemberg, 44 ff.

245

jener spezifischen Verbindung von eschatologischer Naherwartung und einem praktischen, auf die Linderung von Armut und Not gerichteten Christentum, die für die pietistische Erweckungsbewegung des 19. Jahrhunderts so charakteristisch war. Zugleich war Korntal Ausdruck des Selbstbewusstseins und der geistlich-theologischen Kompetenz protestantischer Laien und ihrer kritischen Distanz zur Amtskirche.

Der wichtigste Weg zu Hoffmann führt also über Korntal. Welcher Weg umgekehrt Hoffmann nach Korntal führte, ist weniger deutlich. Die Überlieferung zum Privatleben und zur geistlichen Entwicklung Hoffmanns ist dünn, vielfach anekdotisch. Daraus ergibt sich kaum ein verlässliches und plastisches Bild seiner religiösen Entwicklung. Auch die Dokumentation und Würdigung von Hoffmanns beruflich-politischer Tätigkeit ist schwierig. Der »Privatmann« wird im Folgenden also nicht im Vordergrund stehen, allenfalls einige strukturelle Bedingungen seiner Biographie werden angedeutet werden können, das Hauptgewicht liegt letztlich auf seinem Werk, seiner Tätigkeit in und für Korntal.

Familie und Beruf

Gottlieb Wilhelm Hoffmann wurde am 19. Dezember 1771 in Ostelsheim bei Calw geboren. Sein Vater war dort Pfarrer, ein angeblich strenger Vertreter der lutherischen Orthodoxie. Diese erschöpfte sich keineswegs, wie ihr die pietistische Hausgeschichtsschreibung immer vorwarf, in dogmatischen Auseinandersetzungen um die rechte lutherische Lehre, sondern war durchaus auf die christliche Gestaltung des Lebens ausgerichtet.[4] Dazu gehörte auch die Führung eines christlichen Haushalts und eine strenge, auf die Erfüllung des vierten Gebots bedachte Kindererziehung.[5] Kinder hatten die

---

[4] Vgl. dazu v.a. Holtz, Theologie.
[5] Holtz, Theologie, 201 ff.; Frühsorge, Begründung, 110-123.

Eltern zu ehren, Eltern mussten ihre Kinder schützen, sie aber auch zu Gottesfurcht, Arbeit, Zucht und Ehrbarkeit erziehen. Dazu gehört die körperliche Züchtigung »mutwilliger« und ungehorsamer Kinder.

Der Ostelsheimer Pfarrer, der Magister Christoph Ludwig Hoffmann (1733-1809), scheint es mit den Grundsätzen lutherisch-orthoxer Erziehung sehr ernst genommen zu haben. Die Kinder wurden ständig zur Arbeit angehalten. Ein Landpfarramt war in jenen Tagen immer auch ein kleiner landwirtschaftlicher Betrieb. Die Gärten mussten bebaut, die Naturalabgaben der Gemeinde verkauft und vor allem zur Vorratshaltung verarbeitet werden. »Seine Jugend«, so hieß es in seinem Nachruf, »war fast harte Dienstbarkeit auch in äußeren Dingen.«[6] Die Kinder des Pfarrers mussten arbeiten wie sonst das Gesinde, das sich der Ostelsheimer Pfarrer vermutlich nicht leisten konnte. Ganz konfliktfrei scheint dieser Arbeitszwang von den Söhnen nicht akzeptiert worden zu sein. Hoffmann soll später erzählt haben, »er habe als Junge an 365 Tagen im Jahr Schläge bekommen und in Schaltjahren an 366 Tagen«.[7] Darunter scheint er so gelitten zu haben, dass er selbst – nach den Angaben seines Sohnes – seine Kinder nie geschlagen hat.[8]

Ein württembergischer Landpfarrer war nicht reich. Sein Einkommen reichte in der Regel kaum an das der reicheren Bauern oder Handwerker seiner Gemeinde heran. Eine höhere Schulbildung oder gar ein Studium für die meist zahlreichen Kinder ließ sich daraus nur schwer finanzieren. Meist konnte man nur einem Sohn ein Studium ermöglichen – und das nur mit Hilfe eines Stipendiums in den Klosterschulen, den späteren Seminaren, und dem Tübinger Stift. Damit war zugleich bereits eine Entscheidung über das Studienfach, die Theologie, verbunden. Die übrigen Söhne mussten eine andere, nichtakademische Ausbildung machen. Besonders

---

[6]   Zum Andenken, 16.
[7]   Grünzweig, Hoffmann, 2.
[8]   Ebd., 2; vgl. auch Hoffmann, Christoph, Weg.

beliebt unter den Pfarrern waren die anspruchsvolleren Berufe der Apotheker und der Schreiber, auch die Offiziers-laufbahn, die über die Kadettenanstalten eine kostenlose höhere Schulbildung vermittelte, war zumindest in der zwei-ten Hälfte des 19. Jahrhunderts auch in Pfarrerskreisen durch-aus akzeptabel.

Der Pfarrer von Ostelsheim hatte drei Kinder, zwei Söhne und eine Tochter.[9] Keiner der beiden Söhne schlug eine aka-demische Laufbahn ein. Gottlieb Wilhelm Hoffmann wurde von seinen Eltern »dem so genannten Schreiberstand gewid-met«.[10] Er trat damit in die Fußspuren seines Großvaters müt-terlicherseits, der Gerichtsschreiber und Amtsschultheiß in Malmsheim bei Leonberg gewesen war.[11] Schreiber war ein wichtiges, innerhalb der württembergischen Verwaltung gera-dezu mächtiges, aber im ausgehenden 18. und frühen 19. Jahr-hundert sehr umstrittenes Amt. Schreiber waren Protokollan-ten bei Verhandlungen, vor allem aber hatten sie das Monopol, für die Untertanen amtliche Schriftstücke aufzusetzen, natür-lich gegen Bezahlung. Sie mussten also eine gewisse juristi-sche und verwaltungstechnische Bildung besitzen, waren die Stellvertreter der Amtleute, die so genannten Amtssubstituten, und konnten auch zu Unteramtmännern, Bürgermeistern oder Notaren aufsteigen. In einer Zeit, in der sich die Fähigkeit des Lesens und Schreibens immer weiter verbreitete, kam die-ses mit Kosten verbundene Privileg der württembergischen Schreiber jedoch immer mehr unter öffentliche Kritik. Selbst der Philosoph Georg Wilhelm Friedrich Hegel (1770-1831) fühlte sich 1817 bemüßigt, eine Glosse über den württember-gischen »Schreiberei-Unfug« und »jene Rasse von Menschen

---

[9] Für genealogische Auskünfte danke ich Herrn Pfr. Neumann in Ostels-heim, Herrn Dekan Dieterich in Calw sowie Herrn Dr. Konrad Hoff-mann, Wieblingen.
[10] Zum Andenken, 16.
[11] Evang. Pfarramt Ostelsheim, Familienregister 1765-1808, Bd. IV.

(...), die man im übrigen Deutschland seit Dr. Fausts Zeiten nicht mehr kenne«, zu verfassen.[12]

Gottlieb Wilhelm Hoffmann wurde also »dem Schreiberstand gewidmet«. Das heißt, er trat in ein Lehrverhältnis ein. Seine Eltern wählten dafür einen »tüchtigen Mann des Faches« aus, den Stadtschreiber des nahen Calw.[13] Welche Schulbildung Hoffmann zuvor genoss, ob er in Calw vielleicht eine Lateinschule besuchte, entzieht sich unserer Kenntnis, ebenso wann genau er die Lehre in Calw begann. In der Lehrzeit scheint sich aber der strenge Ton des elterlichen Haushalts fortgesetzt zu haben. Auf die Lehrzeit in Calw folgte dann eine erste Stelle als Amtssubstitut in dem ebenfalls nur wenige Kilometer von dem Heimatdorf Ostelsheim entfernten Marktflecken Merklingen, dem Sitz eines Unteramts des Klosteramts Herrenalb, nach 1807 eines württembergischen Kameralamtes.[14] Hier scheint er auch Familienanschluss gefunden zu haben. Sein dortiger Vorgesetzter, Amtsschreiber Flattich, wurde später sein Schwiegervater.

Der eigentliche berufliche Aufstieg Hoffmanns begann an seinem nächsten, ebenfalls nur wenige Kilometer weiter entfernt liegenden Wirkungsort, in Leonberg. Dort wurde er Mitte der 1790er-Jahre zunächst Gehilfe des Stadtschreibers Ofterdinger, stieg dann nach der Jahrhundertwende rasch zum Notar und schließlich auch zum Amtsbürgermeister der Stadt auf. Hoffmann war ein in Stadt und Land angesehener Verwaltungsfachmann, der sich vor allem in den schwierigen Zeiten der napoleonischen und antinapoleonischen Kriege bestens bewährt hatte und deshalb auch in die so genannte Landeskommission zur Verteilung der Einquartierungslasten während des Krieges berufen wurde. 1815 wurde er Vertreter

---

[12] Anon., Frage; Anon., Wanderungen; Hegel, Verhandlungen, 557 ff.
[13] Zum Andenken, 16.
[14] Zu den wechselnden Amtsfunktionen von Merklingen vgl. Staatliche Archivverwaltung Baden-Württemberg (Hg.), Baden-Württemberg, 921 f.

Leonbergs in der württembergischen Ständeversammlung, der er bis 1826 angehörte. In der Zeit des Verfassungskonflikts soll Hoffmann im Wesentlichen die Position der »Altrechtler« bezogen haben, also für die Beibehaltung der landständischen Verfassung eingetreten sein.[15] Außerdem setzte er sich für die Trennung von Kirchen- und Staatsgut ein, schloss sich damit also liberalen Forderungen an. An seiner monarchistischen Grundhaltung bestand aber wohl nie ein Zweifel. In den Zeiten, als auch Pietisten und Separatisten im Lande heimlich oder offen mit den politischen Forderungen der Französischen Revolution sympathisierten, gehörten Hoffmann und sein Freundeskreis deutlich zur Seite der Gegner der Republik.[16]

Hoffmann war sicher einer der fähigsten und geachtetsten mittleren Verwaltungsbeamten Württembergs in jenen Jahren und hatte eine relativ steile Karriere hinter sich. Es war eine Karriere, die ihm sicher auch den Weg in die inneren Zirkel der württembergischen Ehrbarkeit, also der führenden bürgerlichen Familien des Landes geöffnet hätte. Hoffmann suchte den Zugang zu den zentralen Verwandtschafts- und Klientelsystemen des Landes, der vor allem über Heiratsverbindungen hergestellt wurde, offensichtlich nicht. Mit seiner ersten, 1799 in Leonberg geschlossenen Ehe blieb der aus bescheidenen Landpfarrersverhältnissen kommende Hoffmann noch am ehesten in seinem sozialen Umfeld. Wilhelmine Flattich (1779-1801) war die Tochter seines Vorgesetzten, des Merklinger Amtsschreibers, und eine Nichte des bekannten pietistischen Pfarrers Flattich. Sie verstarb jedoch bereits nach einem Jahr. Mit seiner zweiten, 1801 geschlossenen Ehe verband Hoffmann definitiv nicht die Absicht, soziale oder politische Ambitionen zu fördern. Er heiratete vielmehr Friederike

---

[15] Aus der umfangreichen Literatur zum württembergischen Verfassungskonflikt vgl. v. a. Press, Landtag; Wunder, Grundrechte; zum »Alten Recht« vgl. auch List, Kampf.

[16] Zum Andenken, 20; zur monarchistischen Einstellung von Hoffmann und seinem Kreis vgl. Lehmann, Pietismus, 153 ff.

(1779 - 1810), die Tochter des Leonberger Schneidermeisters Löffler. Religiöse Übereinstimmung wird bei der Partnerwahl ausschlaggebend gewesen sein. Dies galt auch für seine dritte Ehe. Nach dem Tod der zweiten Frau 1810 heiratete er noch im gleichen Jahr Beate Baumann (1774 - 1852), die Tochter eines verstorbenen Pfarrers aus Zainingen.

Aus der Ehe mit Friederike Löffler stammten vier Töchter und zwei Söhne, aus der mit Beate Baumann zwei Töchter und ein Sohn. Aus der zweiten Ehe erreichte nur ein Sohn das Erwachsenenalter; von den insgesamt sechs Töchtern starben fünf vor ihrem Vater. Die beiden überlebenden Söhne wurden zu bekannten, wenn auch sehr gegensätzlichen Gestalten des deutschen Protestantismus im 19. Jahrhundert: Der 1806 geborene Wilhelm (1806 - 1873) studierte Theologie, war in den Jahren 1824 bis 1829 im Tübinger Stift und in diesen Jahren auch mit David Friedrich Strauß (1808 - 1874) und Friedrich Theodor Vischer (1807 - 1887) befreundet. Er gehörte damals noch nicht zu den pietistischen Gruppen im Stift. Erst als Vikar in Heumaden erlebte er eine Bekehrung und wurde in der Folgezeit ein bedeutender theologischer Vertreter einer gemäßigten pietistischen Richtung. Wilhelm Hoffmann wurde 1839 zum Inspektor der Basler Mission berufen, 1850 zum Ephorus des Tübinger Stifts ernannt und 1852 als Hofprediger nach Berlin »abgeworben«.[17]

Der zweite überlebende Sohn, der 1815 geborene Christoph Jonathan (1815 - 1885), war ganz anderer Art. Auch er studierte zunächst Theologie im Tübinger Stift, wurde jedoch Lehrer an der von den Gebrüdern Paulus zunächst in Korntal errichteten und dann — aufgrund von Konflikten — nach Ludwigsburg in den so genannten Salon verlegten Schule. Eher beeinflusst von den regierungs- und kirchenkritischen Strömungen des Pietismus waren für ihn die Zeit des Vormärz und der Revolution von 1848 sowie die starke endzeitliche Naherwartung des württembergischen Pietismus prägend. Sozial-

---

17 Vgl. Leube, Stift, 177 ff.; Hoffmann, Carl, Leben.

kritik, Nationalismus, pietistischer Antirationalismus und eschatologisches Denken erfuhren bei ihm eine radikale Vereinigung. Christoph Hoffmann war überzeugt, dass die soziale, politische und religiöse Misere der Gegenwart nur durch eine radikale Erneuerung der Welt behoben werden könne.[18] Diese radikale Erneuerung müsse von Deutschland, dem auserwählten Volk des Neuen Bundes, ausgehen. Am Anfang der Erneuerung aber habe der von Jesus befohlene Auszug aus »Babylon« zu stehen, dem einzigen »Mittel gegen die leib- und seelenmörderischen Einflüsse des Teufels« und »wirksamste Vorbereitung zu dem nahe bevorstehenden letzten Entscheidungskampf gegen das Thier aus dem Abgrund«.[19] Christoph Hoffmann gründete die »Gesellschaft für Sammlung des Volkes Gottes in Jerusalem«, mit der er von Palästina aus die geistliche Erneuerung der Welt plante. Seine auch als »deutscher Tempel« bezeichnete Gesellschaft entwickelte sich rasch zu einer separatistischen Gemeinde, die ab 1860 nach Palästina auswanderte und 1861 aus der württembergischen Landeskirche ausgeschlossen wurde.

In den so unterschiedlichen religiös-politischen Entwicklungen der beiden Söhne werden Tendenzen des Pietismus deutlich, die auch den Vater geprägt hatten und die er an seine Kinder weitergegeben haben muss. Die Söhne griffen diese Tendenzen jedoch sehr selektiv auf und entwickelten sie im Zusammenhang ihrer Erfahrungen der eigenen Zeit in entsprechend unterschiedliche Richtungen fort. Ganz aus der Einflusssphäre des Vaters und des Korntaler Pietismus ist – bei aller geographischen Entfernung – jedoch keiner der beiden Söhne herausgetreten. Wie der Vater selbst die geistige bzw. geistliche und berufliche Entwicklung seiner Söhne eingeschätzt haben würde, muss allerdings Spekulation bleiben, da er deren entscheidende Wendungen – nach Berlin bzw.

---

[18] Zu Christoph Hoffmanns Entwicklung ders., Weg; Lehmann, Pietismus, 240 ff.; Carmel, Siedlungen.
[19] Süddeutsche Warte v. 3. April 1856, zit. nach Lehmann, Pietismus, 241.

nach Palästina – nicht mehr miterlebte. Gottlieb Wilhelm Hoffmann starb am 29. Januar 1846 in Korntal.

Gottlieb Wilhelm Hoffmann und der württembergische Pietismus

Hoffmann war kein gelernter Theologe, auch kein viel schreibender Autodidakt wie der ihm eng verbundene Michael Hahn (1758-1819). Eine Autobiographie oder ein Tagebuch liegen von ihm ebenfalls nicht vor. Die geistliche Entwicklung Hoffmanns kann deshalb vielfach nur indirekt erschlossen werden durch die Kreise, in denen er verkehrte, die Personen, mit denen er zusammenarbeitete, die Anliegen und Hoffnungen, die er mit Korntal verband. Dennoch wurde Hoffmanns Biographie verschiedentlich Gegenstand auch pietistischer Exempelliteratur, auf die im Folgenden teilweise zurückgegriffen werden muss. Sie unterlag damit natürlich ganz bestimmten Stilisierungszwängen dieses Genres.

Hoffmanns pietistischer Lebenslauf besaß selbstredend eine zentrale Zäsur, die Bekehrung. Nach der kolportierten Überlieferung soll er diese Bekehrung während seiner Zeit in Calw erfahren haben. Sie wird – wie in vielen pietistischen Lebensläufen – in der Erzählung verbunden zum einen mit einem vorausgegangenen relativ weltlichen, auf Vergnügungen ausgerichteten Lebenswandel und zum anderen mit einem deutlichen Fingerzeig Gottes, einer kleinen »Wundergeschichte«. Hoffmann soll während seiner Schreiberausbildung in Calw ein recht fröhliches Leben geführt und dabei Schulden angesammelt haben, die er nicht bezahlen konnte, als er von Calw nach Merklingen wechseln wollte. »In der Angst rief ich den Gott an, den ich nicht kannte: Gott, wenn du lebst, so zahle meine Schulden; aber gleich reute mich das Gebet, denn es durchfuhr mich der Gedanke: wenn ers thut, so muß ich ein anderer Mensch werden«.[20] In diesem Augenblick

---

[20] Zum Andenken, 17.

habe ein Bote ein Hilfsangebot auf Geldunterstützung einer entfernten Verwandten, einer »gottseligen Frau« gebracht, über deren Einfluss er in der Folgezeit »je länger je mehr zu Jesu gezogen« worden sei.[21]

Liest man diesen stilisierten Lebenslauf Hoffmanns einmal nicht aus der religiösen Perspektive der Bekehrungsgeschichte, sondern der eines Erziehungshistorikers, so kann man vermuten, dass hinter dem Lebenswandel Gottlieb Wilhelms in Calw und schließlich auch hinter seiner religiösen Neuorientierung eine sehr deutliche Lösung vom Elternhaus stand. Für den streng lutherischen Pfarrer-Vater war das Schuldenmachen des Sohnes sicher ebenso eine Provokation wie seine Hinwendung zu den Pietisten. Wahrscheinlich war Letzteres in der unruhigen Zeit der Jahrhundertwende und der relativ engen Verbindung von Pietismus und Separatismus für den Vater sogar problematischer als Ersteres. Eine Überlieferung dazu gibt es allerdings nicht.

Gottlieb Wilhelm Hoffmann nahm rasch Verbindungen zu den führenden Vertretern des bürgerlichen Pietismus in- und außerhalb Württembergs auf. Dazu zählten vor allem der Bengel-Schüler Johann Friedrich Flattich (1713-1797), seit 1760 Pfarrer in Münchingen, dem Nachbarort von Korntal, und Pfarrer Gottlieb Friedrich Machtholf (1735-1800) aus Möttlingen bei Calw. Der eher joviale und relativ weltoffene Flattich wurde über Hoffmanns erste Frau zugleich ein Verwandter.[22] Prägender war aber wohl der Einfluss des strengeren Pfarrers Machtholf. Über ihn gehen die Nachrichten und Beurteilungen sehr stark auseinander. In der pietistischen Geschichtsschreibung werden vor allem seine Bereitschaft zum Teilen und zur Armut sowie seine Predigten hervorgehoben, zu denen Pietisten selbst aus Stuttgart in vielstündigem Fußmarsch pilgerten.[23] In der Forschung steht eher der radikale

21 Ebd., 17.
22 Zu Flattich vgl. Ledderhose, Leben und unten S. 177 ff.
23 Vgl. z. B. Zündel, Blumhardt, 91 ff.

Pietist im Vordergrund, der aus Möttlingen eine christliche Kommune, gewissermaßen einen Vorläufer Korntals machen wollte und Tanzen bei Hochzeiten und andere Lustbarkeiten zu unterdrücken versuchte, dabei aber weder in der Gemeinde noch beim Konsistorium auf besonderes Verständnis stieß.[24]

Flattich und Machtolf gehörten zur mittleren Pietistengeneration in Württemberg, zur Generation der Bengelschüler. Flattich starb 1797, Machtholf nur wenige Jahre später. Weitere und für Hoffmanns theologische Entwicklung und sein (religions-)politisches Wirken vielleicht folgenreichere Kontakte knüpfte er zu den nur etwas älteren Pietisten seiner eigenen Generation, zu dem autodidaktischen Theosophen Michael Hahn[25], dem Haiterbacher Stadtpfarrer Christian Gottlob Pregizer (1751-1824)[26] und vor allem zu Pfarrer Johann Jakob Friederich (1759-1827) aus Winzerhausen.[27] Auch sie waren — bei allen theologischen Unterschieden — stark geprägt von Johann Albrecht Bengel (1687-1752) und seinen Voraussagungen der Wiederkunft Christi im Jahr 1836.[28] Vor allem Pfarrer Friederich deutete die »Zeichen der Zeit« im Umfeld der Französischen Revolution und den Aufstieg Napoleons so, dass nun das Ende bevorstehe und die »Kinder Gottes« an einem »Bergungsort« die Wiederkunft des Herrn erwarten sollten. Er verfasste eine einflussreiche Schrift, die Grundlage wurde für den Aufbruch vieler Pietisten, die dem von Osten wiederkommenden Christus entgegenziehen wollten. Sie fanden im Russland des christlichen Zaren Alexander II. (1818/1855-1881) einen ersten solchen »Bergungsort«, wo sie sich in christlichen Gemeinschaften niederlassen

---

[24] Vgl. z. B. Lehmann, Pietismus, 132; Zum Andenken, 18.
[25] Zu Hahn vgl. v. a. Trautwein, Theosophie.
[26] Zu Pregizer v. a. Müller, Pregizer.
[27] Zu Friederich vgl. Fritz, Friederich; Lehmann, Pietismus, 152 ff.
[28] Vgl. zur Geschichte der Endzeiterwartungen vor allem Gutekunst (Hg.), Apokalypse; Gestrich, Endzeiterwartungen und unten 60 f.

wollten; etliche versuchten auch in Richtung Palästina weiter-zuziehen.[29]

Friederichs Schrift und seine Predigttätigkeit erregte im Konsistorium großes Misstrauen und führte zu einer Unter-suchung seiner Lehre. Dabei stellte sich heraus, dass seine Gedanken über die Zeichen der Zeit und das Verhalten der wahren Christen in den gegenwärtigen Umständen vor allem in einer »Pietisten-Zusammenkunft« bei dem Substitut Hoff-mann in Leonberg erörtert worden seien. Hoffmann gehörte dann auch zu denjenigen, an die Friederichs Schrift zunächst verteilt wurde und die für die weitere Verbreitung im engeren Kreis der Pietisten sorgen sollten.[30] Konnte Friederich zunächst für sich und Hoffmann vor allem den Verdacht der Regierung zerstreuen, dass seine pietistischen Kreise – wie manche andere Separatisten – republikanische Neigungen hegten, »stolperte« er schließlich über ein zentrales theologi-sche Auseinandersetzungsgebiet zwischen Pietismus und der aufgeklärt-rationalistischen Ausrichtung des Konsistoriums, der Frage über das neue württembergische Gesangbuch von 1791 und vor allem die neue Liturgie von 1809. In dieser neuen Liturgie wurde in der Tauf- und Konfirmationsformel die Absage an den Teufel und seine Werke durch das Ablegen von »allem ungöttlichen Werk und Wesen« ersetzt.[31] Für die Pietisten, die an die Realpräsenz des Teufels glaubten, wurde dies zu einem zentralen Thema, der Widerstand gegen die Liturgie ein Kampf mit endzeitlichen Dimensionen. Man führte daher eigenständig Taufen nach der alten Liturgie durch. Friederich war von Anfang an einer der erbitterten Gegner von Gesangbuch und Liturgie und wurde 1809

---

[29]   Friederich, Glaubens- und Hoffnungs-Blick. Zur Russlandwanderung auch Lehmann, Pietismus, 175 ff.; Gestrich, Russlandwanderung.

[30]   Vgl. Lehmann, Pietismus, 152 ff. Friederichs Schrift war in 700 Exempla-ren gedruckt worden, 120 davon gingen an Hoffmann in Leonberg. Vgl. ebd., 154, Anm. 58.

[31]   Vgl. Hauber, Recht, 132.

schließlich vom Dienst suspendiert. Aufnahme fand er bei Hoffmann in Korntal und wurde von diesem schließlich auch zum ersten Pfarrer in Korntal gemacht. Hoffmann spielte eine wesentliche Rolle bei der Organisation und Abfassung von gegen die neue Liturgie gerichteten Eingaben pietistischer Gruppen an das Konsistorium.

Hoffmann, der selbst in dieser Zeit nichts schrieb und nur 1801 eine Liedersammlung herausgab,[32] war eng verquickt mit der chiliastischen Bewegung des ausgehenden 18. und beginnenden 19. Jahrhunderts, also mit jenen Pietisten, die eine nahe Wiederkunft Christi und den Beginn des Tausend-jährigen Reichs erwarteten, sowie mit dem pietistischen Wi-derstand gegen die Theologie und Kirchenpolitik des Konsis-toriums. Hoffmann selbst war allerdings nie direkt in irgend-welche Untersuchungen verwickelt. Interessant ist auch, dass er in diesem Zusammenhang Kontakt zu Personen mit so kon-trären theologischen Ansätzen wie Michael Hahn und Pregizer hielt. Überhaupt war die Integration der pietistischen Strö-mungen, die Sammlung der Bekehrten über die dogmatischen Trennlinien hinweg sowie die Mäßigung ihrer Opposition gegen die Staatsgewalt wohl eine der charakteristischen Eigenschaften Hoffmanns in jenen Jahren. Dabei verhielt er sich aber durchaus loyal zu seinen pietistischen Weggefährten, was ihm — auch das ist interessant — trotz der Konflikte in Württemberg keine nachhaltigen beruflichen Nachteile zuge-fügt haben kann. Es scheint, dass man in Stuttgart seine ver-mittelnde Position durchaus schätzte.

Hoffmanns Mittelweg bedeutete aber nicht, dass ihm die unter den Pietisten verbreitete Endzeiterwartung weniger bedeutet hätte. Im Gegenteil, Hoffmann lebte ganz auf das von Bengel als Termin der Wiederkunft Christi berechnete Jahr 1836 hin. Wie Hahn sah auch Hoffmann in der Auswan-derung nach Russland oder Amerika nicht unbedingt die rich-tige Reaktion. Hahn setzte stärker auf eine innere Wandlung

---

[32] Vgl. dazu Zum Andenken, 19 f.

als auf äußerlichen Rückzug aus der verderbten Welt. Hoffmann dagegen konnte zumindest der Sammlung der Bekehrten in einer wirklich christlichen Gemeinde, wie sie schon seinem Vorbild, dem Pfarrer Machtholf, und anderen vorgeschwebt hatte, durchaus einiges abgewinnen. Auch die Auswanderung schloss er für sich selbst zu verschiedenen Zeitpunkten nie ganz als Möglichkeit aus.[33] Insofern bot sich ihm mit der Gründung von Korntal der ideale Kompromiss.

Hoffmann und Korntal

Die starke Auswanderung in Richtung Russland und Amerika, die 1816 und 1817 einsetzte, beunruhigte die württembergische Regierung. Sie richtete deshalb 1817 eine Anfrage an alle Oberämter, wie diese »Auswanderungslust« gebremst werden könne. Der Leonberger Bürgermeister Hoffmann legte eine Antwort vor, in der er zwischen drei Gruppen von Auswanderungswilligen unterschied: den religiösen Separatisten, den Armen und denjenigen, die unter der neuen Liturgie leiden würden. Die Separatisten könne man ohnehin nicht überzeugen, »ihre Grundsätze sind eigentlich nicht religiös, sie weichen von dem buchstäblichen Sinne des göttlichen Wortes ab, und es ist kein Verlust für den Staat, dieselbe zu verlieren«; die Armen seien den Gemeinden und dem Staat »nur lästig«, ihre Auswanderung daher ebenfalls kein Verlust. Anders stände es dagegen bei den vielfach besser situierten Gegnern der neuen Liturgie. Diese Gruppe bestände aus »ruhigen, gewissenhaften, fleißigen und zum großen Theil nicht unvermöglichen Leuten, die sich in ihrer Gewissensfreiheit beschränkt fühlen«. Ihnen solle man die »Anlegung eigener Gemeinden im Königreich« gestatten und dort religiöse Autonomie geben.[34]

---

[33] Zu der Frage der Vorbilder und den weiteren Auswanderungsplänen Hoffmanns vgl. v. a. Lehmann, Pietismus, 178 u. 182.
[34] Die Eingabe ist abgedruckt bei Kapff, Brüdergemeinden, 10-12.

Unter dem Eindruck der Massenauswanderung und nach langen Verhandlungen mit der Regierung und auch vielen Zugeständnissen bezüglich der Ordnung dieser Gemeinde schaffte Hoffmann es schließlich im Jahr 1818, ein Privileg für eine religiöse Kolonie zu erwirken. Hoffmann musste einen geeigneten Ort erwerben und eine Liste der an einer Übersiedelung interessierten Familien vorlegen. Im Januar 1819 erstand Hoffmann für knapp 115.000 Gulden das etwas heruntergekommene Rittergut Korntal einer Familie von Görlitz, am 22. August 1819 erteilte der König das endgültige Privileg. Nun zogen zunächst 68 von Hoffmann »handverlesene« Familien nach Korntal, auch er selbst gab seinen Leonberger Wohnsitz und seine berufliche Stellung dort auf.[35]

Hoffmann hatte die Verhandlungen mit der Regierung zum Teil im Alleingang geführt, vorbei an der in die Siedlungspläne sonst intensiv involvierten Gruppe um Michael Hahn. Das führte zu einem deutlichen Bruch innerhalb dieser gemäßigten Bewegung, der durch Hahns Tod im Jahr 1819 nur kurzfristig überdeckt wurde. Die Gruppe um Hahn hielt sich in der Folgezeit in deutlicher Distanz zu Korntal, bis auf eine Ausnahme zog keiner aus dem engen Führungskreis der Hahnschen Brüder in die neue Kolonie – nicht zuletzt auch deshalb, weil klar war, dass der organisatorische und theologische Einfluss Hoffmanns hier dominieren würde.[36] Wahrscheinlich um diese Stellung Hoffmanns nicht zu offensichtlich zu machen, ging das Vorsteheramt, das ursprünglich sogar Michael Hahn selbst zugedacht gewesen war, an den Bauern Israel Kaufmann, ab 1820 bis zu seinem Tod im Jahr 1846 übte jedoch Hoffmann selbst dieses Amt aus.

Eines der Vorbilder für Korntal waren sicher die Siedlungen der Herrnhuter Brüdergemeine. Allerdings machten die

---

[35] Zu den Verhandlungen, dem Privileg und den ersten Siedlern vgl. Steimle, Entwicklung, 34 ff.; Kapff, Brüdergemeinden, 58 ff.

[36] Zu den Friktionen zwischen Hahn und Hoffmann vgl. Lehmann, Pietismus, 184 ff.; Trautwein, Theosophie, 246 ff.

Zugeständnisse Hoffmanns an die württembergische Regierung vor allem in der wirtschaftlichen Struktur eine andere Grundlage notwendig. Eine »urchristliche Gemeinde« mit vollständigem Gemeineigentum war aufgrund der Vorgaben der Regierung nicht realisierbar. Die Konstruktion, die Hoffmann für den Ankauf des Landes wählte, war die einer Güterkaufgesellschaft. Ihr gehörte die Dorfmarkung, sie gab Ländereien an die Mitglieder zur privaten Nutzung aus und besaß bei der Veräußerung von Land ein Vorkaufsrecht.[37] Andere Bereiche vor allem der handwerklichen Produktion blieben ganz privat. Allerdings wurde der interne Markt nicht vollständig freigegeben und immer wieder Preisregulierungen und ähnliche Eingriffe in die Wirtschaftsordnung vorgenommen. Eine Gewerbefreiheit im modernen Sinne gab es in Korntal zunächst nicht, vielmehr verfolgte man das Ziel einer christlichen Ökonomie, die der Bedarfsdeckung und den karitativen Aufgaben der Siedlung dienen sollte und nicht der Profitmaximierung. Dies ließ sich natürlich nicht auf Dauer durchhalten, den Intentionen Hoffmanns entsprach diese Orientierung an der urchristlichen Gemeinde aber durchaus. »Die Absicht«, so hieß es in der ersten Gemeindeordnung, »der Gemeinde ist nicht, eine besondere Religion oder Sekte zu bilden, sondern nach dem Vorbild der ersten Christen eine apostolische Gemeinde darzustellen, die alle Kinder Gottes aus allen christlichen Religionsverfassungen, die in der Wahrheit wandeln, brüderlich zu lieben, solche zu besuchen und sich gern von ihnen besuchen zu lassen, ja alle Menschen als Miterlöste aufrichtig zu lieben trachtet.«[38]

Für Hoffmann war mit dem Umzug nach Korntal in der Tat ein materieller Einbruch verbunden. Er gab seine Ämter in Leonberg auf und übernahm in Korntal das Gemeindegasthaus, die Poststelle und einen Kaufladen. Dafür führte er kostenlos die Geschäfte der Gemeinde und verdiente sich noch

---

[37] Steimle, Entwicklung, 139 ff.
[38] Zit. nach Grünzweig, Hoffmann, 8.

ein privates Zubrot durch auswärtige Vermögensverwaltung für sympathisierende Adelige.[39] Verglichen mit seinen früheren Einkünften und seinen weiteren beruflichen Möglichkeiten ergab sich daraus wohl nur ein eher bescheidenes Einkommen, auch wenn man den pietistischen Lebensbildern von Hoffmann an diesem Punkt sicher eine gewisse hagiographische Tendenz unterstellen kann.

Hoffmanns Stellung in Korntal war dominierend. Nachdem er das Vorsteheramt übernommen hatte — in dem er natürlich von einem Brüderrat beraten, unterstützt und in gewisser Weise auch kontrolliert wurde —, war Hoffmann »zugleich Bürgermeister, Notar, Gemeindewirt, Kaufmann, Katechet, Leiter religiöser Privatversammlungen und zahlreicher anderer, im Schoß der Gemeinde entstandener Anstalten und Einrichtungen«.[40] Der Ausbau Korntals und die Anlegung neuer religiöser Kolonien waren die wichtigsten Ziele Hoffmanns. Der Ausbau erfolgte vor allem über den Aufbau von Schulen und karitativen Einrichtungen. Hoffmann selbst errichtete 1821 eine Töchteranstalt, die er vor seinem Tod allerdings noch auf die Gemeinde übertrug.[41] Schulen und andere Einrichtungen brachten neben der Hilfe für »arme und verwahrloste Kinder« auch die Möglichkeit zur Ausbildung von Kindern und Jugendlichen aus dem pietistischen Umfeld Korntals mit einem internationalen, vor allem in die Schweiz reichenden Einzugsgebiet. Diese Unternehmungen waren zugleich Grundlage eines gewissen Wohlstands der Siedlung, da Handwerker und Bauern hier eine kontinuierliche Beschäftigung und einen sicheren Absatzmarkt fanden. Insofern hat Hoffmann den Aufbau Korntals sicher sehr geschickt gesteuert und die Gemeinde rasch auf eine sehr solide ökonomische Grundlage gestellt.

Die Gründung religiöser Kolonien schien Hoffmanns eigentliche Mission. Sie war die Form der religiösen Umgestal-

---

[39] Vgl. Grünzweig, Hoffmann, 7.
[40] Wagenmann, Hoffmann, 594.
[41] Grünzweig, Brüdergemeinde, 32, 121 ff.

tung des Lebens, die er sich für das ganze Württemberg vorstellte. Die Anlage von Tochterkolonien wurde von ihm daher
intensiv verfolgt. Die württembergische Regierung stimmte
jedoch nur noch der Anlage einer weiteren Kolonie im neu-
württembergischen Oberschwaben zu, wo man dem Kreis um
Hoffmann ein Moorgebiet im Lengweiler Ried zur Kultivierung
anbot. Die nach dem württembergischen König Wilhelm I.
(1781/1816-1864) benannte Kolonie Wilhelmsdorf, die dort
ab 1824 entstand, florierte allerdings nicht auf gleiche Weise
wie Korntal. Die in Wilhelmsdorf angesiedelten Bürger brachten insgesamt weniger Vermögen mit als die ursprünglichen
Korntaler Familien. Die Schwierigkeiten der Urbarmachung
des Bodens wurden unterschätzt. Die ausgebliebene Wiederkunft des Herrn im Jahr 1836, auf die man in Korntal und Wilhelmsdorf gewartet hatte, mögen in Wilhelmsdorf ebenfalls
etwas von dem Impetus genommen haben, sich dauerhaft in
eine Gemeinde nach urchristlichem Vorbild und in die – überwiegend unfreiwillige – Armut, die dort herrschte, zu fügen.

Wilhelmsdorf, das Hoffmann gegen mancherlei Wider-
stände in den Kreisen der Pietisten wie der Regierung auf den
Weg gebracht hatte, wurde sein dauerndes »Sorgenkind«.
Auch interne Schwierigkeiten der Gemeinde, die mangelnde
Bereitschaft der Jugend, sich in die Gemeindeordnung zu
fügen, führten zu mancherlei Auseinandersetzungen zwischen
den Brüdern in Wilhelmsdorf und Korntal.[42] Hoffmann, für
den mit Wilhelmsdorf auch die Ausbreitung seiner Idee der
religiösen Kolonien im Land verbunden war, zeigte sich diesen Konflikten gegen Ende seines Lebens wohl nur noch teilweise gewachsen. Nach seinem Tod setzte sich jedenfalls in
Korntal rasch eine sehr viel pragmatischere Politik gegenüber
Wilhelmsdorf durch, die die finanziellen Obligationen für
Korntal mehr scheute als den Verlust des religiösen Sonder-
status von Wilhelmsdorf.

[42] Zur Geschichte der Brüdergemeinde Wilhelmsdorf vgl. Steimle, Entwicklung; Kapff, Brüdergemeinden; zusammenfassend auch Gestrich,
Wilhelmsdorf sowie Bühler, Wilhelmsdorf.

Seit der Mitte der 1820er Jahre konsolidierte sich das wirtschaftliche und politische Klima in Württemberg und Europa zusehends. Die von den Umbrüchen der Jahrhundertwende wesentlich beförderte starke Endzeiterwartung wich allmählich der Ahnung, dass die Berechnungen Bengels sich nicht bewahrheiten könnten. Die religiösen Kolonien verloren ihre Funktion innerhalb einer eschatologischen Naherwartung. Das Interesse vieler Pietisten verlagerte sich daher von der Veränderung der heimischen Verhältnisse und der Suche nach einem »Bergungsort« im eigenen Lande immer mehr auf die Ausbreitung des Christentums außerhalb Europas durch die Mission. Hoffmann hat diese Wendung auch vollzogen. Der Basler Missionsanstalt galt von Anfang an sein größtes Interesse. Zu Treffen in Basel führten ihn mehrere Reisen, und sein ältester Sohn erhielt früh eine leitende Stellung in der Missionsverwaltung. Auswanderungspläne, die er zu Anfang der 1830er Jahre nochmals hegte, als ein weiterer Ausbau der Kolonien von der Regierung abgelehnt wurde, legte Hoffmann nun aber zur Seite.[43] So leitete er selbst Korntal von jenen eher chiliastisch geprägten Anfängen über in die konservative Phase des Pietismus, die nach der Revolution von 1848/ 49 zum Kennzeichen gerade des württembergischen Pietismus wurde und die Hoffmann, als überzeugtem Monarchisten, auch nie ganz fremd gewesen war.

Hoffmann war der Praktiker, der Politiker unter den Pietisten. Theologisch inspiriert von der Generation der Bengelschüler lebte er lange fest in der Überzeugung der nahen Wiederkunft des Herrn. Ab der Mitte seines Lebens stellte er sein organisatorisches Geschick ganz in den Dienst der Idee der Sammlung der Bekehrten in einer Gemeinde. In ihr sollte gewissermaßen die neue Ordnung der Gesellschaft im Tausendjährigen Reich Christi auf Erden vorweggenommen und den Schwestern und Brüdern eine angemessene Vorbereitung

---

[43] Vgl. zu den späteren Auswanderungsplänen Hoffmanns Lehmann, Pietismus, 202 ff.

auf dieses Ereignis ermöglicht werden. Dabei blieb er ansonsten allerdings durchaus in der lutherischen Theologie verwurzelt und vermied den vollständigen Bruch mit der Landeskirche.[44] Auch das war eine Voraussetzung dafür, dass Korntal in den Folgejahren nicht nur zu einem zentralen Orientierungspunkt pietistischer Gruppen in Württemberg werden, sondern auch bedeutsame Scharnierfunktion zwischen Pietismus und Kirche wahrnehmen konnte. Hoffmann hat diese Mittlerposition nicht theologisch begründet, zumindest keine programmatischen Schriften dazu hinterlassen. Korntal war in gewisser Weise sein Vermächtnis, und dieses scheint er in vielfacher Hinsicht als »Patriarch und Vater seiner Gemeinde« auch noch über seinen Tod hinaus geprägt zu haben.

---

[44] Zur Ablehnung chiliastischer Spekulationen im Augsburger Bekenntnis von 1530 Art. 17 vgl. Groth, »Wiederbringung aller Dinge«, 11 ff.

M. LUDWIG HOFACKER.

Weiland Pfarrer in Rielingshausen in Würtemberg
geb 15 April. 1798. gest. 18 Nov. 1828.

Ludwig Hofacker

Ludwig Hofacker
(1798-1828)

von Hans-Martin Kirn

Ludwig Hofacker gilt als eine der zentralen Gestalten der württembergischen Erweckungsbewegung. Der bekannte Prediger
hat stets unterschiedliche Reaktionen hervorgerufen. Manche
schätzen ihn als einen der größten Prediger (Alt-)Württem-
bergs in reformatorischer Tradition, andere zählen ihn eher zu
den geistig anspruchslosen, Buße und Bekehrung pietistisch
einseitig betonenden Volksrednern.[1] Beide Beobachtungen
verweisen auf eine für Hofacker und die württembergische
Erweckungsbewegung charakteristische Spannung zwischen
Übernahme, Weiterführung und Umprägung reformatorischer und pietistischer Grundanliegen.[2]

Ein kurzes, aber intensives Leben

Ludwig Hofackers direkter Wirkungskreis ist eng umgrenzt
geblieben. Die wichtigsten Stationen seines kurzen Lebens
sind schnell genannt: Am 15. April 1798 wird er in Wildbad/
Schwarzwald als Sohn des Pfarrers Karl Friedrich Hofacker

---

[1] Hofacker ist bislang in recht unterschiedlichen, meist apologetischen
     Zusammenhängen gewürdigt worden. Vgl. neben Knapp, Leben und
     Hofacker, Predigten (Mitteilungen, VII ff.) die neueren Darstellungen
     von Grünzweig und Scheffbuch; zum näheren theologie- und kirchen-
     geschichtlichen Verständnis s. insb. Haarbeck, Hofacker; Schäfer, Hof-
     acker (mit Bibl.); Beyreuther, Hofacker (mit Bibl.), und Raupp, Hof-
     acker (mit Quellen und Lit.). Zum Gesamtzusammenhang vgl. Benrath,
     Erweckung; Gäbler, Erweckungsbewegung; Brecht (Hg.), Geschichte
     Bd. 3, S. 230-237.

[2] Insgesamt vgl. Kirn, Hofacker.

(1758-1824) und seiner Frau Friederike geb. Klemm (1770-1827) geboren. Nach dem Theologiestudium in Tübingen, wo er dem Evangelischen Stift angehört, und der ersten theologischen Dienstprüfung 1820 wirkt er bis Februar 1821 als Vikar in Stetten/Rems und Plieningen bei Stuttgart und legt das zweite theologische Examen ab. Anfang 1823 tritt Hofacker nach längerer Krankheit das Amt eines Vikars bei seinem Vater an, der als Stuttgarter Amtsdekan an der Leonhardskirche tätig ist. Nach dem Tod des Vaters übernimmt er 1825 für kurze Zeit die Funktion eines Pfarrverwesers, erneut von Krankheit geplagt. Hier beginnt seine erfolgreiche Predigtarbeit. Schon früh drängen sich Tausende, meist einfache, weither zu Fuß gekommene Leute in der Stuttgarter Leonhardskirche zu den Gottesdiensten. An die Fenster werden zuweilen, wie berichtet wird, von außen Leitern angestellt, um das Interesse der Massen zu befriedigen. 1826 muss der kränkliche Hofacker auf kirchenleitenden Beschluss hin nach Rielingshausen bei Marbach/Neckar übersiedeln, wo er seine Aufsehen erregende Erweckungspredigt fortsetzt. Hier wirkt er bis zu seinem Tod am 18. November 1828 auf seiner ersten und letzten Pfarrstelle. Gerade dreißig Jahre alt ist Ludwig Hofacker geworden, kaum fünf Jahre älter als der nur wenig jüngere, ganz anders geartete berühmte Zeitgenosse, der Dichter Wilhelm Hauff (1802-1827).

Überregional wird Hofacker erst nach seinem Tode bekannt. Die vor allem als Konzepte und Nachschriften überlieferten Predigten werden in zahlreichen Auflagen und Ausgaben verbreitet. »Der Hofacker« wird zum meistgelesenen Erbauungsbuch des 19. Jahrhunderts in Württemberg und in viele europäische Sprachen übersetzt.[3] Offenbar spielen die Herrnhuter Diasporaarbeiter und die Mitglieder der Basler Christentumsgesellschaft mit ihren Zweigvereinen eine wichtige Rolle bei der Verbreitung.[4] Die im 20. Jahrhundert

[3] Vgl. Knapp, Leben, S. 2 f., Haarbeck, Hofacker, S. 7 ff.
[4] Vgl. für die Schweiz kurz Lehmann, Pietismus, S. 188 f., Gäbler, Erweckungsbewegung, S. 176 f.

erschienenen Predigtausgaben – zuletzt in 52. Auflage – fallen demgegenüber kaum noch ins Gewicht.[5]

Prägende Erfahrungen

Zwei Erfahrungen prägen Hofacker und sein Predigen: seine Bekehrung und seine Krankheit. Am Anfang steht der Bekehrungsentschluss, den Hofacker noch während des Studiums im Herbst 1818 in Tübingen fasst. Das Ergebnis ist wenig befriedigend für ihn. Es kommt zwar gelegentlich zu einem »Durchbruch« der Gnadenerfahrung, aber zu keiner beständigen Glaubensgewissheit.[6] Hofackers Bekehrung stellt sich als ein Prozess dar, in dem sich der frühe Entschluss zum Widerfahrnis wandelt: Das eigene Suchen und Ringen wird als »gesetzlich« erfahren und geht mit dem Beginn seiner Krankheit im August 1820 in die Erkenntnis der freien Christusgnade über, ein besonders für die herrnhutische Frömmigkeit charakteristischer Zug.

Bekehrung und Wiedergeburt bleiben für Hofacker eine Quelle steten Fragens und Zweifelns über den eigenen Gnadenstand. Noch gegen Ende seines Lebens bittet er: »Ach Herr, zieh' an mir, und überwinde mich trotz allem Sträuben, bis ich geboren bin!«[7]

Weiter prägt die schwere psychisch-physische Erkrankung, das so genannte Nervenfieber, das Hofacker seit einem Sturz mit Kopfverletzung im August 1820 in der Spätphase seines Tübinger Studiums plagt, seine Selbst- und Weltwahrnehmung. Er wird immer wieder über längere Zeit arbeitsunfähig und in lähmende Tatenlosigkeit versetzt. Auch Kuren

---

5 Hofacker, Predigten.
6 Vgl. Hofackers eigene Erzählung seines geistlichen Werdegangs in der Schilderung seines Lebenslaufes beim Amtsantritt in Rielingshausen, Gedächtnis, S. 17-27, bes. S. 19 ff.
7 Nach Knapp, Leben, S. 187.

helfen nicht.[8] Gerade die Erfahrung, dieser Krankheit trotz flehentlicher Gebete um Genesung ausgeliefert zu sein und schwere Angstzustände durchleiden zu müssen, führt zur Vertiefung seines Glaubens an die freie Gnade Gottes.

Zur eigenen Krankheit kommen Belastungen im persönlichen Umfeld: Der überaus sensible Bruder Maximilian (»Max«, 1801-1869), dem Ludwig wichtige Impulse zu seinem Bekehrungsentschluss verdankt, wird geisteskrank.[9] Er leidet wohl an Schizophrenie. Ludwig sieht ihn, typisch für die Hilflosigkeit der Zeit gegenüber psychischen Erkrankungen, in des Teufels Gewalt, von diesem in die »Ketten seiner eigenen Gedanken« gelegt.[10] Mit diesem Bruder unter einem Dach zu leben, wird zu einer Last, die als Gottesgericht erfahren wird und nur als Leidensschule in der Christusnachfolge erträglich erscheint.[11]

Der Freundeskreis

Das »Phänomen Hofacker« ist nicht auf eine begabte, in persönlicher Leidenserfahrung gereifte Predigerpersönlichkeit zu beschränken, sondern gehört in den Kontext eines Freundeskreises, der seit 1823 durch eine in Umlauf gegebene vertrauliche Korrespondenz zur gegenseitigen Glaubensstär-

---

[8]   Zu den Kuren in Bad Teinach, St. Moritz u.a. im Jahr 1825 s. Gedächtnis, S. 24 f.
[9]   Vgl. Gedächtnis, S. 20; Knapp, Leben, S. 14 ff. Der Vater scheint die Geisteskrankheit seines Sohnes mit auf die Lektüre von Jakob Böhme zurückgeführt zu haben, ebd., S. 16, ein Zeichen für des Vaters starke innere Abwehr von »überspannten Ideen« und »Schwärmerei« im Rahmen einer traditionellen, von der Storrschen Orthodoxie geprägten Kirchlichkeit.
[10] Zirkularkorrespondenz a 39 (s. Anm. 12).
[11] Vgl. Zirkularkorrespondenz b 6 (nach zehnmonatiger Krankheit geschrieben am 25. April 1825); Knapp, Leben, S. 232.

kung verbunden war.[12] Verschiedene Mitglieder dieses Freundeskreises sind später kirchlich einflussreich geworden, so Albert Knapp (1798-1864), der Liederdichter und spätere Verfasser der verbreiteten Lebensgeschichte Hofackers, sowie Christian Gottlob Barth (1799-1862), der Jugendbuchautor und Gründer des Calwer Verlagsvereins.[13] Vor allem Albert Knapps Biographie hat dazu beigetragen, Hofackers Ruf als herausragenden Prediger zu festigen. Er stellt ihn in eine Reihe mit dem Stuttgarter Hofprediger Johann Reinhard Hedinger (1646-1704) aus der Frühzeit des Pietismus in Württemberg und mit Georg Konrad Rieger (1687-1743), dem Altersgenossen Johann Albrecht Bengels (1687-1752).[14]

[12] Pietistische Zirkularkorrespondenz 1823 ff., Württembergische Landesbibliothek Stuttgart, Handschriftenabt., cod. hist. qt. 451 a-c.

[13] Vgl. zu Knapp oben S. 299 f., zu Barth Raupp, Barth. Anfängliche Teilnehmer der Korrespondenz waren neben Hofacker, Barth und Knapp Gottlob Baumann (1794-1856), Pfarrverweser und dann Pfarrer in Notzingen (Sigel, Württemberg 10,1, S. 172); Ludwig Friedrich Bezner (1788-1850), Vikar in Baiersbronn (ebd., 10,1, S. 315); Joh. Christian Friedrich Burk (1800-1880), Diakon in Bad Liebenzell (ebd., 10,2 S. 577 f.); Albert Heinrich Christian (1799-1859), Vikar in Renningen (ebd., 10,2, S. 653); Chr. Christoph Eipper (1799-1877), Repetent am Evangelischen Stift in Tübingen (ebd., 11,1, S. 957); Wilhelm Friedrich Roos (1798-1868), Vikar in Marbach, später Unterzeichner der Schreiben nach Herrnhut; Karl Gottlob Schmid (1799-1871), Vikar in Esslingen (ebd. 15,2, S. 820); Joseph Karl August Seeger (1795-1864), Pfarrer in Strümpfelbach, wie Roos Unterzeichner des zweiten Schreibens nach Herrnhut.

[14] Knapp, Leben, S. 334, 340, 342 f. Die erweiterte pietistische »Ahnenreihe« in Knapps Leichenrede für Wilhelm Hofacker 1848 umfasst neben Hedinger und Rieger auch Johann Andreas Hochstetter (1637-1717), den »württembergischen Spener«, den Bengel-Schüler Johann Christian Storr (1712-1773) und selbst dessen Sohn, den Tübinger Theologen Gottlob Christian Storr, sowie Karl Heinrich Rieger (1726-1791), Sohn von G. K. Rieger, und − natürlich − Christian Adam Dann (1758-1837) im Übergang zur Erweckungsbewegung; weiter führt die Reihe über Ludwig zu Wilhelm Hofacker. Hofacker, W., Bekenntnis, S. XIX; vgl. zu Hedinger unten S. 33 ff., zu Rieger S. 75 ff. und zu Bengel S. 53 ff.

Rieger, der zeitweilig ebenfalls an der Stuttgarter Leonhardskirche wirkte, hat über seine gedruckten Predigten frühen
Einfluss auf Hofacker genommen. Auch wenn dieser weit
weniger als jener auf lehrmäßig-gedankliche Durchdringung
der Predigten achtete, so weist Riegers pietistische Innerlichkeit doch schon in Hofackers Richtung: auf eine »mehr sinnige
als scharfsinnige« und »mehr eindringliche als eingehende«
Predigtweise, wie ein Beobachter am Ende des 19. Jahrhunderts meinte.[15] Die Zirkularkorrespondenz ist überdies eine
wichtige Quelle für die unterschiedlichen theologischen
Ansätze und Spannungen im Freundeskreis. Die Abwehr des
begrifflich-theologischen Denkens, die vor allem Hofacker aus
Angst vor einem »System« im Kontext einer aufkommenden
Debatte über die Rechtfertigungslehre erkennen lässt, ist
symptomatisch für die Tatsache, dass die junge Erweckungsbewegung keine Erweckungstheologie ausbildete.

Nicht alle Anhänger der jungen Erweckungsbewegung
haben den gleichen Antiintellektualismus gepflegt wie Hofacker. Der frühe Mitstreiter Christian Gottlob Barth bewahrte
sich ein offeneres Verhältnis zum spekulativen Erbe des württembergischen Pietismus und sah die geistigen Defizite im
volkstümlichen Pietismus durchaus kritisch.[16] Auch der »geistliche Vater« der jungen Erweckten, Christian Adam Dann
(1758-1837), verkörpert einen reflexionsbereiteren Pietismus im Übergang zur Erweckungsbewegung.[17] Eine ausgeprägte theologische Begabung findet sich im Kreis der
Freunde Hofackers bei Christian Friedrich Kling (1800-
1862). Unter dem Einfluss von August Neander (1789-1850)
und Friedrich Schleiermacher (1768-1834) in Berlin hat er
erweckungstheologische Interessen mit philosophischer Auf-

[15] AELZK 29, 1896, 652.
[16] Vgl. Barth, Pietismus, S. 13; zum frühen Barth s. Raupp, Barth, bes.
      S. 157 f.
[17] Vgl. Denkmal. Zu Dann s. immer noch ADB 4, S. 740 f. Dann trat 1824 die
      Nachfolge des verstorbenen Vaters von Ludwig Hofacker an der Stutt-
      garter Leonhardskirche an.

geschlossenheit und systematischem Denken verknüpft und ist zugleich der Tübinger Storr-Schule verpflichtet geblieben – eine von der Erweckungsbewegung zur so genannten Vermittlungstheologie des 19. Jahrhunderts weisende und gerade im Kontrast zu Hofacker interessante Gestalt.[18]

Die Erweckungsbewegung

So wichtig die Impulse des älteren württembergischen Pietismus für die junge Erweckungsbewegung auch waren: Sie selbst gehört einer neuen Zeit an. Der religiöse Aufbruch nach den Befreiungskriegen der napoleonischen Ära, die Enttäuschung über das Ausbleiben einer umfassenden christlichen Neuorientierung der Bevölkerung und der Prozess gesellschaftlicher Veränderungen in Politik und Wirtschaft stehen im Hintergrund. Württemberg wird 1816/17 von einer schweren Hungersnot heimgesucht. Gewissensnöte pietistischer Kreise gegenüber einer auf kirchliche Rechtgläubigkeit pochenden Obrigkeit veranlassen nicht wenige zur Auswanderung nach Russland und Amerika.[19] Die zwanziger Jahre bleiben trotz wegweisender Reformen für die Mehrzahl der Menschen schwere, von Nahrungssorge und Elend bestimmte Jahre. Einen Teil der innerlich orientierungslosen Kreise vermochte die Erweckungsbewegung offenbar aufzufangen.[20]

[18] Zu Kling vgl. ADB 16, S. 185; RE 3. Aufl., 10 (1901), S. 575 f. Kling trat schon 1824 durch eine Ausgabe von deutschen Predigten Bertholds von Regensburg hervor, die er im Auftrag des überlasteten Neander besorgte; später edierte er die Vorlesungen von Johann Friedrich Flattich zu den neutestamentlichen Briefen (1828-1831).

[19] Zu M. Hahns Zurückhaltung gegenüber einer endzeitlich motivierten Auswanderung vgl. Lehmann, Endzeiterwartung sowie unten S. 258 ff.

[20] Vgl. schon den Schluss von Chr. G. Barths »Geschichte Württembergs« aus dem Jahr 1843, Barth, Geschichte, S. 277 f.; zum ländlichen »Sklavenleben«, in das die Leute nach Hofackers Bericht (1826) im Kampf um das tägliche Brot, d. h. um Kartoffeln, hineingewachsen sind, vgl. Knapp, Leben, S. 222; zur Gesamtlage s. Weller, Sozialgeschichte, S. 96 ff.;

Der Blick auf das weite Feld ähnlicher Erscheinungen in anderen Teilen Deutschlands, Europas und Nordamerikas hat dazu angeregt, Hofacker mit wortgewaltigen Predigern wie George Whitefield (1714-1770), Mitarbeiter John Wesleys (1703-1791) in der methodistischen Erweckungsbewegung des 18. Jahrhunderts in England und Nordamerika zu vergleichen.[21] Trotz verbindender Elemente in der erwecklichen Verkündigung und in der Kritik an der angestammten Kirchlichkeit ist der Gesamtrahmen ein anderer. Die württembergische Erweckungsbewegung bleibt aufs Ganze gesehen eher konservativ geprägt und enger mit den überkommenen kirchlichen Strukturen verwoben.

Verwandte Züge finden sich am ehesten bei deutschen Erweckungspredigern wie dem Bremer Friedrich Ludwig Mallet (1792-1865), die schon dem jüngeren Bruder Wilhelm (1805-1848) auf seiner Bildungsreise 1829 auffielen.[22] Manche Verbindungen lassen sich zur frühen bayerischen Erweckung wie zur niederrheinischen Erweckungsbewegung aufzeigen, auch angelsächsischer Einfluss bleibt erkennbar. Die württembergische Erweckungsbewegung behält jedoch gegenüber den Aufbrüchen in anderen Ländern und Gegenden ihr eigenes Profil. Ludwig Hofackers missionarisches Drängen auf Buße und Bekehrung unterscheidet sich beispielsweise deutlich von der erbaulichen Predigtweise des reformierten Gottfried Daniel Krummacher (1774-1837), der zentralen Figur der Erweckungsbewegung am Niederrhein, von theolo-

---

Boelcke, Sozialgeschichte; Schwarzmaier (Hg.), Handbuch, S. 235 ff., 477 ff. Verantwortlich für die schwierige Lage war die Nachkriegsdepression auf dem Agrarsektor, die über die Mitte der 1820er-Jahre hinauswirkte und besonders in Landwirtschaft und Textilverarbeitung viele Konkurse und den zwangsläufigen Verlust von Arbeit und Besitz mit sich brachte. Wichtige Reformen »von oben« erfolgten auf dem Gebiet des Schul- und Fortbildungswesens; zukunftsweisend war auch die Einrichtung von Sparkassen.

[21] Vgl. Müller, Erweckung.

[22] Hofacker, W., Predigten, S. XXXI.

gischen Differenzen ganz abgesehen.[23] Dennoch entsteht ein übergreifendes Bewusstsein der Zusammengehörigkeit, das durch Korrespondenzen und persönliche Kontakte gefestigt wird. So zeigt sich Wilhelm Hofacker früh von Krummachers Predigtweise und ihrem »biblischen Realismus« begeistert, während im Freundeskreis des Bruders Ludwig durch Christian Gottlob Barth unverhohlen Kritik an Krummachers »steifer Orthodoxie« geübt wird.[24] Umgekehrt lobt der Neffe Gottfried Daniels, Friedrich Wilhelm Krummacher (1796-1868), der Hofacker noch am Sterbebett besucht hat, diesen als mächtigsten Prediger im Schwabenland.[25]

Ein Hauptanliegen verbindet die verschiedenen Richtungen mit dem älteren Pietismus: die biblisch-reformatorische Erneuerung des Christentums vom gläubigen Individuum und seiner Alltagserfahrung her. Mit Hofackers Worten: »Wer ... kein Christ ist hinter dem Pfluge, der ist auch kein

[23] Vgl. Krummacher, G.D.Krummacher; zu Hofacker kurz ebd., S. 100 f., 104 f., wo allerdings das Verhältnis zu Hofacker sachlich nicht befriedigend bestimmt wird.

[24] Die Kritik, die Chr. G. Barth 1828 anlässlich eines Besuchs von G. D. Krummacher aus Elberfeld und Ewald Rudolf Stier (1800-1862) aus Basel kurz nach L. Hofackers Tod an beiden übte, dürfte im Freundeskreis Konsens gewesen sein; Zirkularkorrespondenz c 128^r – 130^v. Die Kritik gilt einmal der Krummacherschen Verbindung von Rechtfertigungslehre und strenger Prädestinationsauffassung, die zu Barths Bedauern jeden Gedanken an eine Allversöhnung ausschloss, sodann den von Stier vorgebrachten Grundsätzen vom mehrfachen Schriftsinn, welche nach Barth der Willkür in der Bibelauslegung Tür und Tor öffneten. Stier, Verfasser des Liedes »Licht, das in die Welt gekommen ...«, EG 592, war zu jener Zeit Lehrer am Basler Missionshaus.

[25] Vgl. Krummacher, Selbstbiographie, S. 164 f. Der Besuch am Sterbebett galt ihm als die »köstlichste Ausbeute meiner Württemberger Reise«; Hofacker hat Krummacher demnach in einem »letzten Wort« ermutigt: »Laß die Posaune Zions nicht von Deinem Munde, so lange ein Odem in Dir ist!« Ebd., S. 165.

Christ in der Kirche, denn das Christentum ist nicht ein Rock, den man nach Belieben aus- und anziehen kann.«[26]

Der Erweckungsprediger

Hofacker war ein rhetorisches Naturtalent, das sich vom traditionellen, auf detailgenaue Argumentation angelegten analytischen Predigtschema befreite und den Hörer in ein stetes Wechselgespräch von existenzieller Situation vor Gott und Text verwickelte.[27] Dabei spielt, typisch für die erweckliche Predigt, die rhetorische Dramatisierung eine wichtige Rolle. »Sprung« und »Wagnis« werden zu Leitkategorien der geforderten (Glaubens-)Entscheidung. Dies gelingt Hofacker zum einen durch die inhaltliche *Reduzierung* auf Grundgedanken wie Buße und Glaube, zum anderen durch die affektive *Intensivierung* der Vorstellungsgehalte von Gericht und Gnade. Hofackers außerordentliche Wirkung erklärt sich mit dadurch, dass er sich kaum erlernter Stilformen bediente, sondern anhand des Bibeltextes in einfacher Sprache seine eigene Biographie auslegte, am besten in freier Rede — was einerseits der Direktheit der Anrede zugute kam, andererseits aber eine gewisse Beliebigkeit in der Textauslegung begünstigte. Zu den bei aller Wertschätzung kritischen Hörern gehörte schon der jüngere Bruder Wilhelm, dem diese Predigtweise zu exaltiert erschien.[28]

[26]   Hofacker, Predigten 1, S. 349 f. In den Textverweisen beziehe ich mich der Einfachheit halber auf die beiden Predigtbände des sprachlich modernisierten Neudrucks, Hofacker, Predigten. Sollen die entsprechenden Stellen in früheren Drucken bzw. in der älteren maßgeblichen Ausg. (1859) aufgefunden werden, so ist der Neubeginn der Zählung im zweiten Bd. der Neuausg. zu berücksichtigen (die dortige Predigt Nr. 1 entspricht der Nr. 46 der älteren Ausg.).

[27]   Zu frühen Urteilen über Hofackers Predigtweise vgl. Hofacker, Predigten, S. XLIX ff.

[28]   Vgl. Hofacker, W., Predigten, S. XXI.

Die stets drängende Frage nach dem eigenen Gnadenstand hat Hofacker intuitiv die Spannung zwischen der Predigt als eigenverantworteter religiöser Rede und der Predigt als geistgewirktem lebendigem Gotteswort spüren lassen. Dies zeigt sich in den wiederholten Selbstanklagen, ein den Versuchungen der freien Kanzelrede erlegener, vom sündhaften »Eigenwirken« bestimmter Mensch zu sein und so trotz aller äußeren Erfolge vor Gott als Heuchler dazustehen.[29] Dem entspricht im Stil erwecklicher Selbstvergewisserung eine durchgehend skrupulöse Selbstbeobachtung und der Drang zur Selbstbeschämung, vor allem gegenüber den Freunden.[30] Die kirchliche Beauftragung mit dem Dienst der Verkündigung bietet keinen hinreichenden Halt mehr. Es ist die geistliche Qualifikation der Predigerpersönlichkeit, die auf typisch pietistische Weise die Grundlage der Amtsführung wird.[31]

Dennoch bricht auch gegenüber diesen Demutsgesten Skepsis auf, denn hinter ihnen kann sich auch Christusfeindschaft und Gnadenskepsis verbergen.[32] Hier verspricht Martin Luthers (1483-1546) Einsicht Hilfe, ein Christ sei Gerechter und Sünder zugleich (»simul iustus et peccator«) — je nachdem, ob er sich im Licht des Glaubens oder der Erfahrung sieht. Hofacker deutet den Glauben aber anders als Luther von geistlichen Erfahrungsdefiziten her und verschafft so der mangelhaft erfahrenen Willenseinigung mit Christus eine zentrale Stellung in der Selbstreflexion.[33]

Die Bestätigung der Christusgemeinschaft wird in der Erfahrung des Seelenfriedens gesucht, also gleichsam in einer speziellen Offenbarung, die Gewissheit über den Gnaden-

---

[29] Zirkularkorrespondenz a 35; vgl. Hofacker, Predigten, S. XXXIII f.
[30] Die Vergewisserungsfunktion von Selbstbeobachtung und Selbstbeschämung ist in der Zirkularkorrespondenz reichlich dokumentiert; zum Verhalten in der letzten Lebensphase vgl. Gedächtnis, S. 31.
[31] Alle Tüchtigkeit im Amt komme »aus dem inneren Herzensstande«, Zirkularkorrespondenz a 36 f.
[32] Vgl. Zirkularkorrespondenz a 107.
[33] Vgl. Zirkularkorrespondenz a 154 f.

stand vermittelt. Praktisch erfährt Hofacker den Widerspruch zwischen willentlicher Übergabe an Christus und eigenmächtigem Denken und Tun jedoch als unlösbar. Er vermag sich daher besonders in Zeiten der Anfechtung nicht im eigentlichen Sinn als »Glaubensmensch« zu sehen.[34] Sein Streben nach Willenseinheit mit Christus in den kleinsten Dingen des Alltags findet er eindrücklich in einem Liedvers von Friedrich Christoph Oetinger (1702-1782) besungen, ein Zeichen für den Anschluss an den älteren württembergischen Pietismus in frömmigkeitspraktischer, wenn auch nicht in theologisch-spekulativer Hinsicht.[35]

Hofacker erkennt im Gespräch mit den Freunden zunehmend in reformatorischer Klarheit die zentrale Bedeutung des Glaubens an den Gekreuzigten, der vom Zwang der frommen Selbstbeobachtung und Selbsterziehung befreit. Das Letztere wird für Hofacker dadurch zwar nicht hinfällig, aber das Christsein gründet doch auf der Rechtfertigung »allein aus Glauben«. Nur diese vermag die Suchenden wie die »ausgebrannten« Herzen der ermüdeten Gläubigen vor geistlicher Selbstüberforderung zu bewahren. Die harten Herzen der Unbekehrten, die Hofacker mehrheitlich unter seiner Kanzel sieht und deren Selbstsicherheit er zu erschüttern versucht, glaubt er allerdings mit dieser Botschaft allein nicht zu erreichen. Sie brauchen im klassischen Sinne die Predigt des Gesetzes, die mit dem unerfüllten Gotteswillen und der verdienten Strafe konfrontiert.[36]

Hofacker predigt in der Konsequenz als gebrochene Persönlichkeit die »freie Gnade Gottes«: nicht nur als ein von Krankheit Gezeichneter, der die Neugier der Massen auf sich zieht, sondern — in seinem Selbstverständnis — als armer, aber

---

[34] Vgl. Zirkularkorrespondenz a 74; b 119 f.
[35] Zirkularkorrespondenz a 154, vgl. unten S. 159 ff.
[36] Vgl. besonders den Eintrag vom 26. April 1824, Zirkularkorrespondenz a 70-74.

begnadeter Sünder.[37] So wird es Hofackers Wunsch, dass bei seinem Begräbnis nur die »freie Gnade Gottes« verkündigt werde.[38] Was Hofacker schon als Student bei der Lektüre des gerade erschienenen Berichts vom seligen Sterben Johann Heinrich Jung-Stillings (1740-1817) so beeindruckt hatte, wird hier biographisch eingeholt.[39]

Erneuerung und Umwandlung des reformatorischen und pietistischen Erbes

Es ist vor allem ein pietistisch vermitteltes Luthererbe, das Hofacker für die Erweckungspredigt fruchtbar macht. Die Konzentration auf den Einzelnen vor Gott, auf *Gott und die Seele* bzw. *die Seele und den Sünderheiland* bestimmt die beiden Brennpunkte: die so genannten Heilstatsachen der Bibel, allen voran der Kreuzestod Jesu, und die subjektive Aneignung dieser »Tatsachen« für uns, und, über das klassisch-reformatorische Erbe hinaus, die intensive Selbstthematisierung im Blick auf den jeweiligen Seelenzustand. Ein wirklicher Ausgleich oder eine klare Abgrenzung zwischen beidem findet nicht statt.[40]

---

[37] Vgl. hierzu den Beitrag Hofackers zur Zirkularkorrespondenz vom 2. Februar 1824, a 33-39. Hofacker bekennt, er habe bislang nur in drei Stunden seines Lebens völligen Seelenfrieden erfahren, ebd., 34; Zirkularkorrespondenz c 52r (1527).

[38] Gedächtnis, S. 7 f. Thema der Grabrede war die freie Gnade Gottes in Christus nach Eph 2, 8 f.

[39] Gedächtnis, S. 20. Ewald (Hg.), Leben; vgl. Hofacker, Predigten 2, S. 219 f.

[40] Schon Brömel, Charakterbilder, S. 156, merkt kritisch gegen Knapps uneingeschränktes Hofackerlob an: »... mit der ganzen Schriftlehre, mit einer durch theologisches Studium geläuterten ... Erfahrung und mit einer in Geduld bauenden Predigt ... würde Hofacker viel größer gewesen und viel weiter gekommen sein, er würde nicht bloß erweckt, er würde auch aufgebaut haben.«

So verbindet sich ein intensiver pietistischer Bibelglaube mit einem für die Zeit attraktiven, schon von Empfindsamkeit und Romantik gestärkten religiösen Individualismus. Auch wenn dies nicht ohne eine gewisse Verflachung der Inhalte geschieht: Viele sehen sich abseits von den traditionellen Fragen der Rechtgläubigkeit auf neue Weise persönlich angesprochen und vom Entscheidungscharakter des Glaubens herausgefordert. Dem entspricht die Bestimmung des formalen Hauptzieles der Verkündigung, die Erweckung eines so genannten »Totaleindrucks«, der die mit dem biblischen Herzensbegriff gemeinte Personmitte erreichen soll. Diese erschließt sich für Hofacker weniger im Verstand als in Gefühl und Wille. Der Begriff des Totaleindrucks erinnert an ein wichtiges (spät-)pietistisches und empfindsam-romantisches Anliegen, das sich gegen die einseitige Verstandesbetonung zu Lasten von Gefühl und Anschauung in der Aufklärungsbewegung richtet. Hofacker sieht seine Gabe bewusst in der erwecklichen und nicht in der erbaulichen, eher verstandesorientierten Predigt, will aber beides nicht alternativ sehen.[41] Inhaltlich treten freilich willensbetonte Themen in den Vordergrund, die in der traditionellen, den Glauben der Hörer schon voraussetzenden Erbauungspredigt vermisst werden.

Am deutlichsten wird das lutherische Erbe bei Hofacker in der zentralen Stellung, die der gekreuzigte Christus und die dem Sünder zuerkannte »fremde« Gerechtigkeit in der Predigt einnimmt. Es ist das freudige Ergreifen dieser fremden Gerechtigkeit im Glauben, das den Sünder vor Gott gerecht macht, und dies angesichts des göttlichen Gerichts über alles Irdisch-Menschliche. Auch das dem Glauben zukommende passive Moment des Wirkenlassens Gottes bringt Hofacker klar zum Ausdruck.[42] So predigt Hofacker die Sünde in reformatorischer Schärfe auch radikal als überindividuelle Macht,

[41] Vgl. Zirkularkorrespondenz a 37.
[42] Vgl. Hofacker, Predigten 2, S. 181.

der gegenüber es für den natürlichen Menschen keinen Spielraum gibt.[43]

Eine Schlüsselrolle für diese Einsicht spielt die tägliche »Hitze der Anfechtung«. Sie macht schmerzlich bewusst, wie wenig der Mensch aus sich selbst vor Gott recht sein und seinem Leben Sinn geben kann. Hier bleibt nach Hofackers Bekenntnis in seiner Rielingshausener Antrittspredigt nur der Glaube als ein inneres Sich-Festklammern an den »für mich« gekreuzigten Christus, den einzigen »Anker in dem Schiffbruch meines eigenen Verdienstes, den ich täglich erleide. Der Grund, auf den ich gründe, ist Christus und sein Blut.«[44] Entsprechend betont noch die Christfestpredigt 1827, dass des Menschen zeitliche Freude und ewige Seligkeit nicht in ihm selbst, sondern ganz und allein in Christus zu finden seien, und man sich beharrlich »durchglauben« müsse mit dem Verdienst Christi: »durch alle Finsternis, durch alle Schwachheit, durch das tägliche Elend und Gefühl der Sünde, man glaubt sich durch bis vor den Thron Gottes ...«[45] Noch in den letzten Tagen vor seinem Tod weist Hofacker Besucher auf ein an der Wand hängendes Bild des dornengekrönten Christus mit den schlichten Worten: »Das ist mein Mann!«[46]

Hofacker malt Christus und seine »fremde« Gerechtigkeit mit Vorliebe in der von Nikolaus Ludwig Graf von Zinzendorf (1700-1760) und den Herrnhutern inspirierten Kreuzesmeditation vor Augen. Hier erneuert Hofacker wichtige passionsmystische Traditionen.[47] Neben dem prophetischen

---

[43] Vgl. Hofacker, Predigten 2, S. 20, 484, 567 ff., 571.

[44] Vgl. Gedächtnis, S. 27; das abschließende Verszitat stammt aus dem bekannten Paul-Gerhardt-Lied »Ist Gott für mich, so trete ...«, EG 351,3; vgl. Hofacker, Predigten 2, S. 499.

[45] Gedächtnis, S. 11 f.

[46] Gedächtnis, S. 31.

[47] Brömel, Charakterbilder, S. 143, bezeichnet Hofacker wegen seiner betonten Innerlichkeit und Selbstverleugnung übertrieben sogar als »evangelischen Tauler«.

Bußruf wird der Ruf zum Glauben an das gekreuzigte Lamm Gottes zum Angelpunkt der Predigt.[48] Dieser Glaube realisiert sich für Hofacker bevorzugt im »Ausruhen an (bzw. in) den Wunden Christi« oder, was sachlich dasselbe meint, im geistgewirkten Anschauen der ewigen, ans Kreuz geschlagenen Liebe.[49]

Das Ruhe-Motiv des Hebräerbriefs (vgl. Hebr 4, 1) wird in Zinzendorfscher Manier verbunden mit dem für Hofacker wichtigen biblischen Leitwort Jes 53, 5, der paradoxen Aussage des Gottesknechtsliedes: »Durch seine Wunden sind wir geheilt.«[50] Es findet seine besondere Intensivierung in den Grabreden Hofackers, die seine oft zu wenig gewürdigte seelsorgerliche Begabung zeigen.[51] Hierbei werden zentrale Motive wie das der christlichen Pilgerschaft auf Erden und des leidenden Hiob in großen traditionsreichen Bildern tröstlich entfaltet. Die eigenen Leidens- und Vergänglichkeitserfahrungen stehen deutlich im Hintergrund.

Hofacker stellt die Sprache der Blut- und Wundenfrömmigkeit nach Herrnhuter Prägung intensiv in den Dienst der Glaubensvergewisserung und des Umkehrrufs in der Predigt.

[48] Vgl. Zirkularkorrespondenz a 38.

[49] Vgl. Zirkularkorrespondenz a 35, b 199; Hofacker, Rede, S. 7 (= Hofacker, Predigten 2, S. 850); dieselbe Wendung »*an* den Wunden ...«, die den drastischeren Ausdruck »*in* den Wunden ...« entschärft, findet sich auch in der Grabrede G. F. Rommels 1828, Gedächtnis, S. 7, vgl. Hofacker, Predigten 2, S. 497. In der Sache besteht zwischen »an« und »in« kein Unterschied, vgl. Zirkularkorrespondenz a 35, a 153; Hofacker, Predigten 2, S. 117.

[50] Vgl. z. B. Hofacker, Predigten 1, S. 644; 2, S. 23, 26 (zu Joh 3, 1 - 15); 2, S. 648 ff. (zu Hebr 9, 11 - 15).

[51] Vgl. die am Ende der Predigten abgedruckten fünf Grabreden (in der Ausg. 1831 noch acht), Hofacker, Predigten 2, S. 821 - 854, sowie weitere überlieferte zeitgenössische Einzeldrucke wie Hofacker, Rede (= 5. Grabrede im Predigtband 2); Hofacker, Am Grabe; Hofacker, Rede am Grabe; Hofacker, Andenken (= 1. Grabrede im Predigtband 2); Hofacker, Rede am Grabe – Kaufmann; Hofacker, Rede am Grabe – Becker; Hofacker, Worte.

Als Zinzendorfsche Extravaganzen ausgeblendet bleiben die kindlich-spielerischen Momente jenseits der Bibelsprache. Hofacker entdeckt hier ein wirksames Mittel, »wahre« Gefühle über sich und über Gott zu erwecken, also den Menschen den Fluch der Sünde vor Augen zu führen und in ihnen zugleich den Wunsch zum Empfang der ungeschuldeten, ganz und gar »freien Gnade Christi« entstehen zu lassen.[52]

Hofacker betrachtet neben Martin Luther Zinzendorf als herausragenden Evangeliumsprediger. So empfiehlt er auch anderen Predigern die Lektüre Zinzendorfs, insbesondere die der »Berliner Reden« von 1738, in denen dieser Luthers Erklärung des zweiten Glaubensartikels auslegte.[53]

Wie Zinzendorfs Theologie und Verkündigung, so übt auch die Herrnhuter Brüdergemeine der Gegenwart mit ihrer intensiven Diasporapflege eine große Anziehungskraft auf Hofacker und seine Freunde aus.[54] Hier kommt ein die herkömmliche Kirchenzugehörigkeit respektierendes, aber nicht festschreibendes Christsein in den Blick, das über den Partikularismus der verschiedenen pietistischen Gruppierungen Württembergs mit ihren zum Teil separatistischen Tendenzen hinauswies. Die vom älteren württembergischen Pietismus bekannte Abwehr der Brüdergemeine kommt an ein Ende.[55] Umgekehrt finden sich nun auch in den Diasporaberichten, die aus dem Württembergischen nach Herrnhut geschickt werden, anerkennende Notizen über Hofacker und seine segensreiche Predigttätigkeit.[56]

52 Vgl. Zirkularkorrespondenz b 119.
53 Vgl. Knapp, Leben, S. 214 (aus einem Zirkularschreiben vom 2. Oktober 1826).
54 Vgl. insgesamt Meyer, Zinzendorf, S. 3-106, 65 ff.
55 Vgl. Schäfer, Pietismus sowie unten S. 70 f., 93, 151 ff., 164 f.
56 Unitätsarchiv Herrnhut, Sign.: R 19 B 1.9.117,4-6; 120,8; 141,53; 144,16 (freundliche Mitteilung vom 10. Juli 1998).

Kontakte mit Herrnhut

Eine wichtige Form der Diasporaarbeit war die Herrnhuter Predigerkonferenz, ein Zusammenschluss landeskirchlicher Pfarrer, die sich Herrnhut verbunden wussten und ihre Verbindung durch Korrespondenzen und eine jährliche Versammlung in Herrnhut pflegten. In Württemberg hielt der einflussreiche Prediger und Seelsorger Christian Adam Dann durch zahlreiche persönliche Schreiben die Kontakte mit Herrnhut.[57] Herausragendes Dokument für den Ende der zwanziger Jahre dringlich gewordenen Wunsch, die Kontakte mit Herrnhut auf persönlicher Ebene zu intensivieren, ist der von Hofacker und elf weiteren befreundeten Kollegen aus der Umgebung von Ludwigsburg unterzeichnete Brief vom 18. März 1828. Zu den Mitunterzeichnern gehört auch der seit Studienzeiten enge Freund Hofackers und Teilnehmer an der Zirkularkorrespondenz, Wilhelm Friedrich Roos (1798-1868), Pfarrer in (Ludwigsburg-)Ossweil.[58]

Das offenherzige Schreiben gibt einen guten Einblick in die Lage der württembergischen Landeskirche und ihrer pietistischen Gruppierungen aus der Sicht wichtiger Vertreter der jüngeren Erweckungsbewegung. So erfahren wir, dass die ältere Stuttgarter Predigerkonferenz pietistisch gesinnter Pfarrer, die am Erlöschen gewesen war, durch die jungen Kräfte der Erweckungsbewegung wieder belebt und zum Zentrum neuer regionaler Konferenzen gemacht wurde. Der Brief nach Herrnhut stammt nicht von der zentralen Stuttgarter, sondern von der regionalen Konferenz, welche die Pfarrer aus der Gegend von Ludwigsburg im ein- bis zweimonatlichen

---

[57] Vgl. Müller, Erweckung, S. 3 ff., 40 ff.

[58] Der Text findet sich bei Kirn, Hofacker, 59-66. Hofacker bezeichnet Roos beim Amtsantritt in Rielingshausen als seinen »vertrauteste(n) Freund«; sie hätten gemeinsam fleißig studiert und gebetet und seien gemeinsam »an den Abgründen der Schwärmerey« herumgetaumelt, vielleicht eine Anspielung auf die Böhme-Lektüre, Gedächtnis, S. 21.

Abstand zusammenführte. Die hier gepflegte brüderliche Gemeinschaft darf als wichtige Stütze für Hofackers Predigttätigkeit gelten. Diese war trotz ihrer besonderen Prägung Teil einer gemeinschaftlichen Predigt- und Seelsorgepraxis.

Das Schreiben macht deutlich, wie sich die jungen Erweckungsprediger selbst in die Geschichte des Pietismus einordnen: Einerseits betonen sie die Nähe zu den pietistischen Gemeinschaften, die vor allem als Träger der Bibel- und Missionsbewegung in Württemberg gewürdigt werden, andererseits bekunden sie ihre Unzufriedenheit mit der Parteienbildung in Pregizerianer, Michelianer und »gewöhnliche« Pietisten. Die volle Sympathie gilt wegen lehrmäßigen Besonderheiten der beiden ersten Gruppierungen den Letzteren, die sich an den klassischen pietistischen »Vätern« Johann Arndt (1555-1621), Philipp Jakob Spener (1635-1705) und Johann Albrecht Bengel orientieren. Hier herrscht das Bewusstsein einer Kontinuität von der Arndtschen Frömmigkeitsbewegung des 17. Jahrhunderts über den klassischen Pietismus Speners bis hin zum späteren württembergischen Pietismus und der jungen Erweckungsbewegung.

Kritisch gesehen wird dagegen die Entwicklung der Gemeinschaften selbst. Sie erscheinen den jungen Erweckten als schon zu stark verkirchlicht, also in den allgemeinen Verfallsprozess der Kirche einbezogen und dem Gedanken der Sammlung der Bekehrten wie auch der aktuellen Erwartung einer neuen Geistausgießung im Vorfeld der Wiederkunft Christi entfremdet. Als Zeichen hierfür gilt ihre mangelnde innere Disziplin (Kirchenzucht). Weder die Pfarrer vor Ort noch die reisenden Herrnhuter Diasporapfleger hatten hier genügend Einfluss.

Vermisst und ersehnt wird die Kraft zu einem Neuaufbruch, wie ihn die Missionsnachrichten von den Heidenbekehrungen berichteten und wie ihn die Erweckungsprediger trotz ihres vielfachen Zuspruchs nicht erreichten.[59] Das all-

---

[59] Zum Missionsmotiv bei Hofacker vgl. z. B. Hofacker, Predigten 2, S. 108 f.

gemein beobachtete »Laufen und Rennen« zur erwecklichen Predigt erscheint im Weltmaßstab als ein Randphänomen, mehr ein Ausdruck des zeittypischen Zugs zum Erlebnis als ein Zeichen des geistgewirkten Buß- und Umkehrwillens. Zugleich wird die eigene Gruppenbildung als notwendige Parallele zur allgemeinen Organisation von Vereinen und Gemeinschaften (Sozietäten) in der Tradition der Aufklärung gerechtfertigt.

Auch nach Hofackers Tod pflegten die Freunde den Kontakt mit der Herrnhuter Predigerkonferenz. Das zweite Schreiben aus dem Jahr 1829, nun mit 21 Unterschriften, enthält eine charakteristische Würdigung des verstorbenen Hofacker. Außerdem finden sich Mitteilungen über den erfolgreichen Druck der ersten Sammlung von Hofackerpredigten, über den Ablauf der Regionaltreffen und die unterschiedlichen, zum Teil wider Erwarten negativen Erfahrungen mit den pietistischen Gemeinschaften wie auch über die Reise einer der Freunde zur letzten Predigerkonferenz nach Herrnhut. Starken Ausdruck findet nach wie vor das pneumatisch-pneumatologische Interesse, die Sehnsucht nach einer neuen Geistausgießung.[60]

Thematische Konturen erweckten Lebens und Predigens

Die Versöhnung

Hofackers Versöhnungs- und Erlösungsverständnis drückt sich vorzugsweise in der Metaphorik des (Sühn-)Opfers aus. Jesus, das erwürgte Lamm, und Jesus, der Hohepriester, sind die Grunddaten der Versöhnungslehre.[61] Entsprechend denkt er sich auch Buße und Bekehrung als ein entschlossenes Ganz-

---

[60] Text bei Kirn, Hofacker, S. 67-76.
[61] Vgl. Zirkularkorrespondenz a 70 (26. April 1824).

opfer der eigenen Person.[62] Nicht die Pflicht des Menschen zur Vervollkommnung, sondern das Anrecht Gottes auf sein Geschöpf bestimmt die Perspektive. Die Erfahrung der Gnade bleibt an das Erschrecken vor dem Jüngsten Gericht gebunden, wie es Hofacker bei Martin Luther findet und bei seinen Zeitgenossen vermisst. Einzige Pflicht und Schuldigkeit des Menschen in dieser Hinsicht ist die *Bitte* um den Glauben oder, im Duktus der Willensbetonung, das Glauben-Wollen an die ewige, zum Heil des Menschen gekreuzigte Liebe Gottes.[63] Die Dimensionen von Liebe und Recht verbinden sich. In einer Predigt über das hohepriesterliche Gebet Jesu (Joh 17), bei der Hofacker auch an die Auslegung von Johann Albrecht Bengel erinnert, betont er: Das Anrecht des Sohnes auf die Seinen wurzelt im innersten Wesen der Gottheit, im Ratschluss, den die Liebe zwischen Vater und Sohn vor aller Zeit gefasst hat.[64]

Die Rechtfertigung

Der Gedanke des innertrinitarisch verankerten göttlichen Rechts und des hohepriesterlichen Amtes Christi spielt in weiteren verwandten Zusammenhängen eine Rolle, vor allem bestimmt er Hofackers Vorstellung von der Rechtfertigung. Diese wird im Gefolge des Bengel-Schülers Philipp David Burk (1714-1770) bevorzugt als rein innergöttliches Rechtsgeschehen verstanden.[65] Vater und Sohn verständigen sich gleichsam intern über die Annahme des bußfertigen Sünders.[66] Davon getrennt wird die *Bestätigung* dieser Rechtferti-

---

[62] Vgl. Hofacker, Predigten 2, S. 564 ff., 565.
[63] Vgl. Zirkularkorrespondenz b 119.
[64] Hofacker, Predigten 1, S. 473-492, 490f. Vgl. Zirkularkorrespondenz c 69ᵛ.
[65] Burk, Rechtfertigung. Hofacker, Predigten, S. XXVI.
[66] Vgl. Burk, Rechtfertigung 1, § 33.

gung im Herzen der Bekehrten, also in der geistlichen Erfahrung. Diese »Versiegelung«, die dem Menschen Gewissheit über seinen Gnadenstand schenkt, folge zwar mehr oder weniger unmittelbar auf den rechtfertigenden Glaubensakt, werde aber oft durch Ungeschicklichkeit verzögert und aufgehalten. Im Rückblick zeigt sich Hofacker gerade hier von der Mystik Jakob Böhmes enttäuscht.[67] Die frühe Böhmelektüre erscheint als törichtes »Eigenwirken«, das der Glaubens- und Rechtfertigungsgewissheit und damit der Versiegelung im Wege stand.[68] Zu den spekulativen Elementen, die Böhme auch an den Pietismus Oetingers und Michael Hahns (1758-1819), den Vater der Hahnschen Gemeinschaft, weitergab, fand Hofacker keinen Zugang.

Hofacker ist bemüht, die Rechtfertigung wie Burk als Glaubensgerechtigkeit zu sichern. Nicht die ängstliche Sorge um den Gnadenstand, sondern das frohe Glaubenswagnis will er fördern.[69] Zweifel und Anfechtung behalten ihre Aufgabe im Prozess wachsender Heiligung, eine für Hofacker wichtige Abgrenzung gegenüber dem »Freudenchristentum« der Pregizerianer.[70] Faktisch erscheinen aber Rechtfertigung und Heiligung nicht mehr nur unterschieden, sondern getrennt. Die Rechtfertigung verliert ihren umfassenden, den Menschen neu schaffenden Charakter. Ihre subjektive Bewahrheitung wird an die Selbsterfahrung delegiert. So finden die Glaubenszweifel auf der Ebene der von der Ungewissheit über die Versiegelung angetriebenen geistlichen Selbstbeobachtung erneut ein weites Betätigungsfeld.

[67] Vgl. Knapp, Leben, S. 51 ff.
[68] Hofacker, Predigten (1845), XXVI.
[69] Vgl. Burk, Rechtfertigung 1, § 21 f., § 24, § 30 ff.
[70] Vgl. Müller, Pregizer, S. 125 ff.

Die Bekehrung

Trotz der engen Verkoppelung von Glaube und Gefühl müht sich Hofacker darum, den Glauben nicht zu verwechseln mit Gefühlsregungen und mit den Erfahrungen, die der Glaube macht. Dies zeigt sich in der Skepsis gegenüber kurzlebigen geistlichen Rührungen, wie er sie als Prediger oft genug erlebt hat. Auch bei seinen zahlreichen Predigthörern sieht er nur selten »ganze« Bekehrungen.[71] Immer wieder betont er daher mit Luther die Bedeutung des »nackten« Glaubens an das Wort Gottes.[72] In diesem Sinn ermahnt er auch die Freunde, von der Gefühlsanalyse abzukommen und die Glaubenshoffnung ganz auf Christus zu gründen.[73] Dennoch vertritt er ein gefühlszentriertes Christentum, denn wahres Christsein erweist sich in erster Linie durch die »brennende Liebe zum Heiland«.[74]

Die Betonung des »nackten« Glaubens im Lutherschen Sinn steht daher auch in Spannung zur dauernden Schulung in der geistlichen Selbstwahrnehmung, die Hofacker in die zentrale Frage gefasst hat: »Seele, was bist du, bekehrt oder unbekehrt?«[75] Der biblisch-prophetische Ruf zur Umkehr gibt immer wieder Anlass zur Selbstthematisierung. So wird intensiv nach den jeweiligen »Zügen« im Herzenszustand bekehrter und unbekehrter (!) Christen gefragt, um Hilfen zur Selbstprüfung an die Hand zu geben.[76] Dies macht die Bekehrung auch zum Erlebnis der eigenen Innerlichkeit. So »bekehrt« sich der Vater Ludwig Hofackers auf dem Sterbelager von seiner eher emotionsarmen Tübinger Orthodoxie im Gefolge eines Gottlob Christian Storr (1746-1805) zur gefühlsbeton-

---

[71] Hofacker, Predigten 1, S. 740, vgl. Hofacker, Predigten 2, S. 566.
[72] Vgl. Hofacker, Predigten 2, S. 603.
[73] Zirkularkorrespondenz a 71.
[74] Vgl. Hofacker, Predigten 2, S. 566.
[75] Hofacker, Predigten 1, S. 633; 2, S. 502.
[76] Z. B. Hofacker, Predigten 2, S. 475 ff.

ten pietistischen Innerlichkeit des Sohnes.[77] Nach dem Zeugnis des Bruders Wilhelm herrschte zu jener Zeit ein »kleines Schisma« in der Familie: Mutter und Bruder Ludwig hielten zusammen, er stand auf der Seite des Vaters, der als nüchterner »Storrianer« der neuen Bewegung eher distanziert begegnete.[78]

Damit ergibt sich eine eigentümliche Spannung zwischen objektiven und subjektiven Momenten. Erste Stufe der psychologisch aufgefächerten Bekehrungsordnung ist demnach der freie Entschluss zur Bekehrung, gefolgt vom Eingeständnis, es nicht zu vermögen, und sodann die Aufhebung in der Bitte an Gott (nach Jer 15, 19): »Bekehre du mich, so werde ich bekehrt!«[79] So soll die Möglichkeit und Notwendigkeit des menschlichen Willensentschlusses mit dem alleinigen Handeln Gottes versöhnt werden.

So grundlegend alternativ und schematisch Hofacker auch die Entscheidungsfrage nach der Bekehrung stellt, so dynamisch entfaltet er diese selbst. Für die Rede von der Wiedergeburt, die auf typisch pietistische Weise von der Taufe gelöst und auf den bewussten Glaubensakt bezogen wird, gilt dasselbe. Beide mögen sich je nach persönlicher Geschichte auf eine herausragende Entscheidungssituation beziehen, doch darauf beschränken lassen sie sich nicht. Sie wiederholen sich vielmehr unter den pietistisch abgewandelten großen Leitgedanken der Aufklärung von (göttlicher) Erziehung oder »Führung« und (geistlicher) Entwicklung unter dem jeweiligen

---

[77] Vgl. die eher relativierende Sicht dieser »Bekehrung« in der Grabrede auf C.F. Hofacker, Andenken, S. 11: Hofacker habe sich beim Schreiben »freudig in die Hände seines Erlösers« gegeben, »auf dessen *freye* Gnade er immer fest baute, die er aber besonders in seiner letzten Krankheit mit tiefer Innigkeit erfasst hatte«.

[78] Hofacker, W., Predigten, S. XXIf.

[79] Vgl. die beiden Predigten über die Bekehrung, Hofacker, Predigten 2, S. 473 ff., sowie ebd., 491 ff., insb. S. 486 ff. und S. 492 ff.

Anspruch des Wortes Gottes auf unterschiedliche Weise, bis sie im Jenseits zur vollen Realität kommen.[80]

Im Leben der Bekehrten bleibt die Frage nach den Früchten des Glaubens und den Regungen des »Glaubenstriebes« steter Anlass zur Selbstprüfung. Eine entsprechende Selbstanalyse wird zur heiligen Aufgabe eines jeden.[81] Statt eine möglicherweise zusätzliche Bestätigung des Glaubens zu sein wie in reformatorischer Tradition, werden die Früchte des Glaubens zum zentralen Gegenstand intensiver Selbstbefragung – und damit der zweite Brennpunkt christlicher Existenz neben dem »nackten« Glauben an den Gekreuzigten.

Der Drang nach Selbstvergewisserung des Glaubens zeigt sich in der provokativen Klassifizierung seiner Predigthörer. Hofacker teilt freimütig ein in Wiedergeborene und Nichtwiedergeborene sowie in die variabel beschreibbare Zwischenklasse derer, die auf dem Weg der Bekehrung sind.[82] Dies wird Hofacker aufgrund seines Kirchenverständnisses nicht zum Problem, denn es ist auf die sichtbare Unterscheidung von Gläubigen und Ungläubigen angelegt.

Die Kirche

Die versammelte Gemeinde wird bei Hofacker nicht primär durch Wort und Sakrament konstituiert, sondern durch das fromme Selbstbewusstsein der bekehrten Minorität. Entspre-

---

[80] Vgl. Hofacker, Rede am Grabe – Lipp, S. 7; Hofacker, Rede am Grabe – Kaufmann.

[81] Vgl. z. B. die Aussagen: »Allein prüfe dich, untersuche deinen Glauben, ob er göttlicher Art sei. … Darum untersuche dich, ob du auf rechtem Grund stehst.« Hofacker, Predigten 2, S. 233.

[82] Vgl. Hofacker, Predigten 2, S. 135 ff.; 2, S. 185 ff. Die Grundunterscheidung von Bekehrten und Unbekehrten kann verschieden erweitert werden, so dass – etwa im Anschluss an das Gleichnis vom Sämann Mt 13 – auch von vier »Klassen« von Hörern die Rede sein kann.

chend gelten Hofacker auch die volkskirchlichen Gemeinden größtenteils als heidnisch. Kirche und Gemeinde werden zum Missionsfeld, der Prediger zum Missionar.[83] Hofacker bekundet immer wieder sein Leiden an der Trägheit und Sattheit einer Kirche, die ihre Pfarrer in erster Linie als Verwaltungsbeamte und Hüter der Ideale von bürgerlicher Ordnung und Wohlanständigkeit in Anspruch nimmt. In der Evangeliumsverkündigung wird jeder Ernst vermisst, die Menschen vor das radikale »Entweder – Oder« ihrer Zugehörigkeit zu Gott oder zum Teufel zu stellen.[84] Obrigkeits- und sozialkritische Töne hören wir bei Hofacker nicht. Doch Hofacker weiß auch, dass mit dem steten Betonen von Entscheidung und Bekehrung die Erbauung der Gemeinde zu kurz kommt. Hier sieht er die Grenzen seiner Begabung als *Erweckungs*prediger, der nicht zugleich auch die wichtige Aufgabe der Erbauung als Vertiefung von Glaubenswissen übernehmen kann.[85] So wird ihm gegen Ende seines Lebens nach einem vergeblichen Versuch, mittels massiver Gerichtsdrohungen die Rielingshausener zu einem ernsthafteren Christenleben zu bewegen und den liegen gebliebenen »Bekehrungskarren« voranzutreiben, deutlich: Es fehle ihm an Liebe zur Gemeinde, in erster Linie komme es nicht auf die Bekehrung der Leute, sondern auf seine eigene an.[86]

Die Frage nach der konkreten Gestaltung von Kirche als Leib Christi bleibt drängend, auch wenn Hofacker in der Gründung von Korntal (1819) ein zukunftsweisendes Gemeindemodell erkennt.[87] Er sieht aber auch deutlich die Gefahren der Selbstüberschätzung, die sowohl im aufklärerischen Tugendpathos wie im pietistischen Heiligungsstreben,

[83] Vgl. Zirkularkorrespondenz b 10 f.
[84] Vgl. z. B. Hofacker, Predigten 2, S. 116 ff. (zu Kol 3,25); 2, S. 573.
[85] Vgl. Knapp, Leben, S. 267.
[86] Zirkularkorrespondenz c 97^r – 98^r.
[87] Vgl. Weller, Sozialgeschichte, S. 119 ff.; Nachricht. Zu Hofackers frühen Kontakten zu Korntal vgl. Knapp, Leben, S. 101 ff.; s. unten S. 258 f.

etwa bei den so genannten Michelianern, den Anhängern Michael Hahns, schlummern.

Im konkreten Lebenszusammenhang reduziert Hofacker das Brechen der Sündenmacht meist ganz auf die individuelle asketische Moral, so etwa in der typisch pietistischen Ablehnung der unschuldigen Freuden des Lebens wie dem beliebten Tanzen bei Kirchweih, Hochzeiten und anderen Feierlichkeiten.[88] Zwar werden diese besonderen Verhaltensideale wie meist im pietistischen Kontext weniger prinzipiell als praktisch-pädagogisch begründet, doch bleibt auch bei Hofacker der gesetzliche Grundzug unverkennbar.[89] Dabei zeigt der Briefwechsel mit den Freunden, dass er sich des geistlichen Problems erzwungener Verhaltensweisen durchaus bewusst war, und mahnt zum schonenden Umgang mit den Gewissen.[90] Die in der Frage des Tanzens sichtbare Angst vor Phantasie und Leidenschaft als Einfallstor des sündigen Weltlebens zeigt sich wie in weiten Teilen des Pietismus auch bei Hofacker im skeptisch-ablehnenden Verhältnis zur Kunst, besonders zur weltlichen Dichtung.[91]

Zur Problematik von Hofackers Kirchenverständnis gehört in reformatorischer Perspektive eine gewisse Relativierung

[88] Zum rigorosen pietistischen Urteil über Spiel und Tanz unter Rückgriff auf Luther vgl. noch Wilhelm Hofackers Replik auf Märklin, der Luthers tolerantere Haltung rühmte: Hofacker, W., Bekenntnis, S. 19, 54 ff.

[89] Vgl. Hofacker, Predigten 2, S. 18, 598; zur öffentlichen Beschämung der Tanzwilligen in der Traupredigt vgl. Knapp, Leben, S. 136 ff.

[90] Zirkularkorrespondenz b 5 - 12, 10f. (25. April 1825).

[91] Albert Knapp berichtet von einem frühen Krankenbesuch bei Hofacker, bei dem er diesem begeistert Jean Pauls (1762 - 1825) Lobesworte über Johann Gottfried Herder (1744 - 1803) in der »Vorschule der Ästhetik« vorlas. Von Hofacker kam nur der trockene Verweis, auch Herder sei ein armer Sünder gewesen. Knapp, Leben, S. 59 f. Jean Paul nimmt in der »Vorschule der Ästhetik« verschiedentlich lobend auf Herder Bezug, so im Zusammenhang der Kantate-Vorlesung. – Eine ähnliche Grundhaltung zeigt auch der an sich poetischer veranlagte Bruder Wilhelm, der sich noch lange skrupulös wegen der »unreinen Lektüre« einiger Wielandscher Romane in seiner Gymnasiastenzeit plagte. Hofacker, W., Predigten, S. XXI.

der Sakramentspraxis in Taufe und Abendmahl, auch wenn keine Geringschätzung der Sakramente selbst beabsichtigt ist. Beide treten jedoch unter den Vorbehalt einer fest umrissenen Vorstellung von Bekehrung, was ihr Eigengewicht schwächt. Sie erscheinen — analog zu älteren pietistischen und aufklärerischen Neugewichtungen — in einer Reihe mit anderen hilfreichen Erziehungsmitteln Gottes wie Gebet und Gemeinschaft.[92] Vor allem die neben dem Gottesdienst gesondert gelebte Glaubens- und Gebetsgemeinschaft wird selbst zu einer Art Sakrament.[93] Freilich bleibt die kirchliche Abendmahlsfeier ein zentrales Ereignis der von geistlicher Rührung begleiteten Gottesbegegnung und damit auch von einem gewissen volksmissionarischen Wert. Bei Ludwig Hofackers Bruder Wilhelm führte gerade der jugendliche Abendmahlsgang nach der Konfirmation 1819 zu einem Bekehrungserlebnis.[94] Mit der Betonung der individuellen Christusgemeinschaft der Bekehrten bleibt bei Hofacker und seinem Umfeld eine beachtliche Intensivierung der Abendmahlsfrömmigkeit verbunden.[95]

Die Endzeit

Als Erweckungsprediger ist Hofacker stets von einer lebendigen Endzeiterwartung erfasst geblieben. Fraglich ist, ob hierbei dem von Johann Albrecht Bengel auf das Jahr 1836 berechneten Anbruch des Tausendjährigen Reiches große Bedeutung zukommt. Gewiss zeigt Hofacker an der aktualisierenden Auslegung der Johannesoffenbarung Interesse, so

---

[92] Vgl. z. B. Hofacker, Predigten 2, S. 199.
[93] Vgl. die Schilderung der frühen Erfahrungen von geistlicher Bruderschaft bei Knapp, Leben, S. 55 f.
[94] Hofacker, W., Predigten, S. VII. Wilhelm berichtet, ein »Strom des Friedens« habe »mehrere Tage lichtvoll und kräftig« seine Seele erfüllt. Ebd., S. XXI.
[95] Vgl. Zirkularkorrespondenz c 18^r – 19^v.

etwa an einer zeitgenössischen, mathematisch-astronomisch untermauerten Datierung der Rückkehr der Juden nach Palästina auf das Jahr 1828. Doch er warnt nicht nur öffentlich, sondern auch gegenüber den Freunden vor übereilten Schlüssen.[96] Wichtiger für Hofacker und seine Freunde dürfte die grundlegende Überzeugung sein, in einer ihrem Ende entgegengehenden Welt zu leben. Dies bildet sich ab im Gedanken der individuell und kirchlich zu nutzenden Gnadenfrist und im Gefühl, einer apokalyptischen Zeitbeschleunigung ausgesetzt zu sein.[97] Hierbei spielt das Anliegen der weltweiten Mission, insbesondere auch der Judenmission, und der Bibelverbreitung eine zentrale Rolle.[98] Auch die konservativ-antiliberale Weichenstellung mit ihrer pauschalen Verwerfung der Aufklärungszeit und ihrer Theologie bezieht von hier ihre Schärfe. Trotz des richtigen Gespürs für problematische Einseitigkeiten des aufklärerischen Intellektualismus wird ein Feindbild kultiviert, das schon die großen Einzelgestalten der frühen Erweckung im Übergang zum 19. Jahrhundert wie Johann Heinrich Jung-Stilling und die Vertreter der Basler Christentumsgesellschaft mit der polemischen Alternative von gottloser Aufklärungskritik und biblischem Offenbarungsglauben vorbereitet haben.[99] Dies trifft schließlich nicht nur

[96] Vgl. Zirkularkorrespondenz a 39.
[97] Vgl. z. B. Hofacker, Predigten 1, S. 672 ff., 764 ff.; 2, S. 504.
[98] Zum judenmissionarischen Anliegen vgl. die »Missionslieder für Israel« von Albert Knapp (1836). Neben der Betonung von Erwählung, Bund und Gottestreue gegenüber dem Volk Israel wird auch an gängige Antijudaismen angeknüpft, etwa wenn es in einem Lied im Blick auf die wirkungsgeschichtlich verhängnisvoll gewordene sog. Selbstverfluchungsformel von Mt 27,25 heißt: »Was sie (die Juden) sich aufgeladen (und Du erfüllt nach Recht) *Dein Blut* — komm jetzt in Gnaden auf Dein erwählt Geschlecht!« (Nr. 4, V. 6), vgl. Nr. 16, V. 3, Nr 19, V. 1. Ähnliches gilt für das Thematisieren des »ewigen Juden« und seiner Kainsexistenz im Exil, Nr. 18-21.
[99] Vgl. Brecht (Hg.), Geschichte 2, S. 700-754. Zum Spätaufklärungspietismus im Übergang vom 18. zum 19. Jahrhundert s. auch Kirn, Spätaufklärung.

die historische Bibelkritik und die von der so genannten Neologie seit der Mitte des 18. Jahrhunderts ausgehende ethische
Umformung der traditionellen kirchlichen Lehre, sondern
auch die konservative Tübinger Theologie der Zeit aus der
Schule Gottlob Christian Storrs. Selbst der Hofacker wohl-
gesonnene pietistische Tübinger Theologieprofessor Johann
Christian Steudel (1779-1837), ein Storr-Schüler, kritisierte
Hofackers Ausfälle gegen die neologische Aufklärungstheologie in der erwecklichen Predigt als störend und überflüssig,
doch ließ sich dieser nicht überzeugen.[100]

Hofacker hat als Erweckungsprediger in pietistischer Tradition reformatorische Grundanliegen aufgenommen und in
teils zeitkritischer, teils zeittypischer Weise erneuert. Sein
ausgeprägter religiöser Individualismus führt, verbunden mit
dem Erbe einer gesetzlichen Alltagsmoral und einer geringen
Wertschätzung der theologischen Aufgaben des Predigers, zu
charakteristischen Umgestaltungen. Doch gerade die unaus-
geglichenen und widersprüchlichen Momente seiner Person
und seines Denkens weisen auf zentrale Fragen christlichen
Glaubens und Lebens, wie sie in der Erweckungsbewegung
mit neuer Kraft aufbrachen.

---

[100] Vgl. Hofacker, Predigten, S. L. Zur dämonisierenden Kritik an Neologie
bzw. Aufklärung im Allgemeinen vgl. u. a. Hofacker, Predigten 1, S. 669;
2, S. 106 f.; 270 f. Zur Sicht der Französischen Revolution vgl. Barth,
Geschichte, S. 277. Knapp, Leben, S. 275.

Albert Knapp

Albert Knapp
(1798-1864)

Poet — Pietist — Publizist

von Rainer Lächele

Der Name Albert Knapp[1] wird heute nur noch wenigen Menschen etwas sagen. Wer im Gesangbuch blättert, der stößt auf ihn als Dichter von Erweckungs- und Missionsliedern. Doch gibt es mehr zu berichten über diesen Dichter und Theologen, über den Pietisten und Journalisten, der in der ersten Hälfte des 19. Jahrhunderts lebte? Genaueres Hinsehen bringt zutage, dass Knapp »Burschenschaftler und Enfant Terrible

---

[1] Schott, Art. Albert Knapp. Schäfer, Art. Knapp, Albert. Dienst, Art. Albert Knapp. Eine Übersicht der Literatur über Knapp findet sich in dem anschaulichen Band 200 Jahre Liederdichter Albert Knapp, S. 57-87. Eine weitere biographische Skizze zu Knapp findet sich in Pagel: Ehret, liebet, lobet Ihn!, S. 49-90. Etwas weniger hagiographisch und angenehm zu lesen ist der Beitrag Hornbogen, Vom Ausfegen ungläubigen Sauerteigs. Hornbogen zitiert abschließend zur Charakterisierung Knapps, dieser habe »ein ansehnliches Talent zur Poesie durch seine pietistische Umwendung schimmlicht gemacht. Er lässt Leonidas mit seinen gefallenen Tapferen, das Schwert noch krampfhaft in die Faust gepresst, in herrlichem Zuge zur Unterwelt wallen, dann stoßen sie aber auf Abraham und Sara und müssen sie küssen. Seine poetische Theorie ist: alles Große und Schöne auch aus der profanen Welt soll Stoff der Poesie sein, aber nur, sofern es durch eine ausdrückliche Beziehung auf das Christliche geheiligt ist, er sagt zu dem Dichter: preise immerhin Griechenland in seiner Herrlichkeit, aber bedaure am Schlusse des Gedichts lebhaft, dass Athen keinen Stadtpfarrer hatte, dass Homer kein Gesangbuch schrieb und Achilles keinen Konfirmationsunterricht genoss!« Ebd., S. 113.

mit Sturm- und Drang-Ideen«[2] war, zugleich jedoch auch »Wegbegleiter Ludwig Hofackers und Pfarrer und Dichter der Erweckungsbewegung«[3], der ein umfangreiches gedrucktes Werk hinterließ.[4] Knapp, ein Dichter von Graden, der zarte Naturpoesie verfasste, und gleichzeitig ein glühender Patriot; ein Einzelgänger und Melancholiker und doch ein Mensch, der die Gruppe und die Gemeinschaft Gleichgesinnter suchte. Knapp führte ein Leben der Gegensätze, das neugierig macht und zum Nachfragen reizt.

Geboren wurde er am 25. Juli 1798 in Tübingen als ältester Sohn des Hofgerichtsadvokaten Gottfried Knapp (1764-1828) und der Henriette Finckh (1775-1827). Seine Kindheit verbrachte er im Schwarzwald, in Alpirsbach. Lebenslang hat er die Bilder seiner Kindheit mit sich getragen: »Der Ort, wo ich als Kind mit tausend stillen Geistesahnungen mich entwickelt habe, ist der Schwarzwald, ein schönes, gewaltiges Gebirge, wenn man die rechten Vertiefungen und Hochflächen kennt, die noch etwas vom Gepräge der Urnatur an sich tragen. Der geistige Grundcharakter jener stillen, majestätisch einsamen Waldhöhen ist eine feierliche Melancholie, ein schwermuthvolle Erhabenheit. Jene bald wellenförmigen, bald mit schroff abstürzenden Waldbehängen besäumten Hochflächen des Schwarzwaldes mit ihren tiefen, kühn zwischendurch gesprengten Schluchten und Tälern zeigen bei klarer Witterung ein hehres, unbegreiflich ergreifendes Stilleben der Natur, und was ihnen den edelsten Reiz verleiht, das ist der blaue, hoch über das Immergrün der riesigen Tannenwälder sich so weithin ausbreitende Himmel. Da liegt die Welt an einem stillen Frühlings- oder Sommertage so mild und

---

[2] Bernhard Dinkelaker, Ansprache zum 200. Geburtstag Albert Knapps. In: 200 Jahre Liederdichter Albert Knapp, S. 11-13, hier S. 11.

[3] Ebd.

[4] Vgl. dazu die Bibliographie in Knapp, Albert Knapp als Dichter, S. 273-287.

herrlich vor dem Geist ausgegossen da; der Mensch ist mit sich selbst und seinem Gott hier völlig allein.«[5] Knapps Autobiographie ist eine wertvolle historische Quelle. Durch die Perspektive des Verfassers nach seiner Bekehrung bekommt freilich manches eine zu negative Bewertung.

»Mit sich selbst und mit seinem Gott völlig allein« – war das mehr als eine Beschreibung eines melancholischen Seelenzustands? Vielleicht sogar ein Lebensmotto? Und noch mehr: die Betrachtung der Natur wurde von Knapp selbst als überaus starke Macht seines Lebens interpretiert:[6] »Daher hat sich auch der stille, mächtige Reiz einsamer Naturbetrachtung späterhin bei mir vielfach unter verschiedenen Formen und Vorwänden zwischen die Liebe Christi hineingedrängt, und mir oft, neben den lieblichsten Genüssen der Phantasie, in tieferer Beziehung doch große Irrwege, peinliche Schmerzen und Demüthigungen bereitet.«

Alpirsbach, Rottweil und Tübingen waren die Orte der Kindheit. Ersteres war für den jungen Knapp der wohl prägendste Ort, dabei besonders die Kirche und das Kloster. »Ein erhabener Ernst der Vorwelt weht durch diese Kirche und ihren melancholischen Klosterbau, ein Gefühl, das unwiderstehlich in das geheimnisvolle Helldunkel des Mittelalters zurückführt, die Seele zum einsamen Einsinken in sich selber stimmt und dem kindlichen Gemüthe sowohl die dunkeln Schauer, als die süße Wehmuth der grauen Vergangenheit vorüberführt.«[7]

Albert Knapp schlug den Weg vieler württembergischer Theologen ein und besuchte ab 1814 das Seminar Maulbronn, einen Ort, an dem Knapp viele Härten und eiserne Zucht zu ertragen hatte.[8] Früh begeistert von der Historie entschied er sich – mutmaßlich ohne großen Antrieb – zum Theologie-

[5]   Knapp, Lebensbild, S. 5.
[6]   Knapp, Lebensbild, S. 16.
[7]   Knapp, Lebensbild, S. 13.
[8]   Knapp, Albert Knapp als Dichter, S. 13.

studium, das er in vier Jahren als Zögling des Tübinger Stifts absolvierte. Er folgte darin seinem früh verstorbenen Bruder Paul Knapp (1799-1817), wie auch sein anderer Bruder Eduard (1802-1878) Pfarrer wurde. Nicht zu vernachlässigen ist dabei die Tatsache, dass die Familie Knapp durch die Entlassung des Vaters aus dem Staatsdienst auf das Stiftsstipendium angewiesen war.

Als Stiftler begeisterte sich Knapp für die politischen Vorgänge seiner Zeit. Nach den Freiheitskriegen 1813 bis 1815 wurden in Tübingen Studentenverbindungen gegründet, nicht zuletzt auch im Tübinger Stift.[9] Ungeachtet des Verbotes trat 1816 die Tübinger Urburschenschaft Germania an die Öffentlichkeit. 1818 trat Knapp dort ein. Als 1819 der Jahrestag der Schlacht von Waterloo gefeiert wurde, betätigte sich Knapp als Festdichter:[10]

»Laut mahnt der Ruf! Die Stimmen sind verklungen,
Doch ewig tönt der Zeiten Donner fort, –
O dass das Wort in eure Brust gedrungen,
Viel Lebenskeime sich an's Licht gerungen,
Daß nicht im Sand die Blüthe sey verdorrt!
Seyd fromm und frei! so wird uns nichts erschüttern,
Nicht Feindesmacht, nicht heimische Gewalt,
So werden wir vorm Freiheitsschwert nicht zittern,
Das furchtbar uns im dunklen Himmel stralt!
Und wenn wir einst erweckt den alten Leuen,
Und Schlachtenglut die Zwingherrn niederblizt,
Dann wird sich Hermann, unser Vater, freuen,
Der klagend an Walhallas Tischen sitzt.«

Dieses Gedicht, das nicht umsonst mit dem Begriff »Sand« auf den Mörder August von Kotzebues (1761-1819) anspielte, brachte Knapp und den anderen Mitgliedern der Burschen-

9   Hahn, Mayer, Das Evangelische Stift, S. 208.
10   Zum 18ten Juni 1819. In: Knapp, Albert Knapp als Dichter, S. 200-203.

schaft nicht wenige Unannehmlichkeiten. Zugleich wurde es Knapp zu eng im Tübinger Stift. Er wollte sich lieber mit Philosophie, Geschichte, Poesie und Altertumskunde beschäftigen als sich der Theologie zu widmen. Nur die harsche Reaktion des Vaters verhinderte ein in diesem Ton gehaltenes Bittschreiben an die württembergische Königin. Nur um weniges entging Knapp aus disziplinarischen Gründen der Entlassung aus dem Stift.

Im November 1820 wurde Albert Knapp Vikar in Stuttgart-Feuerbach, dann in Stuttgart-Gaisburg. Fünf Jahre später wirkte er als Pfarrer in Sulz/Neckar und ab 1831 in Kirchheim/Teck. 1837 kam er schließlich nach Stuttgart, zuerst an die Hospitalkirche, dann an die Stiftskirche. Die Krönung seiner beruflichen Laufbahn war die Berufung zum Nachfolger Gustav Schwabs (1792-1850) an die Stuttgarter Leonhardskirche. Hier wirkte er als Pfarrer bis zu seinem Tod am 18. Juni 1864.

Knapp war ein Familienmensch. Dafür sprechen die drei Ehen mit Christiane von Beulwitz (1806-1835) im Jahr 1828, mit der Witwe seines Stiftsrepetenten Karl August Osiander (1792-1834) Emilie Osiander, geb. Hoffmann (1809-1849) 1836 und mit Minette Lerche (1815-1897), Lehrerin an der Brüdergemeine in Gnadau im Jahr 1850.[11] Knapp wurden durch seine drei Frauen 13 Kinder geboren, von denen nicht wenige schon im Kindesalter starben. Besonders eindrücklich gab er der Trauer um seinen ersten, das Kindesalter überstehenden Sohn Paul Ausdruck, dem er 1858 die Schrift »Lebensbild eines Jünglings« widmete.[12]

---

[11] Siehe zu den Ehefrauen und Kindern Knapps Knapp, S. 73 f.
[12] Knapp, Lebensbild eines Jünglings.

Der Poet

Knapp verfasste im Laufe seines Lebens etwa 1200 Gedichte. Dichtung war für ihn nicht reine Kunst, sondern auch Aufruf zu einem höheren Ziel. Das Elternhaus im württembergischen Bildungsbürgertum brachte Knapp historische und patriotische Themen nahe. Daneben verfasste Knapp auch Gelegenheitsdichtungen auf festliche Anlässe und Gedenktage.

Schon während der Zeit im Tübinger Stift schrieb er lateinische und deutsche Gedichte. Als Vorbilder lassen sich Goethe und Schiller, Klopstock und Uhland, Shakespeare und Jean Paul nachweisen. Von Klopstocks Gedichten gab er eine Anzahl in lateinischer Übersetzung heraus.[13] Goethe verehrte er so sehr, dass er begann, einen dritten Teil des Faust zu verfassen.[14] Kritiker haben Albert Knapps Gedichten gute Einfühlungsgabe und stilistisches Talent zugesprochen, dem Verfasser aber die »wirklich eigenständige künstlerische Begabung« abgesprochen.[15] Zudem seien seine Gedichte pathetisch und lehrhaft, behandelten darüber hinaus häufig Glaubenssätze. In seinen Dichtungen spielte die Natur eine große Rolle, wie das frühe Gedicht »Auf dem Berge« zeigt:[16]

> »Blau war der Himmel, die Lüfte lau,
> Fern nur am Berg lag duftiges Grau
> Und hemmte das selige Schauen.
> Da gieng ich traurend hinan die Höh,
> Da sprosseten Blumen zwischen dem Schnee,
> Die knospen noch nicht auf den Auen.«

Die frühen Dichtungen weisen ihn auch als Verfasser patriotischer Werke aus. Sein 1843 publizierter Band »Gedichte«,

---

13 Klopstockii quindecim carmina.
14 Abdruck in Knapp, Albert Knapp als Dichter, S. 204-237.
15 Schäfer, Art. Knapp, S. 153.
16 Knapp: Albert Knapp als Dichter, S. 243.

den man neben Christian Gottlob Barths[17] (1799-1862) »Lieder und Gedichte für Christenkinder«[18] stellen könnte, enthielt neben vielem anderem auch den schmalen Abschnitt »Deutsche Lieder«.[19] In dem Lied »Freiheit Deutschlands« wird Deutschland zur Einheit gegen den Erzfeind Frankreich aufgerufen: »Deutschland! mit dem Schwert und Besen Hat dich Franzland oft gebeugt. Lern' im Blut der Väter lesen, Wie dich Trübsal großgesäugt!«.

Noch stärker spiegelt das Gedicht »Wider die Franzosen« diese Tendenz, das jene pauschal als »Schwätzer« und »Schranzen« herabwürdigt. Hier signalisiert Knapp das Angebot einer Bruderschaft »im Friedensglanz«, zugleich verbunden mit der Drohung: »Bis dahin bleibt, o Franzen, Fern hinter'm deutschen Rhein! Und schwingt ihr dennoch Lanzen, Wird man gerüstet seyn. Wollt euer Joch ihr pflanzen Auf Deutschlands Felsenhöh'n? – Kommt! hier sind heil'ge Schanzen, Denn Gott wird für uns steh'n!«

In diesem Sinne geht es fort. Knapps Lieder »Deutsche Eintracht« und »Schirm für die Zukunft« wiederholen diese Motive und betonen die angebliche besondere Beziehung der Deutschen zu Gott: »Weiß't du's? – als in den früher'n Tagen Deutschland Sein Wort und Heil verließ, Da ward's zertreten und zerschlagen: Er war's, der uns im Zorn verstieß. Dann, als es reuig sah nach oben Und wiederaufnahm Christi Wort, Ward es zu Ruhm und Sieg erhoben, Denn er, der Heiland, war sein Hort.« Neben der klassischen pietistischen Interpretation der Revolution als ein durch die Sünde der Menschen ausgelöstes Ereignis tritt hier die unheilvolle Allianz zwischen Gott und den Deutschen – »hier sind heil'ge Schanzen« – hinzu.

Einen großen Raum nahmen verständlicherweise Dichtungen über biblische Motive ein.[20] Vorzüglich neutestamentliche

---

[17] Raupp, Barth. Lit.!
[18] Lieder und Gedichte für Christenkinder.
[19] Knapp, Gedichte. Neueste Folge, S. 573-580.
[20] Als Beispiel verweise ich auf Knapp, Christliche Gedichte. Bd. 2.

Texte waren es, die Knapp für die poetische Arbeit heranzog. Den auf dem Meer wandelnden Jesus (Mt 14,22-33) machte er zum Gegenstand seines Gedichtes »Der Gang auf dem Meere«:[21]

> »Aber sieh, wenn Christus sich enthüllet,
> Wie mit Muth des Jüngers Herz sich füllet!
> Heldenkräftig auf den feuchten Wegen
> Schreitet er dem Heil'gen schon entgegen.«

Knapp schließt mit der Mahnung:

> »Aber wer durchmißt des Lebens Weite
> Ohne Wandel, fest an deiner Seite?
> Wer umfaßt vertrauend bis zum Ende
> Deinen Arm und deine treuen Hände?«

Hier mag man dem Urteil des Kritikers zustimmen und das Lehrhafte an Knapps biblisch motivierten Gedichten bemängeln. Der Eindruck drängt sich auf, dass es sich hier um schnell hingeschriebene Texte handelt. Auf dichterische Qualität wurde weniger Wert gelegt. Sie wurden eher für den Augenblick geschrieben.

Etwas anders verhält es sich bei den Poemen, die Knapp im Blick auf ihm nahe stehende Personen verfasste. Er schrieb mit »Hofackers Grabhügel« ein gefühlvolles, fast zärtliches Gedicht, das von den vorigen Beispielen absticht.[22]

> »O Lieber! den die Erdenzeit
> Hinhielt an diesem Ort,
> Wie flohest du von uns so weit,
> Von deinen Brüdern fort!

---

21 Knapp, Christliche Gedichte, Bd. 2. 2., S. 29 f.
22 Hofackers Grabhügel. In: Knapp, Christliche Gedichte, Bd. 2. 2., S. 217-219.

Wo sucht dich trauernd nun mein Herz,
Das zärtlich dich umfaßt?
Mit welchem du des Lebens Schmerz
So treu getragen hast?«

Ähnliches lässt sich an den Gedichten »Die Mutter im Sarge« und an »Meinem Vater« beobachten.[23] Die »vielgetreue Mutter« wird hier beschworen, ihr zärtlich blickendes Auge, ihre treuliche Hand, ihr edler Mund und ihr reines Herz.

Es ist deutlich geworden, dass Knapp zwar nach seiner Bekehrung 1820 Gedichtmanuskripte verbrannte, gleichwohl das Dichten nicht lassen konnte. Möglicherweise war die Verfertigung von Gedichten eine der Leidenschaften Knapps, die ihm sein Status als Erweckter noch gestattete. Poetische Themen aus Natur und Geschichte blieben bestimmend. Deutlich wird dies besonders an dem 1839 erschienenen Gedichtzyklus zum »Hohenstaufen«, dem Stammsitz der Staufer bei Schwäbisch Gmünd, der nicht nur Knapp zu dichterischen Äußerungen inspirierte.[24] Das Erlebnis des Hohenstaufens gehörte, wie Knapp in seiner Autobiographie schrieb, zu den »begeisterndsten Elementen« in seinem Leben.[25] Der Kaiserberg hatte ihn »in allen Tiefen seines Gemüths« beeindruckt, so sehr, dass Knapp mehrmals auch sechs Stunden Fußweg von Kirchheim unter Teck aus auf sich nahm, um den Berg zu besteigen. »Einer der schönsten Tage meines Lebens war der wolkenlose 30. Juni 1832, als ich mit einem schweizerischen Kaufmann und zwei anderen Freunden auf den viele Jahre nicht mehr gesehenen Staufen fuhr und im Geleite des befreundeten Pfarrers den Gipfel erstieg. Es erfüllte mich ein hehres Himmelsgefühl auf dieser erhabenen Trümmerstätte menschlicher Herrlichkeit und einer für den Deutschen unvergeßlichen Vorwelt. Es war mir, als wäre ich in ein längst vo-

---

[23] In: Knapp, Christliche Gedichte, Bd. 2. 2., S. 231 f. bzw. 233-236.
[24] Vgl. dazu etwa Barth: Christliche Gedichte.
[25] Dazu und zum Folgenden Knapp, Lebensbild, S. 230-234.

rübergezogenes Geisterreich, in einen Kreis unsterblicher Helden eingezogen; ein namenloser Schauer der Vorwelt durchdrang mein Herz, und der Tod, auf dieser majestätischen Lebenshöhe gelagert, – dieses tief bedeutsame Schweigen, wo vormals lauter Donner geredet, – diese einsame Trauer, wo einst die Rosen menschlicher Herrlichkeit in Fülle geblüht – dieß alles verhielt mir beinahe den Athem.«[26]

Kaum ein Jahr später bestieg Knapp erneut den Hohenstaufen, am Ostermontag 1833.[27] Bei schneidendem Ostwind setzte er sich auf einen Mauerrest, »und begann in sprachlosem Entzücken, während der Umkreis aller Nähen und Fernen krystallhell aufgerollt vor mir lag, einen reimlosen Osterpsalm, als plötzlich alle Glocken in den Dörfern der Thäler umher ihr Geläute begannen, – ein wundersames, herzerhebendes Konzert zur Ehre des Auferstandenen, dessen Lebensodem diese Höhen umwehte. Nie werde ich jener erhabenen Augenblicke vergessen, worin mir der Triumph der Unsterblichkeit über den Tod, der Sieg des Glaubens über die Welt und all' ihre Herrlichkeit so wundersam vor die Seele trat, ...«

Der Pietist

Albert Knapp wurde in religiöser Hinsicht von seiner Mutter geprägt.[28] Daneben übte der pietistische Lehrer Johann Georg Handel (1777-1856) einen wichtigen Einfluss auf ihn aus. Seine Studienzeit in Tübingen betrachtete Knapp später vor allem als eine Zeit der Irrwege. Er bemerkt immer wieder seine »exzentrischen« Äußerungen. Er fühlt sich hin- und hergerissen zwischen seiner dichterischen Ader – »Noch schweben mir manche jener Jugendtage mit unaussprechlichem süßen Dämmerglanze vor Augen«[29] – und dem Bewusstsein, nicht

---

[26] Knapp, Lebensbild, S. 230.
[27] Knapp, Lebensbild, S. 232. Danach das folgende Zitat.
[28] Siehe dazu Knapp, Lebensbild, S. 35.
[29] Knapp, Lebensbild, S. 107.

bekehrt zu sein. Am Beginn seines Vikariats notierte Knapp in seinem Tagebuch:[30]

>>Offenbare deine Heimlichkeiten,
So verlierst du die Gelegenheit (zur Sünde)
Bekehre Du mich, HErr, so werde ich bekehret.
Hilf Du mir, HErr, so ist mir geholfen.
Auf Erden kein größer Elend ist,
Als wenn man seinen HErrn vergißt.<<

Knapp war ein Mensch, der sich gern Vorbildern anschloss. Zudem war er auf der Suche nach einem Halt, nach einer festen Position.[31] Die Begegnung mit Ludwig Hofacker (1798-1828), der Führungsfigur der württembergischen Erweckungsbewegung, brachte ihn zu einem Erlebnis, das den Anfang eines langen Selbstfindungsprozesses darstellte:[32] >>Da brach endlich das alte Eis der Selbstsucht und des Eigenwillens um meine Seele, und ein göttliches Lichtmeer überdämmerte, überfloß mich, ich konnte nicht mehr anders; fünfzehn Ellen hoch strömte der Gnadenstrom Gottes durch Christum über den rauhen Fels der Seele, und mir war es, als stünde ich, ein zarter Keim, im jungen Morgenlicht des Himmels, während von unten die alten Weltstürme mich wieder zu entwurzeln strebten.<<

Selbst hier ließ Knapp nicht von den für uns pathetisch klingenden Formeln. Die Aufgabe als Geistlicher wurde ihm nun zum innersten Anliegen. Er verbrannte zwei Bände von eigenen Gedichtmanuskripten.[33] Zugleich stellte sich die erwartete Freiheit von >>weltlichen<< Dingen nicht recht ein. Er resümierte:[34] >>Daneben nahm ich mir täglich den treusten,

---

30   Zitiert in Knapp, Lebensbild, S. 112.
31   So das Resümee in Knapp, Albert Knapp als Dichter, S. 56.
32   Knapp, Lebensbild, S. 113.
33   Knapp, Lebensbild, S. 107.
34   Knapp, Lebensbild, S. 133.

allerpünktlichsten Gehorsam gegen seine Gottes-Gebote vor und zerarbeitete mich in diesen Vorsätzen oft in einem solchen Grade, dass mir schon ein unbewachter Blick, ein heiteres Wort, ja zuletzt ein schnelles Aufheben des Spazierstocks zur Sünde wurde.« Schlimmer noch:[35] »Daneben regte sich in mir doch auch die natürliche jugendliche Lebenslust, z. B. die Liebe zur Poesie und zum Klavierspiel, und gewöhnlich wurden mir auch Erholungen dieser Art zur Sünde, so dass ich manches heiter empfangene Gedicht sofort wieder verbrannte und sonst manche bildende Lektüre mit ängstlichem Argwohn von der Hand wies, um nicht rückfällig zu werden.«

Überaus wichtig war dem nunmehr Bekehrten die Gemeinschaft mit Gleichgesinnten. Eine Form der Begegnung und des Austauschs war die so genannte Circularkorrespondenz, bei der Briefe von einem Teilnehmer zum anderen geschickt wurden und jeder einen Abschnitt beitrug.[36] Christian Gottlob Barth (1799-1862) aus Calw gehörte zu diesem Kreis, aber auch der Duisburger Pfarrer Emil Wilhelm Krummacher (1798-1886) und der Echterdinger Pfarrer Christian Burk (1800-1880). Neben württembergischen Geistlichen waren auch Pfarrer aus der Schweiz und Österreich, aus dem Rheinland und aus Bremen beteiligt. Auf der anderen Seite nahm Knapp regelmäßig an Konventikeln teil und schätzte überhaupt die Meinung von Laien über alles.[37] Er begründete dies mit der Verhinderung näherer Gemeinschaft im Gottesdienst.[38] »Eingehender, faßlicher und traulicher« sei der Umgang in den Konventikeln. Schließlich beförderten sie auch den Umgang mit der Heiligen Schrift, die dem einzelnen Geistlichen nur zugute kommen werde. Nebenbei schrieb Knapp die Biographie Ludwig Hofackers, die 1852 erschien und 1923 in der siebten Auflage herauskam.

---

[35] Knapp, Lebensbild, S. 134.
[36] Knapp, Lebensbild, S. 137.
[37] Knapp, Lebensbild, S. 159 f.
[38] Knapp, Lebensbild, S. 253.

Der Publizist

Wesentlichen Einfluss in der Öffentlichkeit erlangte Knapp durch die Publikation des Periodikums »Christoterpe«, die er 20 Jahre lang betreute.[39] Das »Taschenbuch für christliche Leser«, wie der Untertitel lautete, erschien erstmals 1833 in einer Auflage von 800 Exemplaren. Wie der Herausgeber betonte, wandte sich die Zeitschrift an das christliche Publikum, um diesem Aufsätze und Gedichte nahe zu bringen. Bei den Aufsätzen handelte es sich vor allem um Texte zu biblischen Themen, aber auch um historische Mitteilungen. Dafür kann der Beitrag »Die Finnisch-Lappische Mission bis 1726« im ersten Band der Christoterpe stehen.[40] Ähnliches Gewicht besaßen die Gedichte, von denen ein größerer Teil von Knapp selbst stammte. Sie erschienen unter Titeln wie »Sehnsucht nach dem Paradiese«, »Todtenreise«, »Kreuz-Abnahme« oder »Für bange Herzen«. In den späteren Jahren kam das biographische Element stärker zum Tragen, so etwa durch Beiträge über Friedrich Christoph Steinhofer (1706-1761), Friedrich Hiller (1699-1769) und Ludwig Hofacker. Alles Texte, die der Hausgeschichtsschreibung des württembergischen Pietismus angehören.

Die Zeitschrift hatte ihren Ursprung in dem Vorhaben, eine christliche Zeitschrift für Laien zu machen — »von entschiedener positiver Richtung«, das heißt gegen die liberale Theologe der Zeit gerichtet.[41] Die Zeitschrift sollte diejenigen zusammenführen, die in diesem Ziel übereinstimmten. Eine Fülle von Autoren beteiligte sich an dem Jahrbuch, darunter auch Ernst Moritz Arndt (1769-1860) und Friedrich Rückert (1788-1866).[42]

---

[39] Christoterpe. Ein Taschenbuch für christliche Leser.
[40] Rudelbach, Die Finnisch-Lappische Mission bis 1726.
[41] Zur Entstehung der »Christoterpe« folge ich Knapp, Lebensbild, S. 317-326.
[42] Die Namen der Autoren finden sich in Knapp, Lebensbild, S. 319 f.

Der Hymnologe

Von den vielen Begabungen, die Knapp besaß, lag die wichtigste auf dem Gebiet der Hymnologie. Kurz gesagt strebte er ein Nationalgesangbuch der Deutschen an.[43] Knapp war nicht der Erste, der ein solches Ziel verfolgte. Den Zusammenhang von der Überwindung protestantischer Spaltung im gemeinsamen Kirchenlied hatte schon 1819 Ernst Moritz Arndt in seiner Schrift »Von dem Wort und dem Kirchenliede« formuliert.[44] Arndt schrieb hier: »Was Katholiken Lutheraner Zwinglianer Kalvinisten Methodisten Böhmianer und Zinzendorfianer und wie die verschiedenen Namen weiter lauten mögen (…) Gottseliges und Christliches gesungen und geklungen haben, das sollte dieses christliche Gesangbuch enthalten und allen Christen zur Erquickung und Erbauung übergeben.« Im Gefolge dieser Äußerungen wandte man sich alten Kirchenliedtraditionen wieder zu und suchte diese in Editionen zugänglich zu machen – nicht zuletzt auch mit antikatholischer Tendenz.[45] Knapp realisierte sein Vorhaben in Gestalt des Evangelischen Liederschatzes[46], dessen 3590 Lieder 1837 in zwei Bänden erschienen. Knapp wählte dafür solche Kirchenlieder aus, die für die ganze Kirche stehen konnten. Darüber hinaus spielte die Schrift- und Bekenntnisgemäßheit eine Rolle; die Lieder mussten »populär, gemeinfaßlich und einfach«, würdig, kurz und präzise in der Aussage sein.[47] Neben der Überlieferung teils auch vergessener Lieder griff Knapp nicht unerheblich in den überlieferten Textbestand ein und passte diesen teils drastisch dem Geschmack der Zeit an. Das brachte ihm heftige Angriffe, nicht zuletzt von Philipp Wacker-

---

[43] Ich folge dem instruktiven Beitrag von Rössler: Albert Knapp.
[44] Arndt, Von dem Wort, S. 51.
[45] Ich folge hier den Ausführungen von Markus Jenny, Art. Kirchenlied I.
[46] Weitere Auflagen: 1850, 1865, 1891.
[47] Zitat aus der Einleitung des Evangelischen Liederschatzes. Zitiert in Rössler, S. 112 f.

nagel (1800-1877) und von Gustav Schwab: »Keinen gellern-
den Knapp und keinen knappenden Gellert! Laß an Seele und
Leib jeden, wie Gott ihn erschuf!« In der zweiten Auflage
nahm er diese Kritik wenigstens in Teilen auf.

Zugleich erwarb er sich Verdienste als Wiederentdecker
der Lieder des Radikalpietisten Gottfried Arnold[48] (1666-
1714) wie auch der des Grafen Nikolaus von Zinzendorf [49]
(1700-1760), des Begründers der Herrnhuter Brüdergemeine. Der Evangelische Liederschatz führte dazu, dass
Knapp in die siebenköpfige Kommission berufen wurde, die
ein neues württembergisches Gesangbuch vorbereitete. Es
erschien 1841 und wurde bis 1912 benutzt. Somit hielt der
Einfluss des Romantikers und »geistliche(n) Klopstock(s)
des 19. Jahrhunderts« (Wilhelm Nelle) bis in das 20. Jahrhundert an.

Knapp war kein Theologe, dessen Leistungen in der
Wissenschaft Früchte getragen hätten, sondern Praktiker. Er
war ein beliebter Prediger und gefragter Kasualredner. Seine
Zeitgenossen spürten, dass es keine Harmonie im Leben des
Albert Knapp gab. Eine reiche und liebenswürdige Gestalt, die
aber auch scharf und polemisch sein konnte. Einer seiner
Biographen schrieb, dass »natürliches Gefühl, dichterische
Anschauung und christlicher Glaube ... bei ihm zu keinem
ganz harmonischen Ausgleich gekommen« sind.[50]

---

[48] Gottfried Arnold's Geistliche Lieder 1845.
[49] Knapp, Geistliche Lieder.
[50] Knapp, Albert Knapp als Dichter, S. 179.

Sixt Carl Kapff

Sixt Carl Kapff
(1805-1879)

von Tilman-Matthias Schröder

Zum Prälaten geboren

Der spätere Prälat und Stuttgarter Stiftskirchenprediger wurde am 22. Oktober 1805 in Güglingen bei Brackenheim als Sohn eines Geistlichen geboren. Sixt Carl Kapff erinnerte sich später an eine sehr frühe Berufung zum Pfarramt. Schon in der Schule »spornte mich der Gedanke (an), daß ich Pfarrer werden dürfe. Zum geistlichen Stand nämlich hatte mich meine eigene Neigung vom dritten Jahr an bestimmt. Ob dabei Nachahmung des Vaters, ... Wohlgefallen am Kirchenrock und Predigen, oder was sonst Ursache gewesen, will ich nicht entscheiden. Ich sehe am liebsten in dieser frühe so bestimmten und auch nie im Mindesten wankend gewordenen Neigung einen Ruf Gottes und es ist mir dieses immer ein besonderer Trost, daß ich mich wirklich als berufen ansehen kann.«[1] Die Episode, dass dem 10-jährigen Jungen auf dem Schulweg ein Bauer die prophetischen Worte zugesprochen habe: »O Carle, er ka no Prälat werda«, wurde von Kapff bis ins hohe Alter hinein immer wieder als Beweis für die deutliche Sichtbarkeit seiner Berufung erzählt.

---

[1] Eine ausführliche Biographie Kapffs fehlt leider immer noch. An Aufsätzen aus jüngerer Zeit ist zu nennen: Scheffbuch, Sixt Carl Kapff. Die folgenden Ausführungen stützen sich auf Kapffs Personalakten, die im Landeskirchlichen Archiv Stuttgart aufbewahrt werden (im Weiteren mit LKA abgekürzt) und auf Kapffs eigenes reiches literarisches Werk. Darüber hinaus hat Kapff stets Tagebuch geführt. Diese Aufzeichnungen veröffentlichte später sein Sohn in Auszügen in zwei Bänden: Kapff, Lebensbild I bzw. II. Hier: Lebensbild I, S. 6 f.

Aus diesem Gefühl einer göttlichen Berufung heraus resultierten freilich zwei besondere Persönlichkeitsmerkmale Kapffs. Zum einen sah er sich bereits als Kind und später als Schüler in einer so besonderen Rolle, dass er sich von seinen Altersgenossen zurückzog, um — wie er selber sagte — »rein« zu bleiben. Immer wieder berichtete Kapff von seiner jugendlichen Angst, Gottes Ruf in das geistliche Amt durch würdeloses Auftreten zu verspielen. So mied er Freundschaften, um nicht in irgendwelche Jugendstreiche verwickelt zu werden. Stattdessen entwickelte der Heranwachsende eine geradezu mystische Jesusfrömmigkeit. Mehrmals erschien ihm, so vertraute er seinem Tagebuch an, Jesus im Traum und habe ihn mit einer solchen himmlischen Freundlichkeit angeblickt, dass er von da an nicht mehr von Jesus weggekommen sei. Er verbrachte von nun an viel Zeit im Gebet und tat nichts, was er nicht zuvor mit Jesus besprochen hatte. Erhebungen in eine übersinnliche Welt schilderte Kapff während seiner Studienzeit mit solcher Regelmäßigkeit, dass sich später sein Sohn bei der Herausgabe des Lebensbildes seines Vaters bei den Lesern dafür entschuldigte, dass man sie nicht alle aufzählen könne, um zu viele Wiederholungen zu vermeiden.[2]

Das zweite Merkmal von Kapffs frühem Sendungsbewusstsein war seine deutlich hervortretende Eitelkeit, man mag auch von einer Art geistlicher Überheblichkeit sprechen. Als der von Gott Berufene fühlte er sich über viele seiner Mitmenschen erhaben. Kapff wusste um dieses Problem und sprach es selber in seinen Tagebüchern immer wieder an, obwohl er im Laufe seines Lebens nie damit fertig werden sollte. Die Freude über gelungene Predigten oder ein gutes seelsorgerliches Gespräch nahm stets breiten Raum in der Korrespondenz mit Freunden und Bekannten ein, aber auch vor seinen Konfirmanden oder im Kreis von Kollegen konnte er stolz von seinen »Erfolgen« berichten. Dann wieder nannte er es zerknirscht als eines seiner wichtigsten Gebetsanliegen, dass Gott ihn nicht in

---

[2]   Kapff, Lebensbild I, S. 32 f.

Versuchung führe und ihn bewahre »besonders vor dem Hochmutsteufel, mit dem allemal das Elend anfängt«[3]. Dass dies nicht gelang, sondern im Gegenteil Kapff allen mit strenger Ablehnung begegnete, die seine enge Christusbeziehung nicht teilten, seien es Sozialisten, rebellierende Arbeiter, liberale Theologen oder Kritiker seiner strengen Moral, mag ein Grund für die vielen Anfeindungen gewesen sein, die Kapffs Lebensweg begleiten sollten.

Nach der Absolvierung der Schulzeit in Maulbronn bezog Kapff 1823 das Tübinger Stift und begann mit seinem Theologiestudium. Hier nun fand er endlich einen wirklichen Freund, nämlich den gleichaltrigen Wilhelm Hofacker (1805-1848), einen jüngeren Bruder Ludwig Hofackers (1798-1828). Durch ihn lernte Kapff die Tiefendimension des schwäbischen Pietismus kennen, mit dem er zuvor allenfalls flüchtigen Kontakt gehabt hatte, denn sein Vater stand dem Pietismus sehr distanziert gegenüber. Nun aber erkannte der gemütvolle Kapff in dem Ruf zur lebendigen Hingabe an das Evangelium und in dem Ernst, mit dem das biblische Wort im Pietismus in die praktische Lebensführung umgesetzt werden sollte, eigene Gedanken und Vorstellungen wieder.

Obwohl Kapff wenig Begeisterung für die theoretische Seite des Theologiestudiums aufbrachte und sich stattdessen schon auf die nahende pfarramtliche Praxis gefreut hatte, nahm er nach Vikariat und einer kurzen Lehrertätigkeit an einer schweizerischen Privatschule dann doch 1830 eine Repetentur am Stift an. Zwar nannte er die Repetentenzeit später eine seiner glücklichsten Lebenszeiten, doch brachte sie ihm auch eine folgenschwere Gegnerschaft ein. 1832 trat David Friedrich Strauß (1808-1874) in das Repetentenkollegium ein. Er begann mit Vorlesungen zu Hegels Philosophie, die auch unter den von Kapff betreuten Studenten enormen Erfolg hatten. Als Kapff versuchte, dem darin enthaltenen —

---

[3] LKA. Sixt Carl Kapff. Personalakten. A 27, Nr. 1532, 1a. Brief an Wilhelm Hofacker vom 23. 3. 1829.

wie er es empfand – Unglauben unter den Studenten entgegenzuwirken, geriet er mit Strauß aneinander, war ihm aber rhetorisch nicht gewachsen. An Hofacker schrieb er deshalb: »Mit Strauß vermeide ich es viel zusammenzukommen. Es ist mir unheimlich bei ihm, er ist dialektisch so gewandt.«[4] Aber der Stachel blieb, und Kapffs Gegnerschaft verfolgte Strauß bis über dessen Tod hinaus. Darüber wird noch zu berichten sein.

Nach Ablauf der Repetentenzeit übernahm Kapff die Pfarrstelle in Korntal. Die Gemeinde war 1819 von dem Leonberger Bürgermeister und Notar Gottlieb Wilhelm Hoffmann (1771-1846) als eine freie Gemeinde begründet worden. Hier siedelten sich Pietisten an, die sich aus Gewissensgründen nicht in die Landeskirche einfügen, aber auch nicht auswandern wollten. Der württembergische König Wilhelm I. (1781/1816-1864) hatte ihnen sehr weit reichende Privilegien gewährt. So unterstand die Gemeinde nicht dem Konsistorium, sondern dem Innenministerium und durfte sich ihre Pfarrer und Lehrer aus der Schar der württembergischen Predigtamtsbewerber selber auswählen. Für den Betreffenden konnte jedoch eine solche Wahl unter Umständen in eine berufliche Sackgasse führen, denn das Etikett »Pietist« war in der Landeskirche nicht unbedingt karriereförderlich. Kapff wusste um diese Gefahr, aber gleichzeitig faszinierte ihn der unbedingte Glaubensernst der Korntaler Gemeinde. So erfolgte 1833 ein für ihn gleich doppelter biographischer Einschnitt, nämlich die Hochzeit mit Marie Kapff, einer entfernten Verwandten aus Tübingen, und der Aufzug in Korntal.

Das Pfarramt in Korntal hatte Kapff zehn Jahre lang inne. Er arbeitete engagiert als Prediger, Seelsorger und vor allem auch in der Jugendarbeit, die ihm besonders am Herz lag. Aber er fühlte sich trotz der besonderen Berufung nach Korntal durch ein Wahlverfahren nicht von der Gemeinde abhän-

---

[4]   Kapff, Lebensbild I, S. 172. Vgl. zum Folgenden Abschnitt unten S. 258 ff.

gig, sondern versuchte zu verändern, was ihm nicht gefiel. So korrigierte er behutsam das Datum des von vielen Pietisten aufgrund einer Berechnung Johann Albrecht Bengels für das Jahr 1836 erwarteten Beginns des Tausendjährigen Reiches, indem er auf eine allgemeine Erwartung des baldigen Kommens Christi verwies. Er rief zur Offenheit im Umgang der Gemeindeglieder untereinander auf, aber auch im Verhältnis zur Landeskirche. Hier gelang ihm ein langsamer Ausgleich, der das weitere Verhältnis des Pietismus zur Landeskirche positiv beeinflussen sollte. Schließlich machte sich Kapff auch als Verfasser viel gelesener populärer religiöser Schriften bekannt. So erschien 1840 sein »Communionbuch«, dessen verkürzte Ausgabe, das »Kleine Communionbuch« bis 1910, also in 70 Jahren, 38 Auflagen erlebte. Andere Werke – wie sein »Gebetbuch« – waren nicht weniger erfolgreich und fanden sich in vielen württembergischen Haushalten.

Von der Kanzel in die Politik

1843 wurde Kapff als Dekan nach Münsingen berufen, und er verließ Korntal. Die Situation in Münsingen stellte ihn vor eine völlig neue Aufgabe, da hier ein immer größer werdender Teil der Bevölkerung in Distanz zur Kirche stand. Warum aber wurde es immer schwieriger, in einer Volkskirche christliche Moralvorstellungen und Glaubensäußerungen zu predigen und durchzusetzen? Kapff erkannte die Gründe dafür in Verfehlungen innerhalb der zeitgenössischen Theologie, aber auch in einer wachsenden sozialen Destabilisierung in vielen Gemeinden. Gegen beides versuchte er auf seine Weise energisch vorzugehen. Er begann damit bereits in Korntal und führte dies in Münsingen und schließlich in Herrenberg weiter, auf dessen Dekansstelle er 1847 berufen wurde.

Eine erste Front eröffnete er gegenüber dem Vordringen des theologischen Liberalismus in der Kirche, dessen Infragestellung überkommener Glaubensinhalte die Gemeinden ver-

319

unsicherte. »Dem Antichristen muß die Macht genommen, dem Herrn aber viel mehr Türen geöffnet werden«, so propagierte es Kapff.[5] Und der Antichrist hatte für ihn einen Namen: David Friedrich Strauß. Dies spätestens seit 1835/36, den Jahren, als Strauß in zwei Bänden sein »Leben Jesu« veröffentlichte. Als Konsequenz aus den Forschungen der historisch-kritischen Bibelwissenschaft erklärte Strauß viele biblische Berichte für Mythen. Strauß wurde daraufhin zwar aus dem Kirchendienst entlassen, aber dennoch ließ der offene Streit zwischen Universitätstheologie und pietistischer Glaubensüberzeugung nicht lange auf sich warten. Es war Kapff, der die Auseinandersetzung eröffnete. Bereits 1836 veröffentlichte er in der Zeitschrift »Der Christenbote« anonym eine Artikelreihe unter dem Titel »Glaube und Unglaube.« Seine Ausführungen waren dermaßen polemisch gehalten und so grundsätzlich gegen den damaligen Zeitgeist im Ganzen gerichtet, dass selbst in pietistischen Kreisen mit einigem Unwillen nach dem anonymen Verfasser gefragt wurde. Kapff setzte nicht nur Strauß ohne weiteres mit einem Werkzeug des Teufels gleich, sondern klagte fast die gesamte akademische Welt des Unglaubens an. Die Namen bedeutender zeitgenössischer Theologen machten den Anfang, aber auch Philosophen wie Kant, Fichte, Schelling, Hegel und Dichter wie Goethe oder Heine stellte er an den Pranger als »Menschen ohne Religion, ohne Gewissen, ohne Scham, Götzendiener des Bauchs und der Wollust, Prediger des Lasters und der Zerstörung aller bestehenden Verhältnisse«[6]. Kapff rief zum Kampf auf gegen Strauß und seine Gewährsmänner, zur Scheidung zwischen Glauben und Unglauben. Innerhalb der Kirchenleitung nahm man Kapffs Kritik wohlwollend auf, da man selber fatale Auswirkungen der neuen theologischen Strömungen in den Köpfen der kirchlichen Laien befürchtete. Für das breite Bildungsbürgertum stand Kapff nun für eine konservative Kirchlichkeit, in

---

[5] Kapff, Lebensbild I, S. 325.
[6] Kapff, Glaube und Unglaube, S. 303.

pietistischen Kreisen jedoch galt er neben Wilhelm Hofacker als kompromissloser Verteidiger der biblischen Wahrheit.

Nach seiner Ernennung zum Dekan in Herrenberg 1847 wandte sich Kapff wieder stärker seinen praktischen Anliegen zu, die Gemeinden sozial und sittlich so zu stärken, dass sie wieder fähig würden, gemäß der biblischen Ordnungen zu leben. Es war der Versuch, pietistische Anliegen mit der Realität der volkskirchlichen Gemeinden zu verbinden. Kapff gründete einen Jünglingsverein, eine Kleinkinderschule, organisierte Missionsfeste und einen Verein zur Unterstützung der Armen. Auch hier ging Kapff neue Wege. Der Verein vergab nicht, wie sonst üblich, Almosen, welche die soziale Situation der Betroffenen nicht wesentlich änderte, sondern förderte den Aufbau einer Hausindustrie, um so die Arbeitskraft der vielen bisher Arbeitslosen zu erhalten. Aufgrund seiner Analyse der gesellschaftlichen Situation wurde Kapff dann auch vom Ausbruch der Revolution 1848 nicht weiter überrascht, sondern sah es geradezu als seine Aufgabe als Christ und Pfarrer an, sich nun für seine Ziele auch aktiv politisch zu engagieren. Dies freilich nicht auf Seiten der Revolution, sondern als Parteigänger der alten Kräfte.

Die erste große Herausforderung für Kapff kam jedoch von unerwarteter Seite. Nicht nur im liberalen Lager wurden nämlich radikale Forderungen gestellt, sondern auch in manchen pietistischen Kreisen. Vor allem eine Gruppe jüngerer Pietisten, die sich nach der 1837 auf dem so genannten »Salon« bei Ludwigsburg gegründeten Lehranstalt die »Saloner« nannten, forderte eine strikte Trennung von Staat und Kirche. Die Landeskirche sollte aufgelöst werden und in einzelne freie Gemeinden zerfallen. Denen hatte der Staat dann auch die völlige Aufsicht und Verwaltung der Volksschulen abzutreten, denn einziger Lehrinhalt dort sollte die religiöse Unterweisung anhand der Bibel sein. Da aber habe der Staat nichts zu sagen. Kapff widersprach derartigen Plänen heftig. Er warnte davor, dem Staat die Schulaufsicht wegzunehmen, denn das hieße, »die Schule in Barbarei zurückwerfen, die Schullehrer hilf-, recht- und brotlos machen und den Staat als ausgesprochenen Unchristen darzustellen«. »Wer ist denn der Staat?«, fragte Kapff und gab sogleich eine fast moderne Antwort: »Der Staat ist das Volk mit denen, die für sein äußeres aber auch inneres Wohl zu sorgen haben. Wir alle gehören zugleich zum Staat und zur Kirche und es muß uns am Wohl des Staates liegen, wie an dem gesunden Leben der Kirche.«[7] Die am 16. August 1848 im »Schwäbischen Merkur« erschienene Stellungnahme gehört trotz ihrer Kürze zu den wichtigsten Schriften Kapffs überhaupt. In nichtpietistischen Kreisen galt Kapff fortan als ein Garant für den Ausgleich zwischen Pietismus und Landeskirche. Innerhalb des Pietismus wurde Kapffs deutliche Stellungnahme von einer großen Mehrheit als ein klärendes Wort freudig begrüßt. Man war bereit, dem von Kapff eingeschlagenen Weg zu folgen und sich sowohl loyal zum Staat zu stellen als auch an der Zugehörigkeit zur Landeskirche festzuhalten. Das Vertrauen in Kapff wiederum sicherte diesem endgültig eine zentrale Rolle innerhalb des Pietismus, zumal im Sommer 1848 überraschend und von Kapff zutiefst betrauert Wilhelm Hofacker erst 43-jährig gestorben war.

1849 wurde Kapff als Abgeordneter des Kreises Leonberg in die württembergische Landesversammlung gewählt, die den Auftrag der Verfassungsrevision besaß. Konservative Vertreter wie Kapff waren hier völlig in der Minderheit, und entsprechend unwohl fühlte sich Kapff in diesem Kreis, in dem er auch politisch wenig ausrichten konnte. Als Parteigänger der königlichen Regierung wurde er aber von dort her zum Aushalten ermuntert und ließ sich deshalb 1850 ein zweites Mal in die verfassungsgebende Kammer wählen. Auch diesmal war er wenig erfolgreich, aber sein Eintreten für die Krone wurde ihm hoch angerechnet. Als er sich Ende 1850 aus der aktiven Politik zurückzog, stimmte der König der Ernennung Kapffs zum Prälaten und Reutlinger Generalsuperintendenten ohne Einwendungen zu.

[7]   Kapff, Lebensbild II, S. 39-42.

Der Prälat

Die Entscheidung König Wilhelms für Kapff war vor allem politischer Natur gewesen. Der König selber sah sich der Aufklärung verpflichtet, verehrte Voltaire (1694-1778) und stand den Kirchen innerlich distanziert gegenüber. Aber er brauchte sie als Stabilitätsfaktor. Der Pietismus kam ihm dabei sehr entgegen, denn dieser bejahte uneingeschränkt das Gottesgnadentum des Herrschers. Dazu leistete der Pietismus mit seinen Anstalten und Hilfsvereinen eine beispielhafte Sozialarbeit und repräsentierte das Bild des gehorsamen, pflichtbewussten und friedlichen Untertanen. Mit Kapff hatte der König den entscheidenden Wortführer des Pietismus ins Konsistorium berufen und damit dem Pietismus selber, obgleich er in der Landeskirche eine zahlenmäßige Minderheit darstellte, einen festen Platz an der Spitze der Kirche eingeräumt. Ob damit nun freilich mit der Person Kapffs auch eine »andauernde Herrschaft« des Pietismus über die Kirche verbunden war, wie oft behauptet wird, muss jedoch in Frage gestellt werden. Zum einen war Kapff nur einer von sechs Prälaten, zum anderen kam er mit seiner neuen Aufgabe zunächst überhaupt nicht zurecht.

Zu seinem Aufgabenbereich gehörte die jährliche Visitation von zwei der sechs Dekanate in seinem Sprengel, dazu war er Mitglied der obersten Schulbehörde, des »Wohltätigkeitsvereins«, einer Zentralbehörde, die über alle Wohlfahrtseinrichtungen des Landes wachte, und hatte einen Sitz im Württembergischen Landtag. Er war nun völlig mit bürokratischen Verwaltungsaufgaben eingedeckt. Was ihm fehlte, war der Kontakt zur Gemeinde. »Liebe Brüder, seid froh, daß ihr Pfarrer seid und nicht Prälaten. Ich habe ein tägliches Heimweh nach meiner Gemeinde, ich bin herausgerissen aus meinem Element«, so klagte Kapff 1851 bei der Stuttgarter Prediger-Konferenz.[8] Nach kaum einem Jahr wurde deutlich erkenn-

---

[8]   Kapff, Lebensbild II, S. 147.

bar, dass Kapff auf dem falschen Stuhl saß. Eine Zurückversetzung auf ein Dekanat war aber nicht nur kirchenpolitisch unmöglich. Immerhin war mit der Ernennung zum Prälaten auch die Verleihung des persönlichen Adelsprädikates verbunden. Eine glückliche Lösung fand sich schließlich in der Übertragung der Stuttgarter Stiftspredigerstelle auf Kapff, ein Amt, in das er im Mai 1852 eingeführt wurde und das er bis zu seinem Tod 1879 innehatte. Die Reutlinger Generalsuperintendentur mitsamt dem dazugehörigen Sitz im Landtag gab Kapff erleichtert zurück, aber er behielt den Titel »Prälat« und seinen Platz im Konsistorium.

Persönlich ungemein fleißig und engagiert konnte Kapff in den folgenden Jahren seine Tätigkeitsfelder weitgehend selber bestimmen. Es waren vor allem vier Bereiche, die sein besonderes Interesse fanden: seine Tätigkeit als Prediger und Seelsorger an der Stiftskirche, seine sozialen Anliegen, seine überregionalen Aufgaben auf Kirchen- und Missionstagen in ganz Deutschland und schließlich seine Rolle als Vertreter des Pietismus im Konsistorium und in der württembergischen Politik.

Vor allem der Predigttätigkeit in Stuttgart verdankte Kapff seine große Popularität weit über den Pietismus hinaus. Über fast 27 Jahre hinweg predigte er beinahe regelmäßig jeden Sonntag. Zeitgenossen rühmen, dass Kapff sich nicht der sonst so verbreiteten salbungsvollen Kanzelsprache bediente, sondern im normalen Umgangston predigte. Den biblischen Text illustrierte er eifrig mit Beispielen aus dem Alltag und nahm auch gern zu aktuellen kulturellen und politischen Ereignissen Stellung.

Neben der Predigttätigkeit und zahlreichen Hausbesuchen legte Kapff besonderen Wert auf soziale und karitative Aufgaben. Sein Prälatenamt öffnete ihm hier natürlich viele Möglichkeiten. Unter seiner wesentlichen Förderung kam es 1855 zur Eröffnung der Stuttgarter Diakonissenanstalt, womit er zugleich einen Wunsch seines verstorbenen Freundes Hofacker erfüllte. Auch die Einrichtung von Kinderkrippen,

Unterkünften für Lehrlinge, Fabrikarbeiterinnen und einer Jugendpfarrstelle in Stuttgart gehen auf Kapff zurück. Er selber hielt regelmäßig Religionsunterricht, obwohl er das als Prälat nicht gebraucht hätte.

Das Interesse an den sozialen Veränderungen seiner Zeit nahm einen großen Teil von Kapffs literarischer Arbeit in Beschlag. 1851 veröffentlichte er eine Analyse der vorausgegangenen revolutionären Ereignisse.[9] Er erkannte in der Verarmung weiter Teile der Bevölkerung und der zunehmenden Industrialisierung den Grund vieler sozialer Probleme und maß auch den Regierenden eine große Mitschuld an diesen Entwicklungen bei. Für die aktuellen gesellschaftlichen und politischen Gärungsprozesse entwickelte er jedoch wenig Gespür. Die Aufrechterhaltung der ständischen Hierarchie mit einer deutlichen Trennung von Oben und Unten erschien ihm als eine gottgegebene und unveränderliche Verpflichtung. Das Heilmittel gegen den Revolutionsgeist sah er alleine in der Verbreitung des Christentums. Diese Botschaft im Volk zu verkündigen, war für Kapff die Aufgabe einer »Inneren Mission«, wie sie zuvor bereits Johann Hinrich Wichern (1808-1881) gefordert hatte. Kapff suchte auf Wicherns Programm aufzubauen und forderte Staat und Kirche auf, gemeinsam ein möglichst weit gespanntes Netz an diakonischen Einrichtungen aber auch an sozialer Kontrolle der Arbeiterschaft zu errichten. Den Fabrikarbeitern schärfte er strikten Gehorsam gegenüber den Fabrikanten ein, die er in eine Reihe mit der staatlichen Obrigkeit von Gottes Gnaden stellte. Auch sein Zuruf an die Arbeiter: »Lieber sterben als sündigen« war natürlich keine sinnvolle Antwort auf die zunehmende Dynamik des industriellen Zeitalters.[10] Die Ursache mag darin liegen, dass Kapff zwar die Situation der Landbevölkerung von seiner eigenen pfarramtlichen Praxis her kannte, nicht aber die Lage der Arbeiter. So tauchten auch Fragen wie die zunehmende

[9] Kapff, Revolution.
[10] Kapff, Fabrikarbeiter, S. 46.

Kinderarbeit oder die Herausbildung eines »Arbeiterproletariats« in seinen Ausführungen nicht auf.

In seiner Tätigkeit im Konsistorium beschränkte sich Kapff vor allem auf Probleme, die auch in den Interessenbereich der pietistischen Gemeinschaften fielen, zum Beispiel die Neuregelung der Bußtage. Mit den Sprechern der Gemeinschaften klärte Kapff anstehende Regelungen im Voraus ab, so dass bissige Zungen bereits von der Existenz eines »kleinen Konsistoriums der Pietistenväter« sprachen. Ansonsten gehörten in Kapffs konsistorialen Arbeitsbereich vor allem Fragen des Religionsunterrichtes. Hier gelang es ihm, vieles zu ordnen und geeignete Schulbücher einzuführen. Vor allem im Volksschulbereich musste er Fibel und Lesebuch energisch gegen den Protest mancher pietistischer Kreise verteidigen, die alleine die Bibel als ausreichendes Lehrbuch ansahen, während Kapff davor warnte, die Jugend dermaßen mit der Bibel zu überfüttern, dass sie sich irgendwann gelangweilt von deren Lektüre abwendete.

Ein dritter großer Arbeitsbereich lag in der Personalaufsicht über die Geistlichen, beginnend von den theologischen Examina bis zu Pensionierungsanträgen. In Personalfragen konnte Kapff sehr hart vorgehen, da er seine eigenen strengen Maßstäbe an die Person eines Geistlichen anlegte. Dazu kam, dass die Sorge für die moralische Integrität und eine dogmatisch-biblisch korrekte Lehre bei den Geistlichen notwendig war, um in pietistischen Kreisen keine neue Kritik an der Landeskirche entstehen zu lassen. Gegen kirchliche Außenseiter — kamen sie auch ursprünglich aus den eigenen Reihen — ging Kapff daher unnachsichtig vor. Das prominenteste Opfer war Gustav Werner (1809-1887), dessen theologisch-soziale Begründung seiner Reutlinger Anstaltsgründungen in den Augen Kapffs Ausdruck der Rebellion gegen die gottgewollte Ordnung war. Werner wurde schließlich aus der Liste der württembergischen Predigtamtskandidaten gestrichen.

Gegen die allgemeinen politischen Entwicklungen konnte sich aber auch Kapff auf die Dauer nicht durchsetzen. Die

Reichsgründung unter Preußens Führung 1871, die Kapff sehr zum Ärger der württembergischen Regierung auch publizistisch immer herbeigesehnt hatte, enttäuschte ihn maßlos. Er musste erkennen, dass das neue Reich kein Schritt hin zu einem christlichen Staat war, sondern dass im Gegenteil die in seinen Augen atheistische Sozialdemokratie rasch an Anhängern gewann. Auch in Württemberg hatte er sich mit Liberalisierungstendenzen abzufinden, so bei der allmählichen Aufwertung des Katholizismus aber auch in der Evangelischen Landeskirche selber. 1869 trat erstmalig, wenn auch unter erheblichen Geburtswehen, eine Landessynode zusammen, deren Einrichtung Kapff stets abgelehnt hatte. Kapffs letzte Amts- und Lebensjahre waren entsprechend durch eine Reihe empfindlicher Rückschläge gekennzeichnet. Er litt unter einer Lebererkrankung, die ihn nach 1870 zu immer ausgedehnteren Badekuren zwang. In dieser Zeit, 1871, starb Kapffs Gattin.

Eine enorme Belastung bildete schließlich 1874 ein Skandal, in den Kapff nicht ganz ohne Schuld hineingezogen wurde. Am 8. Februar dieses Jahres war sein alter Feind David Friedrich Strauß gestorben. Kapff, der die Traueransprachen nur über Pressenotizen kannte, wandte sich mit anderen Vertretern des Pietismus zusammen im »Schwäbischen Merkur« öffentlich gegen Strauß und einen der Trauerredner. Die liberale Presse nahm vor allem Kapff diesen Schritt als einen Akt der Pietätlosigkeit und einer überzogenen persönlichen Feindschaft gegen Strauß übel. Man wärmte eine alte Geschichte wieder auf, wonach Kapff sich Jahre zuvor in der seelsorgerlichen Beratung einer jungen Schweizerin in Eheproblemen so ungeschickt verhalten habe, dass deren Ehemann ihm vorwarf, selber eine Beziehung zu seiner Frau gehabt zu haben. Wohl kein Mensch in den Zeitungsredaktionen glaubte ernsthaft an die Richtigkeit dieser Meldung, aber nun benutzte man sie, um gegen Kapff und sein stets hochgehaltenes Verständnis einer strengen Sittenzucht ins Felde zu ziehen. Kapff war schlecht beraten, als er daraufhin seinen

Rechtsanwalt zu jener Frau schickte, um ihr ihn angeblich kompromittierende Briefe abzukaufen. Die Presse bekam davon Wind und wertete es als ein Schuldeingeständnis von Kapff. Der Ehemann der jungen Frau reichte die Scheidung ein, sie selber brach psychisch zusammen. Die Stuttgarter Zeitungen ausgenommen, berichteten nun alle deutschen und österreichischen Blätter über den »Fall Kapff« und selbst die deutschsprachige Presse in New York spekulierte über eine mögliche Verhaftung Kapffs. Das Konsistorium ließ Kapff in dieser Sache ziemlich im Stich und versuchte offensichtlich, sich von ihm ein Stück weit zu distanzieren. Erst das Eingreifen des württembergischen Kultusministers Karl Ludwig Golther (1823-1876), der eine Untersuchung anordnete, machte der Sache ein Ende. Die Unschuld Kapffs wurde nachgewiesen, Kapff aber vom Minister gerügt, im Rahmen seiner seelsorgerlichen Arbeit mit besagter Frau »nicht mit der erforderlichen Vorsicht gehandelt zu haben.«[11] Kapff sollte sich von dieser Affäre nicht mehr erholen. Zeitgenossen schildern seinen rasch danach einsetzenden körperlichen Verfall. Am 1. September 1879 starb Kapff in Stuttgart im Kreise seiner Kinder und Enkel.

Sixt Carl Kapff erfüllte die Voraussetzungen, die man sich zu seiner Zeit von einem guten Pfarrer machte. Ein charismatischer Prediger, ein engagierter Seelsorger, ein Freund der Jugend, ein eindrucksvoller Beter und durchdrungen von einer tiefen und ernsten Frömmigkeit. So haben ihn viele Menschen erlebt und ihn deswegen verehrt. Von bleibender Bedeutung sind auch Kapffs Bemühungen um die Entwicklung im württembergischen Pietismus. Er verhinderte, dass sich der Pietismus hinter selbst errichteten Glaubensbarrieren verschanzte oder in die freie, sich nur selbst bespiegelnde Gemeinde zurückwendete. Kapff brachte den Pietismus als einen wirkmächtigen Faktor in die Landeskirche ein und

---

[11] LKA Stuttgart, Personalakten A 27, Nr. 1532/6. Notiz Golther vom 5. November 1874.

eröffnete ihm dadurch die Möglichkeit, sich an deren weiterer Entwicklung konstruktiv zu beteiligen. Hier lagen die reichen Gaben Kapffs und an dieser Stelle ist sicherlich ein positives Urteil abzugeben.

Als Prälat und Mitglied der obersten Kirchenbehörde dagegen war Kapff überfordert, hier blieb er mittelmäßig und hier setzte auch bereits zu Lebzeiten die Kritik ein. Kapff war keine souverän handelnde Führungspersönlichkeit, er war kein origineller Gestalter, sondern er brauchte Vordenker. Der Einfluss Wilhelm Hofackers und später der anderer pietistischer Mitbrüder auf Kapff war groß.

Die gesellschaftlichen Brüche, die sich in den Jahren 1848/49 in revolutionären Forderungen des Bürgertums entluden, hat Kapff zwar erkannt und vor allem während seiner Tätigkeit als Dekan in Münsingen und Herrenberg mit großem Engagement und den ihm dort zur Verfügung stehenden Mitteln aufzufangen gesucht. Später aber – und das fällt wieder in seine Prälatenzeit – stand er ratlos vor den Auswirkungen der Industrialisierung, die sich eben nicht einfach mit Mitteln der Inneren Mission lösen ließen. Auf die Herausforderungen, die von diesen Entwicklungen, aber auch von den neuen theologischen Entwürfen an den Universitäten an die Kirche gestellt wurden, hat Kapff, haben alle seine Kollegen im Konsistorium, keine entsprechenden Antworten gewusst. Die konstruktive Auseinandersetzung mit neuen politischen und gesellschaftlichen Kräften wurde versäumt. Kapff hoffte stattdessen auf die Möglichkeit, mit Hilfe der Obrigkeit, königlichem Wohlwollen und der Kraft des Pietismus einen christlich-konservativen Staat aufbauen zu können. Spätestens nach der von ihm so ersehnten Reichsgründung 1871 und der Einsicht, dass die nationale Einigung keinesfalls zu einer Verchristlichung der Deutschen führte, musste Kapff erkennen, dass sich das Reich Gottes auch in Württemberg nicht einfach von oben her anordnen ließ.

Johann Christoph Blumhardt

Johann Christoph Blumhardt
(1805-1880)[1]

von Dieter Ising

Eine eigenwillige Gestalt des 19. Jahrhunderts ist zu schildern. Ein Theologe und Seelsorger, der in den Traditionen des württembergischen Pietismus aufwächst und eine bedeutende Rolle innerhalb der Erweckungsbewegung spielt, der aber zugleich über beides hinausgeht. Johann Christoph Blumhardt erlebt als Pfarrer in Möttlingen bei Calw, was ganzheitliche Seelsorge heißt; aufgrund dessen wird er in Möttlingen und seit 1852 in Bad Boll zum Theologen der Hoffnung.

Kindheit und Jugend

Er wächst auf in Stuttgart in kleinen, ärmlichen Verhältnissen. Sein Vater Johann Georg Friedrich Blumhardt muss die Bäckerei und Mehlhandlung aufgeben und den Beruf eines Holzmessers ergreifen, der in die Stadt eingeführtes Holz amtlich vermisst. Zwei Kinder sterben an Krankheiten, 1822 auch der Vater. Blumhardt ist nicht ganz 17 Jahre alt. Die Mutter Johanna Luisa geb. Deckinger hat nun sechs Kinder mit Näharbeiten durchzubringen; der jüngste Sohn Gustav muss ins Stuttgarter Waisenhaus.

Noch zu Lebzeiten des Vaters hat Johann Christoph die Volksschule absolviert, das Stuttgarter Gymnasium bis zum Abschluss der Mittelstufe besucht und 1820 beim zweiten Anlauf das Landexamen bestanden. Damit hat er Anspruch auf einen der 40 Freiplätze, die künftigen Theologen während

---

[1] Grundlegend für diese Arbeit: Blumhardt, Gesammelte Werke. Eine Biographie Johann Christoph Blumhardts ist in Vorbereitung.

ihrer vierjährigen Seminarausbildung und dem anschließenden Studium im Tübinger Stift gewährt werden. Als ältester Sohn fühlt er sich in besonderem Maß für seine Familie verantwortlich. Der Schwester Johanna schreibt er seelsorgerliche Ermahnungen zu ihrem 18. Geburtstag. Als Seminarist in Schöntal schickt er einen Teil seines Taschengelds nach Stuttgart; der Tübinger Student übersetzt zu diesem Zweck englische Romane. Leib- und Seelsorge gehören schon jetzt zusammen. Blumhardts Sohn Christoph (1842-1919) wird später feststellen, die Not der Familie sei den Kräften, die in seinem Vater schlummerten, entgegengekommen. Diese Fähigkeiten, früh von ihm gefordert, hätten sich auf diese Weise entwickeln können.

Armut und Ungesichertheit erlebt er nicht nur in der Familie. 1805 marschieren französische Truppen ein; Napoleon will den württembergischen Regenten in ein Bündnis gegen Österreich zwingen. In Stuttgart ist man den Übergriffen der Soldaten ausgesetzt. Die Hungersnot der Jahre 1816 und 1817, ein weiteres prägendes Ereignis, steht im Hintergrund, als der Möttlinger Pfarrer in den Hungerjahren 1847/1848 und 1851/1852 Maßnahmen zur Wirtschaftsförderung ergreift. Fichtensamen wird gedörrt und verkauft, eine Leihkasse eingerichtet, die sich ähnlich wie in anderen württembergischen Orten zur Viehleihkasse entwickelt.

Auch der Grundstock zu Blumhardts profunder Bibelkenntnis wird früh gelegt. Sein Vater hält die Kinder zu Gebet und Bibellektüre an; so hat Blumhardt als Zwölfjähriger die Bibel zweimal von Anfang bis Ende durchgelesen. Beim Eintritt ins Seminar ist er bibelfester als mancher Professor. Früh habe es ihn nachdenklich gemacht, erinnert er sich, die biblischen Schilderungen von den Gaben und Kräften des Heiligen Geistes bei den Christen seiner Zeit nicht zu finden. Schon als Kind sehnt er sich nach diesem »geheimnisvollen Etwas«. »Den Heiland haben, in mir fühlen, den Geist haben und in mir zeugen hören, wie das sei, das hätte ich so gerne bei mir gefunden.«[2]

---

2 Blumhardt, Blätter aus Bad Boll 1877, S. 39.

Er nimmt am regen Gemeinschaftsleben Stuttgarts teil. Einige Kreise sind von der Herrnhuter Brüdergemeine beeinflusst, andere von Johann Albrecht Bengel (1687 - 1752). Wieder andere stehen den Pregizerianern nahe, einer in der Pfarrei Christian Gottlob Pregizers (1751 - 1824) erstmals aufgetretenen Glaubensbewegung, die die Rechtfertigung allein aus Gnade in besonderer Weise hervorhebt — im Unterschied zum betonten Heiligungsstreben der sich von Johann Michael Hahn (1758 - 1819) herleitenden Michelianer. Blumhardts Vater ist ein Anhänger der Bengelschen Prophezeiungen, die das Wiederkommen Christi im Jahr 1836 erwarten, davor eine Zeit göttlichen Gerichts. Der Antichrist wird auftreten. Ihn wird der Sohn Gottes in den Abgrund werfen und das Tausendjährige Reich errichten, eine Zeit der Fülle des Heiligen Geistes und der Gnadengaben. Im Blick auf die bevorstehenden Bedrängnisse schärft der Vater den Kindern ein, sich lieber den Kopf abschlagen zu lassen als Jesus zu verleugnen.

Durch einen Onkel kommt Blumhardt in Verbindung mit den Pregizerianern. Aber daneben begegnen ihm als Kind eben auch die Reich-Gottes-Hoffnungen der Bengelschule, das nach vorn gerichtete Denken im württembergischen Pietismus. Gute Verbindungen zur Kaufmannsfamilie Häring kommen hinzu, die sich im Stuttgarter Missionshilfsverein zugunsten der 1815 gegründeten Basler Mission engagiert. Als Konsequenz aus den Hoffnungen Bengels will man das Evangelium aller Welt bekannt machen, vor dem in Kürze erwarteten Gericht.

Leib- und Seelsorge, Rechtfertigung und Heiligung, geistliche Armut der Christenheit, Naherwartung der Wiederkunft Christi — die Blumhardts Leben bestimmenden Themen sind hier angeschlagen. Die folgenden Jahre entfalten diese Thematik, etwa als er sich in Schöntal mit Wilhelm Hoffmann (1806 - 1873) befreundet, dem Sohn Gottlieb Wilhelm Hoffmanns (1771 - 1846), des Initiators der Korntaler Brüdergemeinde. Häufige Besuche in Korntal sind die Folge; die dort lebendige Erwartung des Tausendjährigen Reichs ergreift ihn. Die Frage, wie sich Rechtfertigung und Heiligung im praktischen Lebensvollzug verhalten, beschäftigt Blumhardt wieder als Tübinger Student. Dass beides zusammengehört und keines wegen des anderen vergessen werden darf, wird ihm schließlich bewusst.

Studium in Tübingen

Von 1824 bis 1829 im Tübinger Stift, erlebt er den Übergang von der Ersten zur Zweiten Tübinger Schule. Hat die Auseinandersetzung zwischen supranaturalistischer und rationalistischer Theologie bisher das Denken bestimmt, so wendet sich das studentische Interesse in diesen Jahren mehr den von Schleiermacher und Hegel beeinflussten Systemen zu.

Blumhardt hat sich bemüht, in Vorlesungen und Privatlektüre Altes wie Neues kennen zu lernen. Er befasst sich mit dem theologischen Rationalismus, der in der menschlichen Vernunft die Instanz sieht, welche ausschließlich über die Gültigkeit religiöser Aussagen zu entscheiden habe. So sei die Voraussetzung geschaffen für ein vernünftiges, sittliches und glückliches Leben. Die Gegenposition des Supranaturalismus begegnet ihm im *Lehrbuch der christlichen Dogmatik* von Gottlob Christian Storr (1746-1805). Dieser verwirft den Gebrauch der Vernunft in der Theologie keineswegs, setzt jedoch einen Bereich der biblischen Offenbarung *supra naturam*, also in das Feld des Übernatürlichen und Übervernünftigen. Die Tatsächlichkeit der neutestamentlichen Wunder, die historische Realität der Auferstehung Jesu, die menschliche Erbsünde — hier habe die kritische Vernunft nichts zu sagen.

Eine Vielzahl von Vermittlungsversuchen — etwa bei Franz Volkmar Reinhard (1753-1812) in Wittenberg oder Karl Gottlieb Bretschneider (1776-1848) in Gotha — zeigt die Unzufriedenheit mit beiden Systemen. Immer mehr wird Blumhardt und seinen Mitstudenten bewusst, dass der Supranaturalismus eine überzeugende Gegenposition nicht aufbauen kann, da er über die Argumentationsebene des Gegners nicht hinausschaut. Die Zeit ist reif für neue Lösungen. Friedrich Schleiermacher (1768-1834) lässt das Dilemma hinter sich; er stellt Religion nicht als Wissen oder Handeln dar, sondern als andächtiges Anschauen und Fühlen des Universums. Nicht Glaubenssätze, über deren Rationalität oder Irrationalität man streiten kann, machen die Religion aus. Der das Universum anschauende Mensch wird ergriffen von dem Gefühl schlechthinniger Abhängigkeit. Das Unendliche im Endlichen scheint auf; er fühlt seine Beziehung zu Gott. Das fromme Selbstbewusstsein wird zum Ausgangspunkt der Theologie. Einen Aufstieg zu immer klarerem Gottesbewusstsein, eine wachsende Annäherung an die wahre Bestimmung des Menschen konstatiert Schleiermacher. Der statische Gegensatz von natürlicher und übernatürlicher Offenbarung ist verlassen; an ihre Stelle setzt er eine nach vorn gerichtete, sich in der Geschichte entwickelnde Offenbarung.

Nicht nur Blumhardt ist von dieser Alternative beeindruckt. Die erste Vorlesung Ferdinand Christian Baurs (1792-1860), der seit 1826 mit Gedanken Schleiermachers bekannt macht, besuchen 112 Hörer — dies bei einer Gesamtzahl von 196 Tübinger Theologiestudenten. Begeistert schildert Blumhardt den neuen Dozenten als »in aller und jeder Hinsicht vortrefflich«.[3] In Möttlingen wird Blumhardt auf andere Weise den Gegensatz von Rationalismus und Supranaturalismus überwinden, ein Weg, der auch Schleiermacher hinter sich lässt.

Mit der Zeit nähert sich Baur der Religionsphilosophie Georg Wilhelm Friedrich Hegels (1770-1831), indem er den Lauf der Theologiegeschichte als immer neu beginnendes Spiel von These, Antithese und Synthese zu überschauen meint. Der Theologiegeschichtler auf dem Thron Gottes, von

---

[3] Blumhardt an Eduard Mörike 21.-23. 3. 1827. Die hier und im Folgenden genannten Briefe sind veröffentlicht in: Blumhardt, Gesammelte Werke. Reihe III: Briefe.

wo aus er die Struktur des geschichtlichen Verlaufs, die Entwicklung des Reiches Gottes überblicken kann? Der Student Blumhardt nimmt diese Gedanken zur Kenntnis, ebenso der befreundete David Friedrich Strauß (1808-1874). Bald trennen sich ihre Wege. Strauß veröffentlicht sein von Hegel beeinflusstes *Leben Jesu*; Blumhardt rückt von dem bei Baur Gelernten ab. Vom Heiligen Geist als Geschenk Gottes wird er später reden, das in der Geschichte des Christentums verschmäht und von Gott wieder zurückgezogen wurde. Das zeitweise Wiederaufleuchten und Wiederverlöschen des Geistes stellt er fest und hofft auf ein erneutes, endgültiges Beschenktwerden. Keine menschliche Systematik drängt er Gott auf. Nicht als ein auf dem Thron Gottes Sitzender betrachtet er Geschichte, sondern als Flehender mit erhobenen Händen.

Der Student, der sich auf den Pfarrberuf vorbereitet, will seiner künftigen Gemeinde nicht nur Theologisches bieten, er will auch den »inneren Menschen« erreichen. Dazu muss er zuerst selber geistlich gereift, ein »wahrer Christ« sein, wie man im Freundeskreis sagt. Die Lektüre erbaulicher Schriften soll diesem Ziel dienen. Blumhardt liest sie gemeinsam mit anderen in der so genannten Pia, dem Kreis frommer Tübinger Studenten und Repetenten, und allein in seiner Stiftsstube. Johann Arndt (1555-1621) wird erwähnt, wohl die *Sechs Bücher vom wahren Christentum*, außerdem Schriften Karl Heinrich von Bogatzkys (1690-1774) und Jakob Böhmes (1575-1624) *Weg zu Christo*. Die *Geistlichen Erquickstunden* des Rostocker Theologen Heinrich Müller (1631-1675), die das Wachsen im Glauben betonen und den Leser auffordern, der Welt zu entsagen, bewegen ihn tief. Hier hat Martin Luther (1483-1546) als Korrektiv gewirkt, der dazu ermuntert, nicht nur an Gott, sondern auch an seinen Geschenken — etwa der Musik — Freude zu haben.

Die Liebe zur Musik, vor allem den Werken Wolfgang Amadeus Mozarts (1756-1791) und Ludwig van Beethovens (1770-1827), verbindet Blumhardt mit dem Dichter Eduard Mörike (1804-1875), der sich zu dieser Zeit im Stift seiner Begabung bewusst wird und daran zweifelt, ob er den Pfarrberuf ansteuern soll. Eine enge Freundschaft ist es gewesen, wie die erhaltenen Briefe belegen; zum Geburtstag widmet er Blumhardt ein Gedicht. Nach dem Examen verliert man sich aus den Augen; 1848 kommt Mörike nach Möttlingen, um sich von einem Rückenleiden heilen zu lassen.

Vikar und Missionslehrer

Nach bestandenem Ersten Theologischen Examen tritt Blumhardt 1829 sein erstes Vikariat in Dürrmenz bei Mühlacker an; den Ausbildungspfarrer Gottlob Christian Kern (1792-1835) kennt er vom Schöntaler Seminar her. In einem Tagebuch hält er seine ersten Predigten und Erfahrungen im Unterricht und in der Seelsorge fest. Manchmal schlagen die Wellen des neuen Berufs über ihm zusammen; an Misserfolgen trägt er schwer. Er besucht die im Ort bestehenden privaten Erbauungsversammlungen, wobei er um ein gutes Verhältnis sowohl zur pregizerianischen wie zur Hahnschen »Stunde« bemüht ist. Geschichten über die »Geisterwelt«, von Gemeindegliedern erzählt, vertraut er dem Tagebuch an; das Dunkle und Gott Widerstrebende dieses Gebiets wird betont.

Im Juli/August 1830 wird er vom Basler Missionsinspektor Christian Gottlieb Blumhardt (1779-1838), einem Cousin seines Vaters, eingeladen, eine frei gewordene Lehrerstelle im Missionshaus zu übernehmen. Als Mitarbeiter der Missionsgesellschaft ist er nun eingebunden in das Netz der Christentumsgesellschaft, die neben der Basler Mission in weiteren Tochtergründungen wirkt, etwa der Basler Bibelgesellschaft (gegründet 1804), dem Verein der Freunde Israels (1831) und der Pilgermission (1833). Im weltoffenen und überkonfessionellen Basel gilt nicht nur die lutherische, sondern auch die reformierte Tradition; man arbeitet mit der anglikanischen Church Missionary Society in London zusammen. Die Brücke zu katholischen Christen ist noch nicht geschlagen; dies wird Blumhardt erst in Möttlingen tun.

Neben konfessionellen werden gesellschaftliche Schranken überwunden. Die wohlhabenden Basler Kaufleute und Ratsherren pflegen den Kontakt mit dem Missionshaus; gemeinsame Erbauungsstunden werden gehalten. Auch die Bekanntschaft mit Missionsfreunden aus ganz Deutschland, der Schweiz und Frankreich erweitert Blumhardts Horizont. Sie kommen zu den Jahresfesten der Missionsgesellschaft nach Basel; Missionare auf Heimaturlaub erzählen von ihren Erfahrungen in Afrika, Ägypten, Südrussland und Indien. Die ihm wichtigen Begegnungen hält Blumhardt in seinem Tagebuch fest, auch Erfahrungen im Unterricht. Er geht selbst auf Reisen und knüpft Bekanntschaften in Schaffhausen, im Kanton Bern und im Elsass.

Manchmal übersteigen die Anforderungen seine Kräfte. 1836 erleidet er einen Schwächeanfall; eine Zeit lang kann er weder lesen noch schreiben. Eine Kur im württembergischen Bad Sebastiansweiler hat nur teilweise Erfolg. Als sich beim Arbeiten wieder Schwindel und Ohnmachtsgefühle einstellen, bittet er verzweifelt: »Lieber Heiland, aber so darf's und kann's nicht fortgehen; ich werde doch nicht so unnütz und elend bleiben sollen? Du mußt mir helfen.«[4] In der folgenden Nacht, berichtet er, sei die Krankheit verschwunden – ein Vorspiel der Heilungen in Möttlingen und Bad Boll, die andere auf sein Gebet hin erfahren.

1836 verlobt er sich mit Doris Köllner (1816-1886), einer Tochter des Missionsfreundes Karl Köllner (1790-1853), Gutsbesitzer im Südschwarzwald. Als er 1837 nach Stuttgart zurückkehrt, hofft er, bald auf eine württembergische Pfarrstelle ernannt zu werden, was die Heirat mit Doris und Gründung einer Familie ermöglichen würde. Stattdessen schickt man ihn als Pfarrgehilfen nach Iptingen bei Vaihingen/Enz. Der dortige Pfarrer Georg Christian Schöpflin (1775-1863) ist mit der Gemeinde heillos zerstritten; auch empfindet man seine Predigten als gehaltlos. Absetzen will man Schöpflin

---

[4] Doris Blumhardt an den Sohn Theophil 21.4.1872.

nicht, ihm aber jemanden zur Seite stellen, der das Predigen sowie den Konfirmanden- und Religionsunterricht übernimmt. Ein schmales Vikarsgehalt erhält Blumhardt dafür, das vom Pfarrer aufzubringen ist.[5] Nach der ersten Enttäuschung findet er sich in die schwierige Aufgabe. Vorsichtig knüpft er den Gesprächsfaden mit der Gemeinde an; schließlich wird er beim Vorbeigehen in ein Haus gerufen, von dort in das nächste und übernächste. Als sei ein Damm gebrochen, redet die lange vernachlässigte Gemeinde. Der Seelsorger hört zu, ein Vertrauensverhältnis entsteht, und jetzt kann Blumhardt auch Kritisches äußern. Seine Gottesdienste sind übervoll, auch mit Leuten aus umliegenden Ortschaften; die Jugendlichen bitten um eine Verlängerung des Konfirmandenunterrichts.

Seit Jahrzehnten bestehende Differenzen mit den Iptinger Separatisten werden ebenfalls, wenn auch nur vorübergehend, aufgehoben. Als Anhänger des Iptinger Webers Johann Georg Rapp (1757-1847) besuchen sie die Gottesdienste nicht und verweigern die Teilnahme an kirchlichen Handlungen wie Taufe und Abendmahl. Ihre Kinder schicken sie nicht zur Schule; den Kriegsdienst lehnen sie ab. Entschiedene Christen wollen sie sein und sehen auf die volkskirchliche Realität herab; in dieser Kirche offenbare sich Jesu Geist nicht. Als Rapp 1804 mit zahlreichen Leuten in die USA auswandert, bleiben einige in Iptingen zurück; die Spaltung der Gemeinde dauert fort. Blumhardt, der in Korntal Kritiker der Landeskirche kennen und schätzen gelernt hat, geht ohne Berührungsängste mit den Rappisten um. Man führt theologische Diskussionen; Freundschaften werden geschlossen. Blumhardts theologische Gewandtheit und seelsorgerliche Begabung, nicht zuletzt seine persönliche Integrität machen die Separatisten ratlos. Ein landeskirchlicher Pfarrer, der nicht in ihre Schablone passt — schließlich erscheinen am Karfreitag 1838 alle im Abendmahlsgottesdienst.

5   Dekanatarchiv Vaihingen (Enz), Abt. I, Bd.12; Landeskirchliches Archiv Stuttgart, A 27, Bd. 2957; vgl. zum folgenden Abschnitt unten S. 221 ff.

»Kampf« und Erweckung.
Heilungen in Möttlingen und Bad Boll

Nach vielen misslungenen Bewerbungen, die ihm und seiner Verlobten hart zusetzen, wird Blumhardt schließlich zum Pfarrer von Möttlingen bei Calw ernannt. Als Nachfolger Christian Gottlob Barths (1799 - 1862), mit dem er seit Basel befreundet ist, kennt er die Gemeinde von früheren Besuchen her. In Iptingen will man ihn nicht ziehen lassen; schweren Herzens geleitet man ihn Ende Juli 1838 an seinen neuen Wirkungsort.

Im September findet in Sitzenkirch die Hochzeit mit Doris Köllner statt. Gemeinsam will man dem Reich Gottes dienen; von »unserem Beruf als Seelsorger«[6] ist die Rede — ein Vorsatz, der in den Turbulenzen des Möttlinger Pfarrhauses und Bad Boller Kurhauses nicht immer durchgehalten werden kann. Oft findet sich Doris dann doch auf der hauswirtschaftlichen Seite wieder. Immerhin gründet und leitet sie in Möttlingen eine Strick- und Nähschule (Industrieschule) und vertritt ihren Mann mit großem Engagement bei Hausbesuchen. Als Nachfolger bedeutender Amtsvorgänger wie Barth und Gottlieb Friedrich Machtholf (1735 - 1800) tut Blumhardt sein Möglichstes. Neben den üblichen Amtspflichten in Predigt, Unterricht und Seelsorge gibt er »Abendunterhaltungen« für junge Leute; ein Kindergarten wird ins Leben gerufen.[7] Als 1840 eine Epidemie die Gemeinde heimsucht und Todesopfer fordert, richtet man im Pfarrhaus eine Kochanstalt für die Kranken ein. Daneben ist er für Barths Calwer Verlagsverein tätig; er schreibt Artikel für die *Jugendblätter*. Ein *Handbüchlein der Weltgeschichte* entsteht; 1844 veröffentlicht er das *Handbüchlein der Missionsgeschichte und Missionsgeographie*.

Die Familie vergrößert sich. 1840 wird Maria geboren, ein Jahr darauf Karl. Es folgen Christoph (der »jüngere Blumhardt«, später Nachfolger des Vaters in Bad Boll), Theophil

---

[6] Blumhardt an Doris Köllner 25. 8. 1837.

[7] Pfarrarchiv Möttlingen, Nr. 113: Blumhardts Pfarrberichte 1841, 1843, 1845.

und Nathanael. Blumhardt versucht, in der Kindererziehung neue Wege zu gehen; er will in die Kinderseele blicken und ihre unerschöpflichen Tiefen achten. Schweres bleibt der Familie nicht erspart; es gibt lebensgefährliche Erkrankungen. 1845 und 1846 kommen Kinder zu früh zur Welt und sterben noch am gleichen Tag. Als die Familie bereits in Bad Boll ansässig ist, wird 1853 Bertha geboren, die nach einem Jahr an Gelbsucht und Ruhr stirbt.

Mitten in diese Zeit fällt ein für Blumhardt und seine Gemeinde epochemachendes Ereignis. 1842 wird er mit der rätselhaften Erkrankung einer jungen Möttlingerin namens Gottliebin Dittus (1815-1872) konfrontiert. Sie leidet an Krämpfen und Blutungen; in ihrer Wohnung tritt Polterspuk auf. Sie berichtet von Geistererscheinungen, die nur sie wahrnimmt; an den betreffenden Stellen findet man Knochen, Geldmünzen und geschwärzte Papiere. Anfangs in ratloser Distanz, wird Blumhardt von Freunden ermahnt, seine Pflicht als Seelsorger nicht zu vergessen. Wenn er sie besucht und ihre Krampfanfälle erlebt, hört er sie mit fremder Stimme reden, was er als Stimmen von Geistern deutet, von Verstorbenen, die sich in der Gewalt Satans befinden. Drohende Gebärden, die sich gegen ihn als Seelsorger richten, machen es ihm vollends gewiss, dass »etwas Dämonisches im Spiele« sei. Schließlich ergreift er die Offensive: »Wir haben lange genug gesehen, was der Teufel tut; nun wollen wir auch sehen, was Jesus vermag.« Er betet für sie und legt ihre Hände zum Beten zusammen; die Krämpfe hören auf. Der Versuch, hierbei wiederholte formelhafte Wendungen zu gebrauchen, was an Exorzismus erinnern könnte, wird bald zugunsten eines freien Gebets aufgegeben: »Wir probieren's; wir verspielen wenigstens nichts mit dem Gebet, und auf Gebet und Gebetserhörung weist uns die Schrift fast auf jeder Seite; der Herr wird tun, was Er verheißt!« Würgende Bewegungen Gottliebins deutet er als Ausfahren von Geistern; danach hat sie einige Zeit Ruhe.[8]

---

[8] Blumhardt, Krankheitsgeschichte, S. 40, 44, 46.

Im Verlauf zweier Jahre erfährt der kleine ins Vertrauen gezogene Kreis — Blumhardts Frau und einige Gemeindeglieder sind Zeugen der Ereignisse — das oft plötzliche Verschwinden der Symptome. Dann wieder kommt es zu schweren Rückfällen; Selbstverwundungen und Blutungen nehmen lebensbedrohliche Ausmaße an. Gottliebin erbricht kleine Glasstücke, dann verbogene Nägel; schließlich würgt sie unter zeitweisem Atemstillstand ein großes Eisenstück heraus. Nadeln treten aus Kopf und Haut hervor. »Alles aber wurde bloß durch das Gebet herausgebracht«, berichtet Blumhardt in der 1844 für die kirchliche Oberbehörde verfassten *Krankheitsgeschichte*. »Blut floß niemals, auch wurde keine Wunde verursacht, und höchstens konnte man noch eine Weile den Ort erkennen, von dem sich etwas herausgearbeitet hatte.« An Weihnachten 1843 erreichen die Ereignisse ihren Höhepunkt; sie greifen auf Gottliebins Schwester Katharina über. Nur mit Mühe kann man sie festhalten; wieder lassen sich »Geisterstimmen« hören. Einer gibt sich als »vornehmer Satansengel« aus, der nun in den Abgrund fahren müsse. Mit dem Schrei »Jesus ist Sieger!« aus Katharinas Mund endet das, was Blumhardt den »Kampf« genannt hat, die Leiden Gottliebins, von ihm als dämonische Besessenheit verstanden, und seine fast zweijährige seelsorgerliche Begleitung.[9]

Blumhardts Deutung der Ereignisse speist sich aus mehreren Quellen. Johann Heinrich Jung-Stillings (1740-1814) *Theorie der Geisterkunde*, die Vorlesungen Adam Karl August Eschenmayers (1786-1852) in Tübingen, Experimente Justinus Kerners (1786-1862) mit Menschen, die im Trancezustand mit fremder Stimme reden — alle diese der Romantik verpflichteten Versuche, Aussagen über eine »Geisterwelt« in ihrer Gesamtheit zu machen, sind ihm bekannt. Daneben begegnen ihm in Korntal und Dürrmenz volkstümliche Vorstellungen vom Umgehen verstorbener »armer Seelen«. In Basel erlebt er, wie Missionspräsident Nikolaus von Brunn

---

[9]   Blumhardt, Krankheitsgeschichte, S. 60, 75 f.

(1766-1849) mit Handauflegung und Gebet die Austreibung eines Geistes aus einem Jungen versucht, den man für besessen hält. Die biblischen Berichte von einem personalen Bösen, dem Auftreten von Besessenheit und der Befreiung durch Jesu Wort oder in Jesu Namen liest Blumhardt als Schilderung realer Tatbestände; deren Bestreitung durch die Aufklärungstheologie lässt er nicht gelten.

Auch im Fall Gottliebins habe es sich um eine Auseinandersetzung mit dem satanischen Reich, der Macht der Finsternis, gehandelt. »So konnte, so unscheinbar auch die Person war, welche Veranlassung dazu gab, doch allmählich die ganze Hölle aufgeregt, ja der Kampf gar die Ursache werden, dass diese einen nicht geringen Stoß rücksichtlich ihrer geheimnisvollen Kräfte erlitt.«[10] Eine grundsätzliche Bedeutung habe dieser Kampf. Es sei nicht nur um die Befreiung Gottliebins gegangen, sondern um die weltweit zu stellende Machtfrage: Wer ist Sieger, der Teufel oder Jesus? Die Bengelsche Naherwartung des Tausendjährigen Reiches und einer weltweiten Gnadenzeit stehen im Hintergrund.

Gottliebins Erkrankung und Heilung sind von Medizinern, Psychotherapeuten und Theologen diskutiert worden. Man hat hysterische Symptome festgestellt, begründet in einem der Kranken unbewussten Streben nach Beachtetwerden und Zuwendung. Nicht die Stimmen realer Geister seien zu hören; Gottliebin habe mit verstellter Stimme gesprochen, allerdings ohne Täuschungsabsicht, in einem tranceähnlichen Zustand. Eine, was die Geisterstimmen betrifft, durchaus plausible Erklärung, die allerdings beim Austreten der geschilderten Gegenstände auf Schwierigkeiten stößt. So muss der Psychiater Walter Schulte feststellen: »Wenn wir uns die Unbestechlichkeit und Gediegenheit, in der uns die Gestalt Blumhardts erscheint, vor Augen führen, so sträuben wir uns, ... eine erschöpfende Erklärung abzugeben, ganz abgesehen davon, dass ein großer Teil der Erscheinungen (Stricknadeln, Nägel,

---

[10] Ebd., S. 72.

Vogelbeinchen) auch damit [mit der Annahme von Suggestion und Autosuggestion] nicht erklärt werden könnte ... Wir sehen hier die Grenze der medizinischen Deutbarkeit, und wir maßen uns nicht an, das Geschehen unter Heranziehung von Erfahrungen mit Massensuggestionen, Selbsttäuschungen, Schwindel und Zaubereikunststücken einer vollständigen Erklärung zuzuführen, bei der wir einen bitteren Geschmack auf der Zunge nicht loswürden.«

Die Deutung des Glaubens kann hier weiter gehen. Blumhardt stellt Gottliebin und sich selbst vor das Angesicht Gottes. Ihre Gebete, Notschreie in verzweifelten Situationen, gehen nicht ins Leere; beide werden in der Tiefe ihres Seins angerührt und verwandelt. Die Gesundung Gottliebins geht über den Erfolg einer psychotherapeutischen Behandlung weit hinaus. Auch wenn sie in den nächsten Jahren öfters erkrankt, wiederholen sich die dramatischen Ereignisse nicht. Blumhardt nimmt die elternlose junge Frau in seine Familie auf und vertraut ihr die Leitung des 1844 gegründeten Möttlinger Kindergartens an; in Bad Boll ist sie seit 1852 zusammen mit Doris Blumhardt hauswirtschaftliche Leiterin. Das mag den hysterischen Reaktionen den Boden entzogen haben, erklärt aber nicht die Heilung in ihrer ganzen Tiefe. Gottliebin ist geistlich gereift; die Ausrichtung auf das Reich Gottes hin beeindruckt diejenigen, die ihr begegnen, bis in ihr Sterben hinein.

Auch Blumhardt geht aus dem Kampf verändert hervor. Der Pfarrer, der sich bei allem Engagement im Alltagsgeschäft aufreibt, weicht einem Zeugen der Macht Gottes. So kann er seiner Gemeinde während der folgenden Ereignisse ein würdiger Seelsorger sein.

Tatsächlich beschränkt sich die Wirkung des Kampfes nicht auf Gottliebin und Blumhardt. Durch Möttlingen geht ein Erschrecken und Verlangen nach Beichte, danach ein großes Aufatmen. Die vorher »totgepredigte« Gemeinde erlebt eine Erweckung; in den ersten Monaten des Jahres 1844 kommen fast alle 800 Einwohner ins Pfarrhaus. Nicht eine Beratung in akuten Problemsituationen möchten sie, sondern eine erst jetzt in ganzer Schwere gefühlte Last abladen, einen Neuanfang versuchen. Unter vier Augen machen sie, wie Blumhardt in anonymisierter Form den Amtskollegen mitteilt, Schuldbekenntnisse etwa aus dem Bereich der Sexualität wie Ehebruch, Inzest, Verkehr mit Tieren. Auch Alkoholismus und geistlicher Hochmut werden gebeichtet, ferner die damals verbreiteten abergläubischen Heilversuche durch »Besprechen«, ein Verstoß gegen das erste Gebot. Danach erbittet man die förmliche Absolution.

Blumhardt achtet darauf, dass die Bewegung nicht in schwärmerische Bahnen gerät. Kindererweckungen kommen vor, verlieren sich aber. Was bleibt, ist ein verbreitetes Bedürfnis, Gottes Wort zu hören und sich darüber auszutauschen. Eine andere Luft weht in Möttlingen. Der Pfarrer weiß, dass er es mit einem Werk freier göttlicher Gnade zu tun hat, aber auch, dass es seine Aufgabe ist, Rahmenbedingungen zu schaffen, unter denen dieses Werk fortbestehen kann. »Konferenzen« werden eingerichtet; ledige und verheiratete Männer und Frauen kommen nach Abteilungen getrennt zusammen, um ihre Erfahrungen auszutauschen.

Die Nachricht von den Möttlinger Ereignissen breitet sich in der Umgebung aus. Neugierige kommen und kehren oft ergriffen heim. Man berichtet von Blumhardts ruhigen, schlichten Predigten, die kein »öffentliches Bußgeheul« hervorrufen, sondern rechtschaffene Früchte der Buße. An Sonntagen sind mehrere tausend Menschen in Möttlingen zu Gast; der Platz in der Kirche reicht nicht aus. Anschließend belagern sie das Pfarrhaus, um zu beichten. Blumhardt kann nicht jeden anhören; er bittet, mit einem allgemeinen Gebet vorlieb zu nehmen. In einzelnen Abteilungen fertigt er oft vierzig Personen in einer Stunde ab, wobei er sie seiner Fürbitte versichert. Auch hier kehren viele erleichtert nach Hause zurück.

Die Möttlinger Ereignisse sind weder auf rationalistische noch auf supranaturalistische Weise zu fassen. Über Gott wird nicht in der Studierstube reflektiert; sein Handeln wird erlebt.

Keine Einbrüche des »Übernatürlichen« ereignen sich; Gottes Wirken durchzieht den ganzen Alltag der Menschen. Auch das etwas konturlose »Ewige im Zeitlichen« bei Schleiermacher fasst die Möttlinger Ereignisse nicht. Man sieht sich dem persönlichen Gott der Bibel gegenüber. Die Zeugen der Ereignisse berichten nicht von dem »Gefühl schlechthinniger Abhängigkeit«, sondern von etwas Objektivem, das sich auf die Beteiligten übertragen habe.

Nach einiger Zeit hört Blumhardt, durch Handauflegung bei der Absolution sei eine Kraft von ihm ausgegangen, die einen »heilsamen Einfluß auf die Gesundheit« hervorbringe.[11] Anfangs nicht beabsichtigt, ereignen sich von nun an Heilungen seelischer und körperlicher Leiden an ungezählten Personen, in Möttlingen wie später in Bad Boll — ein unerhörtes, aber von vielen bezeugtes Geschehen. Die Anziehungskraft von Blumhardts Wirken wird noch gesteigert; staunend registriert er, dass sich Jesu Wort Mk 16,18 heute noch erfüllt. Er wehrt sich dagegen, wenn Leute nur auf Heilung aus sind, und weist auf den Zusammenhang mit einem geistlichen Neuanfang hin. Allerdings werden auch Kinder und Säuglinge geheilt; hier ist der Zusammenhang durchbrochen.

Menschen finden Hilfe bei seelischen Erkrankungen wie neurotischen und psychotischen Störungen. Psychosomatische Leiden, etwa »Brustbeklemmungen« und »Magenbeschwerden«[12], werden geheilt. Aber auch Krankheiten, bei denen ein psychischer Anteil nicht zu erkennen ist, verschwinden unter Blumhardts Gebet. Ein im Ohr festgewachsener Obstkern, an dem sich Ärzte vergebens versucht haben, löst sich; Schwellungen im Hals, Wassersucht, Augenkrankheiten, Rheumatismen werden geheilt. Auch wenn die eindeutige Abgrenzung körperlicher von seelischen Leiden schwierig ist, greift die Deutung zu kurz, es habe sich hier schlicht um Autosuggestion gehandelt, die feste Überzeugung, bei Blumhardt

---

[11] Blumhardt, Mitteilungen, S. 109 f.
[12] Blumhardt an Dekan Ludwig Friedrich Fischer vor dem 29.10.1845.

Hilfe zu finden. Dies mag mitgewirkt haben, ist aber bei der Schwere der geheilten Krankheiten nicht ausreichend. Blumhardt selbst unternimmt nichts in dieser Richtung; den Nimbus eines Wunderdoktors vermeidet er und bleibt fröhlich und natürlich. Bezahlen lässt er sich die Hilfe nicht.

In Bad Boll, wo er 1852 mit Hilfe wohlhabender Freunde das Kurhaus erwirbt und ein Seelsorgezentrum einrichtet, setzen sich die Heilungen fort. Auch hier bleibt es bei den in Möttlingen bewährten Grundsätzen. Das Einzelgespräch wird gewöhnlich kurz gehalten; Blumhardt sichert seine Fürbitte zu und verweist ansonsten auf die Andachten und Gottesdienste. Bei aller Menschenkenntnis und Erfahrung des Seelsorgers ist Gott der eigentlich Handelnde.

Wie schon in Möttlingen kommt es auch in Bad Boll oft nicht zur gewünschten Heilung. Blumhardt macht daraus keinen Hehl, geht es ihm doch in erster Linie um eine Veränderung im Geistlichen. Diejenigen, die ihre Krankheit weiter tragen müssen, begleitet er nach ihrem Abschied seelsorgerlich und tritt betend für sie ein. »Lass dir an meiner Gnade genügen« (2. Kor 12,9) – diese Zumutung muss angenommen werden. Durch anhaltendes Beten die Heilung erzwingen zu wollen würde Gottes Freiheit missachten.

Von 1850 an ereignen sich Heilungen in der Ferne, ohne dass der Betreffende jemals Blumhardt oder Möttlingen gesehen hat. Vom westfälischen Freudenberg aus wendet man sich an ihn, er möge doch für einige Kranke des Ortes beten. Dann schreibt man, drei der vier Personen seien gesund geworden – ob er nicht auch für die zwanzig anderen beten wolle, die sich spontan gemeldet hätten? Dies ist der Auftakt für eine immer umfangreicher werdende Briefseelsorge. Aus dem Elsass und der Schweiz, aus Holland, Norwegen und Russland kommen die Hilferufe; 1857 erreichen Blumhardt sechs bis zwölf, später bis zu zwanzig Briefe pro Tag. Sein Vorgehen entspricht der bisher geübten Seelsorge. Auf das geschilderte Leiden geht er kurz ein und sagt seine Fürbitte zu, die aber von einer Sinnesänderung des Adressaten begleitet sein muss, verbunden mit ernsthaftem, in kindlichem Vertrauen gesprochenem Gebet.

Der Theologe der Hoffnung

Die eschatologische Ausrichtung seines Denkens verwehrt es ihm, sich mit dem in Möttlingen Erfahrenen zufrieden zu geben. Im Kontext der Naherwartung Bengels können diese nur Vorgeschmack einer noch ausstehenden weltweiten Entwicklung sein. Blumhardt erwartet eine Ausgießung des Heiligen Geistes über die Menschheit, so wie der Pfingstgeist über die Apostel kam, die Ursprünglichkeit des Glaubens, die Heilungswunder der Apostelgeschichte. So ärmlich wie bisher dürfe es nicht fortgehen. »Die ersten Gaben und Kräfte, ach! die sollten wieder kommen! Und ich glaube, der liebe Heiland wartet nur darauf, daß wir drum bitten.«[13] Dann werden auch diejenigen, die bisher in Möttlingen und Bad Boll keine Heilung gefunden haben, Hilfe erfahren.

Während Bengel das Wiederkommen Christi zum Gericht erwartet und erst danach die neue Gnadenzeit, hat Blumhardts Hoffnung eine andere Gestalt. Gott will doch das Heil aller, nicht bloß das einer kleinen Schar; und so muss er *vor* dem Gericht dafür sorgen, dass nicht die Mehrzahl der Menschen verloren geht. Joel 3 ist eine der Stellen, die Blumhardts Hoffnung stützen, eine Geistausgießung »über alles Fleisch, ... ehe denn der große und schreckliche Tag des Herrn kommt«. Ein Rennen und Jagen nach dem Reich Gottes wird die Folge sein. Zugleich wird sich, wie der Johannesoffenbarung zu entnehmen ist, auch Satan aufmachen, dies zu verhindern. Diese letzte Trübsalszeit malt Blumhardt nicht als Schreckensszenario; die Verführungen und Verfolgungen sind nur ein Übergang; das Ziel ist die Erlösung aller Kreatur. Er entgeht der Versuchung, eine Allversöhnungslehre zu formu-

[13]   Blumhardt an Christian Gottlob Barth 25. 2. 1844.

lieren, stattdessen wartet er einfach auf Gottes Entscheidung. »Daß zuletzt eine Barmherzigkeit noch losbrechen wird, die über aller Menschen Denken hinausgeht«, das erbittet und erhofft er.[14]

Angesichts dessen haben Christen nicht einfach die Hände in den Schoß zu legen, sondern das Wort Gottes zu verkündigen und für das Kommen des Reichs zu beten. Missionarische Anstrengungen müssen gemacht werden; man denke an Mt 24,14. Kein Aktivismus wird gepredigt; Blumhardt weiß, dass das Herz letztlich durch den Heiligen Geist aufgetan werden muss. Nicht Menschen machen die künftigen Ereignisse, sondern Gott; wir haben uns und andere darauf vorzubereiten in der Einheit von »Warten und Eilen«. Seine Hoffnung fasst Blumhardt in Lieder wie »Jesus ist der Siegesheld« oder »Daß Jesus siegt, bleibt ewig ausgemacht«[15]. Auch Kompositionen von seiner Hand sind überliefert.

Das, was Gott mit der Welt vorhat, fällt bereits als Licht in die Gegenwart. Erweckungen und Heilungen sowie Fortschritte der Mission weisen nach vorn. Auch wenn Blumhardt erlebt, wie konfessionelle Spaltungen überwunden werden, etwa wenn Katholiken ihn aufsuchen, ist dies ein Vorschein des Kommenden. Christen und Juden haben sich als Brüder anzusehen, die auf eine gemeinsame Bekehrung und Verheißung zugehen. Blumhardt betrachtet die eschatologischen Ereignisse nicht als ein Thema unter vielen, vielmehr als *das* die Gegenwart bestimmende Element. So erweist er sich nicht als Theologe, der auch eine Hoffnung hat, sondern als Theologe der Hoffnung.

Seine Naherwartung erlaubt keine Berechnung des Kommenden; auch hier setzt er sich von der pietistischen Tradition ab. Die Versuche Bengels, Christi Wiederkunft auf das Jahr 1836 vorauszusagen, widersprechen Jesu Wort Mt 24,42. »Daß das Ende nahe ist, ist gewiß«, schreibt Blumhardt einem

---

[14] Blumhardt, Täglich Brod aus Bad Boll. Andacht vom 15.1.1879.
[15] Auch heute im Evangelischen Gesangbuch von 1996, Nr. 375.

Freund. »Aber du tust wohl daran, wenn du dir's nicht ausmalst, was und wie alles kommen muß. Da wird viel unnötig Zeug geredet, dadurch der innere Mensch nicht wächst. Hauptzeichen muß das Blühen der Bäume sein, nämlich neue gewaltige Erregungen zur Bekehrung durch Kräfte von oben.«[16]

Sein Widerspruch hat ihm nicht nur Freunde eingebracht. Die pietistischen Weggefährten des Calwer Verlagsvereins können in der Bibel keine Hinweise auf eine baldige Geistausgießung erkennen. Die Geistbegabung der Apostel sei heute, in der »ordentlichen Kirchenzeit«, nicht mehr vorhanden; erst bei Christi Wiederkunft, nicht vorher, sei sie zu erwarten. Auch dass Blumhardt nicht zwischen Bekehrten und Unbekehrten unterscheidet, erregt Anstoß. Die frommen Mitglieder der Möttlinger Stunde sind anfangs erstaunt, als er ihnen zu verstehen gibt, auch sie müssten beichten. Bis in die Deutung politischer Ereignisse hinein spürt man die Differenz, etwa während der Revolution von 1848/1849. Christian Gottlob Barth versteht sie als eine der letzten Prüfungen, in die das Häuflein der Bekehrten nicht einzugreifen habe. Dem Ganzen sei doch nicht mehr zu helfen, meint er — anders Blumhardt, der die gesellschaftlichen Erschütterungen als Gottes Weckstimme sieht, als Ruf zur Buße an alle Menschen. Im benachbarten Baden kommt es zum republikanischen Aufstand; die reformerischen Kräfte, denen seine Sympathie gilt, scheitern. Jetzt verblasst die positive Sicht; nur Gottes Zorn und Gericht kann er in den Ereignissen erkennen.

Diese Beobachtung der »Zeichen der Zeit«, die im Nachhinein Fortschritte im Reich Gottes erkennen möchte, ist etwas anderes als Vorausberechnung. Hier meint Blumhardt, mittun zu dürfen; dabei erliegt er wie 1848 schon mal der Versuchung, seine eigenen politischen Überzeugungen mit dem Willen Gottes gleichzusetzen. Katastrophenmeldungen der Zeitung werden in endzeitlicher Perspektive gesehen, Kriege

[16]   Blumhardt an Tillmann Siebel 30.3.1872.

auf ihre Bedeutung als Zeitzeichen abgeklopft. Im Deutsch-Französischen Krieg von 1870/1871 ermahnt er den elsässischen Freund Christoph Dieterlen (1818-1875), über Sieg und Niederlage hinauszusehen auf die gemeinsame Zukunft im Reich Gottes. Nationalistische Töne lässt er nicht aufkommen. Redet die Presse von einem göttlichen Strafgericht über Frankreich, gibt Blumhardt zu bedenken, der richtende Gott bleibe nicht bei einem Volk stehen. »Er durchgeht die Völker nacheinander.«[17]

Um seine Hoffnungen einem größeren Publikum nahe zu bringen, ist Blumhardt schriftstellerisch tätig. In Möttlingen entsteht u. a. die *Verteidigungsschrift gegen Herrn Dr. de Valenti* (1850), in Bad Boll veröffentlicht er gehaltene Andachten und Predigten wie die *Sammlung von Morgenandachten* (1865). Die *Blätter aus Bad Boll*, eine von 1873 bis 1877 erscheinende Hauszeitschrift, sollen Kontakt mit ehemaligen Besuchern halten und gehen auch auf kritische Fragen ein.

Mit zunehmender Popularität wird er als Redner auf Missionsfesten, Jahresfesten und Kirchentagen begehrt, sei es in Basel, Stuttgart oder Calw. Die Rheinische Missionsgesellschaft bittet ihn, auf ihren Festen in Barmen und Elberfeld (Wuppertal) zu sprechen; manchmal hören ihn 4-5000 Menschen wie beim Missionsfest in Speyer. An den Kirchentagen in Berlin, Frankfurt, Altenburg, Stuttgart nimmt er teil. Auf Einladung von Freunden reist er bis Amsterdam, Hamburg, Paris; im Elsass wie in Schlesien nimmt er an größeren Veranstaltungen teil. Auch zu Hause in Württemberg und im benachbarten Baden will man ihn als Redner auf ungezählten Missionsfesten haben. Jedesmal spricht er von dem, was er für die Menschheit erhofft; der Andrang ist groß.

---

[17] Blumhardt, Schriftauslegung im Stuttgarter Evangelischen Sonntagsblatt, Nr. 43 vom 23.10.1870.

Reaktionen

Die Ereignisse in Möttlingen und Bad Boll werden nicht nur zustimmend aufgenommen. Kritik äußert die liberale Presse, etwa der Stuttgarter *Beobachter*, der ihn als Wunderdoktor an den Pranger stellt; sein Hinwirken auf einen geistlichen Neuanfang wird als Verdummung der Leute bezeichnet. Man will aufklärerisch wirken, lässt sich aber nicht ernsthaft auf das Geschehen ein und verfällt in rationalistische Oberflächlichkeit. Dass zwischen der hier geschürten Stimmung und den tätlichen Angriffen, denen Gottliebin 1844 ausgesetzt ist, ein Zusammenhang besteht, kann vermutet werden. Unbekannte schleichen sich ins Pfarrhaus, schlagen ihr ins Gesicht, verüben Diebstähle und Brandstiftung.

Widerstand erhebt sich auch von ärztlicher Seite. Man glaubt den Heilungsberichten nicht und pocht auf den »ordentlichen Weg« der Heilung. Dass Menschen bei Blumhardt Hilfe finden, die von Ärzten aufgegeben wurden, an dieser bitteren Pille haben die Mediziner zu schlucken. Versuche des Stuttgarter Medizinalkollegiums, das Geschehen in Bad Boll zu beaufsichtigen, können durch den Einspruch des württembergischen Königs abgewendet werden.[18] Einige Ärzte dagegen respektieren Blumhardts Wirken; man befreundet sich miteinander.

Die Frage, ob der aufklärerische Deutungshorizont auch die Grenze der Wirklichkeit markiert, wird von der liberalen Presse und vielen Ärzten nicht gestellt. Ist Aufklärung das Beharren auf der absoluten Gültigkeit innerweltlicher Deutungen? Blumhardts Wirken stellt an uns die Frage, ob nicht – bei allem Respekt vor den Fortschritten der Naturwissenschaften – der wahre Aufklärer sich seiner Grenzen bewusst ist. Nicht bloß um Lücken in der naturwissenschaftlichen Deutung von Wirklichkeit geht es, sondern um die grundsätzliche Frage nach dem Herrn dieser Wirklichkeit. Das, was uns von

[18] Hauptstaatsarchiv Stuttgart, E 146, Bd. 1731.

allen Seiten umgibt, über das wir nicht verfügen und das wir nicht einmal hinlänglich beschreiben können, ist eine heilsame Grenze, die vor menschlicher Selbstüberhebung warnt. Die Selbsterlösungsversuche allein des 20. Jahrhunderts mit ihren Millionen von Opfern spechen eine deutliche Sprache.

Blumhardts Amtskollegen reagieren unterschiedlich. Einige folgen seiner Aufforderung, auch in ihren Gemeinden zur Privatbeichte einzuladen, andere hören nicht zu und verharren in Ablehnung. Die Freundschaft mit Barth wird einer Belastungsprobe ausgesetzt; trotz unterschiedlicher Überzeugungen hält man aneinander fest. Die kirchliche Oberbehörde in Stuttgart fordert von Blumhardt einen Bericht. Man erkennt die Redlichkeit seines Wirkens an, untersagt aber, im Rahmen seiner Seelsorge sich auch körperlichen Krankheiten zu widmen. Ortsfremde dürfen ihn nicht mehr im Pfarrhaus aufsuchen.[19] Diese Einschränkungen, von Blumhardt »elastisch« befolgt, sind maßgeblich daran beteiligt, dass er 1852 Bad Boll erwirbt und um Entlassung aus dem Pfarramt bittet. Das Abhalten von Gottesdiensten, Abendmahlsfeiern und Konfirmationen in Bad Boll wird vom Konsistorium genehmigt.[20] So ist ein ungehindertes Wirken erreicht, ohne das Band zur Landeskirche zu zerschneiden.

An seinen Hoffnungen hält er fest. Als er 1880 stirbt, übernimmt der Sohn Christoph die Leitung des Kurhauses. In den Spuren des Vaters gehend, erlebt auch er Heilungen in Bad Boll, nimmt jedoch Änderungen am gewohnten »Heilungsbetrieb« vor. Von 1899 an vertritt er die Sache der Sozialdemokratie und wird zu einem der Väter des Religiösen Sozialismus. Der Theologe Karl Barth (1886-1968) hat als Student Bad Boll besucht. In seiner Dialektischen Theologie tauchen wichtige Motive Blumhardtschen Denkens wieder auf: der Gedanke, dass es Gott ist, der sich ohne Zutun des Menschen

---

[19] Dekanatamt Calw, Bd. 240; Landeskirchliches Archiv Stuttgart, A 26, Bd. 861.

[20] Landeskirchliches Archiv Stuttgart, A 27, Bd. 267,55.

offenbart; die Einsicht, dass das kommende Reich Gottes nicht mit menschlichem Handeln in eins gesetzt werden darf.

Gern ordnet man den Vater Blumhardt in die pietistische, den Sohn in die sozialistische Schublade. Dass der eine aus dem Pietismus seiner Zeit, der andere aus dem Sozialismus hinausgewachsen ist, wird dabei übersehen. Ausgehend von einer gemeinsamen Erfahrung und hinschauend auf eine gemeinsame Hoffnung hat jeder auf seinem Weg für das Kommen des Reiches Gottes gebetet und gearbeitet. Zu Lebzeiten nicht erfüllt, hat dieses Hoffen jedoch die ihnen begegnenden Menschen verändert.

Chronologischer Überblick

allg./Deutsches Reich	Württemberg
1586	-1654 Johann Valentin Andreae
1593	-1608 Herzog Friedrich I. (geb. 1557)
1613 Übertritt des brandenburgischen Kurfürsten Johann Sigismund (1698-1619) zum Calvinismus	
1614	Andreae Diakon in Vaihingen/Enz
1620	Andreae Spezialsuperintendent in Calw
1633	-1674 Herzog Eberhard III. (geb. 1614)
1637	-1720 Johann Andreas Hochstetter
1639	Andreae Konsistorialrat und Hofprediger in Stuttgart
1640 -1688 Kurfürst Friedrich-Wilhelm von Brandenburg-Preußen	-1720 Johann Friedrich Hochstetter
1648 Westfälischer Friede	
1650	Andreae Prälat von Bebenhausen
1653 -1705 Philipp Jakob Spener	
1654	Andreae Prälat von Adelberg
1657 -1705 Kaiser Leopold I.	
1663 -1727 August Hermann Francke	
1664	-1704 Johann Reinhard Hedinger
1674	-1677 Herzog Wilhelm Ludwig (geb. 1647)
1675 Pia desideria (Programmschrift Speners) erscheint	
1685	-1772 Samuel Urlsperger
1686 Spener Oberhofprediger in Dresden	

allg./Deutsches Reich	Württemberg

1687	Francke erlebt plötzliche Bekehrung in Lüneburg	-1743 Georg Konrad Rieger
		-1752 Johann Albrecht Bengel
1688	-1713 Kurfürst Friedrich I. von Brandenburg-Preußen; seit 1701 König in Preußen -1697 Pfälzischer Erbfolgekrieg	
1691	Spener Propst an St. Nicolai in Berlin	
1693		-1733 Herzog Eberhard Ludwig (geb. 1676)
1694	Gründung der Universität Halle im Geiste des Pietismus	Hedinger Prof. in Gießen
1697	Friede von Rijswijk	
1699		/1700 Aufnahme von Waldensern und Hugenotten -1769 Philipp Friedrich Hiller Hedinger Konsistorialrat und Hofprediger in Stuttgart
1700	-1760 Nikolaus Ludwig Graf von Zinzendorf	
1701	-1714 Spanischer Erbfolgekrieg	-1785 Johann Jakob Moser
1702		-1782 Friedrich Christoph Oetinger
1705	-1711 Kaiser Joseph I.	
1710	Gründung der Cansteinschen Bibelanstalt in Halle	
1711	-1740 Kaiser Karl VI.	
1713	-1740 König Friedrich Wilhelm I. in Preußen (Soldatenkönig)	-1797 Johann Friedrich Flattich Bengel Klosterpräzeptor in Denkendorf
1715		Urlsperger Hofprediger in Stuttgart und Ludwigsburg
1717		Francke in Württemberg

356

allg./Deutsches Reich	Württemberg
1718	Rieger Diakon in Urach
	Urlsperger als Hofprediger
	entlassen
1720	Urlsperger Dekan in
	Herrenberg;
	Moser o. a. Prof. der Rechte
	in Tübingen
1721	Rieger Gymnasialprofessor und
	Stiftsprediger in Stuttgart
1722	Urlsperger Pfarrer an St. Anna
	und Senior in Augsburg
1723	4. 4. Erste Konfirmation
	in Württemberg
1724	Moser nach Wien
1726	-1733 Moser Regierungsrat
	unter Herzog Eberhard Ludwig
1730	Oetinger in Herrnhut
1732	Hiller Pfarrer in
	Neckargröningen
1733	Zinzendorf erstmals
	in Württemberg
	-1737 Herzog Karl Alexander
	(geb. 1684)
	Rieger Pfarrer an St. Leonhard
	in Stuttgart
1734	-1736 Moser Regierungsrat
	unter Herzog Karl Alexander
1736	Hiller Pfarrer in Mühlhausen/
	Enz
	Moser Professor in Frankfurt/O.
1738	Oetinger Pfarrer in Hirsau
1739	-1790 Philipp Matthäus Hahn
1740	-1786 König Fried-
	rich II. (der Große)
	von Preußen
1740	Kaiser Karl VI. stirbt
1741	-1748 Österreichischer	neues Gesangbuch
	Erbfolgekrieg	in Württemberg
		Bengel Prälat in Herbrechtingen

allg./Deutsches Reich	Württemberg
1742 -1745 Kaiser Karl VII. (Wittelsbacher, erster Nichthabsburger seit 1438)	»Gnomon« Bengels erschienen; Rieger Stadtdekan und Hospital- prediger in Stuttgart
1743	Oetinger Pfarrer in Schnaitheim 10.10. Pietistenreskript
1744	-1793 Herzog Carl Eugen (geb. 1728)
1745 -1765 Kaiser Franz I. Stephan (von Lothrin- gen; Gemahl Maria Theresias)	
1746	Oetinger Pfarrer in Walddorf Flattich Pfarrer in Metterzimmern
1748	Hiller Pfarrer in Steinheim
1749	Bengel als (Titular-)Prälat von Alpirsbach Mitglied des Konsistoriums in Stuttgart
1751	Endgültige Rückkehr Mosers als Landschaftskonsulent nach Stuttgart
1752	Oetinger Dekan in Weinsberg
1757 -1763 Siebenjähriger Krieg (Österreich, Frankreich u. a. gegen Preußen)	-1847 Johann Georg Rapp
1758	-1819 Michael Hahn
1759	Oetinger Dekan in Herrenberg -1764 Festungshaft Mosers auf dem Hohentwiel
1760	Flattich Pfarrer in Münchingen
1764	P. M. Hahn Pfarrer in Onstmettingen
1765 -1790 Kaiser Joseph II.	
1766	Oetinger Prälat (Abt) in Murrhardt
1770	P. M. Hahn Pfarrer in Kornwestheim
1771	-1846 Gottlieb Wilhelm Hoffmann

	allg./Deutsches Reich	Württemberg
1780	Gründung der Deutschen Christentumsgesellschaft in Basel	
1781		P. M. Hahn Pfarrer in Echterdingen
1786	-1797 König Friedrich Wilhelm II. von Preußen	
1789	Französische Revolution	
1790	-1792 Kaiser Leopold II.	
1791		neues (angebl. rationalistisches) Gesangbuch
1792	Kaiser Franz II., Rücktritt als Kaiser des Deutschen Reichs 1806; bis 1835 als Franz I. Kaiser von Österreich	
1793	1. Koalitionskrieg gegen Frankreich	-1795 Herzog Ludwig Eugen (geb. 1731)
1794		M. Hahn findet auf dem Rittergut Sindlingen dauerhafte Bleibe
1795		-1797 Herzog Friedrich Eugen (geb. 1732)
1797	-1840 König Friedrich Wilhelm III. von Preußen	-1816 Herzog Friedrich II. (geb. 1754); seit 1803 Kurfürst; ab 1806 König Friedrich I.
1798		-1828 Ludwig Hofacker -1864 Albert Knapp
1799	2. Koalitionskrieg gegen Frankreich	
1803	Reichsdeputationshauptschluss	Rapp wandert mit Anhängern nach Nordamerika aus
1804	18. 5. Napoleon zum Kaiser gekrönt	
1805	3. Koalitionskrieg gegen Frankreich	-1880 Johann Christoph Blumhardt -1879 Sixt Carl (von) Kapff; Rappisten gründen Harmonie

359

	allg./Deutsches Reich	Württemberg
1806	Gründung des Rheinbundes; Kaiser Franz II. tritt zurück; Deutsches Reich löst sich auf	15. 10. Religionsedikt sichert Einwohnern freie Religions- ausübung zu
1808		- 1874 David Friedrich Strauß
1809		Erneuerung der Liturgie
1812		Gründung der Stuttgarter Bibelanstalt
1814		Rappisten gründen Neu-Harmonie
1815	Gründung der Basler Mission Wiener Kongress	Württemberg Mitglied des Deutschen Bundes; Hoffmann Mitglied der Ständeversammlung
1816		- 1864 König Wilhelm I. (geb. 1781)
1819		Gründung von Korntal
1824		Rappisten gründen Ökonomie
1826		Hofacker Pfarrer in Rielingshausen
1830		Blumhardt Lehrer am Missionshaus in Basel
1831		Knapp Pfarrer in Kirchheim/T.
1833		Kapff Pfarrer in Korntal
1835		»Leben Jesu« von Strauß erscheint
1837		Knapp Pfarrer in Stuttgart (Hospital-, Stifts- dann Leonhardskirche)
1838		Blumhardt Pfarrer in Möttlingen
1840	- 1861 König Friedrich Wilhelm IV. König von Preußen	
1842		neues Gesangbuch erscheint
1843		Kapff Dekan in Münsingen
1847		Kapff Dekan in Herrenberg
1848	Revolution in Deutschland	Kapff Abgeordneter der württembergischen Landesversammlung

allg./Deutsches Reich	Württemberg
1850	Kapff Prälat und Generalsuper-intendent in Reutlingen; Mitglied des Konsistoriums in Stuttgart
1851	Einführung von Pfarrgemeinde-räten
1852	Kapff Stiftsprediger
1852	Blumhardt Hausvater in Bad Boll
1854	Einführung von Diözesan-synoden
1855	Eröffnung der Stuttgarter Diakonissenanstalt
1861 -1888 König Wilhelm I. von Preußen, ab 1871 Kaiser	
1864	-1891 König Karl (geb. 1823)
1866 Krieg zwischen Preußen und Österreich	
1867	Landessynode wird eingerichtet
1871 Reichsgründung unter Preußens Führung: Kaiser Wilhelm I.	
1888 Kaiser Friedrich (geb. 1831) -1918 Kaiser Wilhelm II. (1859-1941)	
1891	-1918 König Wilhelm II. (1848-1921)

Gesamtbibliographie

Sämtliche Abkürzungen nach: Siegfried Schwertner: Internationales Abkürzungsverzeichnis für Theologie und Grenzgebiete. Berlin/New York 2. Aufl. 1994.

Quellen und Hilfsmittel

[Andenken] Zum Andenken an den vollendeten M. Carl Friedrich Hofacker, Stadtpfarrer und Amts-Dekan in Stuttgart, gestorben den 27. Dec. 1824, begraben den 30. Dec. 1824. Stuttgart (1824).

Andreae, Johann Valentin: Gesammelte Schriften, hg. von Wilhelm Schmidt-Biggemann. Stuttgart-Bad Cannstatt 1994 ff.; bisher erschienen: Bd. 2 (1995): Nachrufe, Autobiographische Schriften, Cosmoxenus; Bd. 7 (1994): Veri Christianismi Solidaeque Philosophiae Libertas; Bd. 16 (2001): Theophilus.

Andreae, Johann Valentin: Christianopolis, hg. von Richard van Dülmen (QFWKG 4). Stuttgart 2. Aufl. 1982.

Andreae, Johann Valentin: Christianopolis, übers., kommentiert und hg. von Wolfgang Biesterfeld (Reclam Universal-Bibliothek Nr. 9786). Stuttgart 2. Aufl. 1996.

Andreae, Johann Valentin: Fama Fraternitatis — Confessio Fraternitatis — Chymische Hochzeit: Christiani Rosencreutz. Anno 1459. Eingeleitet und hg. von Richard van Dülmen (QFWKG 6). Stuttgart 4. Aufl. 1994.

[Andreae] Johann Valentin Andreä 1586-1654. Leben, Werk und Wirkung eines universalen Geistes. Ausstellung zum 400. Geburtstag. Katalog Bad Liebenzell 1986.

Andreae, Johann Valentin: Theophilus, hg. von Richard van Dülmen (QFWKG 5). Stuttgart 1973.

Andreae, Johann Valentin: Vita, ab ipso conscripta, hg. von Friedrich Heinrich Rheinwald. Berlin 1849.

Andreae, Johann Valentin (Hg.): Fama Andreana reflorescens, sive Jacobi Andreae Waiblingensis, theol[ogiae] doctoris, vitae, funeris, scriptorum, peregrinationum et progeniei recitatio, curante Joh[anne] Valentino Andreae nepote. Anno Christi MDCXXX Argentorati. Excudebat Johannes Reppius [Der wieder aufblühende Ruhm des Andreae, oder Bericht über des Waiblingers Jakob Andreae Leben, Begräbnis, Schriften, Reisen und Abstammung, ausgeführt durch den Enkel Johann Valentin Andreae. Straßburg, im Jahre Christi 1630, gedruckt von Johannes Reppius].

Anonymus: Frage: Was hat der württembergische Schreiber in der gegenwärtigen kritischen Lage seines Standes zu thun? Gmünd 1817.

Anonymus: Wanderungen eines alten wirtembergischen Amtssubstituten aus einer Schreibstube in die and're, von ihm selbst beschrieben. Stuttgart 1800.

Antony, Paul (Hg.): Johann Valentin Andreä, ein schwäbischer Pfarrer im Dreißigjährigen Krieg (Schwäbische Lebensläufe 5). Heidenheim 1970.

Arndt, Ernst Moritz: Von dem Wort und dem Kirchenliede. Bonn 1819, ND Hildesheim 1970, S. 51.

Arndt, Johann: Sechs Bücher vom wahren Christentum. 1605-1609. Zahlreiche Neuausgaben, u. a.: Sämtliche sechs geistreiche Bücher vom wahren Christenthum, das ist: Von heilsamer Buße, herzlicher Reue und Leid über die Sünde, wahren Glauben, auch heil. Leben und Wandel der rechten wahren Christen ... Basel 1812.

Karl J. R. Arndt (Hg.): George Rapp's Separatists – Georg Rapps Separatisten 1700-1803. The German Prelude to Rapp's American Harmony Society. Die deutsche Vorgeschichte von Rapps amerikanischer Harmonie-Gesellschaft. A Documentary History. Worcester 1980.

Karl J. R. Arndt (Hg.): Harmony on the Connoquenessing 1803-1815. George Rapp's First Harmony. Harmonie am Connoquenessing. Georg Rapps erste amerikanische Harmonie. Worcester/Mass. 1980.

Karl J. R. Arndt (Hg.): George Rapp's Years of Glory. Economy on the Ohio 1834-1847. Ökonomie am Ohio. Bern u. a. 1987.

Barth, Christian Gottlob: Christliche Gedichte. Stuttgart: Johann Friedrich Steinkopf 1836.

Barth, Christian Gottlob: Der Pietismus und die spekulative Theologie. Sendschreiben an Herrn Diakonus Dr. Märklin in Calw. Stuttgart 1839.

Barth, Christian Gottlob: Geschichte von Württemberg, neu erzählt für den Bürger und Landmann. Faks. Nachdr. d. Ausg. Calw 1843 Stuttgart und Wien 1986.

Baur, Ferdinand Christian: Symbolik und Mythologie oder die Naturreligion des Altertums. Bd. 1-3. 1824/1825.

[Bekenntnisschriften] Die Bekenntnisschriften der evangelisch-lutherischen Kirche. Herausgegeben im Gedenkjahr der Augsburgischen Konfession 1930. 11. Aufl. Göttingen 1992.

Bengel, Johann Albrecht: Abriß der so genannten Brüdergemeine, in welchem die Lehre und die ganze Sache geprüfet ... wird. Stuttgart 1751.

Bengel, Johann Albrecht: Das Neue Testament zum Wachsthum in der Gnade und der Erkänntniß des Herrn Jesu Christi nach dem revidirten Grundtext übersetzt und mit dienlichen Anmerkungen begleitet. Stuttgart 1753.

Bengel, Johann Albrecht: Erklärte Offenbarung Johannis oder vielmehr JEsu Christi. Aus dem revidirten Grund-Text übersetzet. Durch die prophetische Zahlen aufgeschlossen. Und Allen, die auf das Werk und Wort des HERRN achten, und dem, was vor der Thür ist, würdiglich entgegen zu kommen begehren, vor die Augen geleget. Stuttgart 1740.

Bengel, Johann Albrecht: Gnomon Novi Testamenti ... Tübingen 1742. – Repr. der dt. Übers. der 3. Aufl. (1773) von Carl Friedrich Werner, 8. Aufl. (1860), hg. von Egon W. Gerdes, 2 Bde. Stuttgart 1970.

Bengel, Johann Albrecht: Novum Testamentum Graecum ... [Quartausgabe]. Tübingen 1734.

Bengel, Johann Albrecht: Novum Testamentum Graecum ...
[Oktavausgabe]. Stuttgart 1734.

Bengel, Johann Albrecht: Rede, Wort des Vaters! Predigten,
eingel. und neu gestaltet von Erich Beyreuther. 2. Aufl.
Stuttgart u. Metzingen 1984.

Bengel, Johann Albrecht: Richtige Harmonie der Vier Evangelisten ... 2. Aufl. Tübingen 1747.

Bengel, Johann Albrecht: Sechzig erbauliche Reden über die
Offenbarung Johannis oder vielmehr Jesu Christi samt
einer Nachlese gleichen Inhalts, Beedes also zusammen
geflochten, daß es entweder als ein zweyter Theil der
erklärten Offenbarung oder für sich als ein bekräftigtes
Zeugniß der Wahrheit anzusehen ist. Nebst einer nütz-
lichen Anweisung, wie man diese Reden das Kirchen-Jahr
über, als eine Postille lesen könne. Stuttgart 1. Aufl. 1747,
2. Aufl. 1758.

[Beobachter] Der Beobachter. Ein Volksblatt aus Württemberg. Jgg. 1844 ff. (Mikrofilm in der Württ. Landesbibliothek Stuttgart)

Bernhardt, Walter: Die Zentralbehörden des Herzogtums
Württemberg und ihre Beamten 1520-1629 (Veröffentlichungen der Kommission für geschichtliche Landeskunde in Baden-Württemberg, B Bd. 70 f.). Stuttgart 1973.

Blumhardt, Christoph: Ansprachen, Predigten, Reden, Briefe
1865-1917, hg. von Johannes Harder. Bd. 1-3. Neukirchen
1978.

Blumhardt, Johann Christoph: Die Eigenschaften und Wirkungen des Lichts, Folge 1-7. In: Christian Gottlob Barth/
L. Hänel (Hgg.): Jugend-Blätter. Monatsschrift zur Förderung wahrer Bildung. Stuttgart 1841-1842.

Blumhardt, Johann Christoph: Erinnerungen an Wilhelm
Hoffmann, Generalsuperintendenten in Berlin, aus seiner
Jugendzeit. In: Der Christen-Bote 1873, Nr. 39 vom 28.9.
1873, S. 305-308.

Blumhardt, Johann Christoph: Gesammelte Werke, hg. von Gerhard Schäfer. Göttingen 1968 ff.; Reihe I: Schriften, hg. von

Gerhard Schäfer. Bd. 1-2: Der Kampf in Möttlingen. Göttingen 1979; Reihe II: Verkündigung, hg. von Paul Ernst. Bd. 1-5: Blätter aus Bad Boll. Göttingen 1968-1974; Reihe III: Briefe, hg. von Dieter Ising. Bd. 1-7, Göttingen 1993-2001.

Blumhardt, Johann Christoph: Handbüchlein der Missionsgeschichte und Missionsgeographie. Calw/Stuttgart 1. Aufl. 1844, 2. Aufl 1846, 3. Aufl. 1863.

Blumhardt, Johann Christoph: Handbüchlein der Weltgeschichte für Schulen und Familien. Calw/ Stuttgart 1. Aufl. 1843 (bis 1899 zehn Auflagen).

Blumhardt, Johann Christoph: Krankheitsgeschichte der G[ottliebin] D[ittus] in Möttlingen. Lithographie 1850. (Die Erstfassung von 1844 ist verloren.) Nach: Blumhardt, Gesammelte Werke I/1, S. 32-78

Blumhardt, Johann Christoph: Mitteilungen im Evangelischen Kirchenblatt. 1845. Zitiert nach: Blumhardt, Gesammelte Werke I/1, S. 93-118.

Blumhardt, Johann Christoph: Sammlung von Morgen-Andachten nach Losungen und Lehrtexten der Brüdergemeine, gehalten zu Bad Boll. Bad Boll 1865.

Blumhardt, Johann Christoph: Statuten des Lokal-Wohlthätigkeits-Vereins, im Besondern der Vieh-Leih-Kasse zu Möttlingen. Stuttgart 1875.

Blumhardt, Johann Christoph: Täglich Brod aus Bad Boll, bestehend in einem Bibelwort mit kurzer erbaulicher Betrachtung auf alle Tage des Jahres, ... nach stenographischen Aufzeichnungen hg. von seinem Sohne Theophil Blumhardt. Bd. 1-4. Bad Boll/Heilbronn 1878-1881.

Blumhardt, Johann Christoph: Verteidigungsschrift gegen Herrn Dr.de Valenti, zur Hoffnung bei Bern. Reutlingen 1850.

Böhme, Jakob: Der Weg zu Christo. 1624. Zahlreiche Neuausgaben, u. a.: Christosophia. Das ist: Der Weg zu Christo; oder Gründliche Anweisung, wie eine bußfertige Seele durch den ganzen Process des Leidens, Sterbens und Auferstehung Jesu Christi ... zur neuen Geburt ihres Willens und verlohrnen paradiesischen Ebenbilde göttlicher Weisheit und Wesenheit ... gelange. Verfasset in neun Büchlein und sieben Send-Briefen. 1718.

Bogatzky, Karl Heinrich von: Güldenes Schatzkästlein der Kinder Gottes, deren Schatz im Himmel ist; bestehend in auserlesenen Sprüchen der heiligen Schrift samt ... Anmerkungen und Reimen. 1718. Zahlreiche Neuausgaben, u. a. Reutlingen 35. Aufl. 1812, 37. Aufl. 1823, 67. Aufl. 1924.

Bretschneider, Karl Gottlieb: Handbuch der Dogmatik der evangelisch-lutherischen Kirche. Bd. 1-2. Reutlingen 1814, 2. Aufl. 1823, 3. Aufl. 1828.

Brömel, Albert R.: Homiletische Charakterbilder. Bd. 1. Leipzig 1869.

Burk, Philipp David: Die Rechtfertigung und deren Versicherung im Herzen nach dem Worte Gottes betrachtet ... 3 Bde., Bd. 1 (Teil 1-3): 2. Aufl. (Teil 1-3: 1763; Teil 4-6: 1764. Teil 7-8: 1765). Stuttgart 1763-1765.

Corpus Reformatorum. Philippi Melanthonis opera quae supersunt omnia, hg. von Karl Gottlieb Bretschneider Bd. 1 ff. Halle 1834 ff.

Corpus Reformatorum, Zwingli Briefe Bd. 9, hg. von Walter Köhler. Leipzig 1914.

Corpus Schwenckfeldianorum, published under the auspices of The Schwenckfelder Church, Pennsylvania, and The Hartford Theological Seminary, Connecticut. Bd. 12, Letters and Treatises of Caspar Schwenckfeld von Ossig 1550-1552. Leipzig 1932.

Denkmal der Liebe für den vollendeten M. C. A. Dann, Stadtpfarrer bei St. Leonhardt in Stuttgart. Stuttgart (1837).

Denzinger, Heinrich — Schönmetzer, Adolf (Hg.): Enchiridion Symbolorum, definitionum et declarationum de rebus fidei et morum. Freiburg u. a. 34. Auflage 1967.

Eschenmayer, Adam Karl August: Psychologie in drei Theilen als empirische, reine und angewandte. Zum Gebrauch seiner Zuhörer. Stuttgart und Tübingen 2. Aufl. 1822.

Ewald, Johann Ludwig (Hg.), Leben und Tod eines christlichen Ehepaars, Herrn Dr. J. H. Jung-Stilling … und dessen Gattin. Stuttgart 1817.

Flattich, Johann Friedrich: Briefe, hrsg. von Hermann Ehmer und Christoph Duncker (Quellen und Forschungen zur württembergischen Kirchengeschichte 15). Stuttgart 1997.

Franz, Gunther: Zur Bibliographie der württembergischen Pietisten und Johann Valentin Andreaes. In: BWKG 72 (1972), S. 184-199.

[Gedächtnis] Zum Gedächtniß des Herrn M. Ludwig Hofacker, Pfarrer in Rielingshausen, geb. den 15. April 1798, gest. den 18. Nov. 1828. gesprochen bey seiner Beerdigung den 23. November 1828. Stuttgart (1828).

Gutekunst, Eberhard / Zwink, Eberhard (Hgg.): Zum Himmelreich gelehrt. Friedrich Christoph Oetinger (Ausstellungs-Katalog). Stuttgart 1982.

Hahn, Philipp Matthäus: Beschreibung mechanischer Kunstwerke. Erster und zweiter Teil. Mit einer autobiographischen Vorrede. Reprint der Ausgabe Stuttgart 1774. Schriften zu Philipp Matthäus Hahn, Bd. 1. Stuttgart 1985.

Hahn, Philipp Matthäus: Die gute Botschaft vom Königreich Gottes. Eine Auswahl. Hg. von Julius Roessle. Zeugnisse der Schwabenväter, Bd. VIII. Metzingen 1963.

Hahn, Philipp Matthäus: Fingerzeig zum Verstand des Königreichs Gottes und Christi. Winterthur 2. Auflage 1778, Nachdruck Metzingen 1999.

Hahn, Philipp Matthäus: Die Kornwestheimer Tagebücher 1772-1777 [abgekürzt: KTB]. Die Echterdinger Tagebücher 1780-1790 [abgekürzt: ETB]. Hg. von Martin Brecht und Rudolf F. Paulus. Berlin, New York 1979/1983 (abgekürzt auch: TGP 8/1 und 8/2).

Hahn, Philipp Matthäus: Lebenslauf Onstmettingen 1764, Faksimile der Handschrift und Transkription; Quellen und Schriften zu Philipp Matthäus Hahn, Bd. 9, hg. von Albrecht Plag. Stuttgart 1989.

Hahn, Philipp Matthäus: Theologische Notizen und Exzerpte,

1766-1776. Württembergische Landesbibliothek, Cod. theol. oct. 157.

Hahn, Philipp Matthäus: Vermischte theologische Schriften. 1779/80.

Hahn, Philipp Matthäus 1739-1790 (Pfarrer, Astronom, Ingenieur, Unternehmer), Teil 1: Katalog; Quellen und Schriften zu Philipp Matthäus Hahn, Bd. 6. Stuttgart 1989.

Hahn, Philipp Matthäus 1739-1790 (Pfarrer, Astronom, Ingenieur, Unternehmer), Teil 2: Aufsätze; Quellen und Schriften zu Philipp Matthäus Hahn, Bd. 7. Stuttgart 1989.

Hedinger, Johann Reinhard: ANDÄCHTIGER HERTZENSKLANG, Stuttgart 1700.

Hedinger, Johann Reinhard: ANLEITUNG, in: Samuel Urlsperger, Der Kranken Gesundheit und der Sterbenden Leben, Stuttgart 1723.

Hedinger, Johann Reinhard: CHRISTLICHE WOHL-GEMEYNTE ERINNERUNGEN, Stuttgart 1700.

Hedinger, Johann Reinhard: Kurtze Anleitung Und wohlgemeinte Vorschläge Wie es mit einer nützlich- und erbaulichen Predigt-Art anzugreifen, in: Felix Bidenbach, Manuale Ministrorum Ecclesiae, Stuttgart.

Hegel, Georg Wilhelm: [Beurteilung der] Verhandlungen in der Versammlung der Landstände des Königreichs Württemberg im Jahr 1815 und 1816. XXXIII Abteilungen [1817]. In: Ders., Werke, Bd. 4: Nürnberger und Heidelberger Schriften (1808-1817). Frankfurt a. M. 1970, S. 462-597.

Hiller, Philipp Friedrich: Geistliches Liederkästlein zum Lob Gottes. Mit zweimal 366 Liedern nach biblischen Sprüchen. Metzingen 16. Aufl. 1994.

Hofacker, Ludwig: Dem Andenken des frühe verstorbenen Otto Heinrich Mann, geboren den 17. November 1807, gestorben den 28. Januar 1824. Stuttgart 1824.

Hofacker, Ludwig: Erbauungs- und Gebetbuch für alle Tage ... Aus den hinterlassenen Handschriften und aus den Predigten des sel. Verfassers. Stuttgart 1869.

Hofacker, Ludwig: Am Grabe der verwittweten (!) Frau Dorothea Kurz, geb. Koch. ... Am Beerdigungstage, den 24. August 1823. Stuttgart 1823.

Hofacker, Ludwig: Predigten für alle Sonn-, Fest- und Feiertage. 10. verm. Aufl. Stuttgart 1845; 17. Aufl., verm. um einen Anh. (8 Predigten) Stuttgart 1854; Predigten für alle Sonn-, Fest- und Feiertage nebst einigen Buß- und Bettagspredigten und Grabreden ... 23. verm. Aufl. Ausg. letzter Hand (Erster Stereotypdruck). Stuttgart 1859. Predigten für alle Sonn- und Festtage. 52. Aufl., 2 Bde. Neuhausen-Stuttgart 1998.

Hofacker, Ludwig: Rede am Grabe der Frau Susanna Roser, geb. Braun, Gattin des Rothgerbermeisters und Lederhändlers Christoph Heinrich Roser ... Stuttgart 1823.

Hofacker, Ludwig: Rede am Grabe des Herrn Tuchscheerer-Obermeisters Johannes Lipp, gestorben den 10ten, beerdigt den 13. Junius 1824 ... Stuttgart (1824).

Hofacker, Ludwig: Rede am Grabe des Herrn Joh. Georg Kaufmann, Hof-Musikus, geboren den 1. August 1762, gestorben den 26. Junius 1824 ... Stuttgart (1824).

Hofacker, Ludwig: Rede am Grabe des Christian Heinrich Becker, Schmiedmeister. Geboren den 5ten März 1791. Gestorben den 9ten Januar 1825. Stuttgart (1825).

Hofacker, Ludwig: Worte bei dem (!) Begräbniß der Seifensieder-Obermeisters Witwe Anna Maria Hummel, gestorben den 25. Februar 1825 im 82sten Lebens-Jahre ... Stuttgart 1825.

Hofacker, Ludwig: Predigten für alle Sonn- und Festtage ... Mit dem Bildniß ... und Mittheilungen über seinen Lebensgang von Prälat Kapff. Stuttgart 1853.

Hofacker, Wilhelm: Bekenntniß und Vertheidigung. Erstes und zweites Wort gegen Dr. Chr. Märklins Schriften: »Darstellung und Kritik des modernen Pietismus« und »das Ketzergericht des Christenboten«. Stuttgart 1839.

Ihme, Heinrich: Südwestdeutsche Persönlichkeiten. Ein Wegweiser zu Bibliographien und biographischen Sammelwerken, Teil 1 und 2 (A-Z). Stuttgart 1988; Teil 3 (Ergänzungen und Nachträge). Stuttgart 1997.

Jung-Stilling, Johann Heinrich: Theorie der Geisterkunde, in einer Natur-, Vernunft- und Bibelmäsigen Beantwortung der Frage: Was von Ahnungen, Gesichten und Geistererscheinungen geglaubt und nicht geglaubt werden müße. Nürnberg 1808.

[Kapff, Carl] Lebensbild von Sixt Carl Kapff. Dr. th., Prälat und Stiftsprediger in Stuttgart nach seinem schriftlichen Nachlaß entworfen von Carl Kapff, Dekan in Balingen. Stuttgart, 2 Tle. 1881.

Kapff, Sixt Carl: Der glückliche Fabrikarbeiter, seine Würde und Bürde, Rechte und Pflichten, Sonntag und Werktag, Glaube, Hoffnung und Gebet. Stuttgart 1856.

Kapff, Sixt Carl: Glaube und Unglaube. In: Der Christen-Bote 1836: S. 251-253, 263-269, 276-279, 283-286, 291-293, 300-304. 1837: S. 19-24, 27-30, 33-37, 43-46, 220-227.

Kapff, Sixt Carl: Die Revolution, ihre Ursachen, Folgen und Heilmittel, dargestellt für Hohe und Niedere. Als gekrönte Preisschrift herausgegeben vom Central-Ausschuß für die Innere Mission der deutschen evangelischen Kirche. Hamburg 1851.

Kerner, Justinus: Die Seherin von Prevorst. Eröffnungen über das innere Leben des Menschen und über das Hereinragen einer Geisterwelt in die unsere. 2 Teile. Stuttgart und Tübingen 1829.

Klopstockii quindecim carmina: latinis metris reddere tentavit, textumque vernaculum adjecit. Albertus Knapp. Tubingae: Laupp, 1828.

Knapp, Albert (Hg.): Gottfried Arnold's Geistliche Lieder. Stuttgart und Cannstatt 1845.

Knapp, Albert u.a. (Hg.): Christoterpe. Ein Taschenbuch für christliche Leser. Herausgegeben in Verbindung mit mehreren Andern von Albert Knapp. Tübingen 1833ff.

Knapp, Albert: Gedichte. Neueste Folge. Stuttgart und Tübingen 1843, S. 573-580.

Knapp, Albert: Christliche Gedichte Bd. 2. Basel 2. Aufl. 1835.

Knapp, Albert: Leben von Ludwig Hofacker, … mit Nachrichten über seine Familie und einer Auswahl aus seinen Briefen und Circularschreiben … Heidelberg 1852; 3. verm. Aufl. Heidelberg 1859.

Knapp, Albert (Hg.). Lebensbild eines Jünglings. Zum Andenken an Paul Stephan Knapp, Theolog. Stud. Stuttgart 1858.

Knapp, Albert (Hg.): Geistliche Lieder des Grafen von Zinzendorf. Stuttgart und Tübingen 1845.

Knapp, Albert: Missionslieder für Israel…. Zum Gebrauche in Missionsstunden und Versammlungen, hg. v. dem Vereine von Freunden Israels in Basel. o. O. 1836.

[Kolb] Kurzer Lebensabriß von Immanuel Gottlieb Kolb, Schulmeister in Dagersheim, nebst einer Sammlung von Betrachtungen, Briefen etc. Von seinen Freunden herausgegeben. Stuttgart 1859, S. 34.

Krummacher, Friedrich Wilhelm: Eine Selbstbiographie. Mit dem Bildniß des Verfassers. Berlin 1869.

Landeskirchliches Archiv Stuttgart. Sixt Carl Kapff. Personalakten. A 27, Nr. 1532.

Lieder und Gedichte für Christenkinder vom Verfasser des »armen Heinrich«. Hg. von dem Calwer Verlagsverein. Calw 1842.

[Luther] D. Martin Luthers Werke. Kritische Gesamtausgabe (Weimarer Ausgabe = WA), Abteilung [I]: Werke, 62 Bde. Weimar 1883-1986 (und Revisionsnachträge 6 Bde. Weimar 1963-1974); Abteilung [II]: Tischreden [WATr] 6 Bde. Weimar 1912-1921; Abteilung [IV]: Briefwechsel [WABr] 18 Bde. Weimar 1930-1985 [vgl. bes. Über die Musik; Entwurf. Text und Übersetzung in: WA 30/II, S. 695 f.].

Mälzer, Gottfried: Die Werke der württembergischen Pietisten des 17. und 18. Jahrhunderts. Bibliographie zur Geschichte des Pietismus I. Berlin 1972.

Melanchthons Briefwechsel: Kritische und kommentierte Gesamtausgabe, hg. v. Heinz Scheible. Regesten u. Texte. Stuttgart 1977 ff.

Moser, Johann Jacob: Altes und Neues aus dem Reich Gottes. 19 Teile. Frankfurt und Leipzig 1733-1736.

Moser, Johann Jacob: Compendium juris publici Germanici, oder Grundriß der heutigen Staats-Verfassung des Teutschen Reichs. Tübingen 1.-7. Aufl. 1731-1754.

Moser, Johann Jacob: Allgemeine Einleitung in die Lehre des besonderen Staats-Rechts aller einzelnen Stände des heil. Röm. Reichs. (Ebersdorf) 1739.

Moser, Johann Jacob: Dreyfachen Entwurff einer Historie des Reiches JEsu Christi auf Erden, besonders von des seel. Herrn D. Speners Zeiten an, biß jetzo. In: Ders.: Hanauische Berichte von Religions-Sachen. 2 Bände, 19 Teile. Hanau 1750/51.

Moser, Johann Jacob: Entwurff einiger Anstalten zum Dienst junger Standes-Personen, so sich denen Staats-Sachen widmen wollen, dem Publico zur Prüfung vorgelegt. (Ebersdorf) 1745.

Moser, Johann Jacob: Lebens-Geschichte. Dritte, stark vermehrte und fortgesetzte Auflage. Teil 1-3. Frankfurt und Leipzig 1777, Teil 4 ebenda 1783.

Moser, Johann Jaccob: Nachricht von dem unter Händen habenden besonderen Staats-Recht aller einzelnen Stände des heil. Röm. Reichs. (Ebersdorf) 1739.

Moser, Johann Jacob: Nachricht von meinem natürlichen, bürgerlichen und geistlichen Leben, für meine Kinder und Nachkommen. [Manuskript]

Müller, Heinrich: Geistliche Erquickstunden, Oder Dreyhundert Hauß- und Tisch-Andachten ... 1664-1666. Zahlreiche Neuausgaben, u.a. Frankfurt 1672, 1694, Tübingen 1732, Reutlingen 1826, Stuttgart 1964.

Nachricht über die Entstehung des Kranken-Hauses zu Ludwigsburg ... Ludwigsburg (wohl 1836).

Oetinger, Friedrich Christoph: Säm(m)tliche Schriften (Werke). Hg. v. K. C. E. Ehmann. Abt. I *(Predigten)*. Bd. 1-5. Reutlingen 1852-1857, ebenso Stuttgart 1858 und weitere Ausgaben; Abt. II (Theosophische Schriften). Bd. 1,1 und 1,2. Reutlingen 1853; Abt. II. Bd. 1-6 Stuttgart 1858-1864 und weitere Ausgaben; Faks.-NDD. Hg. v. E. Beyreuther: II, 2: Swedenborgs Philosophie. Stuttgart 1977; II, 3: Die Psalmen Davids. Stuttgart 1977.

Oetinger, Friedrich Christoph: [Werke] Texte zur Geschichte des Pietismus (TGP; historisch-kritische Ausgabe). Abt. VII: Friedrich Christoph Oetinger. Hg. v. G. Schäfer. Berlin: Bd. 1: Die Lehrtafel der Prinzessin Antonia (1763). 2 Teile. Hg. v. R. Breymayer; F. Häußermann. 1977; Bd. 2: Theologia ex idea vitae deducta (1765). 2 Teile. Hg. v. K. Ohly. 1979; Bd. 3: Biblisches und Emblematisches Wörterbuch. 2 Teile. Hg. v. G. Schäfer i. Vb. mit O. Betz, R. Breymayer, E. Gutekunst, U. Hardmeier, R. Pietsch, G. Spindler. 1999.

F. C. Oetingers Leben und Briefe als urkundlicher Commentar zu dessen Schriften. Hg. von K. C. E. Ehmann. Stuttgart 1859.

Oetinger, Friedrich Christoph: Geistliche Lieder. [Neu] Hg. von Julius Roessle. Metzingen 6. Aufl. 1967.

Oetinger, Friedrich Christoph: Die Weisheit auf der Gasse (Zeugnisse der Schwabenväter 2), hg. von Julius Roessle. Metzingen 1962.

Oetinger, Friedrich Christoph: Heilige Philosophie, hg. von Julius Roessle. Metzingen 1965.

Oetinger, Friedrich Christoph: Die Sitten-Lehre Salomo in Vergleichung mit der Lehre JESU in etlichen Predigten vorgestellt ... *(Weinsberger Predigten).* Tübingen. I 1758; II 1759; greifbar: Weinsberger Predigten. Metzingen 1978.

Oetinger, Friedrich Christoph: Die Güldene Zeit ... Frankfurt und Leipzig. I. 1759; II. III. 1761.

Oetinger, Friedrich Christoph: Selbstbiographie: Genealogie der reellen Gedancken eines Gottes-Gelehrten. MS. Herrenberg, 8. April 1762 [und fortgesetzt bis 1779] (Landeskirchliches Archiv Stuttgart: Hs 67); − greifbar: Hg. von Julius Roessle. Metzingen 3. Aufl. 1990.

Oetinger, Friedrich Christoph: Offentliches Denckmahl Der Lehr-Tafel einer weyl. Würtembergischen Princeßin Antonia ... TÜBINGEN 1763; s. unter Werkausgaben: TGP VII 1. Berlin 1977.

Oetinger, Friedrich Christoph: Theologia ex idea vitae deducta ... Francofurti Et Lipsiae 1765; s. unter Werkausgaben: TGP VII 2. Berlin 1979; Die Theologie aus der Idee des Lebens abgeleitet ... [dt.]. Übs. von J. Hamberger. Stuttgart 1852.

Oetinger, Friedrich Christoph: Swedenborgs und anderer Irrdische und himmlische PHILOSOPHIE, zur Prüfung des Besten/ans Licht gestellt ... I. II. Franckfurt und Leipzig 1765; s. unter Werkausgaben: Sämtliche Schriften II 2. Stuttgart 1977.

Oetinger, Friedrich Christoph: Biblisches und Emblematisches Wörterbuch. [Heilbronn] 1776; Faks.-ND. Hg. v. D. Tschizewskij; E. Benz. Hildesheim 2. Aufl. 1987; hist.-krit. Ausgabe, s. unter Werkausgaben: TGP VII 3. Berlin 1999.

Oetinger, Friedrich Christoph: Grundbegriffe des Neuen Testaments in einem neuen Jahrgang von Predigten über die ... Episteln ... I. II. Frankfurt 1776; greifbar: Die Epistelpredigten. Metzingen 1978.

Oetinger, Friedrich Christoph: Predigten über die Sonn- und Feiertags-Evangelien ... *(Murrhardter Predigten)*. I. II. Tübingen 1780; greifbar: Metzingen 1978; [Ausz.:] Passions- und Festtagspredigten. Metzingen 1974.

Oetinger, Friedrich Christoph: Neu herausgekommene Evangelien-Predigten ... *(Herrenberger Predigten)*. I. II. Reutlingen 1818 [greifbar: Herrenberger Evangelien-Predigten. Metzingen 1987].

Reinhard, Franz Volkmar: Vorlesungen über die Dogmatik (1801), mit literärischen Zusätzen hg. von Joh. Gottfr. Imm. Berger, mit neuen literärischen Zusätzen vermehrt von H. A. Schott. 4. Aufl. 1818, 5. Aufl. 1824.

Rieger, Georg Conrad: Auserlesene Casual-Predigten über verschiedene Fälle und Sprüche heiliger Schrift, herausgegeben von Wilhelm Jeremias Jacob Cleß ... Stuttgart 1755.

Rieger, Georg Conrad: Herzens-Postille, oder zur Fortpflanzung des wahren Christenthums, im Glauben und Leben ... Züllichau 2. Auflage 1748.

Rieger, Georg Conrad: Die Kraft der Gottseeligkeit in Verläugnung sein selbs, Aufnehmung des Creutzes und Nachfolge Christi. Predigten. Stuttgart, Frankfurt, Leipzig 1732 ff.

Rieger, Georg Conrad: Richtiger und leichter Weg zum Himmel durch acht Stuffen der Seeligkeit, aus der Berg-Predigt Christi ... nun aber samt einem Anhang der dem seeligen Autori gehaltenen Leichen-Rede, Lebens-Lauf und Verzeichnis seiner gedruckten Schriften herausgegeben von Wilhelm Jeremias Jacob Cleß ... Stuttgart 1744.

Rieger, Georg Conrad: Die württembergische Tabea oder das merckwürdige äussere und innere Leben und seelige Sterben der weyland gottseeligen Jungfrauen Beata Sturmin. Stuttgart 3. Aufl. mit einem Anhang 1737.

Rieger, Georg Conrad / Brastberger, Immanuel Gottlob: Predigten und Zeugnisse, hg. von Julius Roessle (Zeugnisse des Schwabenväter 9/10). Metzingen 1964.

Reyscher, August Ludwig (Hg.): Vollständige, historisch und kritisch bearbeitete Sammlung der württembergischen Gesetze Bd. 8 und 9: Kirchengesetze, hg. von Theodor Eisenlohr. Tübingen 1834/1835.

Röhr, Johann Friedrich: Briefe über den Rationalismus. 1813. Zitiert nach: Friedrich Wilhelm Kantzenbach: Programme der Theologie. Denker, Schulen, Wirkungen von Schleiermacher bis Moltmann. München 1978, S. 38-43.

Schleiermacher, Friedrich Ernst Daniel: Über die Religion. Reden an die Gebildeten unter ihren Verächtern. Zweite Rede. Berlin 1799.

Sigel, Christian (Hg.): Das evangelische Württemberg. II. Hauptteil. Generalmagisterbuch. (Masch.). o. O. 1931 ff.

Spener, Philipp Jakob: Pia desideria. In: Ders.: Die Werke. Studienausgabe, hg. von Kurt Aland in Verbindung mit Beate Köster Bd. 1. Die Grundschriften, T. 1. Gießen 1996, S. 55-407.

Storr, Gottlob Christian: Lehrbuch der christlichen Dogmatik (aus dem Lateinischen übersetzt von K. Chr. Flatt). 1803.

Strauß, David Friedrich: Das Leben Jesu, kritisch bearbeitet.
Bd. 1-2. Tübingen 1835-1836.
Theologische Realenzyklopädie, hg. von Gerhard Krause und
Gerhard Müller Bd. 1 ff. Berlin/New York 1977 ff.
Samuel Urlsperger – Zeugnisse zu seinem Leben und Wirken,
Katalog zur Ausstellung der Staats- und Stadtbibliothek
Augsburg, bearb. v. Dagmar Bosch. Augsburg 1993.
Urlsperger, Samuel: SCHRIFTGEMÄSSIGER UNTERRICHT
AN DIE GEMEINDE GOTTES, Stuttgart 1702.

Aufsätze und Monographien

Andrews, Edward D.: Art. Shakers, in: Die Religion in
Geschichte und Gegenwart 3. Aufl., Bd. 2, Sp. 2 f.
Arndt, Karl J. R.: George Rapp's Harmony Society 1785-1847.
Cranbury/N. J. 2. Aufl. 1972.
Arndt, Karl J. R.: George Rapp's Successors and Material Heirs
1847-1916. Cranbury/N. J. 1971.
Arnold, Paul: Histoire des Rose-Croix et les origines de la
Franc-Maçonnerie. Paris 1955.
Arnold, Paul: La Rose-Croix et ses rapports avec la Franc-
Maçonnerie. Essai de synthèse historique. Paris 1970.
Auberlen, Carl August: Die Theosophie Friedrich Christoph
Oetingers nach ihren Grundzügen. Basel 1859.
Bader, Siegfried: Johann Jacob Moser. Staatsrechtslehrer und
Landschaftskonsulent. In: Lebensbilder aus Schwaben und
Franken (Schwäbische Lebensbilder 7). Stuttgart 1960,
S. 92-121.
Barth, Karl: Die protestantische Theologie im 19. Jahrhun-
dert. Ihre Vorgeschichte und ihre Geschichte. Zürich
4. Aufl. 1981.
Benrath, Gustav Adolf: Art. Erweckung/Erweckungsbewegun-
gen I. Hist. In: TRE 10, S. 205-220 (Lit.!).
Benz, Ernst: Die christliche Kabbala. Albae Vigiliae NF XVIII.
Zürich 1958.

Benz, Ernst: Theologie der Elektrizität. Zur Begegnung und Auseinandersetzung von Theologie und Naturwissenschaft im 17. und 18. Jahrhundert (AAWLM.G 1970. 12). Mainz 1971.

Betz, Otto: Die Güldene Zeit — Apokalyptisch-Eschatologisches Denken bei Fr. Chr. Oetinger. In: Erich Luhbahn (Hg.): Lebendige Hoffnung. Apokalyptik als zentrales Thema. Stuttgart 3. Aufl. 1992, S. 157-169.

Beyer-Fröhlich, Marianne: Johann Jacob Moser in seinem Verhältnis zum Rationalismus und Pietismus (= Deutsche Kultur. Lit. hist. Reihe III). Wien 1925.

Beyreuther, Erich: Ludwig Hofacker. Wuppertal 1988.

Blair, Don: The New Harmony Story. [New Harmony] 1993.

Boelcke, Willi A.: Sozialgeschichte Baden-Württembergs 1800-1989. Politik, Gesellschaft, Wirtschaft (Schriften zur politischen Landeskunde Baden-Württembergs 16). Stuttgart u. a. 1989.

Bornhak, Conrad: Johann Jacob Moser als Professor in Frankfurt a. O. In: Forschungen zur Brandenburgischen und Preußischen Geschichte 11 (1898).

Bran, Friedrich (Hg.): Johann Valentin Andreä 1586-1654. Ein universaler Geist des 17. Jahrhunderts in internationaler Sicht. Vorträge bei den Gedenkwochen aus Anlaß seines 400. Geburtstages in Calw, Herrenberg und Vaihingen an der Enz. Bad Liebenzell 1987.

Brecht, Martin: Johann Valentin Andreae. In: Greschat, Gestalten Bd. 7, S. 121-136.

Brecht, Martin: Art. Andreae, Johann Valentin. In: RGG 4. Aufl. Bd. 1, Sp. 470-472.

Brecht, Martin: Joh. Val. Andreaes Versuch einer Erneuerung der Württembergischen Kirche im 17. Jahrhundert. In: Ders.: Kirchenordnung und Kirchenzucht in Württemberg vom 16. bis zum 18. Jahrhundert (QFWKG 1). Stuttgart 1967, S. 53-82.

Brecht, Martin: Johann Valentin Andreae. Weg und Programm eines Reformers zwischen Reformation und Moderne. In:

Ders. (Hg.): Theologen und Theologie an der Universität Tübingen (Contubernium 15). Tübingen 1977, S. 270-343.

Brecht, Martin: Johann Valentin Andreae und die Generalreformation. In: Ders., Pietismus 1, S. 151-166.

Brecht, Martin: Art. Bengel, Johann Albrecht (1687-1752). In: TRE 5, S. 583-589.

Brecht, Martin: Johann Albrecht Bengel. In: Greschat, Gestalten Bd. 7, S. 317-330.

Brecht, Martin u. a. (Hg.), Geschichte des Pietismus. Bd. 1. Das 17. und frühe 18. Jahrhundert. Göttingen 1993; Bd. 2. Der Pietismus im achtzehnten Jahrhundert. Göttingen 1995; Bd. 3. Der Pietismus im neunzehnten und zwanzigsten Jahrhundert. Göttingen 2000.

Brecht, Martin (Hg.): Gott ist mein Lobgesang. Philipp Friedrich Hiller (1699-1769). Der Liederdichter des württembergischen Pietismus. Metzingen 1999.

Brecht, Martin: Art. Hahn, Philipp Matthäus (1739-1790). In: TRE 14, S. 383-384.

Brecht, Martin: Der württembergische Pietismus. In: Ders., Pietismus 2, S. 225-295.

Bühler, Andreas (Hg.): 175 Jahre Wilhelmsdorf. Festschrift. Beiträge zur Geschichte und Gegenwart. Wilhelmsdorf 1999.

Carmel, Axel: Art. Hoffmann, Christoph (1815-1885). In: TRE 15, S. 473-474.

Carmel, Alex: Die Siedlungen der württembergischen Templer in Palästina 1868—1918: ihre lokalpolitischen und internationalen Probleme. Stuttgart 1973.

Claus, W[ilhelm]: Von Bengel bis Burk. Bilder aus dem christlichen Leben Württembergs (Württembergische Väter 1). Stuttgart 1887; 2. Aufl. 1900.

Dienst, Karl: Art. Albert Knapp. In: Biographisch-Bibliographisches Kirchenlexikon Bd. 4, 1992, Sp. 115-116.

Dölemeyer, Barbara: Friedrich Carl von Mosers Reformprogramm für Hessen-Darmstadt. In: Aufklärung in Hessen. Facetten ihrer Geschichte. Herausgegeben von Bernd Heidenreich. Wiesbaden 1999.

Dülmen, Richard van: Art. Andreae, Johann Valentin. In: TRE 2, S. 680-683.

Dülmen, Richard van: Die Utopie einer christlichen Gesellschaft. Johann Valentin Andreae (1586-1654) (Kultur und Gesellschaft 2,1). Stuttgart 1978.

Edighoffer, Roland: Rose-Croix et société idéale selon Johann Valentin Andreae. 2 Bde. Neuilly 1982-1987.

Eggenberger, Oswald: Art. Amana-Society, in: Die Religion in Geschichte und Gegenwart Bd. 1. Tübingen 3. Aufl., Sp. 303.

Ehmer, Hermann: Johann Friedrich Flattich. Der schwäbische Salomo. Eine Biographie (Calwer Taschenbibliothek 65). Stuttgart 1997.

Ehmer, Hermann: Harmonie und Ökonomie. Georg Rapp und die Harmonie-Gesellschaft in Württemberg und Amerika. In: Beiträge zur Landeskunde 1976, Nr. 2, S. 11-15.

Erbe, Hans-Walter: Zinzendorf und der fromme hohe Adel seiner Zeit. Diss. phil. Leipzig 1928.

Esbach, Ute: Die Ludwigsburger Schloßkapelle — eine evangelische Hofkirche des Barock. Studien zu ihrer Gestalt und Rekonstruktion ihres theologischen Programms, Bde. I-III. Worms 1991.

Firla, Monika: Samuel Urlsperger und zwei »Mohren« (Anonymus und Wilhelm Samson) am württembergischen Herzogshof. In: BWKG 97 (1997), S. 83-97.

Friederich, Johann Jakob: Glaubens und Hoffnungs-Blick des Volkes Gottes in der antichristlichen Zeit, aus den göttlichen Weissagungen gezogen. o.O. 1800 (Neuausgabe v. Gottlieb Ade). Stuttgart 1857.

Fritz, Eberhard: Johann Georg Rapp (1757-1847) und die Separatisten in Iptingen. In: BWKG 95 (1995), S. 133-207.

Fritz, Eberhard: Separatisten und Separatistinnen in Rottenacker. Eine örtliche Gruppe als Zentrum eines »Netzwerks« im frühen 19. Jahrhundert. In: BWKG 98 (1998), S. 66-158.

Fritz, Friedrich: Johann Jakob Friederich (1759-1827). Ein Kapitel vom Glauben an einen Bergungsort und an das Tausendjährige Reich. In: BWKG 41 (1937), S. 140-194.

Fritz, Friedrich: Die evangelische Kirche Württembergs im Zeitalter des Pietismus. In: BWKG 55 (1955), S. 68-124, ab Kap. 4: BWKG 56 (1956), S. 99-167.

Fritz, Friedrich: Altwürttembergische Pietisten. Stuttgart 1950.

Fritz, Friedrich: Valentin Andreäs Wirken im Dienste der württembergischen Kirche. In: BWKG 32 (1928), S. 37-126.

Frühsorge, Gotthard: Die Begründung der »Väterlichen Gesellschaft« in der europäischen oeconomia christiana. In: Tellenbach, Hubertus (Hg.): Das Vaterbild im Abendland Bd. 1. Stuttgart u. a. 1978, S. 110-123.

Gäbler, Ulrich: Art. Erweckungsbewegung. In: EKL 3. Aufl. Bd. 1, Sp. 1081-1088.

Gäbler, Ulrich: »Auferstehungszeit«. Erweckungsprediger des 19. Jahrhunderts. Sechs Porträts. München 1991.

Gehring, Paul: Die Anfänge des Zeitschriftenwesens in Württemberg. In: Württembergische Jahrbücher 1936/37. Stuttgart 1938, S. 1-63.

Gestrich, Andreas: Wilhelmsdorf — ein Königskind. Aus der Frühgeschichte der Wilhelmsdorfer Brüdergemeinde. In: Herrmann/Priem, Konfession, S. 77-92.

Gestrich, Andreas: »Am letzten Tag schon fertig sein«. Endzeiterwartungen schwäbischer Pietisten. In: Herrmann/Priem, Konfession, S. 93-126.

Gestrich, Andreas: Pietistische Russlandwanderung im 19. Jahrhundert. Die Walddorfer Harmonie. In: Ders. u. a. (Hg.): Historische Wanderungsbewegungen. Migration in Antike, Mittelalter und Gegenwart. Münster 1991, S. 109-125.

Gestrich, Andreas: Die »Verklärung«. Moser im Württemberg des 19. Jahrhunderts. Vortrag gehalten auf dem Symposion *Johann Jacob Moser zum 300. Geburtstag* in Tübingen am 20. Januar 2001 [Masch.].

Göbel, Helmut (Hg.): Lessings Nathan. Der Autor, der Text, seine Umwelt, seine Folgen. Berlin 1993.

Greschat, Martin (Hg.): Gestalten der Kirchengeschichte Bd. 7. Orthodoxie und Pietismus. Stuttgart 1982.

Großmann, Sigrid: Friedrich Christoph Oetingers Gottesvorstellung. Versuch einer Analyse seiner Theologie. Göttingen 1979.

Groth, Friedhelm: Die »Wiederbringung aller Dinge« im württembergischen Pietismus. Theologiegeschichtliche Studien zum eschatologischen Heilsuniversalismus württembergischer Pietisten des 18. Jahrhunderts. Göttingen 1984.

Grünzweig, Fritz: Die Evangelische Brüdergemeinde Korntal. Wesen, Weg und Werk. Metzingen 1959.

Grünzweig, Fritz: Ludwig Hofacker und sein Ruf an uns heute. In: Sorg, Theo (Hg.): Leben in Gang halten. Pietismus und Kirche in Württemberg. Metzingen 1980, S. 127-140.

Grünzweig, Fritz: Gottlieb Wilhelm Hoffmann, der Gründer der Brüdergemeinden Korntal und Wilhelmsdorf. Stuttgart 1963, S. 2.

Gutekunst, Eberhard (Hg.): Apokalypse. Endzeiterwartungen im evangelischen Württemberg. Stuttgart 1999.

Gutekunst, Eberhard / Janssen, Roman u. a. (Hgg.): Eine Gottesleuchte im Gäu. Friedrich Christoph Oetinger als Dekan in Herrenberg 1759-1765. In: R. Janssen (Hg.): Die Stiftskirche in Herrenberg 1293-1993. Herrenberger Historische Schriften 5. Herrenberg 1993, S. 179-208.

Gutekunst, Eberhard: »Wer will in diesem Periodo viel bessern?« Friedrich Christoph Oetinger als Prälat. In: BWKG 88 (1988), S. 335-368.

Haarbeck, Hans Jakob (Ako): Ludwig Hofacker und die Frage nach der erwecklichen Predigt (Zeugen und Zeugnisse 8). Neukirchen 1961.

Hahn, Joachim / Mayer, Hans (Hg.): Das Evangelische Stift in Tübingen. Geschichte und Gegenwart — Zwischen Weltgeist und Frömmigkeit. Stuttgart 1985.

Hauber, Friedrich Albert: Recht und Brauch der evangel.-luther. Kirche in Württemberg Bd. 1. Stuttgart 1854.

Haug-Moritz, Gabriele: Johann Jacob Moser und der württembergische Ständekonflikt [Masch.].

Haug-Moritz, Gabriele: Württembergischer Ständekonflikt und deutscher Dualismus: Ein Beitrag zur Geschichte des Reichsverbands in der Mitte des 18. Jahrhunderts (Veröffentlichungen der Kommission für geschichtliche Landeskunde in Baden-Württemberg: Reihe B, Forschungen; Bd. 122). Stuttgart 1992.

Hermann, Karl: Johann Albrecht Bengel. Der Klosterpräzeptor von Denkendorf. Sein Werden und Wirken nach handschriftlichen Quellen dargestellt. Stuttgart 1937 (Nachdr. Stuttgart 1987).

Hermelink, Heinrich: Geschichte der Evangelischen Kirche in Württemberg von der Reformation bis zur Gegenwart. Das Reich Gottes in Wirtemberg. Stuttgart und Tübingen 1949.

Herrmann, Ulrich / Priem, Karin (Hg.): Konfession als Lebenskonflikt. Studien zum württembergischen Pietismus und die Familientragödie des Johannes Benedikt Stanger. Weinheim/München 2001.

Hesse, Johannes: Korntal einst und jetzt. In Verbindung mit Gemeindevorsteher Daur dargestellt. Stuttgart 1910.

Heuss, Theodor: Der Räpple. In: Ders. (Hg.): Schattenbeschwörung. Randfiguren der Geschichte. Stuttgart und Tübingen 1947, S. 117-128.

Hirsch, Emanuel: Geschichte der neueren evangelischen Theologie im Zusammenhang mit den allgemeinen Bewegungen des europäischen Denkens, Bd. 2. Gütersloh 1951.

Hoffmann, Carl: Leben und Wirken des D. Wilhelm Hoffmann. Berlin 1878.

Hoffmann, Christoph: Mein Weg nach Jerusalem. Erinnerungen aus meinem Leben. 2 Bde. Jerusalem 1881 u. 1884.

Holtz, Sabine: Theologie und Alltag. Lehre und Leben in den Predigten der Tübinger Theologen 1550-1750. Tübingen 1993.

Hoßbach, Wilhelm: Johann Valentin Andreä und sein Zeitalter. Berlin 1819.

Hornbogen, Helmut: Vom Ausfegen ungläubigen Sauerteigs. Albrecht Knapp. In: Ders.: Tübinger Dichter-Häuser. Literaturgeschichten aus Schwaben. Tübingen 2. Aufl. 1992, S. 106-113.

Ising, Dieter: »Cabinets-sekretär« in der Zentrale der Basler Mission. Johann Christoph Blumhardt als Basler Missionslehrer 1830-1837. In: BWKG 87 (1987), S. 227-265.

Ising, Dieter (Hg.): Johann Christoph Blumhardt. Ein Brevier. Göttingen 1991.

Ising, Dieter: »Jesus ist Sieger!« Dämonologie, Erweckung und Heilungen bei Johann Christoph Blumhardt. In: Pietismus und Neuzeit 18 (1992), S. 155-174.

Ising, Dieter: Johann Christoph Blumhardt als Dichter und Komponist geistlicher Lieder. In: »... das heilige Evangelion in Schwang zu bringen«. Das Gesangbuch, Geschichte – Gestalt – Gebrauch. Hg. von Reiner Nägele unter Mitarbeit von Eberhard Zwink. Stuttgart: Württembergische Landesbibliothek 1996, S. 125-147.

Ising, Dieter: Heilung der Gottliebin Dittus. In: Weib und Seele. Frömmigkeit und Spiritualität evangelischer Frauen in Württemberg. Katalog zur Ausstellung im Landeskirchlichen Museum Ludwigsburg. Ludwigsburg 1998, S. 97-102.

Ising, Dieter: Johann Christoph Blumhardt. In: Christian Möller (Hg.): Geschichte der Seelsorge in Einzelporträts, Bd. 3. Göttingen 1996, S. 119-136.

Ising, Dieter: Blumhardt in Tübingen. Die Studienjahre Johann Christoph Blumhardts an Stift und Universität 1824-1829. In: BWKG 83/84 (1983/1984), S. 97-150.

Ising, Dieter: Eine »Weckstimme durch alle Völker«. Die Revolution von 1848/1849 und die Anfänge der Inneren Mission in der Sicht Johann Christoph Blumhardts. In: Pietismus und Neuzeit 24 (1998). Festschrift für Gerhard Schäfer und Martin Brecht. Göttingen 1998, S. 286-308.

Jenny, Markus: Art. Kirchenlied I. In: TRE 18, S. 602-629.

Joachimsen, Paul: Johann Valentin Andreae und die evangelische Utopie. In: Zeitwende 2,1 (1926), S. 485-503, 623-642; wieder in: Ders.: Gesammelte Aufsätze. Aalen 1970, S. 443-479.

Jung, Martin [H.]: Dr. Johann Kaysers »Evangelisches Bedenken« (1738). Ein Beitrag zur Jud-Süß-Forschung und zur Geschichte des separatistischen Pietismus in Württemberg. In: BWGK 95 (1995), S. 89-113.

Jung, Martin H.: Johanna Regina Bengel (1693-1770). In: Ders.: Frauen des Pietismus, S. 74-85.

Jung, Martin H.: Frauen des Pietismus, Von Johanna Regina Bengel bis Erdmuthe Dorothea von Zinzendorf. Zehn Porträts (GTB 1445). Gütersloh 1998.

Jung, Martin [H.]: Die württembergische Kirche und die Juden in der Zeit des Pietismus (1675-1780) (Studien zu Kirche und Israel 13). Berlin 1992.

Jung, Martin H.: Der Protestantismus in Deutschland 1815-1870 (KGE 3/3). Leipzig 2000.

Jung, Martin H.: Zinzendorfs letzter Besuch in Tübingen (29.11.-2.12.1757). Eine Ergänzung zum Thema »Zinzendorf und Württemberg«. In: Unitas Fratrum, Heft 39, 1996, S. 69-76.

Jung, Martin H.: 1836 − Wiederkunft Christi oder Beginn des Tausendjährigen Reichs? Zur Eschatologie Johann Albrecht Bengels und seiner Schüler. In: JGP 23 (1997), S. 131-151.

Kapff, Sixt Carl: Die württembergischen Brüdergemeinden Kornthal und Wilhelmsdorf. Stuttgart 1839.

Kerner, Justinus: Bilderbuch aus meiner Knabenzeit. Erinnerungen aus den Jahren 1786 bis 1804. Braunschweig 1849.

Kirn, Hans-Martin: Deutsche Spätaufklärung und Pietismus. Ihr Verhältnis im Rahmen kirchlich-bürgerlicher Reform bei Johann Ludwig Ewald (1748-1822) (AGP 34). Göttingen 1998.

Kirn, Hans-Martin: Ludwig Hofacker 1798-1828. Reformatorische Predigt und Erweckungsbewegung. Metzingen 1999.

Knapp, Albert: Gesammelte prosaische Schriften, Erster Theil: Altwürttembergische Charaktere. Stuttgart 1870, S. 5-51.

Knapp, Hermann (Hg.): Die Nachkommen des Waldvogts Oseas Knapp 1564-1626. Filderstadt-Plattenhardt 1983, S. 73 f.

Knapp, Joseph: Lebensbild von Albert Knapp. Eigene Aufzeichnungen, fortgeführt und beendigt von seinem Sohne Joseph Knapp. Stuttgart 1867.

Knapp, Martin: Albert Knapp als Dichter und Schriftsteller. Mit einem Anhang unveröffentlichter Jugendgedichte. Tübingen 1912, S. 204-237.

Knoedler, Christiana F.: The Harmony Society. A 19th -Century American Utopia. New York 1954.

Kolb, Christoph von: Die Entlassung Urlspergers. In: BWKG 12 (1908), S. 31-49.

Kolb, Christoph von: Personalien: a) Oberhofprediger b) Hofkaplane (Hofprediger), Manuskript in: Landeskirchliches Archiv Stuttgart, Sig.: D 14/5.

Krummacher, Friedrich-Wilhelm (d. J.): Gottfried Daniel Krummacher und die niederrheinische Erweckungsbewegung zu Anfang des 19. Jahrhunderts (AKG 24). Berlin u. Leipzig 1935.

Kruse, Martin: Speners Kritik am landesherrlichen Kirchenregiment und ihre Vorgeschichte (AGP 10). Witten 1971 (S. 82-117 zu J. V. Andreae).

Kurzer Lebensabriß von Immanuel Gottlieb Kolb, Schulmeister in Dagersheim, nebst einer Sammlung von Betrachtungen, Briefen etc. Von seinen Freunden herausgegeben. Stuttgart 1859.

Lächele, Rainer: »Ich habe … mich nimmermehr entschliessen können, mich unter sie zu begeben«. Johann Jacob Moser und die Herrnhuter. Vortrag gehalten auf dem Symposion *Johann Jacob Moser zum 300. Geburtstag* in Tübingen am 20. Januar 2001 [Masch.].

Laufs, Adolf: J. J. Moser. In: Stolleis, Michael (Hg.): Staatsdenker im 17. und 18. Jahrhundert. Frankfurt/Main 2. Aufl. 1987, S. 284-293.

Ledderhose, Karl Friedrich: Leben und Schriften des M. Johann Friedrich Flattich weil. Pfarrers in Münchingen. Heidelberg 5. Aufl. 1873; neu bearb. v. Friedrich Roos. Stuttgart 1926.

Lehmann, Hartmut: Pietismus und weltliche Obrigkeit in Württemberg vom 17. bis zum 20. Jahrhundert. Stuttgart 1969.

Lehmann, Hartmut: Endzeiterwartung und Auswanderung: Der württembergische Pietist Johann Michael Hahn und Amerika. In: Hartmut Lehmann: Alte und Neue Welt in wechselseitiger Sicht. Studien zu den transatlantischen Beziehungen im 19. und 20. Jahrhundert (VMPIG 119). Göttingen 1995, S. 185-204.

Leibbrandt, Georg: Die Auswanderung aus Schwaben nach Rußland 1816-1823 (Schriften des Deutschen Ausland-Instituts Stuttgart Reihe A, Bd. 21). Stuttgart 1928.

Leube, Martin: Die Geschichte des Tübinger Stifts im 16. und 17. Jahrhundert (BWKG. S 1). Stuttgart 1921.

Leube, Martin: Das Tübinger Stift 1770-1950. Geschichte des Tübinger Stifts. Stuttgart 1954.

Leube, Hans: Die Reformideen in der deutschen lutherischen Kirche zur Zeit der Orthodoxie. Leipzig 1924 (S. 86-97 zu J. V. Andreae).

List, Albrecht: Der Kampf ums gute alte Recht 1815-19 nach seiner ideen- und parteigeschichtlichen Seite. Tübingen 1913.

Lorenz, Sönke u. a. (Hg.): Das Haus Württemberg. Ein biographisches Lexikon. Stuttgart 1997.

Mälzer, Gottfried: Bengel und Zinzendorf. Zur Biographie und Theologie Johann Albrecht Bengels (AGP 3). Witten 1968.

Mälzer, Gottfried: Johann Albrecht Bengel. Leben und Werk. Stuttgart 1970.

Mälzer, Gottfried: Johann Jacob Moser als Journalist. In: Börsenblatt für den Deutschen Buchhandel, Frankfurter Ausgabe, Nr. 20 vom 10. März 1967, S. 471-505.

Meyer, Dietrich: Zinzendorf und Herrnhut. In: Brecht, Pietismus 2, S. 3-106.

Montgomery, Johan Warwick: Cross and Crucible. Johann Valentin Andreae (1586-1654): Phoenix of the Theologians (AIHI 55). 2 Bde. The Hague 1973.

Müller, Gotthold: Christian Gottlob Pregizer (1751-1824). Biographie und Nachlass. Stuttgart 1962.

Müller, Karl: Die religiöse Erweckung in Württemberg am Anfang des 19. Jahrhunderts. Tübingen 1925.

Neeb, Christoph: Christlicher Haß wider die Welt. Philosophie und Staatstheorie des Johann Valentin Andreae (1586-1654) (EHS Reihe 20, 589). Frankfurt a. M. 1999.

Nestle, Eberhard: Bengel als Gelehrter. Ein Bild für unsere Tage. Tübingen 1893.

Nordhoff, Charles: The Communistic Societies of the United States. 1875; ND New York 1966.

Pagel, Arno: Ehret, liebet, lobet Ihn! Aus dem Leben und Schaffen der Liederdichter Hiller, Knapp, Barth und Traub. Bad Liebenzell 1986, S. 49-90.

Piepmeier, Rainer: Aporien des Lebensbegriffs seit Oetinger. Freiburg 1978.

Piepmeier, Rainer: Friedrich Christoph Oetinger. In: Greschat, Gestalten 7, S. 373-392.

Piepmeier, Rainer: Art. Oetinger, Friedrich Christoph (1702-1782). In: TRE 25, S. 103-109.

Pietismus und Neuzeit. Ein Jahrbuch zur Geschichte des neueren Protestantismus (JGP) Bd. 10: Schwerpunkt: Friedrich Christoph Oetinger. Göttingen 1984.

Pitzer, Donald E. / Elliott, Josephine M.: New Harmony's First Utopians. Sonderdruck aus: Indiana Magazine of History 75 (1979).

Press, Volker: Der württembergische Landtag im Zeitalter des Umbruchs 1770-1830. In: Zeitschrift für württembergische Landesgeschichte 42 (1983), S. 255-281.

Raupp, Werner: Ludwig Hofacker und die schwäbische Erweckungspredigt. Gießen 1989.

Raupp, Werner: Christian Gottlob Barth. Studien zu Biographie und Bibliographie einer führenden Gestalt der württembergischen Erweckungsbewegung (Quellen und Forschungen zur württembergischen Kirchengeschichte, Bd. 16). Stuttgart 1995.

389

Raupp, Werner: Christian Gottlob Barth. Studien zu Leben und Werk. Stuttgart 1998.

Rauscher, V[iktor]: Des Separatisten G. Rapp Leben und Treiben. In: Theologische Studien aus Württemberg 6 (1885), S. 253-313.

Roessle, Julius: Von Bengel bis Blumhardt. Gestalten aus der Geschichte des schwäbischen Pietismus. Metzingen 6. Auflage 1981.

Rössler, Martin: Albert Knapp. 1798-1864. In: Ders. (Hg.): Liedermacher im Gesangbuch Bd. 3 (Calwer Taschenbibliothek 6). Stuttgart 1991, S. 82-121.

Rudelbach, A. G.: Die Finnisch-Lappische Mission bis 1726 und das Leben des ersten Apostels der norwegischen Finnen, Thomas von Westens. In: Christoterpe 1833, S. 299 ff.

Rürup, Reinhard: Johann Jacob Moser. Pietismus und Reform (Veröffentlichungen des Instituts für Europäische Geschichte Mainz, Bd. 35. Abt. Universalgeschichte). Wiesbaden 1965.

Sauer, Paul: Uns rief das Heilige Land. Die Tempelgesellschaft im Wandel der Zeit. Stuttgart 1985.

Schäfer, Gerhard: Zu erbauen und zu erhalten das rechte Heil der Kirche. Eine Geschichte der Evangelischen Landeskirche in Württemberg. Stuttgart 1984.

Schäfer, Gerhard (Hg.): Gott hat mein Herz angerührt – Ein Bengelbrevier. Metzingen 1987.

Schäfer, Gerhard: Art. Hofacker, Ludwig (1798-1828). In: TRE 15, S. 467-469.

Schäfer, Gerhard: Ludwig Hofacker und die Erweckungsbewegung in Württemberg. In: Bausteine zur geschichtlichen Landeskunde von Baden-Württemberg. Stuttgart 1979, S. 357-379.

Schäfer, Gerhard: Art. Knapp, Albert. In: Neue Deutsche Biographie. Bd. 12, Sp. 153 f.

Schäfer, Gerhard: Der württembergische Pietismus und die Brüdergemeine. In: Unitas fratrum, Heft 13. 1983, S. 45-64.

Schäfer, Gerhard: Württemberg und der Pietismus. In: Frick, Ulrich (Hg.): Das evangelische Württemberg. Gestalt und Geschichte der Landeskirche. Stuttgart 1983, S. 35-55.

Schäufele, Wolf-Friedrich: Christoph Matthäus Pfaff und die Kirchenunionsbestrebungen des Corpus Evangelicorum 1717-1726. Mainz 1998.

Scharfenberg, Joachim: Art. Blumhardt, Johann Christoph (1805-1880). In: TRE 6, S. 721-727.

Scheffbuch, Rolf: Ludwig Hofacker. Der Mann. Die Wirkung. Die Bewegung (Telos 5050). Neuhausen-Stuttgart 1988.

Scheffbuch, Rolf: Sixt Carl Kapff. Geistliches Ringen um die Gemeinschaft von Pietisten und Nichtpietisten in der württembergischen Kirche. In: BWKG 94 (1994), S. 122-148.

Schempp, Hermann: Gemeinschaftssiedlungen auf religiöser und weltanschaulicher Grundlage. Tübingen 1969.

Schilling, Heinz: Höfe und Allianzen. Deutschland 1648-1753 (Siedler Deutsche Geschichte 6). Berlin 1998.

Schoberth, Wolfgang: Geschöpflichkeit in der Dialektik der Aufklärung. Zur Logik der Schöpfungstheologie bei F. C. Oetinger und J. G. Hamann (Evangelium und Ethik 3). Neukirchen 1994.

Schöllkopf, Wolfgang: Johann Reinhard Hedinger (1664-1704): Württembergischer Pietist und kirchlicher Praktiker zwischen Spener und den Separatisten (AGP 37). Göttingen 1999.

Schömbs, Erwin: Das Staatsrecht Johann Jacob Mosers (1701-1785). Zur Entstehung des historischen Positivismus in der deutschen Reichspublizistik des 18. Jahrhunderts. Berlin 1968.

Scholtz, Harald: Evangelischer Utopismus bei Johann Valentin Andreä. Ein geistiges Vorspiel zum Pietismus (Darstellungen aus der Württembergischen Geschichte 42). Stuttgart 1957.

Schott, Theodor: Art. Albert Knapp. In: Allgemeine deutsche Biographie 16, S. 263-265.

Schulte, Walter: Was kann der Arzt und Psychiater zu Johann Christoph Blumhardt, zu Krankheit und Besessenheit sagen? In: Evangelische Theologie 1949/1950, S. 151-169.

Schulz, Thomas: Die ehemaligen Lateinschulen im Kreis Ludwigsburg, ihre Geschichte bis zum Beginn des 19. Jahrhunderts. Ludwigsburg 1995.

Schwarz, Reinhard (Hg.): Samuel Urlsperger (1685-1772). Augsburger Pietismus zwischen Außenwirkungen und Binnenwelt (Colloquia Augustana, Bd. 4). Berlin 1996.

Schwarzmaier, Hansmartin (Hg.): Handbuch der baden-württembergischen Geschichte. Bd. 3. Vom Ende des Alten Reiches bis zum Ende der Monarchie (Veröffentlichungen der Kommission für geschichtliche Landeskunde in Baden-Württemberg). Stuttgart 1992.

Staatliche Archivverwaltung Baden-Württemberg (Hg.): Das Land Baden-Württemberg. Amtliche Beschreibung nach Kreisen und Gemeinden Bd. II, Teil 1. Stuttgart 1971, S. 921 f.

Stäbler, Walter: Art. Hahn, Philipp Matthäus (1739-1790). In: RGG (4), Band III, Sp. 1383.

Stäbler, Walter: Hahns Verhältnis zu Swedenborg. In: Quellen und Schriften zu Philipp Matthäus Hahn, Band 7 (Katalog zu den Ausstellungen, Teil 2: Aufsätze), Stuttgart 1989, S. 341-356.

Stäbler, Walter: Nürtingen als Zentrum des von Bengel und Oetinger geprägten württembergischen Pietismus. Philipp Matthäus Hahn und die Lateinschule Nürtingen. In: Ehmer, Hermann/Sträter, Udo (Hg.): Beiträge zur Geschichte des württembergischen Pietismus. FS Gerhard Schäfer und Martin Brecht (PUN 24). Göttingen 1998, S. 216-251.

Stäbler, Walter: Pietistische Theologie im Verhör. Das System Philipp Matthäus Hahns und seine Beanstandung durch das württembergische Konsistorium. Stuttgart 1992.

Stäbler, Walter: »Wenn man uns recht bey Licht ansiehet, sind wir alle heterodox«. Philipp Matthäus Hahn und seine Abkehr von der reinen Lehre. In: Quellen und Schriften zu

Philipp Matthäus Hahn, Band 7 (Katalog zu den Ausstellungen, Teil 2: Aufsätze), Stuttgart 1989, S. 247-257.

Steimle, Theodor: Die wirtschaftliche und soziale Entwicklung der württembergischen Brüdergemeinden Korntal und Wilhelmsdorf. Korntal 1929.

Stein, Arnim: Samuel Urlsperger. Der Prediger des Herzogs. Buchhandlung des Waisenhauses Halle, 1899; neu aufgelegt: Neuhausen-Stuttgart 1985.

Stolleis, Michael: Geschichte des öffentlichen Rechts in Deutschland. Erster Band: Reichspublizistik und Policeywissenschaft 1600-1800. München 1988.

Trautwein, Joachim: Art. Hahn, (Johann) Michael (1758-1819). In: TRE 14, S. 380-383.

Trautwein, Joachim: Die Theosophie Michael Hahns und ihre Quellen (Quellen und Forschungen zur württembergischen Kirchengeschichte, Bd. 2). Stuttgart 1969.

Uhland, Robert (Hg.): 900 Jahre Haus Württemberg. Leben und Leistung für Land und Volk. Stuttgart u. a. 3. Aufl. 1985.

Wächter, Oscar: Johann Albrecht Bengel. Lebensabriß, Character, Briefe und Aussprüche. Nebst einem Anhang aus seinen Predigten und Erbauungsstunden. Nach handschriftlichen Mittheilungen dargestellt. Stuttgart 1865.

Wagenmann: Art. »Hoffmann, Gottlieb Wilhelm H.«. In: Allgemeine Deutsche Biographie Bd. 12. Leipzig 1980, S. 593-595.

Wais, Gustav: Samuel Urlspergers Entlassung. In: BWKG 44 (1940), S. 4-27.

Wallmann, Johannes: Der Pietismus (KIG 4, O 1). Göttingen 1990.

Weller, Arnold: Sozialgeschichte Südwestdeutschlands unter besonderer Berücksichtigung der sozialen und karitativen Arbeit vom späten Mittelalter bis zur Gegenwart. Stuttgart 1979.

Weth-Scheffbuch, Irmgard: Das Wort und Christus in dem Wort. Ausgewählte Betrachtungen und Lieder (Zeugnisse der Schwabenväter Bd. 12). Metzingen, 1969.

Weyer-Menkhoff, Martin: Christus, das Heil der Natur. Entstehung und Systematik der Theologie Friedrich Christoph Oetingers. AGP 27. Göttingen 1990.

Weyer-Menkhoff, Martin: Die Güldene Zeit. Friedrich Christoph Oetingers Zeit-Erwartung. In: Endzeiten — Wendezeiten? Chiliasmus in Kirche und Theologie. Viertes Symposion der deutschen Territorialkirchengeschichtsvereine Rothenburg o. d. Tauber 25. bis 27. Juli 1999. ZBKG 69. Studien zur deutschen Landeskirchengeschichte Bd. 4. Nürnberg 2000, S. 34-47.

Weyer-Menkhoff, Martin: Friedrich Christoph Oetinger. R. Brockhaus Bildbiographien. Wuppertal und Zürich 1990 [Auslieferung: Ernst Franz, Metzingen].

Weyer-Menkhoff, Martin: »Nicht-Verstehen hilft!« Anmerkungen zu Friedrich Christoph Oetingers Pädagogik und Katechetik. In: Ehmer, Hermann / Sträter, Udo (Hg.): Beiträge zur Geschichte des württembergischen Pietismus. FS Gerhard Schäfer und Martin Brecht (PuN 24). Göttingen 1998, S. 197-215.

Wilson, Peter H.: Johann Jacob Moser und die württembergische Politik. Vortrag gehalten auf dem Symposion *Johann Jacob Moser zum 300. Geburtstag* in Tübingen am 20. Januar 2001 [Masch.].

Wischmeyer, Wolfgang: Philipp Friedrich Hiller, 1699-1769. Ein Dichtertheologe der Empfindsamkeit. In: Vaihinger Köpfe — Biographische Porträts aus fünf Jahrhunderten (Schriftenreihe der Stadt Vaihingen an der Enz Bd. 8). Vaihingen/Enz 1993.

Württembergische Kirchengeschichte, hg. vom Calwer Verlagsverein. Stuttgart 1883.

Wunder, Bernd: Grundrechte und Freiheit in den württembergischen Verfassungskämpfen 1815-1819. In: Birtsch, Günter (Hg.): Grund- und Freiheitsrechte im Wandel von Gesellschaft und Geschichte. Beiträge zur Geschichte der Grund- und Freiheitsrechte vom Ausgang des Mittelalters bis zur Revolution von 1848. Göttingen 1981, S. 435-459.

Zündel, Friedrich: Pfarrer Johann Christoph Blumhardt. Ein Lebensbild. Zürich und Heilbronn 1. Aufl. 1880, 5. Aufl. 1887 (spätere Auflagen stark gekürzt).

Zum Andenken an den vollendeten Wilhelm Hoffmann, Stifter und Vorsteher der Gemeinde Kornthal. Stuttgart/Cannstatt 1846.

[Zweihundert] 200 Jahre Liederdichter Albert Knapp. Bericht über den 26. Knappentag. 25. Juli 1998 in Alpirsbach. Masch. O. O. o. J. [1998], S. 57-87.

Zwink, Eberhard / Trautwein, Joachim: Geistliche Gedichte und Gesänge für die nach Osten eilenden Zioniden. 1817. In: BWKG 94 (1994), S. 47-90.

Personenverzeichnis

Andreae, Agnes Elisabeth, geb. Grüninger [1592-1659]   210

Andreae, Jakob [1528-1590]   14, 24-25, 30

Andreae, Johann [1554-1601]   14

Andreae, Johann Valentin [1586-1654]   7, 12-13, 38, 355

Andreae, Maria, geb. Moser [1550-1631]   15

Arndt, Ernst Moritz [1769-1860]   311-312

Arndt, Johann [1555-1621]   7, 16, 22, 24, 122, 187, 231, 285, 336

Arnold, Gottfried [1666-1714]   226, 313

Barth, Christian Gottlob [1799-1862]   271-272, 275, 305, 310, 340, 348, 350

Barth, Karl [1886-1968]   353

Basnage, Jakob Christian [1653-1723]   68

Baur, Ferdinand Christian [1792-1860]   335

Beethoven, Ludwig van [1770-1827]   336

Bengel, Albrecht sen. [1650-1693]   7, 53

Bengel, Barbara Sophia geb. Schmidlin [1660-1733]   53

Bengel, Ernst [1735-1793]   65

Bengel, Johann Albrecht [1687-1752]   40, 48, 52-54, 66, 72, 75, 99, 117, 119, 128, 153, 162-163, 178, 227, 255, 271, 285, 287, 294, 319, 333, 356

Bengel, Johanna Regina geb. Seeger [1693-1770]   63, 65

Bengel, Viktor [1732-1759]   64

Besold, Christoph [1577-1638]   16-17

Bilfinger, Georg Bernhard [1693-1750]   178

Blumhardt, Christian Gottlieb [1779-1838]   357

Blumhardt, Christoph [1842-1919]   9-10, 330-331

Blumhardt, Doris geb. Köllner [1816-1886]   338, 344

Blumhardt, Johann Christoph [1805-1880]   9, 330-331

Böhme, Jacob [1575-1624]   162-163, 165, 173

Bogatzky, Karl Heinrich von [1690-1774]   132, 336
Braunschweig-Wolfenbüttel, Herzog August [1578/1635-
    1666]   14, 22, 29
Brenz, Johannes [1499-1570]   24, 39, 53
Bretschneider, Karl Gottlieb [1776-1848]   334
Brunn, Nikolaus von [1766-1849]   342
Burk, Christian [1800-1880]   310
Burk, Philipp David [1714-1770]   56, 64, 287
Campanella, Tommaso [1568-1639]   22
Cless, Wilhelm Jeremias Jakob [1710-1757]   77
Comenius, Johann Amos [1592-1670]   21, 29
Conring, Hermann [1606-1681]   146
Dann, Christian Adam [1758-1837]   191, 196, 271-272,
    284
Descartes, René [1596-1650]   169
Dieterlen, Christoph [1818-1875]   351
Dittus, Gottliebin [1815-1872]   341
Dury, John [1596-1680]   29
Erasmus von Rotterdamm [1466/9-1536]   29
Eschenmayer, Adam Karl August [1786-1852]   342
Firmian, Erzbischof Leopold Freiherr von [1679-
    1744]   111
Fischer, Oberhofprediger [1695-1773]   172
Flattich, Johann Friedrich [1713-1797]   8, 176-178,
    187, 197, 254, 273, 356
Francke, August Hermann [1663-1727]   30, 38-39, 54,
    77, 101, 106
Francke, Gotthilf August [1696-1769]   106, 113
Franklin, Benjamin [1706-1790]   168
Frisoni, Donato Giuseppe [1683-1735]   103
Gerhard, Johann [1582-1637]   22, 29, 89
Gichtel, Johann Georg [1638-1710]   226
Gmelin, Sigmund Christian [1679-1707]   100
Goethe, Johann Wolfgang von [1749-1832]   174
Golther, Karl Ludwig [1823-1876]   328
Grävenitz, Wilhelmine von [1686-1744]   102

Griesinger, Georg [1634-1708]   118
Habsburg, Kaiser Joseph II. [1741/1765-1790]   207, 358
Hafenreffer, Matthias [1561-1619]   16, 24
Hahn, (Johann) Michael [1758-1819]   9-10, 222, 225, 243, 253, 255, 257, 259, 288, 333, 358
Hahn, Philipp Matthäus [1739-1790]   8, 30, 133, 189-190, 198-201, 203-206, 209, 357
Handel, Johann Georg [1777-1856]   308
Harpprecht, Christoph Friedrich [1700-1774]   139
Harpprecht, Ferdinand Christoph [1650-1714]   77
Hartmann, Georg Christoph [1717-1763]   94
Haselmajer, Wilhelm Conrad [1663-1731]   76
Hauber, Eberhard David [1695-1765]   139
Hauff, Wilhelm [1802-1827]   268
Hedinger, Johann Reinhard [1664-1704]   7, 32-33, 41, 108, 271
Heerbrand, Jakob [1521-1600]   24
Hegel, Georg Wilhelm Friedrich [1770-1831]   174, 248, 335
Helwag, Eberhard Friedrich [1722-1780]   64
Herder, Johann Gottfried von [1744-1803]   208
Heß, Tobias [1558-1614]   17
Hessen-Darmstadt, Landgraf Ludwig VI., [1652-1712]   36
Heuss, Theodor [1884-1963]   221
Hiller, Johann Jakob [1663-1700]   56
Hiller, Philipp Friedrich [1699-1769]   8, 116-117, 120-121, 125-127, 130, 134, 213, 356
Hochstetter, Andreas Adam [1668-1717]   40, 54, 76, 100
Hochstetter, Christian [1672-1732]   76
Hochstetter, Johann Andreas [1637-1720]   34, 38-39, 76, 99-100, 271
Hochstetter, Johann Friedrich [1640-1720]   39
Hochstetter, Johann Konrad [1583-1661]   38
Hochstetter, Johann Siegmund [1643-1718]   41

Hochstetter, Sigmund Friedrich [1726-1794]   130
Hölderlin, Friedrich [1770-1843]   174, 213
Hofacker, Friederike [1770-1827]   268
Hofacker, Karl Friedrich [1758-1824]   267
Hofacker, Ludwig [1798-1828]   9, 196, 266-268. 272,
    274, 289, 294, 300, 309-311, 317, 359
Hofacker, Wilhelm [1805-1848]   271, 275, 293, 317,
    321-322, 329
Hoffmann, Beate, geb. Baumann [1774-1852]   251
Hoffmann, Christoph Jonathan [1815-1885]   251
Hoffmann, Christoph Ludwig [1733-1809]   247
Hoffmann, Friederike, geb. Löffler [1779-1810]   251
Hoffmann, Gottlieb Wilhelm [1771-1846]   9, 244-246,
    248-249, 253-254, 318, 333
Hoffmann, Wilhelm [1806-1873]   9, 244-246, 248-249,
    251, 253-254, 318, 333
Hoffmann, Wilhelmine, geb. Flattich [1779-1801]   250
Hosch, Wilhelm Ludwig [1750-1811]   196
Jäger, Johann Wolfgang [1647-1720]   41, 54, 100
Jägersberg, Sophie Jakobine Jäger von [1689-
    1773]   100
Jung-Stilling, Johann Heinrich [1740-1817]   279, 295,
    342
Kant, Immanuel [1724-1804]   199, 206
Kapff, Sixt Carl [1805-1879]   9, 314, 317, 328
Kaufmann, Johann Gerhard [1695-1770]   89
Kepler, Johannes [1571-1630]   22, 29
Kern, Gottlob Christian [1792-1835]   337
Kerner, Christoph Ludwig [1744-1799]   224
Kerner, Justinus [1786-1862]   221, 224, 342
Kies, Johann [1713-1781]   170
Kling, Christian Friedrich [1800-1862]   272
Knapp, Albert [1798-1864]   9, 271, 293, 295, 298-304,
    308-309, 312-313, 359
Knapp, Christiane geb. von Beulwitz [1806-1835]   303
Knapp, Eduard [1802-1878]   302

Knapp, Emilie verw. Osiander, geb. Hoffmann [1809-1849]   303

Knapp, Gottfried [1764-1828]   300

Knapp, Henriette geb. Finckh [1775-1827]   300

Knapp, Minette geb. Lerche [1815-1897]   303

Knapp, Paul [1799-1817]   302

Köllner, Karl [1790-1853]   338

Kolb, Immanuel Gottlieb [1784-1859]   223

Kotzebue, August von [1761-1819]   302

Krummacher, Friedrich Wilhelm [1796-1868]   275

Krummacher, Gottfried Daniel [1774-1837]   274

Lavater, Johann Caspar [1741-1801]   200

Leibniz, Gottfried Wilhelm [1646-1716]   163, 215

Lenau, Nikolaus [1802-1850]   237

List, Friedrich [1789-1846]   236-237

Luther, Martin [1483-1546]   39, 277, 283, 287, 336

Machtholf, Gottlieb Friedrich [1735-1800]   254, 340

Mallet, Friedrich Ludwig [1792-1865]   274

Mélac, Ezechiel Graf von [gest. 1709]   34

Melanchthon, Philipp [1497-1560]   55

Mörike, Eduard [1804-1875]   335-336

Morus, Thomas [1478-1535]   22

Moser, Friederike Rosine, geb. Vischer [1703-1762]   149

Moser, Johann Jakob [1701-1785]   173, 356

Moser, Johann Wilhelm [1710-1759]   149

Mozart, Wolfgang Amadeus [1756-1791]   336

Müller, Heinrich [1631-1675]   336

Münchhausen, Gerlach Adolph Freiherr von [1688-1770]   144

Neander, August [1789-1850]   272

Oetinger, Christiana Dorothea, geb. Linsenmann, [1719-1796]   167

Oetinger, Friedrich Christoph [1702-1782]   8, 30, 158-159, 162, 174-175, 178, 194, 206, 278

Oppenheimer, Joseph Süß [1692-1738]   85

Osiander, Andreas [1496-1552]   24

Osiander, Karl August [1792-1834]   303

Pfaff, Christoph Matthäus [1686-1760]   138

Poiret, Pierre [1646-1719]   67

Pregizer, Christian Gottlob [1751-1824]   10, 255, 333

Rapp, Johann Georg [1757-1847]   9, 218-219, 221,
    238-339, 358

Reinhard, Franz Volkmar [1753-1812]   334

Retti, Paolo [1691-1748]   104

Reuchlin, Christoph [1660-1707]   100

Reuß, Albrecht Reichard [1712-1780]   64

Reuß, Jeremias Friedrich [1700-1777]   56

Rieger, Carl Heinrich [1726-1791]   94

Rieger, Charlotta Beata [1728-1803]   94

Rieger, Georg Konrad [1687-1743]   7, 74-75, 271,
    356

Rieger, Philipp Friedrich [1722-1782]   94

Rieger, Regina Dorothea [1720-1757]   94

Rieger, Regina Dorothea, geb. Scheinemann [1693-
    1750]   35, 241

Rock, Johann Friedrich [1678-1749]   35, 241

Roos, Magnus Friedrich [1727-1803]   227

Roos, Wilhelm Friedrich [1798-1868]   271, 284

Rosenroth, Christian Knorr von [1636-1689]   168

Rousseau, Jean-Jacques [1712-1798]   193

Rückert, Friedrich [1788-1866]   311

Russland
    − Alexander II., Zar [1818/1855-1881]   255
    − Peter der Große, Zar [1672/1682-1725]   178

Schickhardt, Johann Friedrich [1665-1739]   123

Schlegel, Friedrich von [1772-1829]   174

Schleiermacher, Friedrich [1768-1834]   272, 335

Schmidlin, Johann Christoph [1711-1788]   151

Schmoller, Christian Friedrich [1675-1707]   100

Schnepf, Erhard [1495-1558]   24

Schöpflin, Georg Christian [1775-1863]   338

Schütz, Johann Jakob [1640-1690]   30

Schwab, Gustav [1792-1850]   303, 313
Schwarzburg-Rudolstadt, Ämilie Juliane von [1637-1706]   72
Schweden, König Gustav Adolf II. [1594/1611-1632]   25
Schweder, Gabriel [1648-1735]   146
Seckendorf, Johann Karl Christoph von [1747-1814]   188, 196
Seeger, Georg Michael [1691-1766]   65
Spener, Philipp Jakob [1635-1705]   7, 13, 33-34, 38, 62, 80, 148, 285
Spindler, David Wendelin [1650 – nach 1710]   53
Steiner, Rudolf [1861-1925]   13
Steinhofer, Friedrich Christoph [1706-1761]   151, 311
Steinhofer, Maximilian Friedrich Christoph [1706-1761]   151
Steudel, Johann Christian [1779-1837]   296
Stockmajer, Christoph Friedrich [1699-1782]   94
Storr, Gottlob Christian [1746-1805]   271, 289, 296, 334
Strauß, David Friedrich [1808-1874]   251, 317, 320, 327, 336, 360
Studion, Simon [1543 – ca. 1605]   17
Sturm, Beata [1682-1730]   10, 83
Swedenborg, Emanuel [1688-1772]   159, 169
Tennhardt, Johannes [1661-1720]   55
Tersteegen, Gerhard [1697-1769]   49
Thomasius, Christian [1655-1728]   139
Tillich, Paul [1886-1965]   235
Urlsperger, Johann August [1728-1806]   114
Urlsperger, Samuel [1685-1773]   7, 40, 44, 49, 98-99, 114, 355
Vischer, Friedrich Theodor [1807-1887]   251
Voltaire [1694-1778]   323
Wackernagel, Philipp [1800-1877]   312
Watt, James [1730-1819]   202
Weißmann, Christoph Friedrich [1670-1729]   76

Werner, Gustav [1809-1887]   10, 326
Wesley, John [1703-1791]   274
Whitefield, George [1714-1770]   274
Wichern, Johann Hinrich [1808-1881]   325
Williardts, Christian Gottlieb [1712-1779]   64
Wolff, Christian [1679-1754]   163, 201
Württemberg
  — Eberhard III., Herzog [1614/1633-1674]   27, 355-
    357
  — Eberhard Ludwig, Herzog [1676/1693-1733]   33,
    40, 77, 102, 179, 356-357
  — Carl Eugen, Herzog [1728/1744-1793]   180, 182,
    191, 197, 207, 358
  — Paul, Herzog [1797-1860]   237
  — Johanna Elisabeth, geborene Prinzessin von Baden-
    Durlach, Herzogin [1680-1757]   103
  — Karl Alexander, Herzog [1684/1733-1737]   150,
    357
  — Wilhelm I., König [1781/1816-1864]   262, 318,
    360-361
  — Magdalena Sibylla [1652-1712]   36, 39, 106
  — Johann Friedrich, Prinz [1669-1693]   34
  — Antonia, Prinzessin [1613-1679]   168, 374
Württemberg-Winnental, Friedrich Carl [1652-1698; Adm.
  1677-1693]   34
Wurm, Theophil [1868-1953]   132
Zinzendorf, Nikolaus Ludwig Graf von [1700-1760]   65,
  140, 281

Biographien der Mitarbeiter

Hermann Ehmer

Dr. theol.; geb. 1943 in Beilstein. 1963-1968 Studium der Evang. Theologie als Angehöriger des Tübinger Stifts, Vikariat, Ausbildung für den höheren Archivdienst, 1977-1988 Leiter des Staatsarchivs Wertheim, seit 1988 Direktor des Landeskirchlichen Archivs Stuttgart. Mitherausgeber der Blätter für württ. Kirchengeschichte und der Quellen und Forschungen zur württ. Kirchengeschichte, Vorsitzender des Vereins für württ. Kirchengeschichte; Lehrbeauftragter für württ. Kirchengeschichte an der Universität Tübingen. Zahlreiche Veröffentlichungen zur südwestdeutschen Landesgeschichte und zur Landeskirchengeschichte.

Andreas Gestrich

Prof. Dr.; geb. 1952. 1973-1979 Studium der Fächer Geschichte und Latein in Berlin und Tübingen; 1979-1982 Wiss. Mitarbeiter in DFG-Projekten zur Sozialgeschichte von Kindheit, Jugend und Familie und zur Historischen Sozialisationsforschung. 1983 Diss. zur Historischen Jugendforschung, 1992 Habilitation an der Universität Stuttgart, seit 1997 Professor für Neuere Geschichte an der Universität Trier. Forschungsschwerpunkte: Sozialgeschichte von Kindheit, Jugend und Familie, Historische Anthropologie, Mediengeschichte, Sozialgeschichte religiöser Gruppen, Historische Friedensforschung. Veröffentlichungen u. a.: Traditionelle Jugendkultur und Industrialisierung. Sozialgeschichte der Jugend in einer ländlichen Arbeitergemeinde Württembergs, 1800 − 1920, Göttingen 1986; Andreas Gestrich/Peter Knoch/Helga Merkel (Hg.): Biographie − sozialgeschichtlich. Sieben Beiträge. (Kleine Vandenhoeck-Reihe) Göttingen 1988; Absolutismus und Öffentlichkeit. Politische Kommunikation in Deutschland zu Beginn des 18. Jahrhunderts, Göttingen 1994; Familie im 19. und 20. Jahrhundert, München 1999; Vergesellschaftungen des Menschen. Einführung in die Historische Sozialisationsforschung, Tübingen 1999.

Iris Guldan
Studium der Geschichte und Germanistik in Berlin und Stuttgart. Magisterarbeit über den Hartknopf-Roman Karl Philipp Moritz' (1756-1793): Zeitgeist. Überlegungen zu den Namen, zur Theologie, Allegorie und dem Freimaurertum in Karl Philipp Moritzens Hartknopf-Romanen. Mitarbeit im Forschungsprojekt *Erbauung und Kommunikation* über pietistische Zeitschriften des 18. Jahrhunderts; Dissertationsvorhaben zu Johann Jacob Moser als Journalist.

Siegfried Hermle
Prof. Dr. theol.; geb. 1955 in Ludwigsburg. Seminarist, Studium der Evangelischen Theologie als Stipendiat des Evangelischen Stifts, 1981 Vikar in Blaubeuren, 1984 Repetent am Evang. Stift in Tübingen, 1988 wissenschaftlicher Assistent am Lehrstuhl für Kirchenordnung in Tübingen, 1994 Pfarrer der Matthäusgemeinde Gerlingen, 1995 Habilitation, 1999/2000 Lehrstuhlvertretung Gießen, 2000/2001 Lehrstuhlvertretung Köln, seit April 2001 Prof. für Evangelische Theologie und ihre Didaktik/Historische Theologie an der Universität zu Köln. Veröffentlichungen zur kirchlichen Zeitgeschichte, Kirchenordnung und württembergischen Kirchengeschichte.

Dieter Ising
Dr. theol.; geb. 1947 in Hamm/Westfalen. Studium der Evangelischen Theologie in Münster/Westfalen und Tübingen, 1979 Promotion an der Universität Tübingen im Fach Systematische Theologie. 1979 wissenschaftlicher Mitarbeiter an der Universitätsbibliothek Tübingen (Projekt THEODOK), seit 1981 im Landeskirchlichen Archiv Stuttgart. Veröffentlichungen zur württembergischen Kirchengeschichte des 18.-20. Jahrhunderts. Herausgeber der Briefe Johann Albrecht Bengels und Johann Christoph Blumhardts.

Martin H. Jung

Prof. Dr. theol.; geb. 1956 in Bietigheim. Lehrt seit 1997 Kirchen- und Theologiegeschichte des Mittelalters und der Neuzeit an der Theologischen Fakultät der Universität Basel. Nach dem Studium der Evangelischen Theologie, der Religionswissenschaft und der Pädagogik in Tübingen und Berlin (1977-1984) Vikariat in Lauffen/Neckar. 1987-1997, unterbrochen durch Pfarrdienst in Nehren und eine Professurvertretung in Siegen, Assistent in Tübingen. Folgende Bücher sind erschienen: Die württembergische Kirche und die Juden in der Zeit des Pietismus, Berlin 1992; Gebete des Reformators Philipp Melanchthon, Frankfurt/M. 1996 (3. Aufl. 1997); Frömmigkeit und Theologie bei Philipp Melanchthon, Tübingen 1998; Frauen des Pietismus, Gütersloh 1998; Autobiographien frommer Frauen aus Pietismus und Erweckungsbewegung, Aachen 1999; Der Protestantismus in Deutschland 1815-1870, Leipzig 2000; Theologen des 16. Jahrhunderts, Darmstadt 2002.

Hans-Martin Kirn

Prof. Dr. theol.; geb. 1953 in Grömbach (Krs. Freudenstadt). Studium der Ev. Theologie in Tübingen und Heidelberg. Studienaufenthalte an der Hebräischen Universität in Jerusalem und an der Columbia-University in New York. Promotion Universität Tübingen. Repetent am Ev. Stift in Tübingen. Pfarrer an der Johanneskirche in Stuttgart. Habilitation an der Universität Münster/Westf. Seit Anfang 2001 Professor für Kirchengeschichte an der Theologischen Universität Kampen (ThUK)/NL. Veröffentlichungen zur Kirchengeschichte des Spätmittelalters und der Neuzeit, z. B.: Das Bild vom Juden im Deutschland des frühen 16. Jh., dargestellt an den Schriften Johannes Pfefferkorns (TSMJ 3), Tübingen 1989; Deutsche Spätaufklärung und Pietismus. Ihr Verhältnis im Rahmen kirchlich-bürgerlicher Reform bei Johann Ludwig Ewald (1748-1822) (AGP 31), Göttingen 1998.

Rainer Lächele

Dr. phil.; geboren 1961 in Aalen. Studium der Fächer Evangelische Theologie, Geschichte und Politikwissenschaften in Tübingen und Gießen, Promotion zum Thema »Von der ›Deutschkirche‹ zum ›Freien Christentum‹. Die Deutschen Christen in Württemberg in den Jahren 1925 bis 1960«. Habilitation 2001 an der Universität Marburg über »Erbauungszeitschriften als Kommunikationsmedium des Pietismus«, 1994 Johannes-Brenz-Preis für herausragende Arbeiten auf dem Gebiet der württembergischen Kirchengeschichte, Privatdozent für Kirchengeschichte am Fachbereich Evangelische Theologie der Universität Marburg.

Wolf-Friedrich Schäufele

Dr. theol.; geb. 1967 in Karlsruhe. Studium der Evangelischen Theologie, der Klassischen Philologie und der Biochemie an den Universitäten Tübingen, Heidelberg und Mainz, 1994-1998 Wissenschaftlicher Mitarbeiter im Fachbereich Evangelische Theologie der Johannes-Gutenberg-Universität Mainz, 1998-2001 Wissenschaftlicher Assistent am Seminar für Theologie und ihre Didaktik der Universität zu Köln, seit 2001 wissenschaftlicher Mitarbeiter am Institut für Europäische Geschichte in Mainz. Veröffentlichungen zur Kirchen- und Theologiegeschichte der frühen Neuzeit, Träger des Johannes-Brenz-Preises des Vereins für württembergische Kirchengeschichte 1998.

Wolfgang Schöllkopf

Dr. theol.; geb. 1958 in Ludwigsburg. Seminarist, Studium der Ev. Theologie im Ev. Stift Tübingen, in Erlangen und Münster/Westfalen, 1985 Vikar in Walddorfhäslach, 1986 im Ev. Stift Tübingen, 1986-91 Pfarrverweser in Nürtingen-Enzenhart, zugleich Studentenpfarrer an der Fachhochschule Nürtingen, 1991-98 Pfarrer in Bitz, Dekanat Balingen, 1998/99 Promotion durch die Ev. Theol. Fakultät der Westfälischen Wilhelms-Universität Münster/Westfalen, seit 1998 Jugendpfarrer in Ulm. Veröffentlichungen zur württembergischen Kirchengeschichte, besonders zum Pietismus.

Tilman-Matthias Schröder
Dr. phil.; geb. 1956 in Waiblingen. Studium der Evang. Theologie und der Geschichte in Bielefeld-Bethel, Heidelberg und Tübingen. 1987 Promotion in Neuerer Geschichte. Auszeichnung mit dem »Fritz-Landenberger-Preis zur Förderung der Esslinger Stadtgeschichtsforschung« 1987. Seit 1993 Studentenpfarrer in Stuttgart und Lehrbeauftragter für »Technik und Ethik« an der Universität Stuttgart. Veröffentlichungen zur württembergischen Kirchen- und Landesgeschichte.

Walter Stäbler
Dr. theol.; geb. 1948 in Echterdingen. Studium der Evangelischen Theologie, Philosophie und Biologie in Tübingen, Vikariat an der Stadtkirche in Nürtingen, anschließend Religionslehrer am dortigen Max-Planck-Gymnasium, Promotion über Philipp Matthäus Hahn in Münster bei Martin Brecht, seit 1990 Studiendirektor am Dietrich-Bonhoeffer-Gymnasium in Metzingen. Verfasser verschiedener Aufsätze über Persönlichkeiten des Pietismus im 18. Jahrhundert.

Weyer-Menkhoff, Martin
Prof. Dr. theol.; geb. 1949 in Berlin. Pfarrer in Idstein/Ts., Professor für Ev. Theologie/Religionspädagogik an der Pädagogischen Hochschule Schwäbisch Gmünd. Forschungsschwerpunkte: Systematische Theologie (Schöpfung, Ethik, Recht) und Seelsorge.

Bildnachweis

1) Johann Valentin Andreae, Kupferstich von Johann Pfann
2) Johann Reinhard Hedinger, Kupferstich von Andreas Matthäus Wolffgang, 1706
3) Johann Albrecht Bengel, Schabkunstblatt von Johann Jakob Haid nach einem Gemälde von Eberhard Gottlieb Ihle
4) Georg Konrad Rieger, Kupferstich von Jakob Andreas Fridrich d. J.
5) Samuel Urlsperger, Kupferstich von Johann Jakob Kleinschmidt, nach einem Gemälde von Gottfried Eichler
6) Philipp Friedrich Hiller, Holzstich 1885, anonym (nach älterer Vorlage)
7) Johann Jacob Moser, Schabkunstblatt von Johann Elias Haid, 1775, nach einem Gemälde von Johann Georg Oechslin aus dem gleichen Jahr
8) Friedrich Christoph Oetinger, Kupferstich von Jakob Andreas Fridrich d. Ä.
9) Johann Friedrich Flattich, in: Karl Friedrich Ledderhose, Leben und Schriften des M. Johann Friedrich Flattich, weil. Pfarrer in Münchingen, 5. Aufl., Heidelberg 1873
10) Philipp Matthäus Hahn, Kupferstich von Daniel Berger
11) Johann Georg Rapp, in: Karl J. R. Arndt, Georg Rapp's Harmony Society 1785 — 1847, Philadelphia 1965
12) Gottlieb Wilhelm Hoffmann, Lithographie von Jakob Kull
13) Ludwig Hofacker, Stahlstich von Edouard Schuler
14) Albert Knapp, Lithographie von Conrad Schacher
15) Sixt Carl (v.) Kapff, Lithographie von G. R. (Gustav Renz?)
16) Johann Christoph Blumhardt, Lichtdruck, nach einer Fotografie von A. Schmidt, und mit faksimilierter Handschrift Blumhardts

Die Abbildungen 1, 2, 3, 4, 5, 6, 7, 8, 10, 12, 13, 14, 15, 16 finden sich in der Bildersammlung der Landesbibliothek Stuttgart.